**权威·前沿·原创**

皮书系列为
"十二五""十三五"国家重点图书出版规划项目

BLUE BOOK

智 库 成 果 出 版 与 传 播 平 台

中国社会科学院创新工程学术出版资助项目

反腐倡廉蓝皮书

**BLUE BOOK** OF COMBATING
CORRUPTION AND UPHOLDING INTEGRITY

# 中国反腐倡廉建设报告
## *No.9*

REPORT ON COMBATING CORRUPTION AND UPHOLDING
INTEGRITY IN CHINA No.9

中国社会科学院中国廉政研究中心／编
主　　编／王京清　孙壮志
执行主编／蒋来用

社会科学文献出版社
SOCIAL SCIENCES ACADEMIC PRESS（CHINA）

**图书在版编目（CIP）数据**

中国反腐倡廉建设报告. No. 9 ／ 中国社会科学院中
国廉政研究中心编. –– 北京：社会科学文献出版社，
2020. 4

（反腐倡廉蓝皮书）

ISBN 978 – 7 – 5201 – 5915 – 9

Ⅰ. ①中… Ⅱ. ①中… Ⅲ. ①反腐倡廉 – 研究报告 –
中国 Ⅳ. ①D630. 9

中国版本图书馆 CIP 数据核字（2019）第 288337 号

反腐倡廉蓝皮书

## 中国反腐倡廉建设报告 No. 9

编　　者／中国社会科学院中国廉政研究中心
主　　编／王京清　孙壮志
执行主编／蒋来用

出 版 人／谢寿光
责任编辑／陈晴钰
文稿编辑／陈晴钰　桂　芳

出　　版／社会科学文献出版社·皮书出版分社（010）59367127
　　　　　　地址：北京市北三环中路甲 29 号院华龙大厦　邮编：100029
　　　　　　网址：www. ssap. com. cn
发　　行／市场营销中心（010）59367081　59367083
印　　装／天津千鹤文化传播有限公司

规　　格／开　本：787mm × 1092mm　1/16
　　　　　　印　张：22. 25　字　数：333 千字
版　　次／2020 年 4 月第 1 版　2020 年 4 月第 1 次印刷
书　　号／ISBN 978 – 7 – 5201 – 5915 – 9
定　　价／128. 00 元

本书如有印装质量问题，请与读者服务中心（010 – 59367028）联系

# 编　委　会

# 主要编撰者简介

**王京清**　中国社会科学院副院长、党组副书记、中国廉政研究中心理事长。主要研究领域：党风廉政建设与反腐败、党史党建、马克思主义理论。

**孙壮志**　中国社会科学院中国廉政研究中心副理事长，研究员、博士生导师。主要研究领域：国际政治、上海合作组织、党风廉政建设与反腐败。

**蒋来用**　中国社会科学院中国廉政研究中心秘书长、社会学研究所廉政建设与社会评价研究室主任，中国社会科学院特殊学科廉政学学科带头人，副研究员。主要研究领域：廉政学、信用评级、住房保障。

# 中国社会科学院中国廉政研究中心简介

　　中国社会科学院中国廉政研究中心，是在中央纪委和中国社会科学院党组关怀支持下成立并成长起来的中国社会科学院高端专业化智库。2005 年，中国社会科学院成立由常务副院长牵头的廉政研究协调领导小组。2009 年 12 月，中国廉政研究中心挂牌成立，时任中央书记处书记、中央纪委常务副书记何勇和时任全国政协副主席、中国社会科学院院长、党组书记陈奎元共同揭牌。中心理事长一直由中国社会科学院领导担任，现任理事长为院党组副书记、副院长王京清。

　　中国廉政研究中心依托中国社会科学院学科门类齐全、高端人才集中的优势，吸纳院内外 97 位学术功底深厚、理论思维突出的专家学者和反腐败经验丰富的实务工作者担任理事，70% 以上的理事具有高级以上职称，其研究领域涉及经济、政法、社会、历史、国际等多个学科。

　　中心紧贴实践，组织专家到 31 个省（区、市）和 10 多个中央部委经常性开展国情调研考察活动，先后完成"中国惩治和预防腐败体系绩效测评研究""各国反腐败体制机制比较研究""中外预防和打击腐败措施比较研究""事业单位防治腐败研究"等 200 多项重大研究任务，产出了一批高质量的优秀成果，出版《世界主要国家和地区反腐败体制机制研究》《王阳明廉政思想与行为研究》等著作 20 余部，撰写研究报告 170 多篇，70 多篇获得中央领导批示。2013 年以来，中心问卷调查报告中的数据曾 4 次被习近

平总书记在中央纪委全会上采用。2011 年以来，中心每年向社会发布《中国反腐倡廉建设报告》（反腐倡廉蓝皮书），受到国内外广泛关注，并迅速成为有影响力的图书品牌，是国内外读者了解中国反腐倡廉建设和反腐败工作进展的重要科研平台。

中国廉政研究中心连续举办 12 届"中国社会科学院中国廉政研究论坛"，还举办了 2 届"中欧廉政智库高端论坛"和 4 届"中国基层廉政研究论坛"，在山西省社会科学院、湖南省永州市、四川省广元市和大竹县、黑龙江省佳木斯市、贵州省铜仁市、福建省龙岩市、陕西省安康市、浙江省余姚市等地建立了廉政调研基地，与北京市、青岛市、厦门市等地以及国家电网、京东集团等企业合作开展课题研究。中心坚持面向世界、开放合作，主动"走出去"，不断拓展合作渠道，积极与国（境）外相关机构进行交流合作，先后到 30 多个国家和地区学术考察，走访反腐败行政机构、议会、法院、检察院、审计院、反贪局、高校等，已经在国际上具有一定的影响力。

**中心地址和联系方式**

**地址：**北京市东城区建国门内大街 5 号

**邮编：**100732

**电话兼传真：**＋86（010）85195127

**邮箱：**jiangly@ cass. org. cn

# 摘　要

2011 年以来，中国社会科学院中国廉政研究中心课题组持续对中国惩治和预防腐败状况进行全面跟踪研究，每年通过蓝皮书平台发布课题研究成果。《中国反腐倡廉建设报告 *No. 9*》是 2019 年的研究成果之一，展示了课题组问卷调查、国情调研等研究成果，由总报告、地区报告、专题报告、企业报告、评估报告、创新实招和附录组成。

总报告对 2018 年 10 月以来全国党风廉政建设和反腐败工作实践及其成效进行全面梳理。课题组认为过去一年我国全面从严治党深入有效推进，监督体系不断健全完善，作风建设和惩治职务违法犯罪力度不减，源头防腐制度改革深入推进，公共资金、资产和资源监管进一步规范，诚信道德建设不断强化，廉政建设不断取得新成效。同时，针对社会公众和干部反映的行贿惩治力度仍然不够、"围猎"现象仍然比较严重、基层监督体系力量薄弱、地方纪委监委信息公开力度不够、形式主义与官僚主义依然比较突出、奢靡之风和享乐主义顽疾难治、诚信道德建设任务艰巨、问责不力和问责泛化简单化并存、干部能力不足和不愿干事现象令人担忧等问题，建议加快打造"不需送"和"不敢送"的清爽环境，重视基层监督体系建设，完善基层治理体系，加快地方纪委监委信息公开步伐，持之以恒反"四风"，加强诚信道德体系建设，加强城市小区物业监督管理，提高问责的精准度和有效性，深化公职人员管理制度改革，提高党和国家治理能力现代化水平。

地区报告以湖南省打造三级"互联网＋监督"平台、沈阳市正风肃纪和大数据监督、邯郸市推行"互联网＋监督（评议）"工作为例，研究了互联网和大数据在监督领域的应用与成效，同时介绍了四川省达州市针对群众痛点、联系服务群众和回应群众方法不够精准问题开展整治"群众最不满

意的 10 件事"的活动。

专题报告对一年来社会反响强烈的学术不端典型案例进行了剖析,介绍了最近我国针对学术不端采取的措施,提出了治理的对策和思路;梳理了党内问责的历史沿革与特点、主要做法成效,指出党内问责存在实施不严谨、效果不明显、尺度不精准、主体不统一、力度不到位等问题,建议强化"两个责任"落实,改善问责方法,实施精准化问责,问责与激励并重,严格监督制度执行,做好问责"后半篇"文章;分析了物业服务管理方面存在的问题和成因,从"建"与"管"两个维度提出治理建议。

企业报告选择国网新源公司作为案例进行分析,对国网新源公司建设"三不腐"机制的成功经验进行归纳总结,对妨碍国有企业健全"三不腐"机制的现实问题进行研究,对党和国家进一步深入构建国有企业"三不腐"机制提出针对性建议。

评估报告专门研究设计纪检监察机关信息公开评估指标体系,根据网站公开的信息,对地方纪检监察机关信息公开状况进行评估,分析了当前纪检监察机关信息公开的状况,指出了存在的问题,提出了进一步推进纪检监察机关信息公开的对策建议。

创新实招通过专家推荐和评比,从《中国纪检监察报》《中国纪检监察》《党风廉政建设》等平台 2019 年公开的资料以及国情调研中搜集和筛选了 19 个做法,并进行了简要分析。

附录是通过专家评选方式确定的 2019 年中国党风廉政建设和反腐败工作的十件大事。

# 目　录

## Ⅰ　总报告

**B.1** 压倒性胜利不断巩固深化 建设"清廉中国"充满信心…………… 001

　　一　多种监督协同发力 ……………………………………… 003

　　二　作风建设持之以恒 ……………………………………… 013

　　三　惩治力度不减 …………………………………………… 018

　　四　制度建设成果丰硕 ……………………………………… 024

　　五　公共资金资产资源监管更加规范 ……………………… 031

　　六　诚信道德建设不断强化 ………………………………… 040

　　七　"清廉中国"建设面临的问题和挑战 ………………… 047

　　八　推动"清廉中国"建设的思考和建议………………… 053

## Ⅱ　地区报告

**B.2** 湖南省：打造三级"互联网＋监督"平台 ………………… 060

**B.3** 沈阳：正风肃纪插上"科技翅膀" ……………………… 077

**B.4** 邯郸市：用科技打通群众监督"最后一公里" …………… 091

**B.5** 四川达州：整治"群众最不满意的10件事"活动常态化 ………… 105

# Ⅲ 专题报告

**B. 6** 2018年以来学术不端问题与科研诚信建设研究报告 ················ 116

**B. 7** 党内问责的历史沿革与实施现状分析 ················ 138

**B. 8** 小区物业信访投诉特点与解决对策

　　　——以福建省龙岩市为例 ················ 157

# Ⅳ 企业报告

**B. 9** 建立健全"不敢腐、不能腐、不想腐"机制研究

　　　——以国网新源公司的实践探索为例 ················ 173

# Ⅴ 评估报告

**B. 10** 2019年全国地方各级纪检监察机关信息公开评估报告 ················ 195

**B. 11** 省级纪检监察机关信息公开评估报告 ················ 226

**B. 12** 省会及副省级城市纪检监察机关信息公开评估报告 ················ 237

**B. 13** 直辖市下辖区县纪检监察机关信息公开评估报告 ················ 248

**B. 14** 地级市纪检监察机关信息公开评估报告 ················ 264

**B. 15** 县级纪检监察机关信息公开评估报告 ················ 276

# Ⅵ 创新实招

1. 湖南江华："12388"打造乡镇纪委日常监督"掌上通" ············ 292

2. 湖南零陵："局务监督月例会"助力派驻监督 ············ 293

3. 陕西安康：容错纠错激励干部担当作为 ············ 294

4. 陕西安康："三化"建设助推纪检监察工作提质增效 …………… 295

5. 陕西安康高新区：向村派驻纪检监察员 …………… 296

6. 四川朝天："纪检监察小分队"破解人情社会监督难题 …………… 297

7. 云南昆明：扫码反映问题，后台及时分析 …………… 298

8. 四川彭州：探索建立纪检监察工作评价体系 …………… 298

9. 福建南安：以巡察"后评估"反向监督巡察机构 …………… 299

10. 四川金牛：为受处分人员建立关心关爱工作档案 …………… 300

11. 安徽天长：廉政档案为干部"廉检把关" …………… 301

12. 江苏苏州：个人有关事项报告覆盖所有纪检监察干部 …………… 302

13. 广西田东："双向通知书"推动落实"一岗双责" …………… 303

14. 山东荣成："未巡先改"推动共性问题整改提质增效 …………… 303

15. 贵州铜仁："三举措"护航脱贫攻坚 …………… 304

16. 贵州沿河：规范乡村"六小长"权力 …………… 305

17. 天津：整合政府热线，贴身化解百姓难题 …………… 306

18. 上海：为政务服务引入"好差评"机制 …………… 307

19. 内蒙古：干部下访做"加法" 群众上访少跑路 …………… 308

# Ⅶ 附 录

**B.16** 2019年党风廉政建设和反腐败工作十件大事 …………… 310

Abstract …………… 317

Contents …………… 320

皮书数据库阅读**使用指南**

# 总 报 告

**General Report**

## B.1
## 压倒性胜利不断巩固深化
## 建设"清廉中国"充满信心

中国社会科学院中国廉政研究中心课题组*

**摘　要：** 2019 年是反腐败取得压倒性胜利后的第一年，全面从严治党深入推进，监督体系不断健全，作风建设不松劲，惩治职务违法犯罪不减力度，源头防腐制度改革深入推进，进一步规范公共资金、资产和资源管理，完善社会诚信体系，廉政建设不断取得新成效。但社会公众和干部反映，因为惩治行贿

* 课题组组长：蒋来用，中国社会科学院中国廉政研究中心秘书长、社会学研究所廉政建设与社会评价研究室主任。执笔人：蒋来用；王田田，中国社会科学院中国廉政研究中心副秘书长、副研究员；田坤，中国社会科学院马克思主义研究院副研究员；于琴，中国社会科学院社会学研究所廉政建设与社会评价研究室助理研究员；林之波，中国社会科学院中国廉政研究中心达州市党风廉政教育中心大竹工作点主任、四川省大竹县纪委常委；张静，中国社会科学院中国廉政研究中心科研助理；张伟，中国社会科学院中国廉政研究中心科研助理；虞晨跃，中国社会科学院中国廉政研究中心科研助理。

力度不够，"围猎"现象还是比较严重，基层监督体系薄弱，地方纪委监委信息公开力度不够，形式主义、官僚主义依然比较突出，奢靡之风和享乐主义顽疾难治，诚信道德建设任务艰巨，小区物业管理缺乏透明规范，问责不力与问责泛化简单化并存，干部能力不足和不愿干事现象令人担忧，建议加快打造"不需送"和"不敢送"的清爽环境，重视基层监督体系建设，完善基层治理体系，加快地方纪委监委信息公开步伐，持之以恒反"四风"，加强诚信道德建设，加强城市小区物业监督管理，提高问责的精准度和有效性，深化公职人员管理制度改革，提高党和国家治理能力现代化水平。

**关键词：** 廉政　监督　作风　惩治　诚信道德

　　2019 年是中华人民共和国成立 70 周年，也是反腐败取得压倒性胜利后的第一年。中国社会科学院中国廉政研究中心课题组采用长期定点跟踪调查和随机抽样相结合的方式进行调查。2019 年 6 月至 12 月在全国 31 个省（自治区、直辖市）151 个区市县 604 个村居开展了城乡居民问卷调查。调查对象为居民家庭中 18～69 周岁的中国大陆居民。截至 2019 年 12 月 1 日，回收了 29 个省（自治区、直辖市）147 个区县 588 个村居的 10147 份问卷。课题组 5 月至 10 月在 7 个省 8 个地级市 16 个县分别做了干部、专业技术人员、企业管理人员专题问卷调查，同时采用座谈会、实地考察、个别访谈、论坛交流等多种方式调研，发现全面从严治党持续深入，各个领域廉政建设稳中求进，不敢腐、不能腐、不想腐一体推进，党和国家监督体系不断健全完善，权力运行制约和监督不断强化，"打虎""拍蝇""猎狐"不减力度，问责朝着精准有效方向积极迈进，法律制度围绕管用目标不断健全，诚信道德建设不断推进，作风建设名片效应从"亮丽"向"金色"提升，反腐败满意度、信心度等指数仍然保持相当高位，干部群众对建设"清廉中国"充满信心和希望。90.79%的领导干部、88.76%的普通干部、90.9%的企业管理人员、92.4%的专业人员认为党和政府惩治和预防腐败"非常坚决"或"比较坚决"。97.90%的领导干部、97.79%的普通干部、99.4%的专业人员、93.6%的企业管理人员认为目前腐败得到有效遏制或者腐败在一定范围内得到遏制。94.23%的领导干部、92.19%的普通干部、94.5%的专业人员、87.9%的企业管理人员对当前反腐败工作"满意"或"比较满意"。94.80%的普通干部、96.2%的专业人员、94.9%的企业管理人员、87.5%的城乡居民对党风廉政建设和反腐败斗争"有信心"或"比较有信心"。反腐败斗争压倒性胜利进一步巩固和深化，学术研究和媒体界对建设"清廉中国"呼声强烈，社会公众自觉参与廉洁治理的主动性和积极性增强，廉政建设的社会基础和文化土壤不断产生良性变化，为推进国家治理体系和治理能力现代化建设提供了有力保障。

# 一 多种监督协同发力

2019 年，巡视巡察、纪委监委、司法审计、群众舆论等监督力量持续发力，政治监督、纪律监督、法律监督并进，紧盯各类违纪违法行为，致力于实现监督的常态化和精准化，努力发挥及时发现、有效震慑和治本纠错功能。

## （一）纪委监委强化日常监督

坚决维护党中央权威和集中统一领导，强化政治监督，坚决服务保障党和国家事业发展，这是党章和宪法赋予纪检监察机关的神圣职责。中央纪委国家监委聚焦监督基本职责、第一职责，不断推进政治监督具体化、常态化。2019 年初，十九届中央纪委三次全会工作报告强调"着力在日常监督、长期监督上探索创新、实现突破"，各级纪检监察机关在增强监督能力上下苦功夫，综合运用约谈提醒、谈话函询、列席民主生活会等方式，抓早抓

小、防微杜渐，咬耳扯袖、红脸出汗，贯通运用监督执纪"四种形态"，着力提升监督的针对性和实效性。2019年，全国纪检监察机关共接受信访举报329.4万件次，处置问题线索170.5万件，谈话函询37.7万件次；运用"四种形态"批评教育帮助和处理共184.9万人次。其中，运用第一种形态批评教育帮助124.6万人次，占总人次的67.4%，① 相比于2018年增长3.8个百分点。近年来第一种形态比例的持续增长，体现了各级纪检监察机关更加注重抓早抓小、更加注重日常监督的人文理念。为切实提高谈话函询工作实效，山东省纪委监委深入了解函询对象家庭情况、任职经历等，设计函询问题因人而异、一针见血；安徽省加大对谈话函询情况的审查把关力度，通过查阅资料、与知情人谈话等方式进一步了解核实，抽查核实率为30%左右；② 福建省上杭县纪委监委印发《监督工作谈心谈话办法》《推进谈话函询工作的实施意见》等相关规定，明确12种需要谈话函询的情形和四类谈心谈话的内容。③

各级纪检监察机关还在监督机制制度、方式方法上进行研究探索。北京市纪委监委采取动态抽查与日常监督检查相结合的方式，对一年来在落实中央八项规定精神方面存在问题的单位进行回查回访，发挥大数据支撑作用，不断拓宽监督渠道，协调机关事务管理、税务以及烟草专卖局等部门，调取餐饮和烟酒发票、公车行驶记录等信息，仔细排查问题线索。④ 海南省纪委创新精准政治监督机制，根据建设自由贸易试验区这一重大国家战略，制定了包含123项可检查事项的监督清单，通过纪律、监察、派驻、巡视监督一体推进，实现资源、信息、手段和成果共享，推进构

---

① 《中央纪委国家监委通报2019年1至9月全国纪检监察机关监督检查、审查调查情况》，中央纪委国家监委网站，http：//www.ccdi.gov.cn/toutiao/202001/t20200117_207914.html。
② 《加大核查力度增强函询实效》，《中国纪检监察报》2019年7月29日，第1版。
③ 《福建上杭：立足监督职责 做好日常监督》，中央纪委国家监委网站，http：//www.ccdi.gov.cn/gzdt/jcfc/201910/t20191018_202709.html。
④ 《北京确定12类重点61个点位开展"四风"问题检查》，中央纪委国家监委网站，http：//www.ccdi.gov.cn/yaowen/201909/t20190929_201575.html。

建立体化的政治监督格局。① 江苏省纪委监委驻省国资委纪检监察组制定《关于开展"嵌入式"监督的实施办法》《核心业务运行权力监督清单》，对驻在部门组织实施的重大部署落实、重要人事任免、重大事项决策等探索开展"嵌入式"监督。② 四川省大竹县探索建立网格式日常监督、联动式精准监督、点位式解剖监督、倒查式问效监督 4 个方面的层级监督工作机制。

## （二）巡视巡察格局不断完善

### 1. 对中管企业与中央国家机关开展常规巡视

2019 年 3 月和 9 月，十九届中央第三轮和第四轮巡视工作，共覆盖 82 个中管企业及中央国家机关，这是继 2015 年、2017 年分别对中管企业和中央国家机关实现巡视全覆盖后的又一次政治体检。3 月 20 日，十九届中央第三轮巡视启动对 3 个中央单位和 42 家中管企业党组织的常规巡视，从国企领域和行业主管部门的全面从严治党形势与任务出发，紧盯中管企业党组织肩负的职责使命开展监督，同时注重把握国有企业特点和规律，强调"三个区分开来"③，从业务工作切入深入查找政治偏差。9 月 12 日，在第一批"不忘初心、牢记使命"主题教育结束之际，十九届中央第四轮巡视对 37 个中央国家机关单位党组织集中开展常规巡视，这是党的十九大后首次在单轮巡视中集中安排对中央国家机关开展巡视，通过加强对党和国家重要领域和关键环节公共权力的监督，督促中央国家机关践行"三

---

① 《着力推动政治监督具体化常态化》，《中国纪检监察报》2019 年 8 月 15 日，第 6 版。
② 《以"嵌入式"监督推动完善风险防控》，中央纪委国家监委网站，http：//www.ccdi.gov.cn/yaowen/201810/t20181029_182286.html。
③ 习近平总书记在 2016 年省部级主要领导干部贯彻党的十八届五中全会精神专题研讨班上的讲话明确提出"三个区分开来"，即要把干部在推进改革中因缺乏经验、先行先试出现的失误和错误，同明知故犯的违纪违法行为区分开来；把上级尚无明确限制的探索性试验中的失误和错误，同上级明令禁止后依然我行我素的违纪违法行为区分开来；把为推动发展的无意过失，同为谋取私利的违纪违法行为区分开来。

个表率"①、建设模范机关。

2. 深化政治监督成效显现

与十八届中央巡视检查中央企业时对发现的一些严重问题，如"利益输送问题严重、顶风违纪、纪律松弛、选人用人近亲繁殖"的严厉表述相比，十九届中央第三轮巡视检查中央企业关于主要问题性质、严重程度的表述明显缓和，如落实全面从严治党战略部署不够深入，形式主义、官僚主义依然存在，违反中央八项规定精神问题时有发生，一些重点领域和关键环节存在廉洁风险，等等。② 同时，发现的问题更加聚焦政治监督的内容，如学习贯彻习近平新时代中国特色社会主义思想和党的十九大精神不够深入，贯彻落实党中央决策部署和国家发展战略措施不够有力，党的领导融入公司治理结构亟待完善，等等。③ 一方面，这与中央关于党风廉政建设和反腐败斗争取得压倒性胜利的形势判断相吻合；另一方面说明，党的十九大以来中央关于推进党的政治建设和强化政治监督的决策部署，使中央企业在加强党的建设、推动全面从严治党方面有明显改进，政治生态明显好转。

3. 推动建立巡视巡察上下联动监督网

建立巡视巡察上下联动监督网，是党的十九大做出的一项重大决策部署。2019 年 3 月，十九届中央第三轮巡视在对 42 家中管骨干企业党组织进行巡视的同时，对国资委等 3 个相关行业主管部门同步开展巡视，这种安排有利于通过上下联动发现问题，推动解决行业共性问题和体制机制问题，发挥巡视标本兼治的利剑作用。与此同时，国资委党委启动 2019 年第一轮内部巡视，安排 6 个巡视组，对中国农业发展集团有限公司等 6 家中央企业党

---

① 2019 年 7 月 9 日，习近平总书记在中央和国家机关党的建设工作会议发表重要讲话时强调，中央和国家机关要在深入学习贯彻党的思想理论上做表率，在始终同党中央保持高度一致上做表率，在坚决贯彻落实党中央各项决策部署上做表率，建设让党中央放心、让人民群众满意的模范机关。
② 《十九届中央第三轮巡视全部反馈完毕》，《人民日报》2019 年 8 月 4 日，第 1 版。
③ 《十九届中央第三轮巡视全部反馈完毕》，《人民日报》2019 年 8 月 4 日，第 1 版。

委开展常规巡视,① 同步对标中央巡视工作,建立上下联动监督机制。地方各级党组织坚持巡视巡察工作一体谋划、一体推进,将巡视巡察利剑直插基层。山东、江苏、四川、安徽等地全面推进省市县巡视巡察三级联动,湖北省配合中央巡视办研发巡视巡察信息管理系统,适时了解掌握下级巡察机构工作动态以及巡视反馈问题的整改和移交线索办理进度,通过跟踪指导督办,提高巡视巡察工作质效。

### (三)审计监督开启全覆盖进程

1. 首次对中央一级预算单位实现审计全覆盖

审计监督全覆盖是党中央做出的重大部署,是推进国家治理体系和治理能力现代化的必然要求。2018 年 11 月至 2019 年 3 月,在深化党和国家机构改革的实践中,审计署在派出审计机关设置上实现对中央部门、中央企业和金融机构的全覆盖,同时延伸审计了 256 家所属单位,第一次实现对中央一级预算单位审计监督全覆盖。② 结果表明,2018 年中央部门本级预算总体执行率达 88.1%,比上年提高 8.5 个百分点,预算编制标准化、科学化和精细化水平总体上有所提高。但也揭示了一些部门和所属单位存在的问题,如对"三公"经费及会议费等管理不够严格、依托管理职能或者利用行业资源违规收费、个别单位违规发放津补贴、未经批准兼职或违规兼职取酬等。③ 对于这些问题,审计署已依法出具了审计报告、下达了审计决定书或审计整改建议函,提出了审计意见和建议。

2. 及时跟进审计重大决策部署落实情况

2019 年 6 月 26 日,第十三届全国人民代表大会常务委员会第十一次会议审议了国务院关于 2018 年度中央预算执行和其他财政收支审计情况。工

---

① 《国资委党委召开巡视工作会议 部署 2019 年首轮巡视工作》,中央纪委国家监委网站,http://www.ccdi.gov.cn/yaowen/201903/t20190329_191429.html。

② 《2019 年第 2 号公告:中央部门 2018 年度预算执行等情况审计结果》,中华人民共和国审计署网站,http://www.audit.gov.cn/n5/n25/c133001/content.html。

③ 《2019 年第 2 号公告:中央部门 2018 年度预算执行等情况审计结果》,中华人民共和国审计署网站,http://www.audit.gov.cn/n5/n25/c133001/content.html。

作报告表明，2018 年，全国审计机关跟踪审计 4.1 万个项目，对 6.5 万个单位进行抽查，推动取消、合并和下放行政审批事项 400 多项，减少或清退收费 9 亿元，加快实施项目 4000 多个，落实、收回和统筹盘活资金 200 多亿元，建立健全制度 1500 多项，处理 1500 多人。① 2019 年 1 月至 11 月，全国审计近 7 万个单位，为国家增收节支和挽回损失 2700 多亿元，推动建立健全制度 4400 多项。实现对全部 832 个国定贫困县的审计全覆盖，全国对 4200 多名领导干部开展自然资源资产离任审计，共审计 1.9 万多名领导干部。②

3. 移送违纪违法问题线索并跟踪了解办理情况

移送违纪违法问题线索和督促整改落实是审计监督的重要内容。截至 2019 年 11 月底，2018 年度审计查出的问题已整改金额 3099.81 亿元，制定完善相关制度 1538 项。③ 2018 年，各项审计发现并移送问题线索 478 起，涉及公职人员 810 多人，其中公职人员滥用权力和基层腐败损害群众切身利益的问题较为突出，共 333 起，占问题线索总数的 70%，主要表现为掌握资金分配管理权的公职人员怠于监管或者纵容作假，向特定关系企业或个人输送利益，基层工作人员利用现场勘查和数据录入等"末梢"权力贪污截留，等等。④ 审计署对移送有关部门的违纪违法问题线索及时进行跟踪了解，2019 年 6 月 26 日审计署发布 2019 年第 5 号公告，向社会公布对 19 件移送有关部门的违纪违法问题线索查处情况。公告表明，移送问题线索主要为涉嫌受贿、骗取财政资金和挪用扶贫资金，相关人员均已受到党纪政务处分，其中有 11 人被追究刑事责任。⑤

---

① 《国务院关于 2018 年度中央预算执行和其他财政收支的审计工作报告》，中华人民共和国审计署网站，http：//www. audit. gov. cn/n5/n26/c133000/content. html。
② 《全国审计工作会议在京召开》，中华人民共和国审计署网站，http：//www. audit. gov. cn/n4/n19/c136413/content. html。
③ 《国务院关于 2018 年度中央预算执行和其他财政收支审计查出问题整改情况的报告》，中华人民共和国审计署网站，http：//www. audit. gov. cn/n5/n26/c136294/content. html。
④ 《国务院关于 2018 年度中央预算执行和其他财政收支的审计工作报告》，中华人民共和国审计署网站，http：//www. audit. gov. cn/n5/n26/c133000/content. html。
⑤ 《2019 年第 5 号公告：审计署移送违纪违法问题线索查处情况》，中华人民共和国审计署网站，http：//www. audit. gov. cn/n5/n25/c133004/content. html。

## （四）司法监督保障依法公正追究职务犯罪

### 1. 检察机关与监察机关相互配合相互制约

继 2018 年刑事诉讼法修改、《国家监察委员会与最高人民检察院办理职务犯罪案件工作衔接办法》出台后，全国 31 个省级检察院和兵团检察院均及时出台了与监察委的衔接办法。最高人民检察院改革内设机构，新设立专门对接国家监察委员会的第三检察厅，负责国家监察委员会移送职务犯罪案件的审查逮捕、审查起诉、出庭支持公诉、抗诉，开展审判监督和相关案件的补充侦查，以及对全国检察机关职务犯罪业务进行指导。2019 年 12 月 30 日，最高人民检察院发布修订后的《人民检察院刑事诉讼规则》，结合监察体制改革的实践经验，充分征求国家监察委员会意见，做了细化规定。[1] 北京市检察机关发挥案件会商、监检联席会议以及联络员等制度机制作用，定期通报案件办理质量及监检衔接中的共性问题，向监察机关抄送职务犯罪检察工作报告，互聘业务骨干开展培训，2019 年上半年受理北京市监察机关移送案件同比增长 188%。[2] 山东、重庆等地检察机关举办职务犯罪检察业务培训，就监检衔接程序和实体问题、职务犯罪案件证据审查和法律适用问题进行专题讲授。山西省霍州市检察院与市纪委监委联合出台《关于建立职务违法、职务犯罪和公益诉讼案件线索双向移送机制的意见》，建立案件线索双向移送、工作协作配合、共同督办等工作机制。[3]

### 2. 依法行使职务犯罪检察和审判监督职能

在国家监察体制改革中，各级检察机关及时调整职能，探索实行"捕诉合一"的刑事检察运行模式，集中行使职务犯罪案件的提前介入、审查逮捕、审查起诉、出席法庭等刑事检察职能。2019 年，全国检察机关共受

---

[1] 《强化人权司法保障 准确适用刑事诉讼法》，中华人民共和国最高检察院网站，https：//www. spp. gov. cn/spp/zdgz/201912/t20191231_ 451731. shtml。

[2] 《北京市检察机关健全监检衔接机制推进职务犯罪检察专业化建设》，《检察日报》2019 年 9 月 3 日，第 5 版。

[3] 《山西霍州：与纪委监委出台线索双向移送意见》，《检察日报》2019 年 10 月 29 日，第 2 版。

理各级监委移送审查起诉职务犯罪 2 万余人，同比上升约 50%；已起诉 1.8 万余人，同比上升超过 80%；在各级纪委监委支持下，立案侦查司法人员侵犯公民权利、损害司法公正犯罪 872 人。① 一方面，在与监察委员会的互动过程中，各级检察机关通过提前介入、强制措施的适用、非法证据排除、退回补充调查、诉与不诉、追诉漏罪漏犯、增减认定事实等，实现对监察委员会调查案件的制约。另一方面，在与法院的互动过程中，检察机关的法律监督作用主要体现在依法抗诉，加强对定罪不当、量刑严重失衡、法律适用错误、审判程序违法和枉法裁判的监督等方面。如安徽省望江县检察院对一起涉嫌挪用公款和私分国有资产一审判决依法提起抗诉，认为原判对自首这一情节认定错误，造成量刑不当。经安庆市中级人民法院发回原审法院重新审理，县检察院检察长列席法院审委会发表检察意见，望江县人民法院作出重审判决，采纳检察机关提出的抗诉意见，依法作出改判。②

## （五）社会监督质效不断提升

### 1. 群众监督切中时弊

群众监督是党和国家监督体系中不可缺少的内容。2019 年"不忘初心、牢记使命"主题教育活动中，习近平总书记深刻指出，党员干部初心变没变、使命记得牢不牢，要由群众来评价、由实践来检验。③ "为民服务解难题"成为主题教育的重要目标之一。中央纪委国家监委机关牵头，会同 15 个中央国家机关开展"漠视侵害群众利益问题专项整治"，在中央纪委国家监委网站开设专栏，向社会集中公布了扶贫、教育医疗、环境保护、食品药品安全等方面专项整治的责任单位、监督举报和反映问题的方式，通过广泛发动群众和依靠群众，着力解决群众最关心最直接最现实的利益问题。截至 8 月 20 日，

① 《全国检察长会议》，内蒙古自治区扎赉特旗人民检察院网站，http：//www. nmzhalaite. jcy. gov. cn/djgz/202001/t20200120_ 2762901. shtml。
② 《望江县检察院强化监督职能　抗诉一起职务犯罪案件获改判》，安徽省望江县人民检察院网站，http：//www. ahwangjiang. jcy. gov. cn/zyaj/201902/t20190227_ 2497616. shtml。
③ 《习近平主持中央政治局第十五次集体学习并讲话》，中华人民共和国中央人民政府网站，http：//www. gov. cn/xinwen/2019－06/25/content_ 5403066. htm。

中央纪委国家监委网站通报曝光的漠视侵害群众利益问题,一共275起,处理425人。① 在四川广元,群众监督参与主题教育专项整治全过程,帮助党员干部找准问题、抓实整改,在纪群联动大会上向阳村11名村社干部对2019年以来的工作进行述职,并将每一个项目建设、每一笔收支全面公开,参会群众就目前发现的问题、存在的疑惑和意见建议向村社干部现场提出来,政策咨询类问题现场解答,不能现场解决的问题,承诺解决时限,由镇纪委和群众共同监督整改。② 除了及时制止损害群众利益的问题外,群众监督的重要目的之一还在于实事求是地反映当前基层的实际情况,以促进上级相关部门及时发现和纠正基层治理出现的偏差。2019年10月,湖南省一名乡村女教师在微信公众号发帖,反映其所在学校存在"检查过多、影响正常教学、增加教师负担"等形式主义问题,受到社会各界广泛关注。对此,当地人民政府新闻办公室于10月20日发布情况通报称,已成立由县纪委监委牵头的调查组,对该老师及媒体反映的问题进行调查,对调查中发现的问题及时整改并严肃处理。③

2. 社会力量有序参与

自中央纪委国家监委印发《国家监察委员会特约监察员工作办法》后,各级纪检监察机关畅通渠道、创新方法、搭建平台,积极发挥智力和人力资源监督作用,主动邀请特邀监察员参与到纪检监察机关及其干部监督当中。河南省郑州市惠济区聘请并建立了以人大代表、政协委员、文明市民等为主的特邀监察员队伍,专门制作了"特邀监察员"信访举报专用信封,涉及纪检监察干部违纪违法问题可以一信直达区纪委监委干部监督部门。广州市纪委监委成立特邀监察员队伍,凡是关系群众切身利益、涉及全局工作的重要文件或者重要法规制度出台前,均请特邀监察员"拍砖""挑刺",这已成为工作惯例。④ 深

---

① 《从275起案例看整治漠视侵害群众利益问题——精准把脉 深挖细查五类突出问题》,中央纪委国家监委网站,http://www.ccdi.gov.cn/yaowen/201908/t20190820_199075.html。
② 《广元昭化:群众监督参与主题教育专项整治》,《中国县域经济报》2019年10月14日。
③ 聂新鑫:《对基层形式主义坚决说"不"》,《中国纪检监察报》2019年10月21日,第2版。
④ 《从特邀监察员到特约监察员:纪检监察工作践行群众路线的生动实践》,中央纪委国家监委网站,http://www.ccdi.gov.cn/toutiao/201809/t20180904_179106.html。

圳坪山区监委举行"纪检监察开放日"活动，引入社会监督助力正风反腐，来自不同行业、不同领域的 16 名代表获聘为特约监察员。① 人民监督员制度的完善，是 2019 年社会监督的又一制度亮点。9 月，最高人民检察院印发实施《人民检察院办案活动接受人民监督员监督的规定》，明确人民监督员监督范围不再局限于检察机关查办的职务犯罪案件，刑事、民事、行政、公益诉讼等各类案件，极大地拓宽了人民监督员监督检察办案活动的范围。②

### 3. 媒体助力正风反腐

媒体不仅深刻改变着人们的思想观念，也影响着人们的行为习惯。2019年全国"两会"期间，人民网推出的调查结果显示，正风反腐、全面依法治国、社会保障居前三位，③ "反腐"连续第三年成为网民最关心的话题。④ 继中央纪委国家监委网站成为广大干部群众获取信息、反映意见的重要渠道后，各级纪检监察机关"两微一端"等媒体平台也迅速发展，及时反映社情民意，在线举报功能使一些有价值的问题线索得到曝光，推动社会监督有了质的提升。报纸、电台等传统媒体与纪检监察机关密切配合、持续发力。2019 年 11 月，四川省纪委监委组织《四川日报》、四川电视台、四川人民广播电台、《华西都市报》、《廉政瞭望》5 家省级主流媒体，对正风肃纪突出问题开展舆论监督报道、公开曝光，对于媒体记者深入一线明察暗访、调查取证，省纪委监委协调当地纪委及有关部门全力配合，24 小时提供方便与保护，形成对违纪行为和不正之风的强烈震慑。⑤

---

① 《坪山区监委举行"纪检监察开放日"活动引入社会监督助力正风反腐》，深圳政法网，http：//www.szszfw.gov.cn/html/1/195/202/46412.html。

② 《最高检印发〈人民检察院办案活动接受人民监督员监督的规定〉对人民监督员监督检察办案活动作出具体规定》，中华人民共和国最高人民检察院网站，https：//www.spp.gov.cn/spp/xwfbh/wsfbt/201909/t20190902_430837.shtml#1。

③ 《人民网开展 2019 年度"两会调查"：正风反腐和依法治国最受关注》，《人民日报》2019 年 2 月 28 日，第 12 版。

④ 《正风反腐成两会热词，折射民众新期待》，《新京报》2019 年 3 月 2 日，第 A2 版。

⑤ 《公开支持省级主流媒体进行舆论监督》，《华西都市报》2019 年 11 月 6 日，第 A1 版。

## 二 作风建设持之以恒

作风建设在廉政学研究中占有十分重要的地位。贯彻落实中央八项规定精神、纠正"四风"工作取得重大成效，作风建设已经成为新时代党的建设的"亮丽名片"。经过持续多年的不懈努力，作风建设不断结出新硕果。2019年10月24日，世界银行在华盛顿发布《2020年营商环境报告》，中国连续两年跻身全球营商环境改善最大的经济体排名前十，总排名由2018年的46位上升至31位。中国社会科学院中国廉政研究中心的问卷调查数据也显示，80.6%的企业管理人员认为领导干部解决企业实际困难和复杂问题"积极主动"或者"比较主动"，干部服务企业的主动性较强。2019年作风建设有不少新亮点，重点围绕形式主义、官僚主义、不担当不作为等突出问题着力整治，取得新进展新成效。

### （一）大力整治形式主义、官僚主义

集中整治形式主义、官僚主义从2018年9月开始。中纪委办公厅印发了《关于贯彻落实习近平总书记重要指示精神集中整治形式主义、官僚主义的工作意见》，明确了重点整治的4个方面12类突出问题9条具体举措。2019年1月，中央纪委三次全会把坚决破除形式主义、官僚主义纳入全年重点工作任务集中整治。3月，中共中央办公厅发出《关于解决形式主义突出问题为基层减负的通知》，决定将2019年作为"基层减负年"。4月1日，中央层面整治形式主义为基层减负专项工作机制启动，各地积极采取措施，陆续出台一系列措施整治文山会海、过度留痕、督导检查过多过滥等形式主义问题，精简会议、下发限制文件数量和考核事项等硬指标。云南省针对贯彻落实、服务群众等方面存在的27类形式主义、官僚主义突出问题部署专项整治，着力解决重痕迹轻实绩的怪象；① 安徽省委要求各级各部门会议

---

① 《落实三次全会部署·年中看进展③动真碰硬整治形式主义官僚主义》，中央纪委监委网站，http://www.ccdi.gov.cn/yanwen/201907/t201907/t20190713-197036.html。

数、发文数要同比减少 10% 以上；福建省明确，省直各部门综合性督查检查考核不超过 1 次，对县乡村和厂矿企业学校的督查检查考核事项减少 50% 以上；四川省明确，从 2019 年起，省委、省政府发给县级以下的文件比 2018 年至少减少 1/3，全省性会议比 2018 年减少 1/3 以上。各级纪检监察机关对党的十九大以后因形式主义、官僚主义问题受到党纪政务处分的党员干部点名道姓通报曝光，并作为常态化手段推动整治工作取得成效。北京市对"大棚房"专项整治工作重视不够、整改不到位不彻底的 8 个典型案例曝光，对相关责任人进行问责。陕西省纪委监委对渭南市在缺水之地造"海"挖"湖"、韩城市斥资 1.9 亿元建设超大体量假山跌瀑景观问题调查核实，实施问责 19 人，其中厅级 4 人、县处级 12 人。很多地方还将形式主义、官僚主义问题作为 2019 年巡视巡察重点。2020 年 1 月新型冠状病毒暴发以来，中央纪委国家监委印发《关于贯彻党中央部署要求、做好新型冠状病毒感染肺炎疫情防控监督工作的通知》，要求对防控工作中的形式主义、官僚主义具体表现情形早发现、早治理，把问题解决在萌芽阶段，让基层干部把更多精力放在疫情防控第一线。地方一些干部因为疫情防控不力被免职。湖北省委书记、武汉市委书记双双换帅，省卫健委书记、主任被免职，黄冈市卫健委主任、疾控中心主任因"一问三不知"被免职。① 浙江省乐清市疾控中心主任、卫健局局长因未将疫情及时上报被免职。② 黑龙江省双鸭山市友谊县分管卫健工作的副县长、县卫健局局长因在疫情防控工作中管理不到位被免职。③ 2 月 18 日，辽宁省纪委监委通报了 3 起典型不担当、不作为、作风漂浮、消极应对的形式主义、官僚主义问题。④

---

① 《湖北黄冈市卫健委主任唐志红被免职》，光明时政网，http：//politics. gmw. cn/2020 – 01/31/content_ 33513589. htm。
② 《7 人疫情未及时上报，卫健局长、疾控主任被免职，副市长被警告》，搜狐网，https：//www. sohu. com/a/371139566_ 120214183。
③ 《疫情防控工作落实不力黑龙江省一副县长被免职》，人民日报网，https：//baijiahao. baidu. com/s？ id = 1657871587255630638&wfr = spider&for = pc。
④ 《省纪委监委通报 3 起新冠肺炎疫情防控工作中形式主义官僚主义典型问题》，辽宁纪检监察网，http：//www. lnsjjjc. gov. cn/sfjds/system/2020/02/18/030038413. shtml。

## （二）以问题导向深入纠治享乐主义、奢靡之风

制度规定越来越细化。2012 年底以来，党中央、国务院和中央纪委陆续出台厉行节约反对浪费、公务用车改革制度、办公用房建设标准等配套制度。财政部办公厅、国管局办公室、中直管理局办公室 2019 年 7 月 3 日联合下发《关于规范差旅伙食费和市内交通费收交管理有关事项的通知》，进一步明确接待单位要按规定收取费用。"三公"经费已经连续八年下降，但中央对"四风"问题一直高度警惕。在十九届中央纪委三次全会上，习近平总书记再次强调"要把刹住'四风'作为巩固党心民心的重要途径，对享乐主义、奢靡之风等歪风陋习要露头就打"。各地各部门紧跟中央步调，严格按照全面从严治党要求，突出问题导向，用一个个具体问题的解决和突破，不断推动作风好转。云南省全省对违规公款购买、违规收送、违规占用、违规插手干预或参与经营云南高档普洱茶、珠宝玉石、名贵木材等名贵特产类特殊资源谋取私利问题进行专项整治；湖北省严查"精致走账"搞违规公款吃喝的问题，梳理了虚列开支套取公款冲抵吃喝费用、在公务接待函上做文章报销违规接待费用、私设小金库报销餐费等 9 类报销违规公款吃喝费用的典型问题，发现一处，严查一处；北京市纪委监委紧盯重要时间节点，节前通报曝光、警示提示，节日期间四级联动、监督检查，节后总结剖析、集中处置，持续保持高压态势。2019 年 1 月至 9 月，全国查处违反中央八项规定精神问题 40768 起，给予党纪政务处分 40687 人。① 在查处顶风违纪的同时，各级纪检监察机关从共性突出问题着手，推动有关部门完善公务接待、津补贴发放、婚丧喜庆等制度规定。黑龙江省出台会议费管理办法，严禁借会议名义组织安排会餐或宴请、严禁在会议费中列支公务接待费，坚决堵塞制度漏洞。江苏省印发通知，规定全省党政机关和事业单位严格禁止使用公款购买各种酒类饮品。

① 《2019 年 9 月全国查处违反中央八项规定精神问题 5016 起》，中央纪委国家监委网站，http：//www.ccdi.gov.cn/toutiao/201910/t20191024_202997.html。

表1　全国查处违反中央八项规定精神案件数统计

单位：起，人

| 项目 | | 中央八项规定实施以来至2013年底 | 2014年 | 2015年 | 2016年 | 2017年 | 2018年 | 2019年 |
|---|---|---|---|---|---|---|---|---|
| 查处问题数 | | 24521 | 53085 | 36911 | 40827 | 51008 | 65055 | 136307 |
| 处理人数 | | 30420 | 71748 | 49508 | 57723 | 71644 | 92215 | 194124 |
| 给予党纪政务处分人数 | | 7692 | 23646 | 33966 | 42466 | 50069 | 65558 | 136307 |
| 其中 | 省部级 | 1 | 2 | 8 | 5 | 6 | 6 | 5 |
| | 地厅级 | 41 | 112 | 410 | 551 | 543 | 746 | 761 |
| | 县处级 | 485 | 1205 | 2787 | 3966 | 4541 | 6344 | 9976 |
| | 乡科级及以下 | 7165 | 22327 | 30761 | 37944 | 44979 | 58462 | 125565 |

资料来源：根据网上公开资料整理。

## （三）着力整治漠视和侵害群众利益问题

加强作风建设的目的是更好地服务群众，解决群众关心的问题。"不忘初心、牢记使命"主题教育将侵害群众利益问题作为8个方面突出问题之一，聚焦扶贫领域腐败和作风问题、民生领域侵害群众利益问题，以及发生在群众身边的不正之风、"微腐败"问题和统计造假问题，进行集中治理。2019年8月，由中央纪委国家监委机关牵头，会同15个中央国家机关制定了《在"不忘初心、牢记使命"主题教育中专项整治漠视侵害群众利益问题的实施方案》，在中央纪委国家监委网站开设《漠视侵害群众利益问题专项整治》专栏，集中公布了专项整治项目内容、责任单位、监督举报和反映问题的方式，部署开展对扶贫、教育医疗、环境保护、食品药品安全等4个方面14项突出问题的专项整治。截至2020年1月6日，全国纪检监察机关共查处漠视侵害群众利益问题9.80万起，处理13.01万人。[1] 2019年10月29日公布第一批专项整治成果，832个国家级贫困县义务教育阶段辍学学生人数由2019年5月底的29万减少至6.5万；2019年6月以来，贫困地

---

[1]　《中央纪委国家监委公布专项整治漠视侵害群众利益问题阶段性工作成果》，中央纪委国家监委网站，http://www.ccdi.gov.cn/toutiao/202001/t20200106_207266.html。

区新增符合政策参加医保贫困人口 53.5 万人,57.8 万贫困人口饮水安全问题得到解决;6~9 月,全国新纳入低保共 185.4 万人,退出不再符合条件低保对象 185 万人;再生障碍性贫血等 10 种儿童血液病、恶性肿瘤主要病种被纳入救治管理和保障体系,148 个疗效确切、价格适宜药品新增进入医保药品目录。① 新冠肺炎疫情期间,各地着力整治漠视侵害群众利益问题。如河南省南阳市唐河县受理疫情防控中侵害群众利益问题举报 30 件次,党纪政务处分 15 人,开展专项督查 5 次,下发督办通知 5 份。② 地方积极行动,针对突出问题开展专项整治。辽宁把涉农资金、涉农项目问题大起底大排查纳入专项整治;四川省达州市开展整治群众最不满意的 10 件事,用行动回应群众需求。

### (四)严管与厚爱结合,激励干部担当作为

干部不担当、不作为问题损害党的形象,贻误事业发展。2019 年以来,各级各地在贯彻习近平总书记重要批示精神、深入落实中央八项规定精神上持续发力,着力解决对人民群众利益不维护、不作为等问题。结合"不忘初心、牢记使命"主题教育,聚焦工作思路不清、措施不当、推动不力,不正视问题、触及矛盾,工作长期无实质性进展、群众反映强烈,长期得不到解决等问题,逐项整治。河北省对不担当不作为的突出问题,梳理归纳出 17 个方面,提出操作性强的整治措施,通过"电视问政"等方式,现场质询政府有关负责人,推动问题解决。吉林省重点对脱贫攻坚、环保整改、城市棚户区改造等民生工程,以及承诺解决的各项民生领域群众最不满意的实事落实推进情况进行检视再提升。各地纪检监察机关针对不担当、不作为、乱作为等问题,重拳出击、严肃问责,对典型问题点名道姓通报曝光。黑龙江省哈尔滨市查处"黑车"非法营运问题,对相关单位通报批评,对相关

---

① 《中央纪委国家监委公布第一批专项整治漠视侵害群众利益问题工作成果》,《人民日报》2019 年 10 月 30 日,第 4 版。

② 《唐河:真刀真枪解决漠视侵害群众利益问题》,南阳纪检监察网站,http://www.nydi.gov.cn/2020/dfzf_ 0311/19351.html。

责任人严肃问责；天津市抓住"关键少数"，1月至8月问责26名不作为不担当的市管干部，形成有力震慑，倒逼干部干事创业。云南省昆明市成立疫情防控监督专项纪律监督领导小组，监督推动疫情防控和经济社会发展的政策落实。截至目前，全市共追责问责305件342人次，其中，通报问责31人，党纪政务处分15人，诫勉问责2人，组织调整3人，其他方式处理291人。① 在严管的同时，也注重厚爱，做到严管厚爱相结合。2019年，从中央到地方越来越重视建立激励关怀机制和容错纠错机制，解除干部担当作为的后顾之忧。按照"三个区分开来"要求，对干部的失误进行大胆容错，推动形成能者上、庸者下、劣者汰的用人机制，为积极作为、敢于担当的干部撑腰鼓劲。进一步完善考核评价机制，中共中央办公厅4月修订印发了《党政领导干部考核工作条例》，将区分优劣、奖优罚劣、激励担当、促进发展作为考核干部的基本任务，强化考核结果运用，调动广大干部干事创业的积极性，树立务实戒虚的鲜明导向。

## 三 惩治力度不减

2018年7月3日，习近平总书记在全国组织工作会议上的讲话首次提出"夺取了反腐败斗争压倒性胜利"。12月13日，中共中央政治局会议强调"反腐败斗争取得压倒性胜利"。这是中央对反腐败形势做出新的重大判断。反腐败是全面从严治党的一个重要内容。在取得反腐败压倒性胜利之后，中国惩治职务违法犯罪的力度并未减弱，高压态势并未改变，呈现新的特点。

一是信访举报量、立案数和处分数开始下降。信访举报、立案数和处分人数逐年增多状况持续了多年，但2019年开始出现新变化。2019年上半年，全国纪检监察机关共接收信访举报160.9万件次，与2018年同期相比

---

① 《云南昆明专项监督疫情防控工作共追责问责342人》，中国新闻网，http://www.chinanews.com/gn/2020/03-17/9127938.shtml。

出现了掉头向下趋势，说明来自纪检监察机关外部的，也就是来自社会的案件线索在下降，但立案数和处分数却继续上升，说明纪检监察机关通过巡视巡察、监督审查等主动发现的案件线索在增加。这个数据表明，国家监察体制改革整合职务违法犯罪力量产生积极效应，纪检监察机关主动发现问题线索能力和办案能力提高，对职务违法犯罪惩治力度加大。但从 2019 年全年的数据看，信访举报量、立案数和处分数与 2018 年相比都出现了下降（见表 2）。

表 2　2016～2019 年全国纪检监察机关信访举报、立案、处分数

| 时间 | | 信访举报（万件次） | 立案（万件） | 处分（万人） |
| --- | --- | --- | --- | --- |
| 2016 年 | 上半年 | 120.5 | 19.3 | 16.3 |
| | 全年 | 253.8 | 41.3 | 41.5 |
| 2017 年 | 上半年 | 131.9 | 25.6 | 21.0 |
| | 全年 | 273.3 | 52.7 | 52.7 |
| 2018 年 | 上半年 | 168.3 | 30.2 | 24 |
| | 全年 | 344.0 | 63.8 | 62.1 |
| 2019 年 | 上半年 | 160.9 | 31.5 | 25.4 |
| | 全年 | 329.4 | 61.9 | 58.7 |

资料来源：根据中央纪委国家监委网站资料整理。

二是主动投案数大幅增多。"主动投案"暴增是 2019 年反腐败的一个新特点。2019 年全国有 10357 人主动投案，其中中管干部 5 人、省管干部 119 人。① 继河北省政协原副主席艾文礼投案之后，王铁、李建华、秦光荣、刘士余等原省部级干部也纷纷主动投案。在高压震慑和政策感召下，2019 年全国掀起了一轮"主动投案潮"。"主动投案"一词高频出现在各级纪检监察机关发布的通报和媒体报道中。主动投案较多，一方面表明纪检监察机

---

① 《巩固反腐压倒性胜利全力保障脱贫攻坚决战决胜——从中央纪委四次全会工作报告看全面从严治党新成效新动向》，中央纪委国家监委网站，http://www.ccdi.gov.cn/yaowen/202002/t20200225_212172.html。

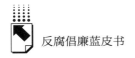
关主动发现问题线索能力增强，监察体制改革的威慑力和权威性在增强；另一方面表明侥幸的机会越来越少，职可退但责不退，外逃路子基本被封堵，坐以待毙不如主动投案。

三是不起诉率、退查率均下降。2018 年全国各级检察院受理各级监委移送职务犯罪 16092 人，已起诉的 9802 人，不起诉的仅 250 人，退回补充调查的仅 1869 人次，不起诉率、退查率同比分别下降 9.5 个和 37 个百分点。① 2019 年 1~9 月，对于职务犯罪案件，全国检察机关不起诉 745 人，同比下降 86.9%，不起诉率为 4.9%，比总体刑事犯罪不起诉率低 3.7 个百分点。② 有的地方不起诉率和退回补充调查率下降非常大，如山西省职务犯罪退回补充调查率由监察体制改革前 3 年的平均 64.4% 下降到 15%，职务犯罪不起诉率由监察体制改革前 3 年的平均 10.33% 下降到 0.6%。③ 不起诉率和退回补充调查率下降，从侧面说明了监检衔接的良性发展态势，某种程度上表明监委办案质量在上升，监察体制改革效果在不断释放。

四是惩治职务违法犯罪力度丝毫不减。2018 年全国各级法院审结贪污贿赂、渎职等案件 2.8 万件 3.3 万人。④ 2019 年全国纪检监察机关依规依纪依法处理严重违纪违法涉嫌犯罪以及给予因其他犯罪被判刑人员开除党籍、开除公职共计 6.8 万人次，占 3.7%，其中中管干部 20 人；共计处分 58.7 万人（其中党纪处分 50.2 万人）；全国纪检监察干部涉嫌犯罪移送检察机关 150 人，⑤ 全国检察机关共受理各级监委移送审查起诉职务犯罪

① 《2019 年最高人民检察院工作报告》，中华人民共和国最高人民检察院网站，http://www.spp.gov.cn/gzbg/，2019 年 3 月 12 日。
② 《最高检首次按季度对外公布检察业务数据》，中华人民共和国最高人民检察院网站，https://www.spp.gov.cn/spp/xwfbh/wsfbt/201910/t20191030_436761.shtml。
③ 杨巨帅、黄武、王诗雨：《走出一条中国特色监督之路——纪检监察体制改革在蹄疾步稳中深化推进》，《中国纪检监察》2019 年第 21 期。
④ 《2019 年最高人民检察院工作报告》，中华人民共和国最高人民检察院网站，http://www.spp.gov.cn/gzbg/，2019 年 3 月 12 日。
⑤ 《赵乐际在十九届中央纪委四次全会上的工作报告》，搜狐网，https://www.sohu.com/a/375659792_120207611。

2 万余人，同比增长超过 80%。① 据中央纪委国家监委网站数据，2018 年 9 月至 2019 年 8 月，共有 24 名中管干部接受审查调查（见表 3），同比增长 33.3%。2017 年 9 月至 2018 年 8 月，只有 18 名中管干部接受审查调查。

表3　2018 年 9 月至 2019 年 8 月落马的中管干部

| 序号 | 姓名 | 落马前职务 | 落马时间 | 备注 |
|---|---|---|---|---|
| 1 | 邱大明 | 吉林省纪委副书记、省监委副主任 | 2018 - 09 - 11 | 全面推广国家监察体制改革以来首个落马的省级监委官员 |
| 2 | 李士祥 | 北京市政协党组副书记、副主席 | 2018 - 09 - 15 | 十九大后北京"首虎" |
| 3 | 靳绥东 | 河南省政协党组副书记、副主席 | 2018 - 09 - 18 | 高价出售本人书法作品 |
| 4 | 努尔·白克力 | 国家发改委副主任、国家能源局党组书记、局长 | 2018 - 09 - 21 | |
| 5 | 孟宏伟 | 公安部副部长 | 2018 - 10 - 07 | |
| 6 | 邢云 | 内蒙古自治区人大常委会副主任 | 2018 - 10 - 25 | |
| 7 | 钱引安 | 陕西省委常委、秘书长 | 2018 - 11 - 01 | 一再拒绝接受党组织的教育帮助和挽救 |
| 8 | 缪瑞林 | 江苏省副省长 | 2018 - 11 - 15 | 十九大后江苏"首虎"；在参加全国"两会"期间严重破坏会风会纪 |
| 9 | 陈刚 | 中国科协党组成员、书记处书记 | 2019 - 01 - 06 | 2019 年"首虎" |
| 10 | 赵正永 | 陕西省委书记 | 2019 - 01 - 15 | 2019 年首个落马的省部级正职官员 |
| 11 | 赵洪顺 | 国家烟草专卖局党组成员、副局长 | 2019 - 02 - 16 | 2019 年春节以后首个落马的中管干部 |

--------

① 《全国检察长会议》，内蒙古自治区扎赉特旗人民检察院网站，http://www.nmzhalaite.jcy.gov.cn/djgz/202001/t20200120_2762901.shtml。

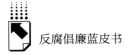
续表

| 序号 | 姓名 | 落马前职务 | 落马时间 | 备注 |
|---|---|---|---|---|
| 12 | 赵景文 | 中国中信集团有限公司党委委员、执行董事 | 2019–02–20 | |
| 13 | 张茂才 | 山西省人大常委会副主任 | 2019–03–02 | 十九大后山西"首虎" |
| 14 | 魏传忠 | 国家质量监督检验检疫总局党组成员、副局长 | 2019–03–15 | 十八大后质检系统"首虎" |
| 15 | 彭宇行 | 四川省副省长 | 2019–04–28 | 十九大后四川"首虎";涉嫌充当国外间谍 |
| 16 | 秦光荣 | 云南省委书记 | 2019–05–09 | 主动投案的首个原省部级"一把手" |
| 17 | 向力力 | 湖南省人大常委会副主任 | 2019–05–17 | 十九大后湖南"首虎" |
| 18 | 刘士余 | 中华全国供销合作总社党组副书记、理事会主任 | 2019–05–19 | 主动投案,配合审查调查 |
| 19 | 云光中 | 内蒙古自治区党委常委、呼和浩特市委书记 | 2019–06–11 | |
| 20 | 杨克勤 | 吉林省人民检察院党组书记、检察长 | 2019–07–17 | 十八大以来首个被查的在职省级检察院检察长 |
| 21 | 胡怀邦 | 国家开发银行党委书记、董事长 | 2019–07–31 | 2019年首个被查的国有金融机构"一把手"及首个副部级金融高管 |
| 22 | 徐光 | 河南省副省长 | 2019–08–24 | |
| 23 | 张坚 | 安徽省高级人民法院院长 | 2019–08–25 | |
| 24 | 李谦 | 河北省副省长 | 2019–08–27 | |

资料来源：根据中央纪委国家监委网站数据整理。

　　五是扫黑除恶"打伞破网"力度大。习近平总书记在十九届中央纪委三次全会上强调，要向群众身边不正之风和腐败问题亮剑，维护群众切身利益；① 在十九届中央纪委四次全会上再次强调，要深化拓展群众身边腐败和

---

① 宰学明：《把监督向基层延伸做实做细》，《中国纪检监察报》2019年7月25日，第7版。

作风问题整治，持续严惩扶贫和民生领域腐败、涉黑涉恶腐败及"保护伞"。① 各地纪委监委、检察院及法院进一步开展扶贫领域专项治理，强化"末梢监督"，把惩治"蝇贪"同扫黑除恶结合，严惩"村霸""市霸"等，同时严厉打击黑恶势力背后的"保护伞"。2019 年 3 月"两会"上，最高人民检察院和最高人民法院在其工作报告中分别公布了相关数据。2018 年批捕涉黑犯罪嫌疑人 11183 人，起诉 10361 人；批捕涉恶犯罪嫌疑人 62202 人，起诉 50827 人；② 审结黑恶势力犯罪案件 5489 件 2.9 万人。③ 全国扫黑除恶专项斗争开展以来，获得重大阶段性成果，2019 年，全国依法打掉涉黑组织 2848 个、涉恶犯罪集团 9304 个，破获刑事案件 350719 件；全国立案查处涉黑涉恶腐败和"保护伞"案件 51734 件，处理 61227 人，给予党纪政务处分 42769 人，移送司法机关 6837 人；全国排查整顿软弱涣散村党组织 4.47 万个，排查调整受过刑事处罚及存在"村霸"、涉黑涉恶等问题的村干部 4.17 万名。④ 全国纪检监察机关共立案查处涉黑涉恶腐败和"保护伞"问题 3.8 万件，给予党纪政务处分 3.2 万人，涉嫌犯罪移送检察机关 4900 余人。⑤ 湖南省新晃县操场埋尸案等沉冤多年的积案得到侦破。

六是追逃追赃成效越发明显，国际合作不断深化。2019 年 4 月 25 日在北京举行的第二届"一带一路"国际合作高峰论坛"廉洁丝绸之路"分论坛上，我国与有关国家、国际组织以及工商学术界代表共同发起了《廉洁丝绸之路北京倡议》，鼓励各方加强反腐败相关机构人员交流、信息沟通和经验分享，

---

① 《十九届中央纪委四次全会公报》，新华网，http：//www.xinhuanet.com//mrdx/2020 - 01/16/c_138709549.htm。

② 《最高人民检察院工作报告——2019 年 3 月 12 日在第十三届全国人民代表大会第二次会议上》，中华人民共和国最高人民监察院网站，http：//www.spp.gov.cn/spp/gzbg/201903/t20190319_412293.shtml。

③ 《最高人民法院工作报告——2019 年 3 月 12 日在第十三届全国人民代表大会第二次会议上》，中华人民共和国最高人民法院网站，http：//gongbao.court.gov.cn/Details/a5a0efa5a6041f6dfec0863c84d538.html。

④ 《全国已打掉涉黑组织 2848 个！2020 年扫黑除恶专项斗争将这样开展》，南充政法网，https：//baijiahao.baidu.com/s? id = 1654613766611828227&wfr = spider&for = pc。

⑤ 《赵乐际在十九届中央纪委四次全会上的工作报告》，搜狐网，https：//www.sohu.com/a/375659792_120207611。

在反腐败追逃追赃等领域开展全天候、多层次、高效能的合作。① 10 月 19 日，国家监委与联合国毒品犯罪办公室签署反腐败合作谅解备忘录，双方围绕预防和惩治腐败、资产追回、信息分享和交流等实务开展合作。监察体制改革制度优势转化为治理效能逐渐显现。广东健力宝集团有限公司原副总经理于善福、深圳市罗湖区原地税局干部陈丹霞、江苏省纸联再生资源有限公司原总经理谢浩杰等归案证实了上下一体、多部门联动的工作机制的效果。潜逃境外长达 15 年之久的海南省纺织工业总公司原总经理王军文回国自首并积极退赃，谢浩杰被押解回国，于善福投案、席飞落网，以及"金融领域职务犯罪典型"、国家外汇管理局浙江分局管理检查处原干部袁国方自首……2019 年以来，已有多名国企、金融机构等外逃人员归案。2019 年 6 月 27 日，中央追逃办在成立 5 周年之际，公布了 5 年以来我国追逃追赃数据，全国共从 120 多个国家和地区追回外逃人员 5974 人，其中党员和国家工作人员 1425 人，追回赃款 142.48 亿元，"百名红通人员"已有 58 人归案。② "天网 2019" 行动共追回外逃人员 2041 名，其中党员和国家工作人员 860 人、"百名红通人员" 4 人、"红通人员" 40 人，追赃金额 54.2 亿元人民币。③ 一系列成果说明党和国家的追逃追赃工作持续深化，成效越发明显。

## 四　制度建设成果丰硕

2019 年，全面深化改革乘势而上，纪检监察、金融、营商环境、科技、法治、政府管理、教育、医疗、就业、环保、减税降费等领域推出系列创新举措，深入推进廉政建设，制度优势正在转化为治理效能。

---

① 《"一带一路"廉洁丝绸之路分论坛发起"北京倡议"》，新京报网，https://baijiahao.baidu.com/s? id = 1631782776305167890&wfr = spider&for = pc，2019 年 4 月 25 日。

② 王卓：《有逃必追　一追到底——写在中央追逃办成立五周年之际》，《中国纪检监察报》2019 年 6 月 27 日，第 1 版。

③ 《赵乐际在十九届中央纪委四次全会上的工作报告》，搜狐网，https://www.sohu.com/a/375659792_ 120207611。

## （一）纪检监察体制改革蹄疾步稳

### 1. 国家监察体制改革不断深化

2019 年初，十九届中央纪委三次全会提出要持续深化国家监察体制改革，监察机构和监察职能向基层拓展。浙江在全省 1389 个乡镇（街道）全部设立监察办公室，北京房山区等地向农村、社区派出监察专员。各地区监察监督还持续向国有企业、高等院校等单位延伸，努力实现对《中华人民共和国监察法》所规定的监察对象监督全覆盖。各地纪检监察机关不断探索完善线索移交、案件移送、证据转换、办案协作机制，从立案调查到移送检察机关审查起诉的平均用时普遍有了较大幅度的减少，监察质量和有效性出现了积极变化。

### 2. 派驻机构改革持续推进

2019 年是落实《关于深化中央纪委国家监委派驻机构改革的意见》（中共中央办公厅 2018 年 10 月印发）的关键年。2018 年 11 月中旬至 2019 年 1 月初，中央纪委国家监委分类分领域召开党政机关、中管企业、中管金融企业和中管高校纪检监察体制改革推进会，研究部署深化派驻机构改革有关事宜。此轮派驻机构改革重点是健全领导体制和运行机制，设立中管企业纪检监察组或者监察专员办公室，将中管金融企业纪委改设为中央纪委国家监委派驻纪检监察组，明确将党委书记和校长列入中央管理的高校纪委接受高校的党委和党组织关系所在地地方纪委双重领导。地方纪检监察机关紧跟中央纪委国家监委步伐，紧锣密鼓推进派驻机构改革。山东省委办公厅印发《关于深化省纪委省监委派驻机构改革的实施意见》，派驻机构名称统一为省纪委省监委派驻纪检监察组。浙江省实现了派驻机构与省纪委监委机关干部在选调录用、选拔任用、轮岗交流、教育培训、党建工作、经费保障上的"六个一体化"。①

---

① 任振鹤：《在新起点上持续深化改革》，《中国纪检监察报》2019 年 4 月 8 日，第 8 版。

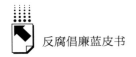

3. 巡视体制改革有条不紊

2019 年 6 月，中央印发《关于中央部委、中央国家机关部门党组（党委）开展巡视工作的指导意见（试行）》（以下简称《指导意见（试行）》），对中央和国家机关进一步落实《中国共产党巡视工作条例》提出具体要求。《指导意见（试行）》明确中央和国家机关党组（党委）可根据工作需要，按照党组织隶属关系和干部管理权限，对下一级单位党组织领导班子及其成员进行巡视。同时明确由党组（党委）书记担任巡视工作领导小组组长，巡视办根据巡视监督任务可以单独设立，也可以与有关内设机构合署办公，并通过内部调剂配备相应专职人员。① 各地继续深入探索巡视巡察上下联动机制，积累了有益的经验。江苏、广西等地探索对口式、延伸式、接力式等巡视巡察联动方式，构建起巡视巡察协调推进格局，稳步推进市县巡察向村级组织延伸全覆盖。黑龙江省将巡察村级党组织纳入巡视工作五年规划和常委会工作要点，与省委巡视和市县巡察一体部署，制定出台《专项巡视巡察上下联动监督办法》，把村级党组织作为上下联动监督重点对象。②

4. 内设机构改革有声有色

2019 年 1 月 24 日，中央纪委国家监委网站公布了内设机构改革后中央纪委国家监委组织机构图。为突出监督职责，中央纪委国家监委改变了过去纪检监察室的设置，试行监督检查和审查调查职能分离、部门分设。纪检监察机关内设机构重大变革可以有效防止因纪检监察室日常监督权、线索处置权、立案审查权和调查取证权等多种权力高度集中带来的廉政风险。③ 一些地方纪检监察机关结合自身实际，在内设机构的设置上进行了一些有益的探

---

① 《坚持稳中求进加强分类指导推动中央和国家机关巡视工作规范发展——中央巡视工作领导小组办公室主要负责人就〈关于中央部委、中央国家机关部门党组（党委）开展巡视工作的指导意见（试行）〉答记者问》，《中国纪检监察》2019 年第 13 期，第 30～32 页。

② 《各地以巡视带动巡察　上下联动　织密扎牢监督网》，http：//www. ccdi. gov. cn/yaowen/201908/t20190802_ 198233. html。

③ 杨巨帅：《深化纪检监察体制改革　持续释放治理效能》，《中国纪检监察》2019 年第 16 期，第 51 页。

索。2019 年 1 月 31 日，浙江省纪委监委成立信息技术保障室，充分利用信息化、大数据、云计算为监督检查和审查调查工作服务。截至 2019 年 6 月，该室管理的综合信息查询平台已累计提供查询服务 1600 余批次。[①]

5. 改革配套制度逐步完善

中央纪委国家监委进一步加强内控机制建设，继 2019 年 1 月中共中央办公厅印发《中国共产党纪律检查机关监督执纪工作规则》之后，中央纪委国家监委 7 月印发《监察机关监督执法工作规定》，为纪检监察机关敢于监督、善于监督、规范监督提供了重要保障和基本遵循。立法工作加快推进。10 月 8 日，中国人大网公布《中华人民共和国公职人员政务处分法（草案）》，面向社会征求意见。地方各级纪检监察机关也下大力气对纪检监察体制改革配套制度进行完善。比如，海南省纪委监委出台 22 项内部工作制度和 12 项外部衔接制度，构筑起以业务工作流程细则为主体的"1+N"制度体系，扎实推进纪法贯通、法法衔接。再如，福建省纪委监委围绕执纪监督、审查调查、案件审理、监督管理和移送司法等纪检监察核心业务环节，出台了《监察体制改革业务运行制度框架》，制定相关制度 37 项。[②]

## （二）完善党内法规和法律制度体系

### 1. 党内法规不断完善

系列党内新规出台。2019 年初，中共中央出台《关于加强党的政治建设的意见》，从坚定政治信仰、坚持党的政治领导、提高政治能力、净化政治生态等方面提出了新的更高要求。1 月 31 日，中央办公厅印发《中国共产党重大事项请示报告条例》，将政治纪律、组织纪律、工作纪律要求规范化和具体化。3 月，中央印发《关于加强和改进中央国家机关党的建设的意

---

① 颜新文、杨巨帅：《以更强的政治责任感干在实处、走在前列——浙江省推动新时代纪检监察工作高质量发展掠览》，《中国纪检监察》2019 年第 12 期，第 25 页。
② 黄武：《以科学思想推动国家监察体制改革持续深化》，载《中国纪检监察》2019 年第 6 期。

见》。在党的历史上，中央专门制定关于中央和国家机关党的建设方面的规范，这是第一次。5月6日起施行的《中国共产党党员教育管理工作条例》对党员教育管理的内容、方式、程序等做出规范。9月3日，中央公布《中国共产党党内法规执行责任制规定（试行）》，不贯彻执行、打折扣变通执行党内法规而出现重大问题或造成严重后果的将被追责。2020年初，中共中央颁发《中国共产党国有企业基层组织工作条例》《中国共产党党和国家机关基层组织工作条例》两个基层组织工作条例，突出了提升基层组织治理能力的重要性和必要性。1月21日，中共中央办公厅发布《纪检监察机关处理检举控告工作规定》。3月9日，中共中央办公厅发布《党委（党组）落实全面从严治党主体责任规定》，为主体责任落实和监督提供了操作指引和制度保障。

一批党内法规得到修订。2019年初，中共中央修订了《党政领导干部选拔任用工作条例》，把政治纪律和政治规矩作为选任干部的底线，激励干部担当作为。4月6日新修订的《中国共产党党组工作条例》，赋予党组纪律处分权限。中央印发《党政领导干部考核工作条例》，新"指挥棒"激励引导广大干部以好的状态、实的作风干事创业。5月13日起实施的《干部选拔任用工作监督检查和责任追究办法》扩大适用范围，明确监督检查重点内容，强化上级党组织监督检查，加大对不担当不作为行为的问责力度。7月7日，新修订的《党政主要领导干部和国有企业领导人员经济责任审计规定》强调以任中审计为主，细化审计内容，鼓励探索创新、支持担当作为。8月30日中央政治局会议修订《中国共产党党内法规和规范性文件备案审查规定》《中国共产党党内法规制定条例》，为进一步提高党内法规制定质量提供保障。9月1日，新版《中国共产党问责条例》正式施行，进一步规范了党内问责的情形和程序，重点解决问责不力、泛化简单化等问题，着力提高党内问责工作的政治性、精准性、实效性。

2. 法律法规进一步完善

一是赋予国家监察委员会监察法规制定权。2019年10月26日，全国人大常委会通过《关于国家监察委员会制定监察法规的决定》，授权国家监察委员会根据宪法和法律制定监察法规的权力。监察法规经监察委员会全体会议决定，由国家监察委员会发布公告予以公布，并向全国人大常委会备案。

二是细化贪污贿赂罪犯减刑、假释规定。2019年3月25日，最高人民法院审判委员会通过《关于办理减刑、假释案件具体应用法律的补充规定》，从严掌握贪污贿赂罪犯减刑、假释标准：对于拒不认罪悔罪、有履行能力而不履行或者不全部履行生效裁判中财产性判项的，不予假释，一般不予减刑。该规定还分别对减刑的最低执行时间条件、两次减刑之间的时间间隔等做出了具体规定。

三是完善严惩公职人员涉黑涉恶违法犯罪分工机制。2019年10月20日，国家监察委员会、最高人民法院、最高人民检察院、公安部、司法部联合发布《关于在扫黑除恶专项斗争中分工负责、互相配合、互相制约严惩公职人员涉黑涉恶违法犯罪问题的通知》，进一步明确了各部门查办案件的重点，对准确适用相关法律（特别是刑法相关罪名的规定）提出了指导性意见，提出要建立完善查处公职人员涉黑涉恶违法犯罪重要疑难案件研判分析、案件通报等工作机制，进一步加强监察机关、政法机关之间的配合，共同研究和解决在案件查处、办理过程中遇到的疑难问题。

### （三）深入推进源头防腐改革

腐败和不正之风的根本性解决需要通过各部门不断深化改革才能实现。比如，政法领域改革就把破解权责平衡难题、全面强化执法司法责任、规范自由裁量权作为重点。2019年1月23日，中央全面深化改革委员会第六次会议审议通过了《关于政法领域全面深化改革的实施意见》，对于抓紧完善政法领域权力运行监督和制约机制提出了具体要求。7月19日召开的政法领域全面深化改革推进会，把建立权责一致的司法权运行新机制作为重要内容，制定法官、检察官权力清单和履职指引，严格落实独任法官、合议庭办案责任制，健全类案和关联案强制检索制度，完善专业法官会议和检察官联席会议制度，健全审委会、检委会讨论决定重大、疑难、复杂案件工作机制，规范和创新案例指导制度。全国法院普遍建立"谁审理、谁裁判、谁

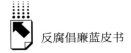

负责"的办案机制，取消行政化的案件审批制，确立合议庭、法官办案主体地位，灵活组建各类审判团队。①

项俊波、杨家才、赖小民、戴春宁、姚刚、张育军等金融领域严重腐败案件，暴露出金融系统诸多深层次问题。2019 年，金融领域改革是全面深化改革的重头戏，系列重大改革都把防范系统性金融风险和腐败防控作为价值导向。2019 年初，中央全面深化改革委员会第六次会议审议通过了《在上海证券交易所设立科创板并试点注册制总体实施方案》和《关于在上海证券交易所设立科创板并试点注册制的实施意见》，设立科创板、试点注册制对防控证券领域腐败具有重要意义。② 9 月，中央全面深化改革委员会第十次会议又通过了《统筹监管金融基础设施实施方案》和《国有金融资本出资人职责暂行规定》，这两个规定对于加强金融机构国有资本管理与监督具有重要意义。

公共产品和服务配置结构性失衡是导致医疗、教育两大领域腐败和不正之风的重要原因。改革开放以来，城镇化快速推进，但医院、幼儿园、中小学等配套建设不足，导致有的医院看病如赶集、学校"大班额"等现象普遍出现，迫切需要相应的改革措施不断跟进。2019 年，国家大力推进区域医疗中心建设。北京、上海等医疗资源富集地区遴选若干优质医疗机构建设分中心、分支机构，鼓励医师多点执业，在患者流出多、医疗资源相对薄弱的地区，建设区域医疗中心，推进医疗公共服务均等化、提高可及性。教育方面，2018 年，全国平均大班额比例下降至 7.1%，14 个省份提前实现了到 2020 年大班额比例控制在 5% 以内的目标。2019 年，教育部重点推动大班额比例超过 6% 的海南、湖南、河南、广西、青海等 11 个地区加大工作力度，这些地区大班额平均比例由上年的 11.8% 下降到的 6.5%。③

---

① 李万祥：《破难题、解新题、谱新篇——聚焦政法领域全面深化改革》，《经济日报》2019 年 7 月 28 日，第 8 版。

② 吴黎华：《只有注册制才能根治发审腐败》，《经济参考报》2014 年 9 月 24 日，第 1 版。

③ 《教育部：11 省份大班额平均比例降至 6.5% 全国城镇小区配套园整改过半》，央广网，http://news.cnr.cn/dj/20191114/t20191114_524858719.shtml。

进一步简政放权，推动"放管服"，激发干事热情和创新活力。2019年
7月，科技部、教育部、国家发改委、财政部、人力资源和社会保障部、中
科院等六部门印发《关于扩大高校和科研院所科研相关自主权的若干意
见》，尊重科研规律、优化科研管理体制，减少政府对高校科研院所内部的
微观管理和直接干预，扩大高校和科研院所自主权。中办、国办印发《关
于深化消防执法改革的意见》，破除消防监督管理中的各种不合理门槛和限
制，取消消防技术服务机构资质、消防设施维护保养检测资质以及消防安全
评估机构资质许可，简化公众聚集场所投入使用、营业前消防安全检查，将
强制性产品目录中的13类消防产品改为自愿认证。

## 五 公共资金资产资源监管更加规范

全国上下扎实推进全面从严治党，严防严惩公共资金资产资源等重点领
域违法违规与腐败问题，织密织牢制度笼子，公共资金、公共资产、公共资
源监督管理不断走向规范化、制度化。

### （一）公共资金监管约束力增强

部门预算常态化公开。2019年，中央部门预算公开进入第十个年头，4
月2日上午，财政部率先对外公开其2019年部门预算，102个中央部门集
中公开"晒账本"，公开范围不断扩大，公开内容也日益丰富，对传统公开
项目收支总表、财政拨款收支总表和一般公共预算"三公"经费支出表等8
张报表均进行了公开，同时对机关运行经费、政府采购、国有资产占有使
用、预算绩效、提交全国人大审议的项目等情况进行了说明。中央部门公开
的"账本"内容越来越丰富，条目越来越清晰。民生投入持续加大，在环
境治理、医疗卫生、脱贫攻坚、创新驱动等方面的投入力度有增无减，对重
点领域和关键环节的支持也更加精准。生态环境部节能环保支出（类）环
境监测与监察（款）建设项目环评审查与监督（项）2019年预算数比2018
年执行数增长72.78%；国家卫健委2019年卫生健康支出（类）公立医院

（款）综合医院（项）2019 年预算数比 2018 年执行数增长 36.54%，妇产医院（项）2019 年预算数比 2018 年执行数增长了 112.37%。①

预算绩效管理稳步推进。2018 年印发的《中共中央　国务院关于全面实施预算绩效管理的意见》，对全面实施预算绩效管理进行统筹谋划和顶层设计，为新时期预算绩效管理工作明确了目标和方向。绩效目标管理范围进一步扩大，从一般公共预算项目扩大到部分中央政府性基金预算和中央国有资本经营预算项目。对所有部门本级项目支出的预算执行情况和绩效目标实现程度实施"双监控"。持续加大重点绩效评价力度，2018 年对 38 个重点民生政策和重大专项支出开展绩效评价，涉及资金 5500 多亿元，对一些绩效评价好的政策和项目继续安排资金或加大财政投入。通过提交全国人大常委会审议或参阅、向全社会公开等方式，加大对绩效评价的监督力度。2018 年对 260 多个项目绩效自评结果和 20 个重点绩效评价报告提交人大监督和社会公开。② 2019 年的政府预算报告承诺"全面实施预算绩效管理，加快建成全方位、全过程、全覆盖的预算绩效管理体系"。中央部门公开重点项目绩效目标的个数由 2018 年的 36 个增加至 2019 年的 50 个。中华全国总工会 2019 年实现项目绩效目标全覆盖，全年实行预算绩效目标管理的项目有 45 个，涉及一般公共预算 194077.94 万元；纳入重点绩效评价项目 2 个，涉及一般公共预算拨款 176430 万元。就民政部而言，2019 年绩效目标管理项目范围扩大，管理项目共 88 个，涉及一般公共预算拨款 54063.73 万元，政府性基金预算拨款 1599 万元；2 个项目被纳入绩效评价试点，涉及一般公共预算拨款 2065 万元。③ 预算绩效管理倒逼政府加大公共资金的公开力度，为社会监督提供了平台，确保资金执行"不跑偏、不走样"，进一步促进法治政府、廉洁政府建设。

财政资金存放监管进一步深化。财政部出台《关于进一步加强财政部

① 盛玉雷：《激发预算公开的制度力量》，《人民日报》2019 年 4 月 15 日，第 5 版。
② 《关于 2018 年中央决算的报告》，中华人民共和国财政部网站，http：//www.mof.gov.cn/zhengwuxinxi/caizhengxinwen/201906/t20190627_ 3286107.htm。
③ 《管好钱袋子　晒出明白账》，《经济日报》2019 年 4 月 3 日，第 5 版。

门和预算单位资金存放管理的指导意见》，对资金存放管理工作进行了安排部署。近两年来，全国各地各部门严格落实要求，河南省、陕西省安康市等地转发了工作通知，四川省印发了实施办法，广西壮族自治区南丹县结合实际，印发了《南丹县加强财政部门和预算单位资金存放管理服务实体经济暂行办法》。各地财政部门和预算单位新选择资金存放银行时，要求资金存放银行出具廉政承诺书，加强资金存放内部控制和监督检查，防范风险事件，严肃查处资金存放违纪违法行为。① 截至 2019 年底，资金存放管理规范到全国各预算单位，实现了资金存放规范高效。

"三公"经费控制持续从严。2019 年《政府工作报告》明确要求"各级政府要过紧日子""一般性支出压减 5%以上、'三公'经费再压减 3%左右"，进一步压减了"三公"经费。2019 年是全国税务系统合并后的第一年，全国税务系统"三公"支出进一步压缩，全年压缩因公出国（境）费230.5 万元、公务用车购置及运行费 5311.05 万元、公务接待费 9607.2 万元。财政部 2019 年"三公"经费预算比 2018 年减少 247.04 万元，压缩4.34%；外交部减少 533.32 万元，下降 5.45%；司法部减少 35.68 万元，降低 3%；住房和城乡建设部减少 11.73 万元，下降 3%。②

表4 党的十八大以来中央本级"三公"经费预算安排情况

单位：亿元

| 项目 \ 年份 | 2019 | 2018 | 2017 | 2016 | 2015 | 2014 | 2013 | 2012 |
|---|---|---|---|---|---|---|---|---|
| 因公出国（境）费 | 18.69 | 17.63 | 18.82 | 20.27 | 19.38 | 19.76 | 21.36 | 21.65 |
| 公务用车购置及运行费 | 55.37 | 33.15 | 35.04 | 34.41 | 34.59 | 41.27 | 43.99 | 44.32 |
| 公务接待费 | 7.01 | 6.28 | 7.61 | 8.42 | 9.19 | 10.48 | 14.34 | 14.98 |
| 合计 | 81.07 | 57.06 | 61.47 | 63.1 | 63.16 | 71.51 | 79.69 | 80.95 |

① 《关于进一步加强财政部门和预算单位资金存放管理的指导意见》，中华人民共和国财政部网站，http://bj.mof.gov.cn/mofhome/guokusi/zhengfuxinxi/guizhangzhidu/201704/t20170411_2578985.html。

② 《管好钱袋子 晒出明白账》，《经济日报》2019 年 4 月 3 日，第 5 版。

表5　党的十八大以来中央本级＊"三公"经费预算执行情况

单位：亿元

| 项目 年份 | 2018 | 2017 | 2016 | 2015 | 2014 | 2013 | 2012 |
|---|---|---|---|---|---|---|---|
| 因公出国（境）费 | 14.84 | 16.83 | 17.07 | 17.43 | 16.2 | 16.92 | 21.85 |
| 公务用车购置及运行费 | 22.33 | 23.17 | 25.85 | 30.88 | 35.99 | 42.53 | 45.16 |
| 公务接待费 | 2.75 | 3.6 | 4.19 | 5.42 | 6.61 | 12.09 | 15.05 |
| 合计 | 39.92 | 43.6 | 47.11 | 53.73 | 58.8 | 71.54 | 82.06 |

注：＊中央本级包括中央行政单位、事业单位（含参照公务员法管理的事业单位）和其他单位用财政拨款开支的因公出国（境）经费、公务用车购置及运行费、公务接待费（以下简称"三公"经费）。

根据党和国家机构改革等情况，2019年预算数的口径有所变化，一是原由地方财政负担的地方税务部门"三公"经费2019年起转由中央本级安排；二是原武警边防部队、消防部队等转隶相关中央部门后，2019年起统一纳入中央本级"三公"经费预算限额管理。中央本级2019年比2018年同口径预算数减少3.22亿元，下降3.8%。①

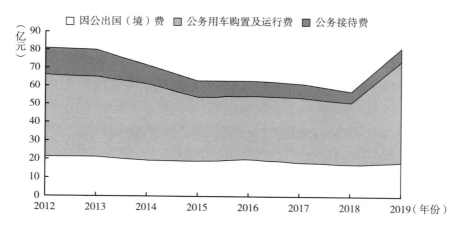

图1　2012年以来中央本级"三公"经费预算数

扶贫领域资金监督持续从严。2019年，中央财政专项扶贫资金比2018年同口径增加200亿元，共计1260.95亿元，增长18.85%，2019年中央财

---

① 《中央本级"三公"经费2018年预算执行和2019年预算安排情况》，中华人民共和国财政部网站，http://nfb.mof.gov.cn/mofhome/yusuansi/zhengwuxinxi/caizhengshuju/201904/t20190402_3210922.html。

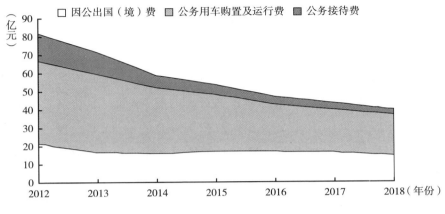

图2 2012年以来中央本级"三公"经费执行数

政专项扶贫资金已于上半年全部下达。① 十九届中央纪委三次全会强调,深入推进扶贫领域腐败和作风问题专项治理,以作风攻坚促进脱贫攻坚。② 财政部于2019年6月30日印发了《财政部门财政扶贫资金违规管理责任追究办法》,该办法以加强资金违规管理使用责任追究为着力点和突破口,对10种情形予以追责,体现对损害群众利益、违反财经法纪的违规管理行为的"零容忍",有力地推动财政扶贫资金安全规范使用。③ 针对大量惠民惠农补贴资金"一拨了之"、"连心卡"变成"糊涂卡""麻烦卡"的问题,财政部、农业农村部、民政部、人力资源和社会保障部、审计署、国务院扶贫办、银保监会联合开展惠民惠农财政补贴资金"一卡通"专项治理。纪检监察机关坚持靶向治疗、精准惩治,坚持斩断伸向惠民惠农尤其是扶贫资金的"黑手",确保扶贫资金精准、高效、安全使用,实现

---

① 《2019年中央财政专项扶贫资金已全部下达》,中国政府网,http://www.gov.cn/xinwen/2019-06/03/content_5396971.htm。

② 《中国共产党第十九届中央纪律检查委员会第三次全体会议公报》,中央纪委国家监委网站,http://www.ccdi.gov.cn/toutiao/201901/t20190113_187014.html。

③ 《财政部有关负责人就〈财政部门财政扶贫资金违规管理责任追究办法〉答记者问》,中华人民共和国财政部网站,http://jdjc.mof.gov.cn/zhengwuxinxi/gongzuodongtai/201908/t20190809_3359736.html。

阳光扶贫、廉洁扶贫。各级纪检监察机关紧盯扶贫领域突出问题，强化监督，精准施治。2018 年，中央纪委国家监委网站共通报 668 起发生在扶贫领域的违纪问题典型案例，其中涉及扶贫资金的 247 起，占比 37%。其中，在扶贫资金管理中履职不力、把关不严的有 86 起，套取挪用扶贫资金的有 54 起，虚报冒领扶贫资金的有 38 起，在扶贫资金管理使用中优亲厚友的有 27 起，克扣截留扶贫资金的有 25 起，侵占扶贫资金的有 17 起。114 名村干部、87 名乡镇站所干部、46 名县级领导班子和职能部门干部被通报。① 赵乐际在十九届中央纪委四次全会上指出，2019 年来全国共查处扶贫领域腐败和作风问题 8.5 万件，剖析典型案例，推动举一反三、持续深化纠治。②

### （二）公共资产管理体制日益完善

党的十九大指出，要完善各类国有资产管理体制，改革国有资本授权经营体制，加快国有经济布局优化、结构调整、战略性重组，促进国有资产保值增值，推动国有资本做强做优做大，有效防止国有资产流失。③ 在国内外经济形势复杂多变的背景下，国有企业经济运行继续保持较好态势，盈利能力和偿债能力比上年同期均有所提升。2018 年全国国有企业营业总收入和利润总额均有明显上升。中央企业收入、利润又创历年最好成绩，实现营业收入 29.1 万亿元，同比增长 10.1%；实现利润总额 1.7 万亿元，同比增长 16.7%。央企平均资产负债率降至 65.7%，同比下降 0.6 个百分点。④

---

① 《从 247 起典型案例看如何筑牢扶贫资金"防护墙"》，中央纪委国家监委网站，http://www.ccdi.gov.cn/toutiao/201902/t20190228_189472.html。
② 赵乐际：《坚持和完善党和国家监督体系为全面建成小康社会提供坚强保障》，中国共产党第十九届中央纪律检查委员会第四次全体会议上的工作报告，2020 年 1 月 13 日。
③ 《习近平：决胜全面建成小康社会 夺取新时代中国特色社会主义伟大胜利——在中国共产党第十九次全国代表大会上的报告》，中国政府网，http://www.gov.cn/zhuanti/2017-10/27/content_5234876.htm。
④ 《2018 年中央企业实现营业收入 29.1 万亿元 创历年最好水平》，人民网，http://ccnews.people.com.cn/n1/2019/0116/c141677-30545041.html。

　　国资国企改革不断深化。中央经济工作会议为国资国企改革指明了方向。一是加快实现从管企业向管资本转变，全面建成国资国企在线监管系统，强化事中、事后监管，减少事前审批和核准事项；二是加快改组组建国有资本投资运营公司，深化国有资本授权经营体制改革；三是积极推进混合所有制和股权多样化改革，尤其是国有资本投资运营公司的出资企业、主业处于竞争领域的商业类企业要加大混改力度；四是从落实董事会职权、三项制度改革、建立职业经理人制度等方面着手，加快完善市场化经营机制；五是深入推进综合性改革，复制、推广前期经验，增强改革的系统性、整体性、协同性。① 2019 年 4 月 19 日，国务院印发了《改革国有资本授权经营体制方案》，要求以管资本为主加强国有资产监管，最大限度地减少政府对市场活动的直接干预，并提出"优化出资人代表机构履职方式""分类开展授权放权"等四条举措，对加强党的领导、科学实施方案也提出了明确要求。这不仅是一份当前增强国企资本运作能力的操作方案，更是一份未来全面深化国企改革，实现"授权与监管相结合、放活与管好相统一"的行动指南。② 2019 年 9 月 15 日，国资委印发了《中央企业国有资本经营预算支出执行监督管理暂行办法》。该办法规定，国资委对中央企业资本预算执行情况采取跟踪督导、专项核查、绩效评价等方式进行监督管理；依照资本预算执行监督治理的工作需要，建立完善中央企业资本预算执行情况的监测报告制度，对中央企业资本预算执行计划的降实情况、资本预算支持事项实施发展及绩效目标实现事情等进行跟踪督导；依照工作需要，组织中介机构对资本预算执行的合规性开展专项核查，包括预算资金的治理和使用、国有资本权益的落实事情，以及资本预算支持重点事项的组织推进情况、专项资金清算情况等。③

　　国有资产管出高质量。为落实好《关于建立国务院向全国人大常委会

① 《国资国企改革增活力提效率》，《人民日报》2019 年 1 月 18 日，第 2 版。
② 《国企改革，放活也要管好》，《人民日报》2019 年 5 月 8 日，第 5 版。
③ 《关于印发〈中央企业国有资本经营预算支出执行监督管理暂行办法〉的通知》，国资委网站，http://www.sasac.gov.cn/n2588030/n2588929/c12355932/content.html。

报告国有资产管理情况制度的意见》，2019 年 10 月 23 日，十三届全国人大常委会第十四次会议审议了国务院关于 2018 年度国有资产管理情况的综合报告，听取了 2018 年度全国行政事业性国有资产管理情况的专项报告。2018 年，全国国有企业资产总额 210.4 万亿元，负债总额 135.0 万亿元，国有资本权益总额 58.7 万亿元；国有金融企业资产总额 264.3 万亿元，负债总额 237.8 万亿元，形成国有资产 17.2 万亿元；行政事业性国有资产总额 33.5 万亿元，负债总额 9.9 万亿元，净资产 23.6 万亿元；国有土地总面积 50552.7 万公顷，国有森林面积 8436.6 万公顷，全国水资源总量 27462.5 亿立方米，内水和领海面积 38 万平方公里。[①] 2018 年 12 月下旬，财政部先后印发了《中央行政事业单位国有资产配置管理办法》《财政部关于进一步加强和改进行政事业单位国有资产管理工作的通知》，提高了资产配置的科学性。近几年行政事业单位资产规模实现跨越式增长，特别是与民生密切相关的事业单位国有资产快速壮大，包括公共基础设施、教育、医疗卫生等资产在内的事业性国有资产总额达 23.4 万亿元，为我国经济社会持续健康发展奠定了坚实的物质基础。

### （三）公共资源交易平台体系建立健全

交易平台实现整合共享。2019 年 5 月 19 日，国务院办公厅转发国家发改委《关于深化公共资源交易平台整合共享的指导意见》（国办函〔2019〕41 号），将公共资源交易平台覆盖范围逐步扩大到适合以市场化方式配置的自然资源、资产股权、环境权等各类公共资源，创新资源配置方式，促进资源跨区域交易，精简管理事项和环节，强化协同监管、信用监管、智慧监管，要求推进公共资源交易服务、管理与监督职能相互分离，建立健全投诉举报接收、转办、反馈工作机制，畅通社会监督渠道，促进市场开放和公平竞争。加快公共资源交易领域信用体系建设，依法依规开展守信联合激励和

---

① 《行政事业性国有资产首次亮出"家底"》，中国人大网，http：//www. npc. gov. cn/npc/c30834/201910/d6f22422da284ef080f77edbfff48a9b. shtml。

失信联合惩戒。加大对重点地区、重点领域、重点环节的监督执法力度，增强监管的针对性和精准性。2019 年 7 月 2 日，国家发改委办公厅印发了《公共资源交易领域基层政务公开标准指引》，推进公共资源交易领域改革进入深水区。目前，已初步构建形成全国范围内规范统一、公开透明、服务高效、监督规范的交易平台和公共资源交易从分散到集中、规则从分立到统一、信息从分割到共享、系统从分设到联通的新格局。2018 年全国政府采购规模增速趋缓，采购规模达 35861.4 亿元，较上年增长 11.7%，占全国财政支出和 GDP 的比重分别为 10.5% 和 4%。①

公共资源交易监管跨入大数据时代。2019 年 5 月 27 日，2019 公共资源交易大数据论坛在贵阳召开，主题为"数治交易·数创未来"。嘉宾们以"深化数据分析运用，促进公共资源交易治理创新""区块链、大数据、人工智能与公共资源交易信用体系构建""自主可控与网络安全""构建公共资源市场化配置体制"等为题，就公共资源交易领域的诸多前沿问题进行交流。论坛上，28 个省区市公共资源交易中心共同发出公共资源交易大数据应用发展倡议。② 随着公共资源交易大数据化，数据查询使用监管成为公共资源交易监管内容，未来交易行为必将建立在区块链、云计算的基础上，围标串标、弄虚作假等违法违规行为将无处遁形。

公共资源交易服务不断优化。深入推进"放管服"改革，进一步优化营商环境，取消没有法律法规依据的前置审批或审核环节。吉林省加快促进信息资源、信用资源、专家资源等整合共享，促进数字证书（CA）跨平台、跨部门、跨区域互认，着力提高公共资源配置效率和公平性。③ 自 2019 年 11 月 1 日起，进入济南市公共资源交易中心进行电子招投标的项目，凡是没有法律法规依据的，其投标报名、招标公告（文件）审查、原件核对及

---

① 《2018 年全国政府采购简要情况》，全国公共资源交易平台，http：//www.ggzy.gov.cn/info/news/2019 – 09/06/content_ 5753dd7233444b9ea05b9b7136beab99.shtml。

② 《2019 公共资源交易大数据论坛在贵阳召开》，贵阳网，http：//www.gywb.cn/content/2019 – 05/28/content_ 6129691.htm？from = singlemessage&isappinstalled =0。

③ 《关于进一步规范地方公共资源交易活动的指导意见》，吉林省公共资源交易公共服务平台，http：//www.jl.gov.cn/ggzy/epzcfw/epzcfg/201907/t20190705_ 5992652.html。

开标前专家论证环节均被取消。① 江苏淮安全力推进招标采购全程电子化，实施"不见面招标""工程项目保证金电子进退"，实行工作日之外、八小时以外备案，推行不见面备案，保障项目交易快捷高效。②

# 六　诚信道德建设不断强化

诚信道德是社会和谐的基石和重要特征，也是打造干部清正、政府清廉、政治清明的政治生态不可缺少的基础条件。2019 年 10 月 31 日，党的十九届四中全会通过的《中共中央关于坚持和完善中国特色社会主义制度推进国家治理体系和治理能力现代化若干重大问题的决定》提出"完善诚信建设长效机制，健全覆盖全社会的征信体系，加强失信惩戒"。③ 课题组观察到，2019 年，党和国家对诚信道德越来越重视，各单位各部门积极采取措施，各行业自律规范公约逐渐形成，社会诚信道德体系建设在加强。

## （一）诚信道德法律制度体系加快建设

诚信道德建设离不开制度规范的保障。2019 年以来，国内诚信道德制度规范建设有所加强，并且建设步伐呈现加快趋势。早在 2014 年，国务院印发的《社会信用体系建设规划纲要（2014～2020 年）》就强调全国诚信一盘棋建设，国内多领域多行业协同合作。随着近几年社会诚信事件的接连发生，社会公众对社会诚信道德的关注度不断提高。2019 年 7 月 9 日，《国务院办公厅关于加快推进社会信用体系建设构建以信用为基础的新型监管机制的指导意见》印发，要求建立健全信用承诺、失信联合惩戒等机制，探

---

① 《关于进一步优化简化公共资源交易项目交易流程的通知》，济南市发展和改革委员会网站，http://jndpc.jinan.gov.cn/art/2019/10/10/art_2191_3345640.html? xxgkhide=1。
② 《为群众提供更优质服务　市公共资源交易中心淮安分中心打造阳光高效交易平台》，《淮安日报》2019 年 3 月 18 日。
③ 《中共中央关于坚持和完善中国特色社会主义制度　推进国家治理体系和治理能力现代化若干重大问题的决定》，中国政府网，http://www.gov.cn/xinwen/2019－11/05/content_5449023.htm，2019 年 11 月 5 日。

索建立全国统一的信用报告标准，将失信记录建档留痕，明确重点实施的行政性、市场性和行业性惩戒措施，构建衔接事前、事中、事后全监管环节的新型监管机制，这说明国家层面越来越重视社会信用体系的加快建设。截至2019 年，我国省区市范围内超过 1/3 的地区已研究及出台信用法规，《广告法》《外商投资法》《个人所得税法》等 26 部法律、28 部行政法规中包含信用记录、信用激励与惩戒等条款，① 信用立法法治基础不断巩固。十三届全国人大常委会七次会议修订通过的《中华人民共和国公务员法》明确规定因犯罪受过刑事处罚、被开除中国共产党党籍、开除公职、依法列为失信联合惩戒对象的不得录用为公务员。7 月 14 日，中央全面依法治国委员会印发《关于加强综合治理从源头切实解决执行难问题的意见》，要求"人民法院应及时将党员、公职人员拒不履行生效法律文书以及非法干预、妨害执行等情况，提供给组织人事部门掌握，采取适当方式共同督促改正。对拒不履行生效法律文书、非法干预或妨碍执行的党员、公职人员，构成违纪违法的，分别按照《中国共产党纪律处分条例》和《中华人民共和国监察法》等有关规定处理。"② 8 月 30 日，中央国家相关部门同地方政府、企业、社会组织、高校等单位召开社会信用立法座谈会，讨论了《中华人民共和国社会信用法（部门起草稿）》。10 月，中共中央、国务院印发《新时代公民道德建设实施纲要》，提出"加快个人诚信、政务诚信、商务诚信、社会诚信和司法公信建设，构建覆盖全社会的征信体系，健全守信联合激励和失信联合惩戒机制，开展诚信缺失突出问题专项治理，提高全社会诚信水平。重视学术、科研诚信建设，严肃查处违背学术科研诚信要求的行为。"虽然目前国家还没有出台专门的社会信用法律法规，但是众多的法律法规文件中已经对诚信道德做出了约束，诚信道德法律制度体系正在加快建设。

---

① 《国务院办公厅关于加快推进社会信用体系建设构建以信用为基础的新型监管机制的指导意见》（国办发〔2019〕35 号），中国政府网，http：//www.gov.cn/zhengce/content/2019 – 07/16/content_ 5410120.htm，2019 年 7 月 16 日。

② 《中央全面依法治国委员会关于印发〈关于加强综合治理从源头切实解决执行难问题的意见〉的通知》，中国政府法制信息网，http：//www.moj.gov.cn/government_ public/content/2019 –08/22/tzwj_ 3230275.html，2019 年 8 月 22 日。

### （二）纪检监察内部约束和控制增强

打铁必须自身硬。纪检监察机关作为纪律部队，对其内部管理监督始终坚持高标准和严要求。建立健全严格的制度，为纪检监察干部划出底线。在国家层面，《中国共产党纪律检查机关监督执纪工作规则》为纪检监察干部运用纪法提供标准和约束。各地纪委监委也有自己的内控制度，贵州省纪委监委制定《内部督查工作规划》，天津市纪委监委出台《天津市纪检监察系统内部督查工作办法（试行）》，着力强化纪检监察系统内部监督。甘肃省纪委监委出台《纪检监察干部"八条禁令"》《纪检监察机关打听、过问、干预查办案件工作记录、通报和责任追究办法（试行）》等制度，为全省纪检监察干部正确履行职责划定"红线"。丽江市制定《纪检监察干部监督工作办法（试行）》《纪检监察干部打听案情过问案件说情干预情况登记备案办法（试行）》《纪检监察干部执纪审查监察调查工作过错责任追究办法（试行）》《关于加强纪检监察干部业余生活和社会交往活动监督管理的意见》等制度，定期不定期对纪检监察干部作风建设、遵守工作纪律等有关情况开展明察暗访。江苏省纪委监委对纪检监察干部提出严禁出入私人会所、在营利性陪侍场所消费，严禁参加可能影响正确履行监督执纪问责职责的活动等"六条禁令"，对纪检监察干部加强管理。各级纪委监委主动开展自我监督、自觉接受外部监督，对执纪违纪、执法违法者"零容忍"，坚决防止"灯下黑"。成都市纪委监委分两批次对3个区（市）县纪委监委、6个派驻纪检监察组、3个市属国有企业纪委、3个市属高校纪委开展内部监督检查。河北邢台密切关注纪检监察干部的"社交圈""生活圈"，对一些苗头性问题通过谈心谈话、提醒函询等手段，防偏纠错。查处纪检监察干部违纪违法违规行为，丝毫不手软，绝对不姑息。2020年1月，十九届中央纪委四次全会报告指出，全国谈话函询纪检监察干部9800余人，组织处理1.3万人，处分3500余人，涉嫌犯罪移送检察机关150余人。①

---

① 数据来自2020年1月13日赵乐际在中国共产党第十九届中央纪律检查委员会第四次全体会议上的工作报告《坚持和完善党和国家监督体系为全面建成小康社会提供坚强保障》。

### （三）对公务员要求越来越严格

发财与当官不能兼得，这是当前的社会共识。防止公务员利益冲突的制度规定在不断完善。2019年4月23日，十三届全国人大常委会第十次会议通过了新修订的《中华人民共和国法官法》，对法官任职回避、惩戒、兼职等做出新规定，明确法官离职后的就业限制。中共中央办公厅、国务院办公厅印发《关于深化消防执法改革的意见》，明确"消防人员及其近亲属从业限制，严格落实回避制度。消防部门与消防行业协会、中介机构彻底脱钩"。各地严格执行防止利益冲突规定，纠正既要当官又想发财的行为，对做生意"不撒手"的行为说"不"。湖南省张家界市坚决查处特定关系人名义案件，广西壮族自治区河池市在全市对领导干部进行全面摸排清查，常德市、长沙市、龙岩市等地开展违规经商办企业专项治理活动，四川省大竹县对赌博敛财、利用地方名贵特产谋取私利行为开展专项监督。

鉴于执法执纪和司法人员违法乱纪行为严重损害法纪的严肃性、破坏公共机构的权威，很多地方司法机关从信用管理角度加大对司法人员的监督力度。大连市发布法律服务守信红榜和失信黑名单信息，将律师、公证、基层法律服务、司法鉴定行业和法律援助等机构及法律服务工作者都纳入其中，建立守信联合激励和失信联合惩戒机制，促使全市司法行政系统法律服务行业各机构人员诚信执业。① 为了防止"灯下黑"，对执纪执法人员违法行为绝不手软。最高人民检察院对地方检察院党组、机关厅级单位党组织开展政治巡视，对巡视发现的问题点名道姓通报。2019年最高人民检察院工作报告显示，774名检察人员因违纪违法被查处，同比上升44.4%。最高人民法院工作报告显示，各级法院查处违反中央八项规定精神的干警369人，查处利用审判执行权违纪违法干警

---

① 《辽宁大连建立法律服务守信和失信名单发布制度》，信用中国，https：//www.creditchina.gov.cn/xinyongdongtai/sifachengxin/201911/t20191108_ 174783.html，2019年11月11日。

1064 人，其中追究刑事责任 76 人，最高人民法院查处本院违纪违法干警 9 人。①

### （四）事业单位人员刚性约束加强

事业单位人员管理制度要求从严。2019 年 9 月 18 日，中共中央组织部、人力资源和社会保障部制定了《事业单位人事管理回避规定》，对于防止事业单位工作人员"近亲繁殖"等利益冲突，对于权力运行制约和监督具有重要作用。科研诚信要求不断深化和具体化，越来越多的单位联手对学术不端开始动真格。2018 年 11 月，国家发改委等 41 个部门和单位联合印发了《关于对科研领域相关失信责任主体实施联合惩戒的合作备忘录》，将学术诚信建设纳入"社会信用体系"。《2019 年度国家社会科学基金项目申报公告》对弄虚作假、抄袭剽窃者取消五年申报资格，并有学者受到惩戒。2019 年 5 月，中宣部、教育部、科技部、中国社会科学院等单位联合印发《哲学社会科学科研诚信建设实施办法》，规定"哲学社会科学领域各单位应当建立个人科研诚信记录，在年度考核、职称评定、岗位聘用、评优奖励中强化科研诚信考核。"2019 年 6 月，中办、国办印发的《关于进一步弘扬科学家精神加强作风和学风建设的意见》明确提出，反对无实质学术贡献者"挂名"，在各种评审活动中不得"打招呼""走关系"。9 月 25 日，科技部等 20 个部门联合发布了《关于印发〈科研诚信案件调查处理规则（试行）〉的通知》（国科发监〔2019〕323 号），对科研诚信案件调查、处理、申诉复查等程序做了明确规定。11 月 27 日，中国社会科学院与北京市社会科学院联合举办的第二届全国哲学社会科学道德和学风建设论坛向全国哲学社会科学工作者发出"恪守学术道德、弘扬优良学风、践行科研诚信"的倡议，倡议学者们"秉持学术良知，恪守学术规范，把学术自律体现在学术活动的各环节，坚守道德底线，践行科研诚信，营造风清气正、互学互

---

① 《最高人民法院工作报告——2019 年 3 月 12 日在第十三届全国人民代表大会第二次会议上》，中华人民共和国最高人民法院网站，http：//gongbao.court.gov.cn/Details/a5a0efa5a6041f6dfec0863c84d538.html。

鉴、积极向上的学术生态。"①

教育领域的师德师风和学风建设不断加强。党的十九届四中全会通过的决定指出"完善立德树人体制机制，深化教育领域综合改革，加强师德师风建设。"② 教育部 2018 年 11 月就印发了《新时代高校教师职业行为十项准则》《新时代中小学教师职业行为十项准则》《新时代幼儿园教师职业行为十项准则》，实行师德失范"一票否决"，将师德违规行为录入全国教师管理信息系统，禁止违规者从事教学、科研及管理等工作。2019 年 12 月，教育部等七部门印发了《关于加强和改进新时代师德师风建设的意见》的通知（教师〔2019〕10 号），该意见进一步明确要严格惩处在师德师风建设方面出现的违规行为，治理师德突出问题。有的地方制定规定，加强对教师诚信道德的管理。河南省 2019 年 5 月制定的《关于全面深化新时代教师队伍建设改革的实施意见》，提出完善诚信承诺和失信惩戒机制，实行"师德考核负面清单"制度。对于研究生诚信管理也逐步从严。2019 年 2 月，教育部布置硕士博士学位论文抽检工作，同时发布《进一步规范和加强研究生考试招生及培养管理工作的通知》，要求对不能完成论文、达不到毕业标准的研究生做出退学处理。学位管理制度的执行越来越严格，轻松混学位成为过去式，导师和学生都感受到了压力。

医药卫生领域诚信道德建设也得到加强。药品疫苗攸关生命安全，必须强化全程监管，对违法者要严惩不贷，对失职渎职者要严肃查办，坚决守住人民群众生命健康的防线。2019 年 4 月，国家医保局公布《医疗保障基金使用监管条例（征求意见稿）》，国务院医疗保障行政部门将全国医疗保障领域管理纳入社会信用体系，违反相关规定的单位和个人将被曝光并

---

① 《"恪守学术道德、弘扬优良学风、践行科研诚信"倡议书》，中国社会科学网，2019 年 11 月 28 日。

② 《中共中央关于坚持和完善中国特色社会主义制度　推进国家治理体系和治理能力现代化若干重大问题的决定》，中国政府网，http：//www.gov.cn/xinwen/2019 – 11/05/content_5449023.htm，2019 年 11 月 5 日。

纳入失信联合惩戒对象名单。① 地方积极推进监管改革创新，不断健全医疗卫生领域的诚信体系。南京市卫健委 2019 年 9 月制定《医疗卫生信用分类监管办法》，对医疗卫生机构、从业人员等进行信用等级评价。医疗卫生人员行贿受贿或违反医疗卫生行风建设规定的，要纳入负面信息清单。青铜峡市、哈尔滨市、连云港市、淮安市也在加快推进实施医疗保障信用体系建设。

### （五）行业及协会自律要求提高

虽然目前我国互联网、食品安全、新闻出版广播影视等行业均已出台各自的行业职业道德自律公约，但据中央纪委国家监委发布的信息，2018年底至 2019 年，国内行业及协会组织中存在的不道德风险问题仍较凸显。影视业中采用"大小"合同形式偷税漏税、某些行业协会组织领导"绑架"协会，变协会为自身"名利场"的现象仍然存在。2019 年 6 月 14日，国家发改委、民政部、中央组织部、外交部、财政部、人力资源和社会保障部等 10 个部门根据《中共中央办公厅国务院办公厅关于印发〈行业协会商会与行政机关脱钩总体方案〉的通知》（中办发〔2015〕39号），要求建立行业协会商会诚信承诺和自律公约制度，建立行业协会商会失信"黑名单"制度，推动跨地区、跨部门、跨行业协同监管，开展失信联合惩戒，完善行业协会商会第三方评估机制。② 党的十九届四中全会通过的决定也提出"发挥群团组织、社会组织作用，发挥行业协会商会自律功能，实现政府治理和社会调节、居民自治良性互动，夯实基层社会治理基础。"③

---

① 《〈医疗保障基金使用监管条例（征求意见稿）〉公开征求意见》，中国政府网，http：//www. gov. cn/hudong/2019 - 04/15/content_ 5382867. htm，2019 年 4 月 15 日。
② 《关于全面推开行业协会商会与行政机关脱钩改革的实施意见》，中国政府网，http：//www. gov. cn/xinwen/2019 - 06/17/content_ 5400947. htm，2019 年 6 月 17 日。
③ 《中共中央关于坚持和完善中国特色社会主义制度 推进国家治理体系和治理能力现代化若干重大问题的决定》，中国政府网，http：//www. gov. cn/xinwen/2019 - 11/05/content_ 5449023. htm，2019 年 11 月 5 日。

## 七 "清廉中国"建设面临的问题和挑战

2019 年 10 月 31 日,中共十九届四中全会通过《中共中央关于坚持和完善中国特色社会主义制度 推进国家治理体系和治理能力现代化若干重大问题的决定》,对全面从严治党制度、坚持和完善党和国家监督体系、强化对权力运行的制约和监督提出新的要求、做出重要部署,廉政建设在制度建设和治理能力建设中发挥着重要的保障作用,对深化各领域各方面体制机制改革起着重大的推动作用,在国家治理体系和治理能力现代化中承担着比较繁重的任务。党的十八大以来,尽管党风廉政建设和反腐败斗争成效显著,但实践中客观存在的一些困难和挑战必须认真对待并及时解决,以新的更好的成绩不断满足干部群众对"清廉中国"建设的新期盼。

### (一)对行贿打击不力,"围猎"风气比较严重

中共十九届四中全会强调,要"坚决斩断'围猎'和甘于被'围猎'的利益链"。近几年来执纪执法机关加大了对行贿的打击力度和惩治力度,但调研中干部反映,现在行贿之风较重,"围猎"风气严重,领导干部面临"糖衣炮弹"的攻击,受贿人与行贿人判刑比例严重失衡,惩治力度不够,一些行贿人虽然受到刑罚惩治,但判处的刑罚相对较轻。不敢腐压倒性的胜利主要是在公职人员方面,索取和收受贿赂、贪污挪用等现象大幅减少,但行贿现象仍然比较严重,"不敢送"的高压场没有形成。当前行贿花样翻新,通过物流快递等方式寄送礼品礼金,有的还没有办法查询到行贿人信息。对公职人员职务犯罪打击力度没有减弱,但对行贿的打击力度出现下降态势。最高人民检察院 2018 年工作报告显示,严肃查办国家工作人员索贿受贿犯罪 59593 人,严肃查办行贿犯罪 37277 人,较前五年分别上升 6.7% 和 87%。[①]

---

① 曹建明:《最高人民检察院工作报告——2018 年 3 月 9 日在第十三届全国人民代表大会第一次会议上》,https://baike.so.com/doc/27282360-28681244.html。

平均每年查办行贿犯罪 7455 人。最高人民法院 2018 年工作报告显示，过去五年，审结贪污贿赂等案件 19.5 万件 26.3 万人，依法惩治行贿犯罪，判处罪犯 1.3 万人。① 全国法院平均每年判处行贿犯罪只有 2600 人左右。2019 年各级法院审结贪污贿赂、渎职等案件 3.3 万人，判处行贿犯罪 2466 人。② 索贿受贿与行贿往往是对应的，有受贿就有行贿。但从最高人民检察院和最高人民法院的工作报告可以看出，查处的索贿受贿犯罪人数远远多于行贿犯罪人数。2019 年判处的行贿犯罪人数低于 2013～2018 年的均值。对行贿打击力度不够，对行贿犯罪人判处刑罚较轻，"不敢送"的气候尚未形成，一定程度上助长了"围猎"风气。

## （二）基层监督体系薄弱，影响群众身边微腐败治理

绝大多数监督监察对象在基层，绝大多数违纪违法行为也发生在基层。但目前基层治理体系不健全，权力配置不科学、权力运行相互制约不足，"一把手"权力大，群众身边微腐败时有发生，迫切需要加大监督力度，但基层监督体系存在缺陷和不足，制约了监督有效性的发挥。一是基层纪检监察力量薄弱。《中华人民共和国监察法》实施后，虽然基层纪委监委接收了一些检察院转隶人员，但其增加幅度远远比不上监督对象的增加幅度。县级以下纪检监察机关普遍存在有编少人的情况，特别是乡镇纪委的专职纪检监察干部事多人少。面对监督范围广、任务多而杂等现实，不管是县乡还是企业和事业单位的基层部门，都普遍存在人员不足、能力素养参差不齐等问题。基层单位的纪委书记分管若干事项，兼职太多、专职不专问题比较突出。二是上级纪检监察机关抽调人员办案情况比较普遍。上级纪检监察机关往往是一纸函件向下级纪检监察机关抽调相关人员参与办案，抽调的都是业

---

① 《最高人民法院工作报告——2018 年 3 月 9 日在第十三届全国人民代表大会第一次会议上》，中华人民共和国最高人民法院网站，http：//gongbao.court.gov.cn/Details/69d3772 d9e94aae3ea2af3165322a1.html。

② 《最高人民法院工作报告——2019 年 3 月 12 日在第十三届全国人民代表大会第二次会议上》，中华人民共和国最高人民法院网站，http：//gongbao.court.gov.cn/Details/a5a0efa5 a6041f6dfec0863c84d538.html。

务能力强的骨干，并且层层抽调，甚至跨级抽调，有的基层单位被抽调十几到几十人次，相关人员抽调期满后通过打招呼的方式延长抽调期，层层抽调的压力和负担最后都由基层单位承担，造成基层单位名义上有人有编但实际上严重缺少人手的局面，正常的监督执纪工作受到影响。三是监督力量分散。基层监督执纪人员总量不少，但呈原子化状态分布在各基层单位，缺乏系统有效的整合。有的县区积极探索将纪检组、乡镇、村社的监督力量分片整合，有一定的效果，但由于没有明确的法律法规授权，只是个别地方的"自选动作"，推行起来仍存在一些制度性障碍。四是基层纪委监委干部有不少事业编制人员，相比公务员编制人员，他们面临"同岗同责不同酬"、晋升机会少等问题，工作积极性受到影响。五是基层纪委监委可自主利用的监察手段和监督资源有限，如查询房产、银行、通信等信息需要经过层层严格审批，往往延误时机。

## （三）基层治理问题较多，减弱群众获得感和幸福感

中共十九届四中全会提出构建基层社会治理新格局，但服务不到位、不精细，甚至侵害群众利益的腐败问题时有发生。作风建设和反腐败力度加大之后，干部脸不难看了，但事却不好办了。有的企业人员反映，原来可以找到办事的人，但现在摸不到政府的门，办事难的问题在一些地方仍然比较突出。有的基层干部在群众上户口、开证明等应该做的事情上刁难群众，为了开一个证明群众跑几次的现象仍然存在。城镇化速度加快，一些农民已经进城购房成为城市居民，与物业发生联系。但政府对物业管理在国家治理现代化中的重要作用认识尚不充分。物业管理服务质量较差，居民日常反映的问题经常被"踢皮球"得不到解决；物业费、公共维护基金等经费使用不透明，监管监督不到位，贪污挪用和浪费等现象时有发生；有的地方物业管理甚至有黑恶势力渗入，危及居民人身财产安全。近年来，物业管理中出现的信访、诉讼矛盾和问题激增，极大地影响了居民的生活品质，成为基层治理中风险隐患大、需要特别引起关注的领域。

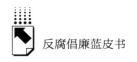

## （四）地方纪检监察机关信息公开力度不够

《中国共产党党务公开条例（试行）》和《中华人民共和国监察法》对纪检监察机关信息公开做出专门规定，十九届四中全会强调用权公开，完善党务、政务、司法和各领域办事公开制度，中央纪委国家监委"开门反腐"，带头在网上公开组织机构、工作报告、预决算、重大案件立案、违反八项规定精神问题等信息。但一些地方纪委和纪检组并没有认真贯彻执行法律法规，相对于村务公开、政务公开、司法公开而言，地方纪检监察机关信息公开严重滞后。有的地方纪检监察机关没有网站，在互联网上很难找到其工作信息；有的纪检监察机关的网站是"僵尸网站"，网站信息仍是十八大之前的信息，更新不及时；有的纪检监察机关网站公开不痛不痒的无用信息较多，未主动向中央纪委国家监委网站看齐，未公开工作报告等重要信息；有的地方纪委监委，尤其是县区纪委监委仍然非常神秘，以保密为理由不愿公开，没有做到"公开为常态、不公开为例外"，导致民主监督、社会监督和舆论监督难以开展和实施。中国社会科学院社会学所"党和国家监督体系绩效测评研究"创新工程项目组对 2019 年全国地方各级纪检监察机关信息公开评估结果显示，32 家副省级（省会）城市，只有 1 家总分超过 60 分；抽取的 54 个地级市中只有云南省怒江市在 60 分以上；4 个直辖市的 86 个区县以及抽取的 108 个县级纪委监委平均分都没有超过 30 分。

## （五）形式主义、官僚主义依然比较突出

2019 年中央办公厅专门下发文件集中整治形式主义和官僚主义，将 2019 年作为基层减负年。各地各部门积极行动治理会风文风，会议和文件明显减少，但编号文件改成不编号文件、红头文件改白头文件变相发文，在微信群、QQ 群布置任务下指示，通过电话、短信、微信、邮件等非正式方式发通知要材料现象开始增多。督查检查考核名义上有所减少，但实际上仍然较多。有的部门名义上去"调研"，但实际上还是监督检查，按所谓"调研"结果的得分高低发通报，名义上没有排名，但实际上还是排名。台账

记录、工作笔记、会议记录等仍然必不可少，"过度留痕"现象仍然普遍，基层负担仍然较重。有的地方标语、口号过多、过滥，特大特空，遭人反感厌烦。有的地方和单位以形式主义反对形式主义，对于哪些文件该减、哪些会议可以不开没有明确的标准，不结合实际，也不遵循客观规律，盲从上级要求"一刀切"，不该减的文件减了，应该开的会议不开了，追求数量而不顾工作质量和实际效果。

### （六）奢靡之风和享乐主义顽疾难治

经过多年持之不懈的努力，奢靡之风和享乐主义已经得到有效治理，但从各级纪检监察机关公开的数据和曝光的案例来看，不收手、不收敛的现象仍然较多，尤其是很多作风违纪现象发生在十九大之后。有的干部思想观念、思维方式和办事习惯还停留在十八大之前，奢靡之风和享乐主义反弹的风险较大。有的干部初心宗旨意识淡薄，特权思想作祟，仍然想着法子逃避监督监管，图享受、比阔气，克己修身自觉性差，勤俭节约意识淡薄，巩固治理"四风"问题成果仍有较大压力和挑战。一些公款吃喝、公款送礼、公车私用、公款旅游等老问题改头换面、花样翻新、层出不穷，不吃公款吃老板、特供烟酒"一桌餐"、违规支出变通下账、快递土特产、收送电子购物卡券、分批异地操办酒席、私车公养等问题时有发生。违规发放津贴补贴、公务接待、大办婚丧喜庆事宜等在一些地区和部门存在较高的发生率，占全国查处的违反中央八项规定精神问题的比例仍然较高，某种程度上表明制度细化不够、操作性和执行力不强，另外也反映出"两个责任""一岗双责"等制度规定落实不到位，监督力度不够，问责不够有效。

### （七）公职人员道德诚信建设欠账多

公职人员的道德诚信程度直接影响党风政风和社会风气，但因为欠账太多，道德诚信需要补课的地方较多。目前公职人员教育、管理和监督主要依据纪律法律，比较重视法纪底线，但对伦理道德和诚信操守强调不够。每个行业都有职业道德和基本行为操守，这是执业人员从业必须具备的基本素养和条件，但自律公约、行规等过软过空。我国社会诚信体系建设起步较晚，各行业道德自律机制不完善，诚信体系惩戒机制约束力较弱，一些领域和系统公职人员道德素质不高，网络曝光的道德失范、诚信缺失行为时常发生，如一些公务员档案学历造假、虚报数据和政绩、"艳照门"、包养情妇（夫）、赌博吸毒、虐待老人等行为，一些教师为赚取课外班收入"课内不讲课外讲"、猥亵学生等有损师德师风的行为，医生收红包、多开药、多做检查、多搭支架等违背医德医风的行为。在此次新冠肺炎疫情防治中，一些公职人员不坚持实事求是原则，不讲真话实话，造成了巨大的损失和严重的后果。在自媒体发达和互联网普及程度很高的时代，公职人员的失德失信行为损害了社会对各行业的信任，从而增加了整个社会的生活和交易成本，也增大了党风廉政建设和反腐败斗争的复杂困难程度。

### （八）问责不力和问责泛化简单化并存

党的十八大以来，"有权必有责、有责要担当、失责必追究"已经逐渐成为党内共识，问责也成为推进党风廉政建设和反腐败工作的一项非常有效的措施。在强化问责的同时，一些地方和部门也出现了问责不力、问责泛化、问责简单化等问题。有的地方和部门问责的主动性积极性不够，存在"老好人思想"，不愿得罪人，不敢较真碰硬。有的地方党内问责通报曝光力度较弱，只是在小范围内传达，不点单位和个人姓名，通报内容谈问题蜻蜓点水，对典型问题藏着掖着，对待问责对象多用"上面的要求""我们也没有办法"，把自己扮演成"好人"。有的地方为了确保工作开展，经常对工作不力的单位或干部进行问责，问责运用的范围越来越广，涉及的具体工作越来越多，结果造成重复问责，一个事件多个部门问责，一项工作一人被多次问责。有的地方和部门问责求快求速，责任调查机关没有时间充分调查和审理就给予处分。有的为了问责而问责，以重问责、多问责来表明整改落实的态度和力度。有的根据不合理的量化指标问责，硬要找人"背锅"；如果下面领导推责或不问责，没有人愿意承担责任，就问责所有领导班子成员。[1]

### （九）干部能力不足和不愿干事现象令人忧

干部的能力和素质影响党的路线方针政策和党中央决策部署的贯彻落实，关系国家治理体系和治理能力现代化等战略任务的实施进展和最后成效。党的十八大以来，我们党领导人民不断推动制度建设和国家治理能力水平明显提高，但有的地方和单位干部能力不足的问题比较突出。一些笨人、庸人、懒人占据重要职位，想干事但却干不成事，干干净净但不会干事，出现人岗不相宜的情况。有的工作能力不行但"捧臭脚""唱赞歌""拍马屁"本事大，善于琢磨"人"而不会琢磨"事"，眼睛向上而不向下，对上负责远远超过对下负责，以人民为中心理念不入心入脑，为民执政观念有问题。有些干部只想当官不想干事，只想出彩不想出力，遇到问题绕着走，遇到困难往后缩，有的选择清净单位"拖板车"，不要权也不想担责，明哲保身当舒服太平官，不作为、慢作为现象仍然存在。有的地方和单位在选拔干部时仍然看重学历、资历、年龄、票数等条件，轻业绩实绩，优秀人才被提拔重用的机会少。

## 八 推动"清廉中国"建设的思考和建议

伴随着全面从严治党战略的深入推进实施，新时代的党风廉政建设和反腐败斗争需更加注重协同性、系统性、有效性科学治理，需要在党的领导下调动和发挥多方力量参与和贡献，需要将"清廉中国"建设上升为国家战略。针对当前廉政建设面临的问题和挑战，课题组提出以下建议。

---

[1] 蒋来用：《"问责异化"的形成与矫正机制研究》，《河南社会科学》2019 年第 7 期。

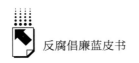
## （一）加快打造"不需送"和"不敢送"的清爽环境

完善公共服务体系，推进基本公共服务均等化、可及性，继续深入推进"放管服"改革，以类似"大众点评"的方式推行公共服务满意度实时评价，及时处理公共服务中的问题和矛盾，提高公共服务质量和水平，让企业和个人不用行贿送礼就能办成事，强力扭转办事找关系、寻门道的习惯，从根本上减少或消除行贿的必要性。惩处索贿受贿与打击行贿并重，形成"不敢送"的环境氛围。对行贿犯罪加大罚金刑运用力度，完善行贿记录和公开查询。凡存在行贿违法犯罪行为必须点名道姓通报，记入企业信用信息档案，作为社会诚信惩戒的依据，对行贿的自然人和法人采取行政性、市场性和行业性惩戒措施进行制裁。对为牟取不当利益而行贿的个人或企业，按照行贿金额的倍数罚款，大幅提高企业和个人行贿的成本。要求企业加强内部控制，抵制行贿行为，对为了公司利益而行贿的企业员工，公司管理者要承担责任。加强对企业反腐败、反欺诈、诚信等自律性联盟的指导，加大行业自律建设，集体抵制和惩治行贿行为。加强对物流快递的监管，寄送物品必须实名登记，对违反规定的物流、快递公司实行经济处罚。实行举报奖励制度，对没有实行实名制的物流公司，将罚款部分奖励给举报者。对主动及时举报行贿行为、上缴赃品的公职人员，不但不给予违纪违法行为处理，还要适当给予奖励。

## （二）取得廉政建设新成果要抓基层、强基础

目前基层违纪违法数占全国违纪违法总量的绝大多数，直接损害城乡家庭的权益，严重破坏党和政府的形象。在加大对党员领导干部和重要机关、部门和单位监督的同时，要注重抓基层、强基础，推动全面从严治党向基层延伸，加强基层监督体系建设。增强基层监督力量，提高基层监督能力和水平。持续深入"三转"，配齐配强基层纪检监察力量，保证乡镇以及企事业基层单位有足够的力量从事纪检监察工作。上级纪委监委要强化对基层纪委监委的领导，贯彻落实"三为主"，信访案件线索办理、纪委书记和副书记

提名、纪检监察干部管理考核以上级纪委领导为主，切实加强对同级党委（党组织）的监督。规范上级机关抽调基层干部行为，健全相关制度规定，明确抽调时限、延长抽调时间和程序、同一单位最多抽调人数等规定。对基层普遍实施的"片区整合"模式进行研究，赋予市县一级整合基层纪检监察力量的权限，鼓励支持地方探索实践，解决基层监督力量零星分散的问题，提高监督质量和实效。上级纪委监委为基层纪委监委开展监督提供更多的支持和服务，加紧制订《监察法实施意见》，明确基层纪检监察机关可以使用的监察权限和手段，鼓励支持各地各部门利用大数据、人工智能等技术开展监督创新，为基层纪委监督执纪提供更多可供查询的资料库和数据库，解决信息共享上的弊端。推广运用"扫码监督"等作风监督技术，在县以下每年开展"群众最不满意"公共服务评选，精准治理具体领域存在的"事难办"、刁难群众、吃拿卡要、作风粗暴等问题，集中开展专项整治，倒逼基层公职人员转变作风，为群众真办事、解难题。对物业管理开展专门研究和专项治理，促使物业提高服务质量和办事效率，更好地提供精准化、精细化服务，公开物业费、公共维护基金等经费使用情况并加强监督，坚决查处物业领域中的腐败浪费、黑恶势力，健全社区管理和服务机制，完善基层治理体系。

## （三）地方纪委监委信息公开步子要迈大一些

公开透明是被世界各国实践证明有效防治腐败的一项措施。加强党务、政务、司法和各领域办事公开也是国家法律、党内法规和中央政策文件反复强调的要求。及时全面的信息公开，有利于纪委监委展现工作自信，赢得群众支持。地方各级纪检监察机关应当按照法律制度和中央要求，贯彻落实"公开是原则、不公开是例外"的原则，参照中央纪委国家监委、审计署等官方网站，全面公开职能职责、人员编制、内设机构负责人、领导班子成员简历、在岗职工人数等信息，公开纪委全会工作报告、本级纪委监委规章制度、重要案件立案决定、处分决定书等相关信息，力求实现高质量信息公开，主动接受民主监督、社会监督和群众监督。要将信息公开纳入党风廉政建设责任制监察和考核内容，对因信息不公开造成严重后果的要进行问责处理。建立纪检监察机关信息公开第三方评估机制，探索群众和社会监督机制的实现方式，用推动公开强化上级纪委监委对下级纪委监督的管理监督，防止和减少"灯下黑"现象发生，为实现"打铁必须自身硬"提供坚实保障。各级纪检监察机关要安排专职人员建设维护网站，加大财政投入力度，让纪委监委网站时时畅通，将网站打造成利民便民的监督平台，提升地方纪检监察透明度，祛除神秘感，让纪委监委在群众心中树起清爽的形象。

## （四）持之以恒反"四风"，更加突出反对形式主义和官僚主义

作风问题具有复发性的特征。毛病发现并治好了，但人员一换、时间稍长又会再犯，因此作风建设永远在路上，一刻也不能松懈，纠治"四风"的决心和定力必须一以贯之，必须持之以恒坚持抓、不断治，把作风建设的"螺丝钉"越拧越紧。要坚持明察暗访、通报曝光的有效做法，紧盯重要时间节点，抓早抓小、抓细抓实，瞄准"四风"问题定期开展专项检查。为减轻被检查单位或地方的负担，防止检查监督出现形式主义，要不断创新检查方式，以随机性暗访为主，重点查看制度规定落实的实绩实效。培训监督检查人员，掌握监督检查技巧和方法，熟悉法律法规和政策界限，提高发现真问题的能力，提高检查质量和实效，既增强检查的威慑力又显示检查的亲切感，提高干部群众对监督检查的信任满意度，支持和欢迎监督。对公款吃喝、公款送礼等屡查屡犯的"四风"问题，除了对违反法律纪律的行为人予以组织处理、纪律处分和政务处分之外，对领导干部也要问责追责。严肃查处的"四风"问题，要在纪检监察网站上点名道姓通报，及时组织召开警示教育并开展整改。整治"四风"与反特权思想要结合起来。"四风"是表，特权思想才是根。公权力应该姓公不姓私。掌握和行使公权力的人必须要有无私、奉献、为公的情怀和公共服务的精神。违背实事求是的思想路线就容易犯形式主义的毛病，脱离党的群众路线就容易犯官僚主义的毛病，因此要结合实际健全完善坚持党的思想路线

和群众路线的制度。对照为人民服务的宗旨和初心使命，结合"不忘初心、牢记使命"主题教育，对特权现象和特权行为列出清单逐个解决。建立健全群众参与党和国家管理活动制度，允许群众参观和旁听地方党委、政府的一些会议和决策，强制性规定领导干部必须回应群众诉求的具体问题和情形，制定解决群众问题和困难不力的处罚规定，让为人民服务的宗旨有充分的制度保障。加大对公共服务热线服务质量和群众投诉处理情况的监督力度。

### （五）各行各业加强诚信道德建设

诚信道德建设在廉政建设中发挥着基础性作用。弘扬重信守诺的优良传统，各行各业要重视道德自律和诚信建设，行业协会商会要建立诚信承诺和自律公约制度，向社会公开承诺，完善行业自律公约和从业道德守则。建立各行各业失信"黑名单"制度，将"黑名单"信息录入全国信用信息共享平台。地区、部门、行业之间积极合作，推动协同监管，建立有效的失信联合惩戒机制。加大对区块链技术的研发和利用力度，发挥区块链在促进数据共享、提升协同效率、建设可信体系等方面的作用，实现不诚信记录客观完整、信息透明和互享共用，对不诚信不道德行为的约束力更广更有效，提高守信收益、增加失信成本。健全诚信道德建设第三方评估机制，积极发挥第三方评估的引导监督作用。公职人员在社会诚信道德中起着表率和引领作用，公职人员要有公心、讲公德。通过相关的制度改革来加强公职人员道德诚信建设。将公职人员招聘与志愿者活动相结合，从参与过公益事业的人员中遴选公职人员，用机制保障公职人员具有公共服务志愿和精神。改革公职人员能进不能出、能上不能下的现状，真正实行聘任制和任期制，让公共服务机构向更多公民开放。

### （六）提高问责的精准度和有效性

问责是保障权力规范运行、决策部署得到贯彻落实的重要手段，也是十八大以来全面从严治党取得显著成效的有力保障，必须始终坚持而不能放松。问责制度被广泛运用后，在具体执行过程中出现了简单化、泛化、机械化以及问责不力等异化现象，必须高度重视并及时解决。有必要通过立法方式合理划分各级党委政府的事权并保持相对稳定性，用列举法细化各级党委政府的专属事权和共享事权范围及其责任，解决问责时责任划分难题。考虑到不同时期党和国家的重点工作发生变化，可以每年用清单的形式，将问责情形具体化和标准化。没有纳入清单的情形，不得问责。同时增加不问责的情形，避免问责泛化。建立公开问责案例库供社会查询，将问责标准具体化、形象化，从而达到公平公正的效果。程序方面，可以考虑在人大、党委设立多方参与的问责委员会，邀请律师、专业人员等参与，对事件经过、责任、原因等进行全方位调查后，提出问责处理意见、问责整改意见和改革建议。调整和完善干部选用政策，建立健全纠错容错机制，对从事环保、扶贫、信访等急难险重被问责较多的工作，明确规定影响期满、表现优秀的被问责干部，该使用的仍要使用。

### （七）深化公职人员管理制度改革，提高党和国家治理能力现代化水平

党和政府的治理能力直接体现在公职人员为民办事、为民服务的具体事情中。公职人员队伍干事能力、服务能力是地方和部门治理能力的重要表现，是党和国家治理能力现代化的重要部分。精准定位政府职能，有序推进公开服务社会化改革，推行政府服务外包等市场性做法，进一步精减行政机构和人员。大力向基层放权放人，坚持权责统一，最大可能简化行政流程，提高行政效率。坚决落实党管干部原则，完善干部管理制度，建立以业绩导向为主的激励机制，使从事相同业务的事业编制干部与公务员享有同等的发展机会。扩大发现人才的视野，推行提拔重用干部实名推荐制，干部任用公示时应公示详细的任用理由和推荐者姓名，适度引进干部民意评价机制，确保人岗相宜。优化干部绩效考核机制，完善分类考核制度，提高群众对领导班子和领导干部的评议权重。完善"能者上、庸者下、劣者汰"的机制，公职岗位实行聘任制，健全

公职人员淘汰机制。完善公务员和事业单位人员奖惩制度，激活干部队伍活力。加强对权力运行的制约和监督，加大对不作为、隐瞒疫情等行为的问责力度。努力营造干事创业良好环境，坚决惩治不干事但折腾干事人的人，坚决处置诬告陷害行为，落实好"三个区分开来"，包容失误者，激励实干者，褒奖成功者。

# 地 区 报 告

**Regional Reports**

## B.2
## 湖南省：打造三级
## "互联网＋监督"平台

中国社会科学院中国廉政研究中心调研组 *

摘　要： 科技创新日新月异，数字化、网络化、智能化深入发展，科
技手段对于惩治和预防腐败的作用日益受到人们的重视，越
来越多的地方探索运用互联网、大数据等科技手段发现违纪
违法问题线索。早在 2012 年，湖南省永州市就开始了防治腐
败财务云实验，通过稳妥推进财务公开，运用信息网络技术
实时监督，提升廉政建设质量。湖南省怀化市麻阳县从自身
实际出发，率先将县直各部门数据与村务财务信息搬上互联
网，打通数据壁垒，建设"互联网＋监督"数据库系统。本

---

* 调研组成员：蒋来用（中国社会科学院中国廉政研究中心秘书长、社会学研究所廉政建设与
社会评价研究室主任）；胡爽（中国社会科学院中国廉政研究中心科研助理、湖南省永州市
零陵区纪委监委干部）；张缯昕（中国社会科学院研究生院社会学系研究生）。

文分析了湖南省推行"互联网＋监督"平台的背景和意义，介绍了其工作的主要做法和经验，评价了该平台在整治"雁过拔毛"式腐败等方面的作用，同时对该平台存在的困难与不足，以及未来改革方向进行了思考。

**关键词：** 互联网＋监督　大数据　科技反腐　数据库　政务电子化

党的十九大指出，"要加强对权力运行的制约和监督，让人民监督权力，让权力在阳光下运行，把权力关进制度的笼子。"十九届中央三次全会强调，"搭建互联网、大数据监督平台，积极畅通渠道，拓宽线索来源"。近年来，大数据技术不断发展，不少纪检监察组织已经开始将这一技术引入执纪监督工作中。例如，云南省搭建民生资金在线监管平台，对各项民生资金从拨付到使用发放线上全过程监控[①]；黑龙江省哈尔滨市纪委打造纪检监察大数据平台，排查出547起"四风"问题，对7种类型22种隐形"四风"问题进行了形象概括，更加精准治理变异"四风"问题；湖北省潜江市纪委汇集粮食直补、城乡低保、农村危房改造等12项惠民资金数据和财政供养人员、村干部及家属、拥有车辆的人员等12类人员数据，短短10分钟比对，就发现了6626个可疑线索[②]；等等。大数据让精准监督变得更为容易，弥补了传统手段的不足，将"被动发现问题"变成"问题自动现行"，实现了人工监管向技术监管的转变。湖南省纪委监委以"互联网＋政务服务"为依托，将"互联网＋"思维融入工作之中，将民生保障监督作为突破口，以民生资金、精准扶贫、村级财务的监督管理为重点，联合省市县监督力量，融合先进网络技术，打造省市县三级"互联网＋监督"平台，取得了积极成效。

---

[①] 《云南：依托互联网建民生资金在线监管平台》，中央纪委国家监委网站，http://www.ccdi.gov.cn/yaowen/201510/t20151004_138304.html，2015年10月8日。

[②] 《大数据让"微腐败"显形——各地运用信息技术查处群众身边不正之风和腐败问题梳理》，《中国纪检监察报》2016年8月17日，第4版。

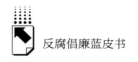
# 一 推行"互联网＋监督"的背景

"敢为天下先"是湖南人的性格。运用大数据和互联网创新监督方式方法，湖南走在全国前列。早在 2012 年 10 月，湖南省永州市纪委与天道诚数据处理（北京）有限公司合作，针对财务公开阻碍多、监督不适时等问题，抓住财务管理这个源头防治腐败的重要阀门，在全国率先开展防治腐败财务云实验，主动自我革命啃"硬骨头"，积极建构村级财务云、事业单位财务云、国有企业财务云、党政机关财务云，争取管理做到"四个实时"，即凭据实时上传、实时审批与审核、凭据实时处理、信息实时共享，将财务、合同、审批件等凭据资料和信息定制化、标准化整理，实现多部门信息完全共享、财务公开充分可控、资源力量整合优化、资金使用节约高效、技术绝对安全可靠五大功能，纪委、审计、财政等多个监督主体和被监督对象可以实时同步监督，对信息资料进行深度开发利用和比对分析研究，及时发现管理环节中的问题和腐败线索，提供风险预警和提示，提升防治腐败工作质量和效率。永州市纪委选择市委党校等 6 家市直机关开展试点，投入 10 万元财政经费，目的是探索出一条低成本、高成效的防治腐败的新路子。但是这项理念超前的改革在推行中遇到很大的阻碍，一是干部思想认识不够。当时"两个责任"理论尚未提出，很多领导干部主动担负全面从严治党的主体责任意识不强，干部接受监督的自觉性不够，不愿意受到太多约束和监督，担心本单位财务太透明，不愿意接受多个监督主体 24 小时的实时监督。二是技术方面的障碍，当时文档扫描、上传，大数据分析、比对、检索等技术不太成熟，导致体验感不强，增加了操作人员的工作负担。三是经费投入相当有限，技术研发、维护的持续性缺乏保障。但是，永州防治腐败财务云实验理念超前，具有重大的启示性意义，这项创新探索为"互联网＋监督"改革进行了理论和实践准备，具有思想启蒙和方法引领的价值和作用。

紧接在永州市防治腐败财务云探索之后的是湖南省怀化市麻阳县。但与永州主动和自发推动改革不同，麻阳县的改革是被倒逼出来的。麻阳县是武陵山片区扶贫攻坚试点县，也是省级深度贫困县，每年各项民生资金高达17亿元。2015年6月，麻阳县一名村干部的腐败问题经群众举报后惊动了中央纪委。在中央纪委直接督办下，湖南省、怀化市、麻阳县三级纪委成立专案组，对麻阳县谷达坡乡白羊村委会主任段国文违纪违法相关问题（以下简称"6·09"案）开展了深入调查，立案审查了段国文及相关涉案人员。最终，该案查实存在的违纪事实，包括严重违反党的组织纪律、以权谋私损害群众利益、村级财务管理混乱、有关部门工作人员失职等四个方面。①

### "6·09"案简介

1. 段国文基本情况

段国文，男，苗族，湖南省怀化市麻阳县人，高中文化，2013年9月加入中国共产党，2008年5月起担任麻阳县谷达坡乡白羊村委会主任，2015年7月被麻阳县纪委立案调查。

2. 基本案情

一是严重违反党的组织纪律。2003年6月19日，段国文隐瞒其滥伐林木罪，6月被作为入党积极分子培养，2013年12月被吸收为中共预备党员，2014年12月转正。在段国文第二次入党期间，白羊村党支部、谷达坡乡党委、中共麻阳苗族自治县委组织部未严格按照《中国共产党发展党员工作细则》的有关规定对段国文进行培养教育、政治审查、讨论表决、考察审批，违规将段国文发展为中共党员。

二是以权谋私损害群众利益。2012年以来，段国文伙同时任白羊村党支部书记向先均，以"建房押金"名义向7户危房改造户索取押金7000元，用于个人开支；以弥补村部维修资金缺口为由，用向先均、向

---

① "段国文案"资料及观点主要来源于：《麻阳县谷达坡乡白羊村委会主任段国文涉嫌严重违纪被立案调查》，三湘风纪网，http://www.sxfj.gov.cn/news/10949138.html，2015年7月9日；《怀化通报麻阳县谷达坡乡白羊村有关违纪问题处理情况》，时刻新闻，https://hn.rednet.cn/c/2015/09/15/3792796.htm，2015年9月15日。

宽仁的房子虚构申报资料，套取国家危房改造资金 25000 元，其中两人共同贪污 18500 元；此外，段国文采取虚报开支、伪造劳务工资发放表等形式，非法侵占村级农网改造资金和生态公益林补贴款 23794.1 元。2014 年，白羊村村支两委违规收取 91 户两项制度对接扶贫摸底户 2510 元、收取 120 户危房摸底户 2400 元，共计 4910 元，严重侵害群众利益。

三是村级财务管理混乱。2002 年至 2012 年，白羊村财务不公开，监管失效，存在报账程序不规范、票据"经办人、证明人、审签人"代签冒签、工程报账未附合同及验收资料、违规列支招待费用（烟酒、土特产）、私设"小金库"等严重违纪违规问题。谷达坡乡财政所、会计核算中心对白羊村财务监管不到位，村账总出纳在村报账员未到场且未对部分大额支出票据真实性、完整性进行认真审核的情况下，违规办理报账与结算手续，导致白羊村财务管理混乱，报账程序严重违规。

四是有关部门工作人员失职。2007 年 12 月，麻阳苗族自治县森林公安局未严格按照办案程序对村民举报段国文滥伐林木的问题予以立案。2008 年 12 月，麻阳苗族自治县人民医院和县疾控中心工作人员为段国文出具用于办理取保候审的医疗证明时未严格遵守相关规章制度。2009 年 2 月，麻阳苗族自治县人民法院一审判决段国文犯滥伐林木罪，县林业法庭未严格执行生效判决。2012 年，谷达坡乡民政办对白羊村申报的 2 户危房改造户资料未严格审查和实地核实、验收，麻阳苗族自治县民政局救灾股工作失职，对申报资料未严格审核、审批，导致国家专项资金流失。

2015 年 8 月 21 日，经中共麻阳苗族自治县纪委常委会、县监察局局长办公会研究决定，给予段国文等 25 名涉案责任人纪律处分或组织处理，这 25 人中包括 7 名科级干部。

3. 案件警示

在巨大的利益面前，缺乏监督的权力极易滋生腐败，"6·09"案的查处给基层纪检监察组织敲响了警钟，分析这起案件的原因，主要是信息不公开、监督不到位而引发的"雁过拔毛"式腐败。该案暴露出基层党委监管缺位、纪委工作抓手匮乏、村级财务管理混乱、党员干部队伍纯洁性难以保障的问题。因此，如何将干部监管的关口前移，扩大监督的覆盖面这一问题亟待解决。

痛定思痛，如何从这起案件中举一反三，解决监督失之于软、失之于远的问题，扩大监督面，把监督权交给群众成为麻阳县重点思考的问题。麻阳县结合在其他市县学习的经验，萌生了建设"互联网＋监督"平台的想法。该县初步确定的思路是将多部门数据汇总比对分析，运用事务型指向精准监督，然而思路还未成型就面临了数据壁垒的障碍。原来，县级各单位的人口统计数据仅仅保持上下级之间的传送，并不对同级各部门提供数据源的获取渠道。没有各项数据，"互联网＋监督"系统就成了无源之水、无本之木，精准监督更无从谈起。随后，在县委大力支持下，经过多次会议反复协调，统一思想，终于获得了各部门的大力支持，成功将多部门数据转录入"互联网＋监督"系统。经过连续数月的奋战，最终麻阳县率先建设成"前台"公示系统和"后台"比对系统。2016年1月，该平台正式上线运行。

2016年4月，习近平总书记在网络安全和信息化工作座谈会上首次提出"互联网监督"。以习总书记重要思想为指引，湖南省委、省政府、省纪委对怀化市麻阳县利用"互联网＋"思维开展"雁过拔毛"式腐败专项整治工作给予充分肯定并深入研究总结。

在省委、省政府、省纪委领导高度重视和高位推动下，2017年4月，湖南省"互联网＋监督"工作协调领导小组及其办公室成立。同月，湖南省召开全省电视电话动员会议，出台《关于加快推进"互联网＋监督"工作实施方案》《关于在"互联网＋监督"工作中严明纪律加强监督执纪问责的通知》，明确"党委统一领导、政府统筹协调、纪委监督推动、部门分工负责、社会共同参与"体系，在全省范围内推行"互联网＋监督"工作。2017年11月14日，湖南省省市县三级"互联网＋监督"平台正式开始线上运行。

# 二 实行"互联网＋监督"的意义

随着人民群众法治观念和维权意识的普遍增强，人民群众对依法保障自身合法权益、惩治群众身边的不正之风和腐败问题的呼声越来越高。调查了解到，在湖南省，群众对民生扶贫资金、征地拆迁、社会保障、生态环保以及企业对政府诚信、发展环境、招投标等重点领域的信访举报量一直居高不下，"雁过拔毛"式腐败问题仍有发生，目前深化全面从严治党、加强权力监督仍然任重道远。面对这样的情况，湖南省决定把"互联网＋监督"作为标本兼治"雁过拔毛"式腐败问题的关键举措，以"互联网＋"为手段，以大数据为支撑，通过公示公开和数据比对促进正风反腐。

## （一）打击蝇贪蚁腐的"显微镜"

"蝇贪""蚁腐"一直是基层群众反映最集中、最强烈的问题，究其根本，在于基层权力过于集中，边界不清，运行不规范，公开流于形式，监督无从着手。"互联网＋监督"平台围绕"钱从哪里来、花到哪里去、干了什么事、有没有问题"，加强对民主项目资金管理，将大数据对比碰撞、分析预警发现的民生项目、民生资金疑似线索，分类梳理，交办相关职能部门进行核实处置。该平台就像显微镜、放大镜、照妖镜，把大量隐藏在群众身边但又难以发现的腐败问题统统打回原形，让腐败者无处遁形，让"雁过拔毛"者无处藏身。

## （二）护航脱贫攻坚的"金箍棒"

"互联网＋监督"平台对扶贫领域也起到了监督作用。一是对精准识贫进行监督，运用大数据比对，把有房、有车、经商办企业人员等假"贫困人口"筛选出来、识别出来，防止乡村两级工作失察失真，让优亲厚友、弄虚作假、以权谋私没有施展的空间。二是对精准扶贫进行监督，通过平台的大数据比对，对"四跟四走"产业扶贫、易地扶贫搬迁和危房改造、教育助学、转移就业、医疗救助、生态补偿、社会兜底扶贫等资金政策落实情况进行监督，确保扶贫政策全面落实到基层，扶贫资金一分不落地送进千万贫困户家中。

### （三）检验项目资金的"扫描仪"

调研中了解到，为使惠农资金不被侵占、挪用，麻阳县要求各职能部门在发放惠农资金前，将拟发放惠农资金的名单制作成电子表格，然后按照审批程序，到县纪委信息中心平台进行数据库"CT扫描"。若发现疑似问题线索，及时反馈到相关职能部门，责成相关单位对疑似问题再核实，不符合条件的，予以取消。这一措施既保证了纪检监察部门事前监督，主动出击的工作要求，也实现了财政、民政等部门与"互联网＋监督"系统数据库的高效对接，确保每项民生数据都能被准确及时录入数据库。

### （四）畅通群众监督的"一键通"

"互联网＋监督"平台把该公开的主动公开，能公开的全部公开，将相关部门从"网下"推到"网上"，让社会各界从"网上"监督"网下"，把藏在后台的晒到前台，把信息孤岛变成信息海洋，通过做好引导、管理和规范工作，充分发挥人民群众的监督力量。据了解，为了让老百姓拥有广泛的知情权、参与权、监督权和管理权，湖南省还在村一级设置了终端查询机，方便老百姓了解国家民生政策、民生资金发放以及村务公开情况。此外，通过平台门户网站、微信公众号、移动App等途径，群众可以在线上对民生、扶贫资金使用、发放情况进行实时查看，对疑似的问题线索也可以借助互联网平台实现实时投诉与举报，从而倒逼职能部门及时发现、纠正问题。

## 三 "互联网＋监督"的主要做法和经验

在总结怀化市麻阳县等地探索借助互联网大数据的力量，对民生资金实

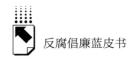

行全方位立体化监督工作经验的基础上，湖南省纪委牵头，省财政等部门积极配合，在全省范围内建立统一规范的"互联网＋监督"平台。该平台先期注重民生资金领域监督，后期逐步向公共资源交易、行政事务审批等相关领域拓展。目前，平台设置为外部公开和内部监督两个门户，汇集民生资金项目、村级财务收支、部门基础比对数据等相关信息。平台外部门户设置民生资金、精准扶贫、村级财务、投诉举报等功能模块，可通过门户网站、移动 App、微信公众号、终端查询机等渠道访问。相比于麻阳县"互联网＋监督"系统建设中"前台""后台"并重，社会公开与纪检监察并进的工作重心，湖南省省级"互联网＋监督"系统的建设重心更倾向于信息公开与政群互动。其主要做法如下。

三类数据：一是民生资金项目数据。主要涵盖了各级财政安排用于民生支出的项目资金和到户到人资金，包含教育、医疗、社保等涉及民生领域共计 200 余项相关资金，同时根据每年资金安排情况动态更新民生资金项目目录，扩大资金公开范围。二是村级财务收支数据。主要涵盖村级（社区）收入、支出、资产等相关数据，平台设有村级财务专项子系统，用于全省村级财务相关信息录入和公开。三是部门基础比对数据。主要收录国土、民政、工商等相关部门，包含房产、车辆等相关信息，并可以运用大数据技术生成基础比对数据。

四大功能：一是民生信息公开。在外部门户，向社会主动公开全省各级地方各个部门关于民生资金的具体分配准则和政策依据、拨付的针对群体和具体拨付金额，民生项目涵盖的内容、项目进度、村级组织的财务收支明细，以及到群众个人的惠民补贴发放等情况。二是大数据比对分析。在内部门户，各级纪检监察机关和相关职能部门可以借助大数据比对功能，通过数据相互碰撞、比对分析，主动发现违规违纪问题线索，实现事前、事中、事后全过程监控。三是主管部门业务监管。根据授权，省市县三级民生资金业务主管部门可对录入该平台的各类民生资金进行实时远程巡查，开展自查自纠，及时发现和纠正违规问题。四是投诉举报受理处置。群众可以通过投诉举报电话、平台"一键通"等方式对发现的问题进行实名投诉举报。对于网上投诉举报内容，相关职能部门会对其进行受理与核实，相关的办理结果会通过网上平台直接进行反馈。

四个平台：一是信息全面公开，打造阳光透明平台。遵循"统一平台、统一标准、统一实施、三级运维、基本功能、各具特色"的总体思路，按照"公开是常态，不公开是例外"的要求，在平台上全面公开涉及209类民生项目资金和29345个村（居）级财务的来源、过程、去向、效果、问题等方面，实现对每笔资金从上至下、从部门到农户、部门到个人、部门到项目的动态全程监督。公开的内容不仅仅包括明细账，还包括发票、审批件等原始资料。仅2018年度，平台公开的各类民生资金高达1098.35亿元，其中扶贫资金达到864亿元；公开的村级财务收入共120.58万笔，总计高达66538亿元，公开的村级财务支出共264.67万笔，总计高达651.83亿元，公开发票凭证一共达到701.34万张。

二是盯住民生资金，打造政群互动平台。开创"前台服务＋后台政务"模式，借助平台门户网站、移动App、"三湘e监督"微信公众号等多种途径，群众可以足不出户却实现对省市县乡村五级民生项目、到人到户资金、扶贫项目资金进行线上精准查询，真正实现"数据多跑路，群众少跑腿"。截至2019年1月21日，全省省市县三级平台网站及"三湘e监督"微信公众号访问量累计达到11.34亿人次，最大并发用户数超过9万人；微信公众号关注人数达到343.48万人（其中广东省37.18万人）。此外，"投诉举报"专栏的开设使得群众可实现问题"线上"实时投诉举报，后台接到投诉信息后会严格按照问题线索分类处理的原则及时转交线下处理，并通过线上平台进行反馈，通过线上线下的主体互动和业务对接，实现了"公开在掌心、监督在指尖"。

三是开展数据比对，构建精准监督平台。在群众监督和政群互动的基础上，湖南省精心打造"互联网＋监督"系统（见图1），积极开展数据比对，构建了一个精准监督平台，主动发现违规违纪问题线索并及时处理，真正实现做到"让数据说话"。目前已完成12个部门15类近2亿条数据的采集工作，打通了精准监督的信息"大动脉"。依托大数据库，各

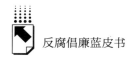

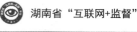

**图1　湖南省"互联网＋监督"平台首页**

级纪检监察机关和相关职能部门可以开展动态分析、数据之间相互匹配从而做到互斥甄别。

四是满足群众需求，打造特色功能模块平台。"互联网＋"不仅在监督上做加法，也在便民服务上做加法。为进一步增强平台的便民服务性，2018年8月平台正式上线了社保查询功能，用户可以在平台上便捷查询个人社保信息。此外，围绕村级工程项目、办事结果等公开，娄底市依托"互联网＋监督"平台建立了"村级小微权力"特色功能模块，目前该板块在娄底市市县两级平台上线并且试运行良好，群众关注度不断上升。

此外，湖南省还规划建立全省统一村级财务软件和全省统一惠民补贴"一卡通"系统，完善民生资金监督子系统和精准扶贫监督子系统；研究开发"公务用餐"等具有鲜明特色的监督功能；探索引入"智能机器人"咨询，创建"互联网＋智能服务"功能；推进各类管理区、经开区、高新区等非行政区域民生信息公开；推动市县两级加强平台外部门户板块的信息维护更新；完成全省平台用户CA数字证书发放；平台网站、移动App

和微信公众号等平台软件已完成系统升级，目前已进入有序推广展开阶段。

## 四 "互联网＋监督"实施后的主要成效

湖南省"互联网＋监督"平台将基层政府工作流程中的各个环节放在阳光下曝晒"消毒"，将村务、财务、党务放在阳光下接受群众监督，改变了长久以来对基层党员干部难以监督的困境，同时在省市县乡村五级推动政府工作改革，提高群众生产与创业的积极性，释放民生红利，打破长久以来扶贫—脱贫—停止扶贫—返贫的循环，实现了"以公开促监督，以监督促规范"，再以规范推动万众创业的良性循环。

### （一）建立信息共享通道，打破信息壁垒

"互联网＋监督"平台以大数据和云计算为技术支撑，整合全省多个部门的信息数据，实现了数据信息的共享共用。通过打破信息部门壁垒、进行数据"碰撞"对比，对问题实施精准主动查找，实现问题处理前置化。部门之间的"信息壁垒"逐步被打通，前台晒、后台查的双方监察使得各类问题可以被及时发现并在萌芽期得到解决。借助"互联网＋监督"，部门工作也变被动为主动，从以事后处置为主转向注重事前预防，进一步激励各职能部门参与监督。例如，在看到精准监督显著成效之后，麻阳县越来越多的职能部门纷纷主动参与到平台的建设中来。

### （二）实现指尖上的监督，改进监督方式

"互联网＋监督"，让监督插上科技的翅膀，破解了"上级监督太远，同级监督太软，群众监督太难"的监督难题，实现了党内监督与群众监督、人工监督与技术监督、网上联合与线下处置的有机结合，搭建了民生监督机构，实现了县乡村三级联动。平台除了具备公示、查询、投诉、数据分析等基础功能外，还全天不间断地接受群众举报，举报信息都将在"互联网＋

监督"平台的后台系统得到一站式受理，并在 24 小时内反馈给相关部门，在七个工作日内得到处理。通过平台数据比对，截至 2019 年 1 月，一共发现全省已死亡人员违规领取残疾人"两项补贴"问题线索 8645 条，追缴回资金 360.4 万元；贫困户拥有机动车、房产问题线索 16948 条，共查处 3922 人次，其中 251 人受到党纪政务处分，涉案的扶贫资金高达 417.21 万元。市县两级通过大数据比对发现疑似问题线索并进行立案查处的达到 1267 件，处理 3208 人，其中通报诚勉 2109 人、组织处理 716 人、党纪政务处分 489 人、移送司法机关 3 人，追缴资金 2108.43 万元。

表1　2018 年 1 月 1 日至 12 月 31 日湖南省村级财务公开情况

| 区划 | 收入 | | 支出 | | | |
|------|------|------|------|------|------|------|
| | 笔数 | 金额（万元） | 笔数 | 金额（万元） | 票据数（张） | 上传率（%） |
| 湖南 | 1205805 | 6653838.07 | 2646667 | 6518295.59 | 7013363 | 76.46 |
| 长沙 | 173007 | 1460926.61 | 661885 | 1734989.04 | 1372377 | 68.93 |
| 株洲 | 66412 | 484889.85 | 187775 | 471965.14 | 394937 | 61.35 |
| 湘潭 | 51378 | 292972.61 | 126196 | 285517.08 | 347149 | 72.37 |
| 衡阳 | 89977 | 520859.80 | 175867 | 502763.09 | 496609 | 71.33 |
| 邵阳 | 121008 | 638560.73 | 211507 | 555701.61 | 515807 | 69.52 |
| 岳阳 | 88194 | 555813.23 | 211175 | 508675.29 | 738335 | 99.89 |
| 常德 | 78375 | 509074.51 | 182380 | 487194.52 | 529979 | 72.23 |
| 张家界 | 36429 | 270663.80 | 71726 | 235111.21 | 259245 | 98.39 |
| 益阳 | 56098 | 294918.25 | 103762 | 266488.86 | 310198 | 75.52 |
| 郴州 | 96158 | 390779.56 | 158825 | 377300.15 | 491965 | 75.07 |
| 永州 | 112306 | 407650.23 | 158010 | 344594.93 | 516714 | 82.80 |
| 怀化 | 114652 | 339961.30 | 202166 | 317698.71 | 430756 | 90.2 |
| 娄底 | 67384 | 362922.53 | 127157 | 326634.16 | 391790 | 75.73 |
| 湘西 | 54426 | 123845.06 | 68236 | 103661.79 | 217502 | 99.66 |

## （三）融洽干群党群关系，减少基层信访量

信息不对称，群众心里"不明白"，干部身上也"难清白"。"互联网 + 监督"平台以明确责任促进履行责任，以追究责任促使干部主动担起责任，

实现财务公开、人事公开以及办事结果公开，变"纸上公开""墙上公开"为"指上公开""掌上公开""实时公开"。基层群众从以往不了解、不信任党员干部的工作逐步转变为越来越理解、支持、依靠党员干部，干部与群众距离拉近了，气氛变得融洽，群众获得感与满意度逐步提高，群众也越来越积极参与到监督工作中。群众心里"明白了"，干群关系自然就和谐了，信访量自然就减少了。

### （四）倒逼干部作风转变，促进权力公开

阳光是最好的防腐剂，信息不公开与不透明导致的信息不对称往往容易滋生腐败。[1]"互联网 + 监督"平台的大数据自动碰撞比对、分析和预警，以及迅捷的投诉举报和反馈渠道，让"人在做，天在看"有了现实注脚，给违法乱纪者以强大的心理震慑。由于权力在阳光下运行，村干部用权不敢再任性，这也倒逼了干部不该办的不能办、不该拿的不能拿，倒逼了民生项目关键岗位"关键少数"干部规范从政行为、严格依纪依规履职。消除了优亲厚友、雁过拔毛者的侥幸心理，构筑了基层党员干部"不能腐、不敢腐"的监督机制。

## 五 目前存在的困难与不足

无论是麻阳县纪委监委还是湖南省纪委监委，在运用"互联网 + 监督"这一大型数据库系统时，都找到了自身最强大的发力点。麻阳县依靠精准的数据—事务链条，通过强有力的执纪执法工作打击了"蝇贪""蚁贪"，为基层干部敲响了警钟，推动了中央扶贫政策落到实地；湖南省依靠广泛监督—政务改革这一循环推动政务公开，推动群众生产创业的积极性，释放内生性动力，实现脱贫效果长久稳定。调查发现，在近几年的探

---

[1] 王冰、韩慧：《推进水务"制度 + 科技"反腐倡廉工作的思考——以天津市水务局推进"制度 + 科技"反腐倡廉工作为例》，《中国水文化》2017 年第 5 期。

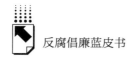

索和发展中，"互联网＋监督"取得了一定的成效，但同时还存在一些需要完善的地方。

### （一）数据安全问题

"互联网＋监督"系统的力量来自数据，然而，"水可载舟亦可覆舟"，运用大数据这把双刃剑可能会带来的安全隐患问题不容小觑。在该数据库同级互相负责、各政府部门数据获取来源固化而单一两大特点影响下，数据源极为有限且易被地方拥有相对较高社会地位者（如宗族长，甚至是部分黑恶势力）操纵，一旦基层党员干部的工作被数据代替，则可能造成基层干部积极性下降和基层党员在群众中威信下降的不良后果。

### （二）数据库不够完整，存在信息孤岛现象

对于湖南省而言，其局限性在于数据来源固化，导致这些数据在发挥作用时处处掣肘，甚至出现数据富集之后反而效益降低的悖论。虽然在表现形式上与麻阳县"互联网＋监督"系统面临着各自的难题，但实际上两者的问题都是由当前"互联网＋监督"系统数据库的本质引发的。当前，无论是麻阳县还是湖南省省级"互联网＋监督"系统都是事务型指向，即以固定的逻辑索取特定数据进而"验证"既有的判断，这就意味着该系统的功能是机械执行既定指令，在这轮电子政务化的浪潮后，其效果是否持久仍有待检验。

### （三）群众参与感有待提高

当前，制约"互联网＋监督"或电子政务化进一步推进的根本在于在这一推进过程中，政府和党员干部政治身份不断弱化，而其作为社会性的经济、宗族、行会带头人身份被不断强化。在电子政务的推广过程中，公民对政治的参与度更高，但参与感会降低，这种虚拟参与或者说是网络参与会让公民将政府机构视为固有的组织结构，降低人们对政府的感情认同。认同的减少对政府来说是一种更大的成本，更为重要的是，这一成本

随着层级上升不断累积。与这一分析相一致的是，在实地观察与访谈过程中，可以发现下级政府采用这一系统的动力更强，而上级政府由于上述顾虑反而需要加以限制。这一矛盾的产生是因为数据库的作用在于发挥政府的治理效能，而不能生产政治资源。利用数据库系统在释放民生效益的同时，消解掉了政府的政治资源，如果仅仅采用"限流"的方式维持政治资源，则无法获得民生红利；欲调动群众的生产积极性，又不得不放弃一部分政治资源，如何兼得鱼与熊掌，是电子化政务下一步推广最重要的问题所在。

## 六　未来改革方向和计划

任何技术和制度都不是十全十美的，都需要随着时代的发展变化而不断创新发展。"互联网＋监督"是网络化等技术快速发展的产物，随着新技术的不断出现，有必要在管理机制、技术手段、功能定位等方面进一步完善。

### （一）建立更加有力的信息整合机制

建立层级更权威的机构，汇集更多部门的信息，将众多部门的信息与"互联网＋监督"平台对接，打破信息壁垒，防止信息孤岛现象。增强信息综合统筹能力，多部门提供信息并共享。决定数据质量的要素是其刻画现实的能力，想要获得高质量的数据，必须既要保证其来源贴近实际，又要将数据处理的成果准确地落到实处。对湖南省而言，其局限性在于数据来源固化，导致数据在富集之后效益反而降低的现象。这就要求该平台进一步拓宽数据来源渠道，号召更多部门提供基础数据信息并实现共享。

### （二）进一步拓展平台功能

目前湖南省一级的平台主要具备信息公开、查询功能，需要强化公开查询与数据比对的结合，增加主动发现问题功能，增强平台的运用性和威慑

力，形成公开查询、监督举报、线索发现、调查惩处、反馈回应的完整链条。可以挖掘平台的一些衍生功能，比如对窗口服务类单位设立二维码，邀请办事群众扫码监督，及时收集办事群众的评价，进一步促进干部作风转变。

## （三）充分调动各级政府积极性

湖南省"互联网＋监督"是在该省怀化市麻阳县试点取得成功经验的基础上进行的总结和推进，站位更高，顶层设计更权威、更统一，但要注意发挥各县（区）、市州的积极性和创造性。应该在搭建全省架构的同时，以县为单位，自主打造功能模块，使平台具有更强的针对性和可操作性。省一级负责平台标准，各县区的平台更多让其自己开发符合本地区实际的内容。目前有的县区已经在内容开发上进行了探索，如怀化市麻阳县增加了信息比对平台。建立奖励机制，鼓励基层创新，大胆尝试探索。

# 沈阳：正风肃纪插上"科技翅膀"

中国社会科学院中国廉政研究中心调研组*

摘　要：　本文分析了沈阳市正风肃纪监督和大数据监督的形成背景，介绍了沈阳市通过舆论宣传、专项治理、查办案件、建立大数据监督平台，构建监督工作体系，健全工作保障机制的做法以及效果。建议对大数据运用中的数据有效整合、技术延续性、数据安全性、人才队伍建设、平台功能运用等问题进行研究并提出对策。

关键词：　沈阳　正风肃纪　监督　大数据

党的十九大明确提出，要全面推进党的作风建设，持之以恒正风肃纪。2019 年，中国社会科学院中国廉政研究中心调研组在辽宁省沈阳市了解到，当地在开展正风肃纪监督的过程中，将监督端口前移，打造并运用大数据监督平台，把"人工监督"与"智能监督"紧密结合，推进监督提质增效，是一项很有意义并值得推广的实践创新。

## 一　沈阳开展正风肃纪监督和大数据监督的背景

沈阳市开展正风肃纪监督和大数据监督主要有三个方面的思考：一是如

---

* 调研组成员：蒋来用（中国社会科学院中国廉政研究中心秘书长、社会学研究所廉政建设与社会评价研究室主任）；张静（中国社会科学院中国廉政研究中心科研助理）；任涛（中国社会科学院中国廉政研究中心科研助理、贵州省沿河自治县人民医院党委委员、纪律检查员）；胡爽（中国社会科学院中国廉政研究中心科研助理、湖南省永州市零陵区纪委监委干部）；朱克江（中国社会科学院中国廉政研究中心科研助理、贵州省德江县委办公室常务股负责人）。执笔人：蒋来用、任涛。

何贯彻落实中央和中纪委、省纪委全会精神及市委决策部署；二是如何回应群众的热切期盼；三是如何解决监督工作实践中遇到的各种现实问题。

## （一）落实全面从严治党总体要求和上级决策部署

习近平总书记在十九大报告中指出，"持之以恒正风肃纪。凡是群众反映强烈的问题都要严肃认真对待，凡是损害群众利益的行为都要坚决纠正。"在党的十九大精神的引领下，沈阳市纪委监委迅即举全系统之力推动正风肃纪监督工作，到 2017 年 12 月，正风肃纪监督工作在沈阳市各级党政机关和企事业单位全面推开；2018 年初，沈阳市纪委监委通过广泛宣传和约谈相关单位"一把手"等形式，不断推动正风肃纪监督工作向纵深发展。2018 年 5 月，中共中央政治局常委、中央纪委书记赵乐际对纪委监委落实监督职责做出重要指示，"要紧紧围绕监督这个基本职责、第一职责，定位向监督聚焦，责任向监督压实，力量向监督倾斜"。沈阳市纪委监委积极响应，提出"敢于主动出击、敢于主动监督、敢于自觉监督、敢于全覆盖监督"的工作理念，将大数据技术运用于正风肃纪监督之中，推动人工监督与智能监督紧密结合，为纪检监察工作注入新的动力。

## （二）群众的热切期盼

沈阳市纪委监委从整治民生、扶贫等领域存在的吃拿卡要、盘剥克扣、优亲厚友等老百姓深恶痛绝的问题入手，创造性地开展正风肃纪监督，其初衷就是为了维护群众利益。正风肃纪监督形式多样、多管齐下，既有统一组织开展的集中大起底、大排查，也有各单位在本系统、本部门开展的自查自纠；既有监督组针对重点问题进行的再监督、再检查，也有针对普遍性、系统性问题在某一领域集中开展的专项治理。除此之外，遍布城乡各地的 5000 余名专兼职正风肃纪监督员，来自群众，植根群众，用群众的视角去发现和解决群众身边的问题，在正风肃纪监督中发挥了不可替代的作用。他们深入街道社区、乡镇村屯、企业工厂，对惠农政策的落实抽查检查，对政务服务窗口单位"挑刺找碴"，发现问题及时上报，在党和政府与人民群众之间架起了沟通的桥梁，打通了正风肃纪监督的"最后一公里"。

### （三）现实问题的回应和解决

近年来，沈阳市纪委监委在履行监督职能的过程中遇到了一些现实问题。一是近年来纪委监委查办案件数量增加，减存量、遏增量的压力加大；二是纪委监委的监督作用发挥不够，在项目、资金等方面的监管中存在漏洞；三是纪委监委在实际工作中落实中央提出的"把自己摆进去、把职能摆进去、把工作摆进去"的要求，还在探索阶段，没有找到合适的载体。为解决这些问题，沈阳市纪委监委在借鉴贵阳民生监督成功经验的基础上，于 2017 年 8 月，按照"先试点再铺开"的思路，启动正风肃纪监督工作。

## 二 沈阳正风肃纪监督和大数据监督的主要做法

正风肃纪监督和大数据监督，通过"人工＋智能"的深度融合，开创了纪委监委把监督挺在前面的全新工作模式，得到当地群众的普遍认可，其做法主要包括以下几个方面。

### （一）凝聚正风肃纪监督的思想共识

解决好对正风肃纪监督的认识问题，是开展监督工作的前提。为此，沈阳市纪委监委双管齐下，一是以动员会、推进会、座谈会的形式，统一思想，凝聚广大党员干部的共识。二是通过加强舆论引导，凝聚广大人民群众的思想共识。组织《人民日报》、新华社辽宁分社等中央和地方主流媒体记者深入监督一线采访报道，以真人真事吸引人；在《沈阳日报》开辟专栏，抓住正反两面典型进行宣传，以身边的案例教育人；在沈阳广播电视台新闻频道开设《正风肃纪进行时》栏目，每周定期播出，以持续的宣传感化人。在舆论的正确引导下，正风肃纪监督的社会影响力不断扩大，为监督工作的深入开展提供了群众基础。

### （二）加大案件查办力度，强化"不敢"氛围

通过治标不仅要为治本赢得时间，更要为治本找到根本对策。2018年，沈阳市纪委监委系统立案4095件，在15个副省级城市中排第4位，查处了一大批有震慑力、有影响力的典型案件，为把监督挺在前面创造了有利的条件。

沈阳市连续查处了法库县1名县领导和4名乡镇党委书记，其涉案金额总计高达6000多万元。这一系列案件集中暴露出的问题令人触目惊心：针对政府投入的项目、资金、物资，上边存在"一批了之、一拨了之、一给了之"的问题，下边存在"一挪了之、一分了之、一贪了之"的问题，制度一纸空文，管理形同虚设，监督系统性失灵，党委监督、政府监督、纪委监督、审计监督、部门监督都存在失察、失职、失责的问题。问题在于失于监督，要害在于不公开、不透明，党内外缺乏知情权，各方都难以监督。案件查结之后，沈阳市帮助该县系统总结教训，进一步压实责任，集中组织监管不力的23个业务部门进行深刻剖析，各自认领责任，查找监管漏洞，在全县建立起大数据监督平台，对公共财政投入的项目、资金、物资及相关决策全部公开，并在全市所有13个区县（市）全部推开，建立起不留死角的监督体系。

沈阳市水务集团原党委书记、董事长陈阳，贪污受贿时间长达17年之久，涉案金额高达5000余万元，原因在于工程招投标、资金拨付、干部任用等都是暗箱操作，干部群众根本没有知情权，更谈不上监督权。沈阳市纪委监委从主动监督入手，运用高科技监督手段，推动该公司所有的项目、资金、物资、决策、权力全部在网上公开，实行电子化留痕，所有问题数据化，随时可以用大数据进行抓取、分析、比对，对所有项目、资金、物资、决策、权力实行实时监督、在线监督，用"不敢腐""不能腐"的制约，强化了"不想腐"的自觉。

### （三）专项治理，逐个清理普遍性问题

查办案件是定点清除，专项治理是系统清理。2018年以来，沈阳市陆

续开展了 27 个专项治理，成系统、成领域、成建制地清除问题。针对中央巡视组移交的 3 个问题线索，沈阳市对公车私用、私车公养、违规使用公务加油卡问题开展专项治理，发现违规问题公务加油卡 9591 张，主动退缴违纪款 4610 万元，给予党纪政务处分 19 人、诫勉谈话 61 人、批评教育 11228 人，不仅教育挽救了一大批干部，而且建章立制、堵住漏洞、管住今后。专项治理结束后的一年内，全市公车经费比上一年下降 1 亿余元。针对正风肃纪监督发现一些部门和单位存在利用各类收入不入账等手段私设"小金库"这一顽疾，在全市范围内深入开展"小金库"专项治理，清理"小金库" 1821 个，收缴 1.94 亿元。在低保五保领域，清退优亲厚友、骗保家庭 3208 户，主动退出 2018 户，避免国家经济损失 5283 万元，新增符合条件但过去没人管的低保、五保户家庭 1546 户。在公有房产出租领域，清理发现未按规定上缴财政租金 36 亿元。2019 年 11 月，沈阳市纪委监委又在发改、科技、人防、交通、城建、农业、自然环境、仲裁、金融贷款等诸多系统开展专项治理，剖析典型问题，找出各系统存在问题的规律性，逐一对症下药，堵塞漏洞，用制度解决问题。

## （四）建设大数据监督平台

2018 年 3 月，沈阳市纪委监委开发建设集公示、监督、分析、决策于一体的沈阳正风肃纪大数据监督平台，对每一笔资金的依据、来源、去向、发放，全程可记录、可留痕、可追溯。该平台包括数据备案平台、门户及业务平台、智能分析平台、云平台、信息安全平台五个组成部分。

数据备案平台是开展大数据监督的基础。它通过对党政机关各部门工作数据进行留档备查，反映出权力行使的过程和结果，实现对资金、项目、物资、决策和权力数据的全覆盖，为监督工作提供"全、准、新"的海量数据支撑。目前，已从全市 1260 余家一级预算单位、1000 余家二级预算单位采集各类数据 38 亿条，纳入资金总量 2475.5 亿元。

门户及业务平台，是纪检监察机关推动各部门公开公示项目资金等权力运行数据的门户，是实现重点领域再监督的业务平台。它具体包括四个组成

部分：一个主平台，各部门、区县、企业分平台，群众监督系统以及各类专项监督系统。

智能分析平台是发现深层次问题的"数据大脑"。它通过比对分析、关联分析、数据碰撞、预警分析和趋势分析等算法工具，建立微腐败问题自动识别与风险预警机制，对重大工程、重点领域和关键岗位开展资金、项目、物资、决策、权力的五元监督分析，揭示问题线索。平台一期工程于2018年9月初上线试运行，截至目前已发现疑似问题近12万条，仅民政业务范围内就发现疑似问题81641条，核查确认69554条存在问题，占85.19%。比如，通过比对退休审批数据与社保养老金发放数据，发现有431名灵活就业人员领取养老金未经退休审批，比对2018年城镇居民医保数据和新农合数据，发现有11347人重复参保。通过对群众最为关切的惠民补贴领域分析比对，仅用两天时间就发现企业法人代表、个体户、村干部甚至去世人员领取低保、领用补贴等问题8万余条，涉及资金5304万元，而过去人工入户核查半年才发现6000多个问题。通过对招投标领域的数据进行分析比对，目前已查实有52家公司存在围标串标问题，而过去10年来，相关主管部门仅发现查处1起。通过失信系统数据分析比对，发现42名监督对象为拒不执行法院生效判决的"老赖"，甚至其中一名"老赖"还被评为"三八红旗手"，原本挨不上边的两件事在大数据比对下浮出水面。

云平台在基础设施服务、平台服务、数据服务、软件服务等方面，为监督分平台的开发、测试、运行和部署提供安全可靠的监督云服务设施和资源池。

信息安全平台是开展大数据监督的安全保障。它依托自主可控的信息安全通道，构建物理、网络、主机、应用、数据五维立体安全保障体系，确保敏感数据与系统的安全性。

## （五）构建协同性强的监督工作体系

沈阳市纪委监委抓实三个环节，构建立体式监督体系，健全完善监督体制，务实推进正风肃纪监督工作。一是配备好监督的人员。监督体系分为四级，第一级是正风肃纪监督领导小组，由市、区两级纪委书记和有关部门主管领导组成；第二级是市、区两级正风肃纪监督室，由市区两级纪委监委纪检监察室成员组成；第三级是 401 个正风肃纪监督组，由市直部门、区（县）直部门、乡镇（街道）、市属企业、事业单位干部组成；第四级是正风肃纪监督员，由退休党员干部和部分社区居民组成。在不增加编制的前提下，按照"三专两兼"的标准，为全市 204 个乡镇、街道配备纪检干部，专职纪检干部由过去的 176 名增加到 612 名，兼职干部达到 408 名；在全市 2530 个村（社区）选聘作风正派、群众公认、德高望重的正风肃纪监督员 4068 名，在市属企业选聘监督员 211 名，增强基层纪检监察力量。二是明确好监督的职责。正风肃纪监督体系各级之间分工明确、职责清晰。监督领导小组主要负责统筹安排和集中推进正风肃纪各项工作、督促检查各监督组履职尽责情况、及时总结经验并提出开展下一步工作的指导意见。监督室主要负责综合协调正风肃纪各项工作、分析研判各种问题线索、协调处置与督促整改。监督组主要负责监督检查上级重大决策部署的落实情况、惠民资金项目的分配管理和公开情况、及时发现和处置各类问题线索。监督员主要负责上传"监督图"、汇报问题线索、做好网格化监督。三是选择好监督的形式。正风肃纪监督的形式十分灵活，既有统一开展的排查与巡检，也有各部门内部开展的自查自纠；既有针对普遍性问题开展的专项治理，也有针对重点问题进行的再监督与检查。沈阳市纪委监委构建的监督网络有效覆盖扶贫领域监督执纪问责、整治村霸及宗族恶势力、解决群众身边腐败问题以及全面从严治党向基层延伸等工作。2017 年 8 月以来，正风肃纪监督中发现的 46756 个问题中，自查自纠发现 16941 个，占 36.2%；监督组发现 12737 个，占 27.2%；监督员发现 4305 个，占 9.2%；信访举报发现 1998 个，占 4.3%；工作中发现问题 10248 个，占 21.9%。另外，还有上级交办 527 件，占比 1.1%。

## （六）健全监督工作的保障机制

沈阳市纪委监委强化五个支撑，不断健全和完善监督工作的保障机制。

一是党委引领到位。辽宁省纪委主要领导建议沈阳市借鉴贵阳民生监督的经验做法，开展正风肃纪监督，并先后多次到沈阳调研指导工作。沈阳市委主要领导在不同场合，多次听取正风肃纪监督工作汇报并提出改进要求。沈阳市相关部门主要领导相继深入基层进行专题调研，指导正风肃纪监督工作。在监督过程中，上级纪委监委将责任传导给下级党委（党组），党委（党组）书记定期向上级纪委监委汇报工作。二是纪委落实到位。各级纪委监委注重把握政策，做到宽严相济，做到了"三个区别"。其一，区别主动与被动，包容主动交代问题的人员，严肃处理拒不交代问题的人员。其二，区别为公与为私，包容为推动发展造成的无意过失，严肃处理谋取私利的不当行为。其三，区别试错与破纪，包容先行先试中出现的错误，严肃处理明知故犯的违纪行为。三是经费保障到位。市委、市政府设立正风肃纪监督专项资金，一次性给予财政支持1339万元，用于建设、改造乡镇（街道）标准谈话室192间，并以"基础补贴＋绩效补贴"的方式给予监督工作人员适当补助，对提供重要问题线索的人员给予奖励。市纪委监委运用专项资金，加强了正风肃纪监督工作软硬件设施建设。在软件设施建设方面，实现了"建立档案、统一标准、公开公示、动态管理"等基本目标；在硬件设施建设方面，建立四室一栏，即标准谈话室、资料档案室、信访接待室、多功能室、公开公示栏。四是制度供给到位。针对监督工作中发现的各类问题，沈阳市纪委监委与有关部门进行合作，认真剖析根源，通过完善制度从源头遏制各类问题的发生。比如，针对涉农领域的相关问题，市农经委研究制定了《关于加强项目资金监督管理的意见》；针对民生资金领域的相关问题，市民政局研究制定了《关于民政转向资金监督管理办法》。据统计，正风肃纪监督工作开展以来，沈阳市重新制定或修订的各项制度达311项。五是考核激励到位。纪委监委制定《正风肃纪监督工作目标量化考评办法（试行）》，将全市13个区县（市）纪委、25家派驻纪检组、4家纪工委、15家市属国有企业纪委及其正风肃纪监督组全部纳入考评范围，考评结果与年度考核、绩效考核挂钩。同时，区县（市）也对辖区内各部门、街道监督组、监督员工作开展情况进行考核，并把考核结果作为选拔干部的重要指标。

## 三 沈阳正风肃纪监督的主要成效

正风肃纪监督为提升当地党委政府的治理能力和推动基层党风廉政建设增添了新的活力、开拓了新的渠道、建立了新的保障。自开展正风肃纪监督活动以来，沈阳市监督工作的实效得到大幅度的提升，干部作风得到锤炼，干部安全得到更充足的保障，群众利益得到更充分的维护，社会更加和谐稳定。2019年6月19日至21日，中共中央政治局常委、中央纪委书记赵乐际到辽宁省调研期间，对沈阳市纪委正风肃纪大数据监督工作成效予以充分肯定。

### （一）提升了监督实效

正风肃纪监督提升了纪委监委监督工作的实效，在三个方面取得了突破性进展。一是存量腐败和问题被大量查出消化，增量腐败和问题得到有效遏制。部分干部在正风肃纪监督强大威力的震慑下，主动携带违纪款到纪委监委交代问题。2018年至2019年11月，沈阳市共有13718名党员干部向纪检监察机关主动说明问题，上交违纪款共2.49亿元，3万元以上的有683人，上交违纪款1.98亿元，最多的一个人一次交了617.2万元。沈阳市纪委监委对主动说明问题的同志给予了最大的政策宽容，做到既有暴风骤雨，也有春风化雨、和风细雨，让监督带有温度，取得了政治效果、社会效果、纪法效果的最大化。二是主动监督取得显著成效。截至2019年11月，正风肃纪监督人工发现问题46756个，已整改41789个；大数据监督发现疑似问题129008个，已整改93816个；发现涉嫌违纪问题线索3776件，立案1713件，给予党纪政务处分1356人，移送司法机关28人，挽回经济损失4.98亿元。主动监督成案率占比由过去的不足5%，上升到2018年的36%，已经超过信访渠道成为案件线索的第一大来源（信访线索成案率由过去的53%下降到2018年的23%）。三是在凝聚社会各界反腐力量方面取得重要进展。沈阳市纪委监委与沈阳电视台联合开设《正风肃纪进行时》专题节目，每周播出一期，目前已经播出 70 期，平均收视率超过 2%，最高时达 2.87%，每期收视人数超过 20 万。同时，正风肃纪监督平台已成为当地反腐倡廉教育的重要阵地，通过"纪委监委开放日"活动向社会公众开放。截至 2019 年 11 月，到市纪委监委参观正风肃纪大数据监督平台的党员干部和社会各界人士，总计已超过 13863 人。现在，沈阳市许多单位把参观大数据监督平台作为"不忘初心、牢记使命"主题教育的一项重要内容。

### （二）锤炼了干部作风

沈阳市开展正风肃纪监督工作以来，全市 5669 名正风肃纪监督员走进工厂企业、社区学校、机关开展走访调查，倾听群众声音，反映基层诉求，在党和政府与人民群众之间架起了一座座沟通的桥梁，截至目前，正风肃纪监督员已经走访居民 91.8 万户，占全市居民总数的 33.6%。正风肃纪监督员的另外一个职责，就是带着疑似问题线索去核查，在深入基层走访过程中，广大干部廉政勤政意识不断增强，干部作风更加朴实过硬。通过开展正风肃纪监督工作，许多干部工作作风转变了，激发了干部忠诚履职的积极性，由坐等百姓上门，到主动登门服务，架子小了，身段低了，离群众越来越近了，保证了党的惠民政策真正惠及千家万户，也为优化营商环境助力支撑。

### （三）保护了干部安全

正风肃纪监督，以事前监督为主，通过强化事前约束，明确底线红线，深化运用监督执纪"四种形态"，对领导干部进行教育、保护和监督，对反映干部苗头的、轻微的、倾向性的问题，给予及时、有针对性的谈话提醒，对反映不实的给予澄清，对如实说明且问题不严重的给予了结，同时注重为受到诬告的干部澄清事实，并严肃查处诬告行为，保护了干部安全，提升了干部干事创业的积极性。比如，沈北新区某村集体葡萄园获得 50 万元补偿款，村"两委"班子准备进行内部分红，列席会议的监督员以"动迁款不属于经营性收入"为由进行提醒，被会议采纳，避免了集体资产流失与干部渎职风险。

### （四）维护了群众利益

通过正风肃纪监督，有效解决了低保应停未停、办理低保优亲厚友、非物业保洁员顶岗等一系列突出问题。在过去，各个社区的低保等民生资金发放情况和发放人员名单，都是要靠人工来张贴在社区的公示板上。这种传统的公开模式，一来难以保证及时更新，二来也不方便群众监督。而现在，任何人都可以通过电脑或手机，登录沈阳正风肃纪大数据监督平台，随时随地查看任何一个村、社区的资金发放情况，如果对哪笔资金有疑义，可以随时举报。真正实现了该停的坚决停，该给的一分不少；该花的钱坚决花，不该花的钱一分不掏，将各项惠民政策真正落到实处，让需要帮助的群众有了踏实的获得感、幸福感和安全感。正风肃纪监督员在这一过程中发挥了重要作用。他们来自群众，根植群众，用群众的视角去发现和推动解决群众身边的问题。通过深入基层，进行广泛深入的排查，发现问题线索并及时上报，在政府与群众之间架起沟通的桥梁，打通了正风肃纪监督的"最后一公里"。2017 年 8 月以来，正风肃纪监督员走访居民91.8 万户，占全市居民总数的 33.6%；发现问题 4305 个，占问题总数的9.2%。

### （五）营造了风清气正的环境

沈阳市正风肃纪监督工作聚焦政府管理的难点、痛点、堵点，集中力量对公车私用、私车公养问题开展专项整治，发现各类问题 1 万余个，涉及金额 4600 余万元；积极推动征地拆迁补偿款发放，全市农村土地面积由原承包合同体现的 822 万亩，扩大到 1067 万亩，多丈量出 238 万亩，有力助推了政府土地确权工作的顺利开展；督促市中级人民法院执行部门对 2016 年至 2017 年新收案件的执行案款进行全面梳理。目前躺在账面上的 13 亿余元执行款，已有 96.6% 发放到申请执行人手中。

此外，正风肃纪监督在为党和国家挽回经济损失、为沈阳市营造良好的经商环境等方面也发挥了重要作用。截至目前，沈阳市通过正风肃纪监督累

计挽回经济损失达 4.98 亿元，沈阳的国际化营商环境指标从全球经济体水平的第 92 位提升至第 69 位。

## 四 对沈阳正风肃纪监督的思考

调查发现，沈阳市正风肃纪监督开展以来，大量"资金、项目、物资"的运行情况通过正风肃纪监督平台向群众公开，减少了市民对政府工作的猜疑和不信任，同时也缓解了因公开不透明、沟通不及时、解释不彻底而引发的干群关系紧张的问题。另外，通过将监督端口前移，有效防止党员干部腐败。从实践情况来看，正风肃纪监督平台既推动落实了党委应负的"管党治党"主体责任，解决了"上级一批了之、一拨了之、一给了之"的问题，同时又深度激发了纪委监督责任的潜能，并放大了监督功效，解决了"下级一挪了之、一分了之、一贪了之"的问题。在正风肃纪监督工作中，纪委可以通过正风肃纪监督平台及时发现问题、解决问题、处理问题，并深入践行"群众路线"，发挥群众监督作用；群众则可以将自己想说的话、想做的事和想要了解的情况与监督员直接交流，并得到及时反馈，从而使大量矛盾和问题发现在基层、处理在基层、化解在基层。但是，在正风肃纪监督开展过程中，还存在一些亟须解决的问题。

### （一）如何实现数据的有效整合

沈阳市建设正风肃纪监督大数据平台，实现了数据之间的共建共享，这也是打破信息孤岛最有效的形式。从纵向上看，要把中央、省级、市级、县级乃至乡镇级的政府信息、官员个人信息等资源联通起来；从横向上说，要实现行政机关、司法机关的联动，实现工业、农业、税务、城建等部门的联合，必要时还要把银行系统联通起来，只有这样才能形成合力。因此，从反腐败的角度出发，反腐的数据联通客观上需要政府的参与，在政府的指导之下建立跨地区、跨领域、跨部门的大数据网络共享库，怎样协调各部门达到数据的有效整合，这是后期数据收集最重要的环节。

## （二）如何保持技术的延续性

大数据是人类技术进步的一个成果，大数据监督为反腐败插上了科技的翅膀，提升了监督执纪工作的实效性。这门技术是一种规模大到在获取、存储、管理、分析方面大大超出了传统数据库软件工具能力范围的数据集合，具有海量的数据规模、快速的数据流转、多样的数据类型和价值密度低四大特征。除了有效整合数据之外，先进的技术手段是大数据平台健康运行的重要保障。

在调研中，我们也发现存在一些制约因素，影响大数据反腐潜力的充分发挥。一是对采集的相关数据可信度抽查的力度需要进一步加大，避免可能出现的信息不实的情况。二是不同部门之间数据的流动性需要进一步增强，为数据信息的集成整合奠定基础。三是对数据信息的使用主体、使用权限、使用责任需要做出更为细致的界定，有效降低信息泄露的潜在风险。随着时间的推移，数据量将会越来越大，如何做到后期技术的延续性，这是必须要思考的。

## （三）如何强化政治监督

腐败是权力的伴生顽疾，有效防治腐败是推进国家治理体系和治理能力现代化的必然要求。但是，正风肃纪监督平台主要以"资金、项目、物资"为着力点，主要范围仍局限在民生领域，在营造良好政治生态、选拔干部方面发挥的作用不够突出。政治生态是一个地方政治生活现状以及政治发展环境的集中反映，是党风、政风、社会风气的综合体现，其主要反映在领导干部的党性问题、觉悟问题、作风问题等方面，政治生态的好坏，关键在领导干部，取决于领导干部。纪检监察机关又是政治机关，每一项工作都具有很强的政治属性，第一职责就是政治监督，在加强党的政治建设中负有重要责任。正风肃纪监督平台要把选人用人纳入监督范围，把领导干部的财产数据纳入监督平台中，同时对党员领导干部执行"中央八项规定"精神和"四风"问题实现常态化监督。

### （四）如何保障数据的安全

保障数据的安全，从技术层面看，和其他类型的大数据一样，反腐大数据面临着黑客的恶意攻击和内部管理不善的双重风险。在外部防范方面，可以采用备份建设、防火墙、防毒软件、入侵检测技术、加密技术等实现对黑客恶意攻击的控制；应该加强技术投入，切实保护举报人的个人信息安全。在内部管理方面，应该进行漏洞监测、身份识别，对个人隐私敏感数据做标记谨慎处理，设置用户权限限制访问、增强加密系统和安全培训等。随着数据越来越庞大，如何从技术层面保障安全，从人为方面增强防范意识，这都是要认真思考的。

### （五）如何加强基层监督人才队伍培养

正风肃纪监督平台除了进行数据比对外，还有一支监督队伍活跃在基层的各个角落，他们就是平台的"眼睛"。调研了解到，基层监督队伍存在年龄偏大、青黄不接的现象，整体业务素质不高，专业技术人才偏少。在以后的工作中，为加强这支队伍的建设，一方面要加强培训和指导，不断提升基层监督队伍成员的业务素质；另一方面要通过各种渠道吸引年轻有为的高素质人才，不断完善交流培养机制、培训保障机制和考评激励机制，推动优秀人才快速成长。

### （六）如何降低大数据监督的成本

高成本的监督往往难以持续。大数据监督技术是非常好的监督手段，实践运用已经产生了比较好的效果，但技术开发和运营的成本过高也让一些地方有所顾忌，尤其是对于中西部地区而言，财力不太雄厚，有的还是吃财政饭，因而对大数据监督望而却步。未来应该加快大数据监督技术研发，降低技术运用成本，用尽量少的资金达到精准有效监督的效果。大数据监督的核心就是数据比对。汇集有用的数据，结合实践研究不同的算法，纪检监察机关与大数据人才一道，找到一套既省钱又好用的技术方案。

# B.4
## 邯郸市：用科技打通群众
## 监督"最后一公里"

中国社会科学院中国廉政研究中心调研组*

摘　要：　在信息化、网络化快速发展的时代，互联网广泛运用，已嵌入社会生活各个领域，监督工作亦不例外。本文以邯郸市推行"互联网＋监督（评议）"工作为例，通过分析该项工作的开展背景、主要做法、初步成效，阐述了邯郸市运用"互联网＋"思维在拓宽监督渠道、提升干部作风、融洽干群关系等方面取得的积极效果，指出邯郸市"互联网＋监督（评议）"工作是在国家监察体制改革后基层监督工作面临新问题新挑战的大背景下扎实转变基层干部作风的有力举措，同时对进一步完善"互联网＋监督（评议）"平台提出了建议。

关键词：　互联网　监督　科技反腐

习近平总书记在党的十九大报告中指出："增强党自我净化能力，根本

---

*　调研组成员：蒋来用（中国社会科学院中国廉政研究中心秘书长、社会学研究所廉政建设与社会评价研究室主任）；饶明党（中央纪委驻中国社会科学院纪检组主任科员）；任涛（中国社会科学院中国廉政研究中心科研助理、贵州省沿河自治县人民医院党委委员、纪律检查员）；朱克江（中国社会科学院中国廉政研究中心科研助理、贵州省德江县委办公室常务股负责人）；胡爽（中国社会科学院中国廉政研究中心科研助理、湖南省永州市零陵区纪委监委干部）；张缙昕（中国社会科学院研究生院社会学系研究生）。执笔人：蒋来用、任涛。

靠强化党的自我监督和群众监督。要加强对权力运行的制约和监督，让人民监督权力，让权力在阳光下运行，把权力关进制度的笼子。"伴随着国家监察体制改革，纪委和监委进行合署办公，实现了对行使公权力公职人员的监督全覆盖。随之而来的问题是，基层纪委监委监督力量不足与复杂繁多的监督工作之间的张力在进一步扩大。在实现纪检监察机关监督全覆盖前提下，如何适应监督工作面临的新形势新要求，有效运用信息技术手段，实现监督工作常态化、智能化，成为摆在纪检监察机关面前的一项崭新课题。2019年5月，中国社会科学院中国廉政研究中心调研组在河北邯郸市了解到，邯郸市利用大数据和网络信息技术，在市纪委监委领导下，聚焦监督执纪，依托干部廉洁监督提醒系统，搭建"智能监督平台"，在全市推广"互联网＋监督（评议）"，实行监督全覆盖、全天候、零距离，打通群众监督"最后一公里"，受到社会好评。

## 一 "互联网＋监督(评议)"的产生背景

运用科技开展监督中央有要求，十九届中央纪委三次全会报告中提出"强化日常监督要搭建互联网、大数据监督平台，积极畅通渠道，拓宽线索来源"。

针对该工作部署，河北省纪委九届四次全会工作报告提出："加快监督执纪信息查询平台建设，整体推进纪检监察系统信息化建设。"邯郸市纪委九届三次全会工作报告提出，"把构建干部廉洁监督提醒系统作为落实监督职责的重要载体，全面推开'扫码监督'工作，推行'互联网＋监督（评议）'做法，及时发现问题，有效精准施治，真正实现纪律监督、监察监督全覆盖、全天候、零距离。"曲周县纪委监委按照"请群众参与、听群众诉求、让群众评判"的工作思路，利用互联网信息技术，探索建立了"监督评议管理系统"，并以之为依托，构建集监督、研判、问责、整改于一体的"互联网＋监督（评议）"平台。2018年11月，河北省纪委内刊刊登曲周县工作做法。2018年12月，邯郸市纪委在曲周县召开全市现场会，全面总结了曲周县"互联网 + 监督（评议）"工作经验。2019 年，邯郸市委全面深化改革委员会印发《2019 年创制性改革事项及推广改革试点》的通知（邯改革发〔2019〕2 号），向全市推广曲周县"互联网 + 监督（评议）"工作经验。邯郸的改革是比较典型的自我改革模式，首先在基层改革创新，获得上级肯定支持和表扬后，再在更大范围和更高层级推广实验，自我改革的主动性较强。

具体现实问题倒逼监督改革。随着国家监察体制改革的推进，各地监督工作打开了新的局面，同时也面临一些新的问题和挑战。以河北省邯郸市曲周县为例，曲周县群众的监督渠道少，群众缺少话语权，服务监督有短板，具体表现在：一是能忍就忍不想说。干部作风问题经常涉及的是一般性问题，说大不大，说小不小。对于群众来说，虽然感觉对有些方面不满意，但又感到登门投诉费时，信件举报费力，电话举报又难以引起重视，群众称其为"上门路太远，信件太费事，电话举报白花钱"。所以对有些不太突出的问题就睁一只眼闭一只眼了。二是要求过高不会说。举报需要证据，而干部作风问题大都体现在办事细节上，证据不易保存，再加上不少群众证据意识缺乏，对发生在身边的干部作风问题，无意取证或不会保留证据，当相关部门去调查了解时，又因为缺乏证据，很难将所反映的问题坐实。三是身处弱势不敢说。相对于掌握公权力的公职人员，群众往往处于弱势，导致很多群众在履行监督权力的时候都因害怕受到打击报复而心存顾虑，只好选择忍气吞声吃哑巴亏，放弃自己行使监督权力的机会。这几类问题不同程度地存在，影响了群众监督作用的发挥。

同时，群众监督还存在不充分、不全面、不到位的问题，主要表现在：一是监督对象进一步扩大。国家监察体制改革后，邯郸市纪检监察机关监督对象由改革前的 8 万人增至 19 万人，人员构成更加复杂，管辖范围更加广泛，监督内容更加多样，一定程度上存在监督任务重而力量小的现实矛盾。二是群众监督作用发挥得不够充分。调查发现，基层群众在履行监督权力时，存在不想监督、不便监督、不会监督等问题，各级党组织难以及时了解群众真实诉求，弱化了群众监督效果。三是传统监督方式落后。在日常监督

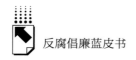
方面，传统方式简单、手段单一、耗时费力，有关信息数据等主要靠人工统计分析，监督工作信息化水平不高，难以做到全天候、全覆盖、高效化。如何适应监督工作面临的新形势新要求，在实现纪检监察机关监督全覆盖前提下，有效运用信息技术手段，整合资源，多管齐下，实现监督工作常态化、智能化，成为摆在各级党组织和纪检监察机关面前的一项重要课题。

改革具有较好的基础和条件。2017 年 9 月，曲周县最先在本市开展"互联网＋监督（评议）"试点，监督评议范围囊括全县全部的 10 个乡镇、81 个县直单位、98 个基层站所、227 所学校和 342 个行政村，在监督评议对象上实现了对所有行使公权力的公职人员的全覆盖，群众只需借助一部智能手机便可实现监督评议，进一步畅通群众监督渠道，降低监督门槛，为监督安装了"24 小时不歇业探头"，真正实现了监督全覆盖、全天候、零距离。曲周县的鲜活实践为全市的推广应用奠定了基础。2017 年 11 月，邯郸市完成系统单机版运行；2018 年 12 月，完成网络版运行，干部廉洁监督提醒系统持续运行，使"咬耳扯袖、红脸出汗"成为新常态。当然，邯郸市的系统在曲周县系统的基础上进行了大幅升级改造，系统按照"自动分析，人机结合、智能提醒"的设计理念，具有六大纪律分析、职级分析、四种形态分析、区县监督执纪情况、市直分类统计等功能。

## 二 "互联网＋监督（评议）"平台运作机制

十九届中央纪委三次全会后，针对全会报告中提出的"强化日常监督要搭建互联网、大数据监督平台，积极畅通渠道，拓宽线索来源"工作部署，邯郸市纪委监委积极运用大数据、"互联网＋"等科技手段，在干部廉洁监督提醒系统中嵌入"智能扫码监督"功能，创新性地打造"互联网＋监督（评议）"平台，为所有办理事项制作了专属二维码，将所有办事流程、权力清单纳入二维码中，把监督植入权力运行的各个环节，实现点对点监督。其主要做法如下。

一是建好"一个平台"，提升监督水平。在对曲周县"互联网＋监督

（评议）"工作经验进行全面系统总结，并在全市推广的基础上，邯郸市纪委经过认真研究，决定依托干部廉洁监督提醒系统，探索研发实时监督平台。聘请北京一家软件开发公司，投资 190 余万元，对市干部廉洁监督提醒系统进行功能提升，将手机 App 扫码举报功能与干部廉洁监督提醒系统日常监督功能等进行有机整合，建立"智能监督平台"（见图 1）。

**图 1　智能监督平台**

平台按照"自动分析，人机结合、智能提醒"的设计理念，科学设置事前风险提醒、日常监督提醒、组织生活提醒、廉政审查提醒、廉情预警提醒系统，初步形成了六大纪律分析、职级分析、四种形态分析等

八大主要功能，通过多渠道信息收集、全电子档案存储、大数据分析研判、智能化实施提醒，实现对全市党风廉政建设和政治生态情况的全面精准掌握。

邯郸市在各区（县）纪委监委设立分平台，生成了县直单位、乡镇、基层站所、行政村等专属二维码。为了便于群众监督，邯郸市在各单位办事大厅、服务窗口、乡村大院等显著位置都张贴了二维码，群众可在办事后对所在单位公职人员履职情况、工作作风和服务质量等开展线上评议，对发现的违纪违法问题也可进行线上投诉举报。通过互联网平台，相关评议结果和投诉举报事项会实时传递至"监督评议管理系统"，实现了市县一张网、监督全覆盖。

"智能监督平台"在全市推广实行以来，系统各方面运行顺畅，已成为邯郸市践行监督执纪"第一种形态"的重要抓手。截至 2019 年 6 月，系统访问量达 6.7 万余人次，"智能监督平台"受理的群众反映的各类问题达到 2351 件（次）。其中，直接了结 1356 件，经分析研判具有可查性的问题线有 995 件（转相关部门处置 305 件，有效解决 276 件；纪检监察机关处置 193 件，完成 117 件）。

二是开展"两项监督"，扩大监督范围。邯郸市制定了"两个清单"，将"智能监督平台"工作与农村（社区）"小微权力"清单管理规范运行工作有机结合，通过制定"两个清单"，进一步明确监督重点，形成监督合力。各乡镇（街道）及农村（社区）普遍制定了权力清单和风险清单"两个清单"，权力清单包括三资管理、基础设施建设、物资服务采购、社会保障救助、强农惠农政策、基层组织建设、服务村民七个方面 30 项；针对重要事项、重点岗位和关键环节权力运行的风险点，列出风险清单，并制定防控措施。对清理出的"小微权力"科学编制运行流程图，固化权力运行的程序和轨迹。"两个清单"内容全部被编入监督二维码，通过明白纸、网站、微信公众号等方式进行公开，方便群众办事和监督。

在全市全面推开扫码监督"下乡入村进机关"，在所有市（县）直单位窗口部门和基层站所学校以及基层农村（社区）显要位置张贴公布了 8126

块二维码监督牌（见图2）。群众办事时，通过扫描二维码，可以对窗口单位公职人员及农村（社区）干部履职情况、工作作风和服务质量等进行实时监督与评议，对发现的违规违纪违法问题也可以随时投诉举报，实现"一扫直通"县（市、区）纪委监委和市纪委监委派驻纪检监察组。投诉举报事项通过互联网以文字或照片、音频视频文件等形式，实时传递到"智能监督平台"，市纪委监委"智能监督平台"后台工作人员第一时间进行收集整理、转办督办、跟踪反馈。

截至2019年6月，邯郸市共张贴悬挂二维码监督牌8126块，群众访问量达2.7万余人次，群众点赞1000余次，接受群众反映各类问题2567件，解决问题2216件，通过系统监督举报转交案件线索15条，向有关单位下发廉洁提醒函3次。

**图2 二维码监督牌**

三是严格落实"三项流程"，确保监督效果。"智能监督平台"对群众反映或举报的问题建立专门台账，进行动态分析研判、及时分类处置，重点对各类轻微违纪、苗头性、倾向性问题进行监督，做到早发现、早提醒、早纠正，严防轻微违纪演变成严重违纪甚至走向违法犯罪。首先要建立台账。"互联网＋监督（评议）"将群众评价分为"满意、基本满意、不满意"三个等级，对于群众反映或举报的问题建立相应台账。专门办公室在进行分类评估后会在 24 小时内做出分流处置。其次要分类处置。针对群众给予的"不满意"评价，对于涉及的不同主体会采取不同的处置方式。若涉及公职人员，干部廉洁提醒办公室会向该单位发出《廉情告知书》予以提醒，责成该单位主管领导督促相关人员对照整改；若涉及单位职责职能的民生问题，进一步转交相关单位促其对照整改；对反映的违规违纪违法问题则转交市纪委案管室按照问题线索处置程序办理。最后要督促整改。相关部门必须在问题反馈 3 个工作日内向市纪委干部廉洁提醒办公室做出答复，确保件件有结果、事事有回音。

四是运用"四种方式"，用好监督结果。系统对采集到的数据进行筛选分类、审核甄别，依据信息数量、危害性质、反映频率、风险区域及领域等自动生成廉情"晴雨表""柱状图"等。首先要记入廉政档案。对群众给予的"不满意"评价，记入干部本人及单位廉政档案，作为对干部本人廉政审查和年度廉政考核的重要参考。各级纪委对被给予 3 次以上"不满意"评价的当事人进行提醒谈话，若个人一年内被给予 6 次以上"不满意"评价，则取消其评优评先资格。其次要掌握问题线索。为了及时了解并掌握人民群众现阶段反映强烈的突出问题，对于群众的"不满意"评价每季度都会进行统计汇总并分析，深入查找当前党风廉政建设工作中存在的不足和薄弱环节，撰写监督评议分析报告，为各级党委落实主体责任和各级纪委落实监督责任提供参考。再次要完善管理制度。针对违规违纪问题易发多发的重点岗位与关键环节，各级纪委依据评议结果向相关单位提出整改建议并帮助其整改与落实。最后要提供问责依据。若出现群众给予"不满意"评价较多，相关当事人在多次提醒后仍不认真整改或整改不彻底的，同样情况屡次出现的，要对相关责任人、单位主管领导及主要领导进行追责问责。

　　五是实施"五项措施"，规范监督流程。为保证系统规范运行，邯郸市配套制定了《邯郸市廉洁档案量化积分评估办法（试行）》《系统保密制度》《监督检查和责任追究制度》《考核制度》等相关制度和办法。首先要强化组织领导。明确各单位主要领导为"互联网＋监督（评议）"工作第一责任人，分管领导为直接责任人，精心部署，压实责任，确保实效。其次要加强宣传引导。通过电视、广播、网站、微信公众号、明白纸等多种形式，广泛宣传"互联网＋监督（评议）"工作的重要意义、参与方式和评议程序，让人民群众知晓明白、理解支持，充分调动人民群众参与监督的积极性。再次要推进作风转变。把"互联网＋监督（评议）"工作与推进干部作风转变紧密结合起来，要求各单位通过多种渠道公开单位职能职责、服务内容、办事流程、必备手续、办事时限及收费标准，主动接受监督评议。又次要严肃评议纪律。为切实做好举报人员的保密工作，评议管理系统不显示举报人的相关个人信息，尽量消除群众对于监督举报的后顾之忧。同时科学设置评议准入条件，凡对公职人员给予"不满意"评价的，必须填写不满意原因，并且每部手机在一个月内只能对同一个岗位评议一次。干部廉洁提醒办公室专人负责对评议结果进行审查，严禁评议过程中不正当竞争及恶意评价等行为。最后要严格责任追究。加强对评议结果运用的监督检查，凡对"互联网＋监督（评议）"工作重视不够、落实不力，对群众给予"不满意"评价调查不深入、整改不彻底，甚至虚以应付假整改的，由县纪委监委严肃问责；对于人民群众反映的违规违纪违法问题线索，由各级纪委监委深入调查了解，一经查实，依纪依法处理；对社会上极少数别有用心，借机造谣、诽谤、诬告公职人员的，移交司法机关依法处置。

## 三　"互联网＋监督（评议）"产生的"化学反应"

　　"互联网＋监督（评议）"工作开展以来，群众积极参与，社会广泛监督，干部改进作风，部门提高效能，已经开始产生良好的"化学反应"，起

到了赢民心、优环境、促发展的作用。

一是从"被动管理"到"主动服务",转变了部门形象。"部门好不好,群众是主考",网上评议充分体现了这一点,对于一个部门、一个窗口的工作,群众是否认可,评议结果一目了然。通过"智能监督平台"系统,群众可以实现线上实时监督,提高了监督的时效性和便捷性,降低了监督门槛,减少了监督成本,这种全天候、零距离的监督方式,吸引更多群众积极参与监督。

以前窗口工作人员可能将生活中的问题和不良情绪带到工作中,影响服务质量,造成群众投诉,"互联网+监督(评议)"系统运行以来,每个窗口都安装了"探头",让所有干部都置身于一个透明的监督网络之中,每一名办事群众都是监督者,而且评议结果直接与被评议对象切身利益挂钩,工作人员主动服务的意识增强了,并不断提高工作水平,努力让办事群众满意成为自觉。目前,在广泛吸收群众意见的基础上,有关单位制定并完善的相关管理制度共有34项,有效促进了机关规范化管理。

二是从"按时办结"到"提前办完",提升了办事效率。通过开展"互联网+监督(评议)",实现对所有公职人员权力运行监督的实时化、全覆盖,促使群众问题反映即转即办、高效落实,提升了政府服务效能和公信力。各区县通过广泛征求企业和群众意见,进一步优化审批流程,持续提高行政审批效能,很多办事窗口工作人员表示:"互联网+监督(评议)"工作开展后,感觉到监督无处不在、无时不有,不得不时刻注意言行举止,不断提高服务质量和工作效能。以曲周县为例,该县2018年成立的县行政审批局,对划转的192项审批事项开展审批流程再造,将全部审批事项划分为即办类、承诺类、并联审批类等。对即办类,在材料齐全的情况下,当场办结;对承诺类,承诺时限,按时办结;对并联审批类,做到一口受理、资料共享、同步审批。目前,审批局全部审批事项累计法定审批时限为3925天,实际办结时限为1836天,平均每个审批事项压缩了10.9天。

**感谢小小的二维码**

涉县纪委通过扫码监督成功处置一起异地投诉案件。2019年3月8日，涉县纪委接到肥乡区居民杨某投诉，称其刚买的新车在三个月前审车时被告知是"事故车"，事故地位于第一次去的130多公里外的涉县某地，致使其6年免检的新车必须每年付费上线检测，车的强制保险费用也上浮至最高额。接到投诉后，县纪委迅速分析研判并及时转交县交警大队，要求县交警大队尽快调查核实并在3个工作日内反馈。经查明，杨某的车被告知为"事故车"是因为涉县一名交警在处理本县一起交通事故时错把事故车车牌号中的"CN"写成了"CU"，涉县交警大队相关工作人员亲自到肥乡区向杨某登门道歉，对其车辆违章信息进行了删除，对造成的经济损失进行了赔偿。县纪委责成县交警大队对涉事民警做出了"取消考核评优资格，写出深刻检查，全队通报"的处理。杨某在感谢信中称："感谢小小的二维码，使我足不出户，2天就解决了难题，必须为涉县纪委的工作点赞！"

三是从"背对背"到"心连心"，拉近了干群关系。"互联网＋监督（评议）"工作开展后，畅通了监督渠道，降低了监督门槛，增进了干群感情，进一步拉近了群众与纪检监察机关的距离，出现了"双向"相融局面。如曲周县纪委接到群众对县第二实验小学门口上下学交通拥堵问题的投诉后，及时转交至县交警大队，县交警大队联合城管局对校园周边占道摊点进行了集中清理，并以此为契机对县城人流密集的光明街进行了集中整治，辖区群众主动协助工作人员开展清理整治，困扰多年的"出行难"问题被彻底解决。

四是从"骂大街"到"文明评"，实现了社会和谐。借助"互联网＋监督（评议）"系统，实现群众实时的线上监督，这种方便快捷的微信扫码、不吵不闹的文明反馈方式，让群众积极参与进来，群众有了"出气筒"，发泄了不满情绪，有利于社会和谐稳定。据统计，"互联网＋监督（评议）"

工作开展以来，群众投诉举报数量比 2018 年同期增长了 65.8%，但到县信访局和县纪委反映问题的数量下降了 12%。

---

**三天身份证手续就办结**

　　2019 年 7 月初，曲周镇居民袁海洋向平台反映，自己因 16 周岁前到国外留学，未办理身份证，今年回国后，先后三次去派出所办理未果。县纪委迅即将这一信息转交县公安局，查找问题症结所在，县公安局与曲周镇派出所通过与上级户政部门沟通协调，仅用三天时间就将其身份证办结。袁海洋满意地说："我当时只是想试试看，没抱多大希望，谁知道还真起到了作用，解决了问题。这种监督方式就是好！"

---

　　五是从"全面监督"到"精准执纪"，净化了政治生态。"智能监督平台"如同架设了监督"雷达"，充分发挥每一个"二维码"的监督"探头"作用，使群众监督渠道进一步畅通，让违纪违法者无处遁形，既拉近了群众与纪检监察机关的距离，又为纪检监察机关研判政治生态提供了重要的参考。"智能监督平台"可以随时对群众反映的各类问题和诉求分类汇总，自动生成各县（市、区）绿色、黄色、红色廉情生态图，通过分析研判，定期了解一个地区的廉情动态，及时对相关县区发送廉情预警函。同时，平台系统可自动生成前十名市直单位廉情统计图，纪检监察机关可以准确掌握市直有关单位党风廉政建设工作中存在的不足，针对某个行业、某个领域易发多发的问题，有针对性地开展专项整治，并督促有关部门认真剖析原因，建章立制、提早防范，从源头上预防和遏制违纪违规问题发生。

# 四　"互联网 + 监督（评议）"带来的启示

　　党政部门的权力是人民赋予的，必须受到人民群众的监督。"互联网 + 监督（评议）"工作机制，是新时代干部主动担当作为的重要载体，执纪部门和人民群众一起参与互动，实现了党和政府与广大群众在特定领域的信息对称，是新时代密切干群关系、加强群众监督的有效举措，具有易操作、便运用的特点，它的成动实践带给我们如下深刻启示。

启示一："为了群众"是"互联网＋监督（评议）"建设的初衷。探索建立"互联网＋监督（评议）"机制，致力于方便群众监督、转变机关作风，不仅提高了行政效能，维护了公共部门形象，还赢得了民心，助力了社会发展。实践证明，只要我们始终秉持强烈的为民意识和宗旨意识，坚持服务为民、发展为民的理念，就能够实现领导方式和工作方式的创新。要实现"为了群众"的目标，"互联网＋监督（评议）"的回馈需要有速度。对于群众反映的问题，纪检监察机关及相关部门要及时调查处理，并将处理结果及时向监督者反馈，让群众深深体会到党政机关对其意见建议的重视和尊重，从而形成"群众监督－及时查处－及时反馈－更多群众监督"的良性循环。如果你扫你的二维码，"我自岿然不动"，调查处理跟不上，结果反馈"掉链子"或慢节拍，久而久之，群众就会心灰意冷，再好的科技监督工具也会成为摆设。

启示二："依靠群众"是"互联网＋监督（评议）"运行的模式。各级政府机关单位的工作效能，广泛而深刻地影响着整个社会的发展。机关工作到底是"大有作为""有所作为"，还是"无所作为""胡乱作为"，应该要用群众的满意度、认可度、支持度来衡量。人民政府靠人民，只有让人民群众来监督我们的党和政府，才能打破"历史周期律"。群众对工作效率的高低、工作作风的好坏，感受最直接，最有发言权。创造条件让被监督者与监督者有深入交流的机会，让监督者和被监督者都能有话说，有助于澄清事实，达成共识，让双方都服气。"互联网＋监督（评议）"将社会监督、外部监督、群众监督与新的科技手段结合，通过内部机制作用，依纪依法调查，查清事实之后，对责任人进行问责，绝不流于形式，对监督者、被监督者都负责，使得监督具有温度。

"互联网＋监督（评议）"工作要持续发挥功能和作用，就必须要形成并不断强化群众的参与，群众的高度关注、积极参与决定了这项创新举措的实际效用。因此，让科学技术和理论方法更为方便、快捷，让人民群众看得

懂、好使用，就要求"互联网 + 监督（评议）"平台不断进行技术创新，同时推动技术的推广运用。

启示三："贴近群众"是"互联网 + 监督（评议）"的成果体现。社会的发展、人民的需求是一个渐进发展变化的过程，党政服务只有根据不断发展变化的新情况和人民群众的实际需求，创新服务形式、服务内容，更好地适应群众、服务社会，才能让党和政府的服务更加契合人民的诉求、符合人民的意愿，具有更强的生命力。"互联网 + 监督（评议）"运行模式，紧贴群众的公共服务需求，瞄准了群众反映强烈的问题，积极创新监督方式，主动自我革命，将群众监督与自我监督有机结合，降低了监督门槛，受到了群众的拥护和欢迎。"互联网 + 监督（评议）"平台要想持续发挥作用，就必须要不断发现群众关心的新问题、反映的新诉求、凸显的新矛盾，不断与时俱进，不断提高群众对其的依赖性。

# B.5

# 四川达州：整治"群众最不满意的 10件事"活动常态化

**摘　要：** 以人民为中心是新时代坚持和发展中国特色社会主义的根本立场。四川省达州市针对解决群众痛点、联系服务群众和回应群众方法不够精准，导致群众对党风廉政建设满意度不高的问题，开展整治"群众最不满意的10件事"活动。坚持市委整体推进，引导群众参与，精准对接群众需求，精准解决问题，精准建章立制，推出了问需于民、全面排查，民主集中、民事民定，问计于民、借智借力，制度先行、保障落实，问效于民、务求实效等举措，有效提升了人民群众的获得感、幸福感、安全感。同时，提出要交好新时代"民生答卷"，必须找准群众"需求"、充分汲取群众"智慧"、精准解决群众"痛点"、不断加强与群众的"互动"。

**关键词：** 党风廉政建设　以人民为中心　基层治理　群众最不满意的10件事

　　人民立场是党的根本政治立场。习近平总书记在党的十九大报告中提

---

＊ 调研组成员：熊隆东（四川省达州市委常委、市纪委书记、市监委主任）；陈泽健（四川省达州市纪委副书记、市监委副主任）；刘高见（四川省达州市纪委常委）；张海军（四川省达州市纪委法规研究室主任）。执笔人：张海军。

出，保障和改善民生要抓住人民最关心最直接最现实的利益问题。① 四川省达州市深入践行以人民为中心的发展思想，在解决人民群众最不满意的问题上下功夫，从 2019 年开始，分年度常态化开展整治"群众最不满意的 10 件事"活动，主动回应群众痛点难点，逐个解决群众最不满意的突出问题，以群众可见、可感的方式不断提升群众获得感、满意度。

# 一 实践背景

达州市是四川东出北上综合交通枢纽和四川重点建设的 7 个区域中心城市之一。近年来，达州市坚决贯彻落实全面从严治党战略部署，切实履行管党治党政治责任，强力惩贪治腐、正风肃纪，推动政治生态发生可喜变化、呈现新的气象。全市新发违纪问题占比连续四年下降，从 2015 年的 72% 降至 2018 年的 13%（见图 1）；GDP 增幅从 2015 年的 3.1% 提升至 2018 年的 8.3%，达到 1690 亿元（见图 2）；民计民生持续改善，脱贫攻坚等工作扎实推进，贫困发生率从 2013 年底的 13.16% 降至 2018 年底的 0.88%，累计减贫 66.4 万人，有力推进中心城区民生实事、新农村建设等，城乡面貌大为改观，群众生活质量逐年提高。应该说，全市各级党委政府、纪检监察组织做了大量惠民生、护民利、正风气的工作，但群众获得感、满意度提升却不明显。2011~2018 年，达州市党风廉政建设社会评价满意度在全省排名中长期低位徘徊，2017 年排名全省第 20 位，2018 年排名第 18 位。

对此，达州市纪委监委通过深入调研，认真梳理影响全市群众获得感、满意度的原因，有以下几个方面。

一是解决群众痛点还不够精准。随着脱贫攻坚、乡村振兴、惠民惠农政策等的大力推进，资金、项目增多，监督管理却相对滞后，个别乡村干部在项目资金中"套"、在为民办事中"要"、在惠民资金中"截"，与民争利、

---

① 《习近平总书记在中国共产党第十九次全国代表大会上的工作报告》，新华网，http://www.xinhuanet.com//politics/2017-10/27/c-1121868728.htm，2017 年 10 月 27 日。

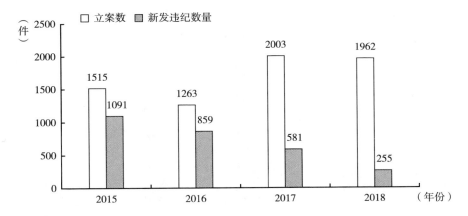

图1　达州市纪检监察机关立案情况（2015～2018年）

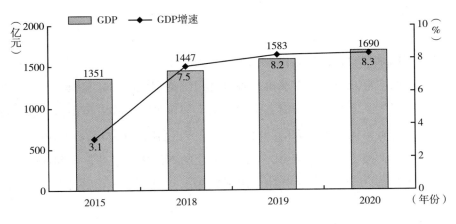

图2　达州市GDP增长情况（2015～2018年）

侵害群众利益，群众身边的不正之风和腐败问题易发多发。2018年，全市
检控类信访举报中反映乡科级及以下人员问题的占比高达95.9%，群众对
这些近在眼前、嗡嗡乱飞的"苍蝇"深恶痛绝，严重啃食群众获得感、满
意度。

　　二是联系服务群众不够精准。当前，党员干部联系群众的现状已有大幅
改观，但也还有个别党员联系服务群众认识不够，联系群众方式简单，为了
完成任务而联系群众，搞慰问、填表格，形式大于内容，"人到心没到"；

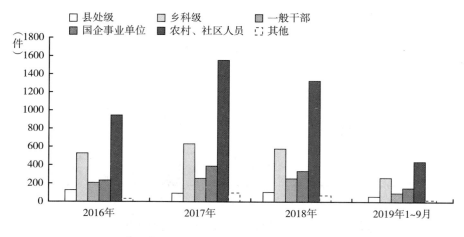

**图3 达州市纪检监察机关信访情况（2016～2019年）**

联系服务群众工作片面、狭窄，解决矛盾纠纷的多，帮助发展产业、解决就业等实际困难的少，工作难以做到群众"心坎上"。

三是回应群众方法不够精准。各级党组织特别是基层党组织对群众普遍关心、关注的问题回应不及时，运用群众喜闻乐见的方式宣传做得不够，群众看不见、看不懂、不想看的问题不同程度地存在，导致群众搞不懂缘由、不清楚过程，甚至不知道结果，增加了群众的不信任。另外，个别基层党组织"自说自话"，对本地经济社会发展成果、党风廉政建设成果宣传不够，群众感受不深，满意度自然不高。

## 二 总体思考

针对当前全市群众满意度不高的现状，达州市纪委监委结合"不忘初心、牢记使命"主题教育活动，协助市委开展整治"群众最不满意的10件事"活动，从群众最不满意处找差距、抓落实。总体思考：一是坚持以人民为中心，走好新时代党的群众路线，改变过去"自说自话"的工作模式，借鉴供给侧结构性改革思路；问需于民，找准群众的痛点、盼点、关注点；问计于民，用群众的办法解决群众的问题；问效于民，把工作交由群众来评判，让群众来督促，以群众看得见、感受得到的方式提升群众的获得感、满意度。二是坚持问题导向，"哪壶不开提哪壶"，从群众最不满意处着力，从为民服务的供给侧入手，什么问题最突出，就解决什么问题，有的放矢增加联系群众、回应群众的有效"供给"。三是坚持精准思维，在工作中做到精准到位，每年集中解决"群众最不满意的10件事"，未纳入年度重点整治事项的分层分类交办落实，一个问题一个问题地解决，抓一项成一项，积小胜为大胜，确保年年都有群众看得见的实效。四是坚持标本兼治，在具体整治事项上既注重当前问题解决，也注重常态长效，举一反三、建章立制，推动面上问题系统解决、达到标本兼治的效果。五是坚持全市动手，市委推动整个工作，整治办设在市委目标绩效办，强化整治活动的权威和力度；各部门各负其责具体实施，推动具体问题具体解决；市纪委监委负责督促协调，持续推进整治"群众最不满意的10件事"活动，把整治突出问题的过程，变成推动部门（单位）加强监督管理、改进工作作风、提升群众的获得感和满意度的过程。

## 三 实践举措

针对当前工作中存在的不足，达州市围绕"问需于民""问计于民""问效于民"的主线，主要做了如下5个方面的工作。

### （一）问需于民，全面排查梳理

坚持让群众选择整治方向，综合运用传统渠道、走访渠道、统计调查、新媒体等全方位"问需于民"，强化信息资源整合，收集群众诉求意见59万余条（见图4）。

一是日常群众意见梳理。强化拓展已有的民意渠道，对从信访举报和市委书记信箱、"12345"市长热线等官方渠道收集的群众意见进行"大梳理"，并协同开展2019年公开征集民生意见，对2018年以来群众反映的3.4万条意见进行梳理归纳。

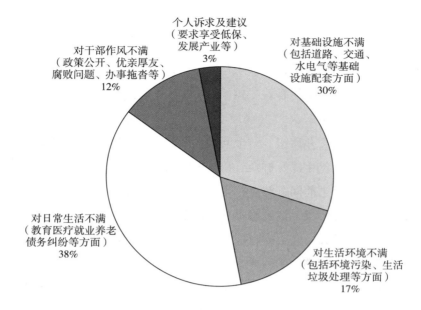

**图4 "问需于民"群众意见分布情况**

二是深入群众摸排。突出面对面收集，严格落实联系基层、服务群众规定，结合联系帮扶、送温暖等工作，组织全市广大党员干部深入基层"大走访"，与群众同吃同住同劳动，一对一、面对面收集诉求，先后组织开展走访11.8万人次。

三是统计部门专业调查。突出科学研判，运用统计方法梳理意见，分系统、分行业调查和随机在群众中抽样等方式，对2018年度"群众最不满意的10件事"和"群众满意的事"开展社会调查，统计分析群众诉求，电话随机访问3.6万人，实际完成调查13969人，访问成功率38.8%，收集群众意见3.4万条。

四是网络媒体公开征集。突出新媒体、大数据运用，组织《达州日报》、市广播电视台以及新媒体平台和各县（市、区）媒体等，开展"群众最关心的10件事"诉求征集，梳理筛选出群众反映强烈的意见0.7万条。

## （二）民主集中，推动民事民定

坚持分类甄别、全面评估、公开评议、集体研究等程序，将群众最关心、最盼望解决的重点诉求问题，纳入市委重大决策部署予以实施，推动全市面上问题得到解决。

一是分层梳理。对各县（市、区）、经开区及市级牵头部门梳理的所有问题进行归纳、分类、汇总，组织诉求收集牵头单位按"民生民利类"和"管理服务类"两大类，分"立即解决、限期解决、分期解决、政策限制"4 种方式进行甄别。

二是总体评估。市委目标绩效办公室统筹对各问题所涉单位分类甄别情况进行收集汇总，对"立即解决""限期解决"类问题组织开展可行性评估，并筛选确定 20 个问题纳入市级工作备选范围。

三是网络投票。将纳入备选范围的 20 个诉求问题向社会公布，并让群众投票选择，按得票数多少确定，由群众投票锁定群众最不满意的 15 件事。

四是市委审定。将群众投票确定的 15 个诉求问题提交市委常委会会议审议，最终审议确定了"村社道路维护不到位、防护措施缺乏问题""过度治疗、检查及药品费用高问题"等 2019 年度集中整治的"群众最不满意的10 件事"（见表 1），明确具体工作的牵头责任单位，全面开展相关工作。并对未纳入集中整治的群众诉求，分层分类交办和反馈。

表1  达州市 2019 年整治"群众最不满意的 10 件事"活动①

| 事　　项 | 投票人次 |
| --- | --- |
| 1. 村社道路维护不到位、防护措施缺乏问题 | 152207 |
| 2. 场镇缺少公共厕所、垃圾清运不及时不彻底问题 | 143584 |
| 3. 机动车乱停乱放，电瓶车、三轮车、摩托车不遵守交通规则问题 | 138091 |
| 4. 主城区灰尘大、噪声大问题 | 117631 |
| 5. 农村饮水安全问题 | 112493 |
| 6. 针对老年人售卖保健食品药品虚假宣传、欺诈消费者及食品安全监管不到位问题 | 111956 |
| 7. 过度治疗、检查及药品费用高问题 | 103914 |
| 8. 出租车运营不规范问题 | 96939 |
| 9. 在职中小学教师有偿补课问题 | 92572 |
| 10. 基层干部作风不实、微腐败问题 | 89448 |

---

① 《四川省达州市人民政府关于整治"群众最不满意的 10 件事"活动工作通报》，达州市人民政府网，2020 年 1 月 2 日。

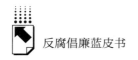

### （三）问计于民，借智借力

坚持"民事民做主、民诉民谏策"。

一是广泛征求群众意见，对拟整治的 10 件事，在达州主流媒体设置专栏，公布邮箱、电话，全域开展"金点子"征集活动，并通过结对帮扶、党员活动日等方式面对面向群众问计问策，向群众征集"金点子"1039 个，吸引群众参与整治活动。

二是充分汲取群众智慧，将群众提出的建议意见分类汇总后分别反馈给市级牵头整治部门，各集中整治牵头责任单位结合征求建议，综合梳理、认真研究，结合实际吸收借鉴，制定具体整治措施，再由媒体反向咨询，介绍群众建议意见采纳情况，对没有采纳的公开做出解释。

三是统筹制定整治方案，市纪委监委、市整治办点对点发函、面对面协商提出修改意见，经市委市政府领导审定，印发实施市本级集中整治方案 13 个。

### （四）制度先行，保障落实

为保障整治工作成效，配套"五项制度"，确保整治"群众最不满意 10 件事"落到实处。

一是建立定期研判制度。每月召开联席会议，通报整治情况，分析研判形势，研究解决难点工作和突出问题。

二是建立分层督导制度。各牵头单位对牵头事项推进落实情况开展即时监督检查；市委目标绩效办组建专项督查组，对重点领域和薄弱环节开展适时监督检查，督促相关部门即知即改、立行立改、全面整改。

三是建立日常联系制度。明确相关单位分管领导和专职联络员各 1 名，每月 30 日前报送工作开展情况，强化日常衔接协调等。

四是建立线索移送制度。牵头单位对日常工作中发现的问题，建立专项台账，逐一甄别研判，每月 30 日前报送问题线索移交台账，逐一核查落实、推动问题解决。

五是建立激励约束制度。将整治活动纳入目标绩效考核和党风廉政建设责任制考核予以推进，对工作不落实、走过场、问题长期得不到解决、群众反映强烈的，纳入《阳光问廉》公开曝光，并按照"三个一律"纪律要求严肃处理：对监督检查中发现的问题，一律查处；对整治工作不力的，一律问责；对违反党纪国法的，一律追究，有力确保整治活动实效。

## （五）问效于民，务求实效

坚持工作结果向群众公开、由群众评判。坚决防止形式主义，能及时解决的，立说立行抓整改；一时不能解决到位的，分步推进解决；对发现的共性问题，从加强监管、健全制度等层面探索解决，防范廉政风险，阻塞制度漏洞，提升工作实效。通过问卷调查、网络投票和现场走访等方式，对群众满意度进行调查，让群众评价整治工作实效；重点回访提出对策建议的群众，回访情况在媒体上如实进行报道、宣传，确保群众意见有效吸纳、整治措施落地见效，让社会各界有最直接、最真实的感受和体会。

通过活动的开展，促成了一大批群众身边的突出问题得到有效解决，在脱贫攻坚方面，依托社保卡实现惠民惠农资金发放"一卡通"，制发社会保障卡174.7万张，并通过"一卡通"监管平台发放惠民惠农补贴92.7万人次1.66亿元；清理2017年以来扶贫领域工程项目21515个，发现整改问题1332个，查处脱贫攻坚领域问题158件238人，给予处分183人。在群众生活方面，先后立案查处"保健市场"案件154件，发现食品安全问题298起、整改265起、立案查处33件；城区噪声污染投诉下降26%，扬尘污染投诉下降14.8%，市民对环境卫生质量的满意率达94.14%；出租车投诉量同比下降21%。在基础设施方面，新增"安全饮水"年度计划，投资1.4亿元，受益人口3.4万余人；新开放场镇厕所335座，新（改）建公厕55座，新增临时停车、限时停车泊位2000余个。在软环境方面，推动出台《开展群众办事不出乡镇（街道）活动方案》，下放199项乡镇直接办理事项；在推进项目审批方面，精简取消前置62项、优化调整65项，承诺办理总时限再压缩263个工作日。同时，在活动过程中，通过问需于民、问计于民、问效

于民，加强了群众联系，融洽了群众感情，群众参与网络投票达到160万人次，电话调查访问成功率较以往高出21.9个百分点，群众对党委政府工作的参与率、支持率大幅提升。2019年1～9月全市纪检监察机关接受信访举报2033件，其中检举控告类1024件，分别同比下降35.3%、52.1%。

# 四　实践启示

通过开展整治"群众最不满意的10件事"，政府加强了与群众的联系，解决了群众身边的突出问题，得到群众的广泛支持，达到了群众满意的效果，也为交好新时代"民生答卷"探索了有效路径。有四点工作思考。

一是交好"民生答卷"，必须找准群众"需求"。习近平总书记强调"人民对美好生活的向往，就是我们的奋斗目标"。在开展整治"群众最不满意的10件事"活动中，达州市坚持以人民为中心，通过"大走访""大调查"等系列活动，充分掌握社情民意，找准了群众的"需"，有力确保了党委政府的决策科学、符合民意。实践证明，必须把群众需求作为工作的根本出发点，这样才能厘清工作方向、找准工作重点。当前，脱贫攻坚已进入决战决胜阶段，乡村振兴如火如荼，大量惠民惠农政策、项目资金需要落地落实，涉及群众的事务多，矛盾问题也很多，群众有诉求，也有话要说。但是文件上读不到，会场中听不到，办公室里想不到，这就要求我们必须贴近群众、深入群众、感知群众，这样才能切实找准问题，确保工作符合群众的"胃口"。

二是交好"民生答卷"，必须充分汲取群众"智慧"。习近平总书记强调"人民是历史的创造者，群众是真正的英雄。人民群众是我们力量的源泉"。在开展整治"群众最不满意的10件事"活动中，达州市充分尊重、相信和依靠人民，通过"金点子"征集等系列活动"问计于民"，充分汲取群众智慧力量，最大限度地调动群众的积极性、创造性，赢得整治工作的强大合力。实践证明，群众方法最好用，也最管用。必须从群众中来，到群众中去，积极向群众请教，发挥群众首创精神，只有用群众能感受、能理解的方式，才能最大限度地调动人民群众的积极性、创造性。

三是交好"民生答卷"，必须精准解决群众反映的"难题"。习近平总书记强调"党员干部要培养精准思维，干工作不能满足于一般化、大呼隆抓，不能以原则应对具体，要一一回应，具体解决"。在开展整治"群众最不满意的10件事"活动中，达州市坚持从具体人、具体事着手，分门别类推进整治。对工作中能及时解决的，立说立行抓整改，及时向人民群众展示公共管理部门解决群众痛点难点的信心和决心。对工作中不能迅速整治，需要一定时间加以解决的问题，科学制定工作方案，明确阶段性任务，同时注重向广大群众解释原因，争取理解和支持。对工作中发现的普遍性、根本性问题，从健全机制制度、强化监督管理等层面探索真正解决实际问题的有效路径，着力防范廉洁风险。对没有纳入市级层面整治内容的，分层分类移交有关部门进行认真研究，切实推动问题解决，以实实在在的工作提升群众获得感。实践证明，在化解民生矛盾、解决群众问题工作具体实践中，必须坚持具体问题具体分析，不断强化精准思维、突出问题导向，坚持实事求是，"哪壶不开提哪壶""一把钥匙开一把锁"，抓实抓准关键环节和重点细节，从具体人、具体事着手，一个一个解决，一个一个回应，防止眉毛胡子一把抓、大而化之笼统抓，让党委政府的"供"精准聚焦群众的"需"，这样才能把工作干到群众的"心坎"上。

四是交好"民生答卷"，必须不断深化与群众"互动"。基层工作一头连着党心，一头连着群众，干得怎么样，要让群众来评判。在开展整治"群众最不满意的10件事"活动中，达州市坚持问效于民，畅通互动渠道、注重凝聚民心，让群众评判整治成效，做到民有所呼、我有所为，我有所为、民有所知，以群众可见、可感的方式提升群众的满意度。实践证明，群众的不理解、不认可，大多来自对工作的不了解。要干好工作，必须摒弃"一厢情愿""自说自话"的工作模式，经常性地把党的政策向人民汇报，经常性地把工作措施、工作成效向群众展示，主动争取群众的支持，主动接受群众的监督，督促我们自身改进工作方式、提升工作水平，最终让群众得益、受惠、满意。

# 专题报告

## Special Reports

### B.6

## 2018年以来学术不端问题与科研
## 诚信建设研究报告*

中国社会科学院中国廉政研究中心课题组

摘　要：　2018 年以来，国内学术不端问题受到社会关注。从国内主流
媒体公开报道的学术不端案例来看，"翻旧账式"落马的人
员占多数，抄袭、剽窃是学术不端的主要表现形式，问题曝
光具有较大偶然性，查处学术不端问题面临困难，相关部门
管理疏漏是学术不端发生的重要原因。国内应推进建立科研
诚信制度体系，进一步完善科研管理与学术评价制度，开展
学术不端治理与科研诚信建设。但各部门还需加大打击学术
不端力度，健全科研诚信建设的制度和机制，进一步发挥好

---

*　注:本报告所引用的学术不端案例,均来自国内主流媒体的公开报告,如与事实有出入,请以事
实为准。课题组不承担责任。

媒体的作用，加强科研诚信独立调查委员会建设，加快科研管理与人才评价改革措施落地，加强对学术不端行为立法方面的顶层设计。

**关键词：** 学术不端　科研诚信　治理　制度建设

2018年以来，我国学术不端治理与科研诚信建设取得了重大进步。一是学术不端问题治理受到空前关注，一系列学术不端案例得以曝光，一批科研失信人员受到调查处理，初步形成了学术不端人人喊打的社会氛围；二是科研诚信机制建设受到空前重视，一系列治理学术不端、改进科研管理的文件和政策出台，初步形成了惩防并举、标本兼治的科研诚信建设制度体系与工作格局。在肯定成绩的同时，我们还应当看到，滋生学术不端的土壤依然存在，科研诚信建设的制度体系和工作机制还有待完善，科研管理与人才评价的改革措施还有待进一步落地，中国的科研诚信建设依然任重道远。

## 一　2018年以来学术不端问题状况

2018年以来，国内主流媒体公开报道的学术不端案例较前些年有了大幅增加①，数量超过历史上任何一年，凸显了全社会对学术不端问题和科研诚信建设的重视。据统计，从2018年初至2019年10月底，国内媒体共报道各类学术不端案例约20起（见附表1），涉及18所高校，涉事人员23人。此外，媒体还报道了16起涉嫌学术不端案例（见附表2），涉

---

① 之所以将主流媒体报道作为本报告的资料来源，主要是因为学术不端案例素材不易获得，媒体报道提供了大量难得的资料。主流媒体是指国家批准创办的报纸、电视、广播等传统媒体及其网站，以及主流门户网站，如新浪网、搜狐网、腾讯网、凤凰网、澎湃网等。一般性网站、社交媒体曝光的学术不端案例，不在本报告收录范围内。

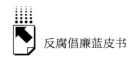

及 9 所高校，涉事人员 17 人。① 两项合计，媒体共报道学术不端和涉嫌学术不端案例 36 起，涉及 27 所高校，涉事人员 40 人，其中数量最多的是湖南大学和上海财经大学（各 5 起），其次是天津大学和西安电子科技大学（各 3 起）。

受到关注最多、影响最大的学术不端案例，当属梁莹事件和翟天临事件，他们受到的处分也最重。梁莹为南京大学社会学院教授、博士生导师，教育部"青年长江学者"。2009～2018 年，梁莹共发表中英文论文超百篇，是公认的"学术牛人"。但在过去几年里，梁莹从国内几大学术期刊数据库中撤销了自己的百余篇论文，被网民戏称为"404"教授。② 有媒体比对其撤下的论文时发现，至少有 15 篇存在抄袭或一稿多投等学术不端问题。此外，梁莹还被学生举报教学态度极不端正。梁莹的学术不端行为受到严肃处理，包括党内严重警告和行政记过处分，取消研究生导师资格，调离教学科研岗位，撤销"青年长江学者"称号等。③ 有网民评论，"404 教授"终于"404"了。

翟天临是国内知名青年演员，拥有北京电影学院博士学位，还是北京大学在站博士后。2019 年 2 月 8 日，翟天临在微博回答网友提问时，称不知知网为何物，其学问的真实性受到质疑。网民搜索后发现，翟天临读博期间发表的论文及其硕士学位论文都涉嫌抄袭④。在舆论的压力下，北京电影学院和北京大学进行了调查，确认翟天临存在学术不端行为，北京电影学院撤销了他的博士学位，取消其导师陈浥的博导资格；

① 这里的"涉嫌"学术不端案例，是指涉事人没有被所在单位或上级部门调查认定为学术不端，分为三种情况：一是举报后没有受到调查；二是调查后，认定不存在学术不端行为；三是开展了调查，但认定和处理情况不详。因此，"涉嫌"并不等于不存在学术不端行为。
② 王嘉兴：《青年长江学者与她"404"的论文》，《中国青年报》2018 年 10 月 24 日。
③ 王嘉兴：《南京大学对梁莹教授作出 7 项处分》，中国青年报客户端，https：//shareapp. cyol. com/cmsfile/News/201812/15/web163611. html，访问日期：2020 年 3 月 18 日。
④ 《网友在知网测翟天临论文，文字复制比达 40%》，北京头条客户端，2019 年 2 月 10 日，https：//app. bjtitle. com/8816/newshow. php？newsid = 5236766&src = stream&typeid = 10&uid = 0&did = 862859037272552&show = 0&fSize = M&ver = 2. 3. 5&mood = wx，最后访问日期：2020 年 3 月 19 日。

北京大学对翟天临做出博士后退站处理①，翟天临的演艺圈"学霸"人设彻底崩塌。

通过研究媒体报道的 2018 年以来国内 36 起学术不端及涉嫌学术不端案例，可以发现国内学术不端问题及其调查处理的一些特点。

1. "翻旧账式"学术落马占多数

学术不端行为的发生具有隐蔽性，学术不端的发现和查处具有滞后性。2018 年以来受到媒体关注的学术不端问题，90% 以上都是多年前发生的。杭州广播电视大学副教授单桦的论文抄袭，发生于 2004 年，曝光于 2017 年，间隔了 13 年，2018 年受到媒体关注。间隔时间最长的则是中国政法大学博士生李仕春和湖南大学硕士生董岚涉嫌学位论文抄袭，均发生于 2002 年、曝光于 2019 年，间隔了 17 年。

造成这种现象的原因：一是 2008 年前后国内才建成了学术不端检测系统，2010 年之后得到大规模应用。在此之前，缺乏发现学术不端的技术手段，难以对学术不端形成有效震慑，导致这一问题比较严重，甚至具有一定的普遍性。2010 年学术不端检测系统广泛投入使用后，学术不端行为受到了较大程度的遏制。这也说明了现代技术手段在打击学术不端方面的威力。二是近年来学术不端问题受到全社会的关注，加之网络媒体的普及，一些隐藏多年的学术不端案件被"发掘"出来，受到媒体关注，导致进入大众视野的学术不端案例大幅增加。因此，不能单从媒体曝光学术不端案例的数量增加，得出当前学术不端问题比过去更严重的结论。

2. 抄袭、剽窃是学术不端的主要形式

根据国内外学术界的共识，学术不端的类型有近 10 种之多。《高等学校预防与处理学术不端行为办法》认定的学术不端类型有 7 种，《哲学社会科学科研诚信建设实施办法》认定的学术不端类型有 9 种。从近年来媒体曝光的学术不端案例看，抄袭、剽窃始终是主要形式。2018 年以来媒体报

---

① 《北大：对翟天临作出博士后退站处理》，新京报网，2019 年 2 月 16 日，http://www.bjnews.com.cn/news/2019/02/16/547565.html，访问日期：2020 年 3 月 19 日。

道的 20 起学术不端案例中，17 起涉及抄袭，占 85%；16 起涉嫌学术不端案例中，15 起涉及抄袭，占 93.8%。其中，学位论文抄袭是学术不端的重灾区，20 起学术不端案例中，博士学位论文抄袭有 2 起，硕士学位论文抄袭有 8 起；16 起涉嫌学术不端案例中，博士学位论文抄袭有 7 起，硕士学位论文抄袭有 6 起。

由于前些年缺乏学术不端检测的技术手段，一些学位论文抄袭情况十分严重，甚至不乏全文照抄的案例。如天津大学建筑工程学院 2008 届硕士毕业生李瑞锋的学位论文《BP 神经网络在现场混凝土强度预测中的应用研究》，抄袭了内蒙古农业大学 2005 届硕士毕业生武欣慧的学位论文《基于人工神经网络的普通混凝土强度预测的研究》，两篇论文的目录、正文都高度雷同，74 条参考文献从书名、出版时间到引用的页码都完全相同。① 中国人民大学劳动人事学院 2006 届研究生章胜玉的硕士学位论文《培训投资回报评估理论研究》，涉嫌全文抄袭华东师范大学教育科学学院 2005 届研究生李洁的硕士学位论文《培训投资回报评估理论及其应用》。②

3. 学术不端问题的曝光具有较大偶然性

研究媒体报道的学术不端案例发现，其中不少案例是在很偶然的情况下曝光的，若非"机缘巧合"，这些学术不端行为可能永远不会被发觉。如前文所述的翟天临事件，如果他在回答网友提问时没说"什么是知网"，其学术不端问题很可能一直不会被发现。翟天临事件因其戏剧性，被一些网民戏称为"一个知网引发的惨案"。

同样偶然的还有湖南大学马晓慧硕士论文涉嫌抄袭事件。2009 年，湖南冷水江地区发生一起英语老师被强奸杀害的凶案，正在上高中的谢伟和同学刘浒作为犯罪嫌疑人被逮捕，判处无期徒刑。谢伟的父亲谢国东认为

① 李涛等：《天津大学一在职硕士学位论文抄袭 已被撤销学位》，搜狐教育，2018 年 6 月 25 日，https：//www. sohu. com/a/237597316_ 693376，访问日期：2019 年 7 月 30 日。
② 高宇婷：《人民大学回应硕士学位论文抄袭事件：如查实学术不端将严处》，澎湃新闻，2019 年 5 月 8 日，http：//m. thepaper. cn/newsDetail_ forward_ 3416149，最后访问日期：2019 年 9 月 30 日。

儿子是被冤枉的，十年来一直为儿子的案件奔走申诉。为此，他自学法律知识，无意中发现曾负责儿子案件的娄底市检察院公诉人马晓慧的硕士学位论文与此前他看过的一篇文献高度相似，于是使用了查重软件检测，发现马晓慧论文与该文的重复率高达近九成。2019年6月，谢国东实名举报马晓慧硕士论文涉嫌抄袭。湖南大学表示，将加紧开展调查，一经查实，绝不姑息。① 截至2019年底，关于马晓慧硕士论文涉嫌抄袭调查处理还没有结果。

4. 查处学术不端问题依然面临困难

2018年以来，在全社会的重视和有关部门的重拳出击下，一系列学术不端事件得以曝光，一批学术不端涉事人受到调查处理，彰显了整个国家对学术不端说"不"的决心。如西安电子科技大学2018年9月就有3名硕士毕业生因学位论文抄袭被取消硕士学位②。但依然有一些学术不端案件在媒体曝光后没有得到及时的调查处理，特别是涉及有一定影响力的学者或领导干部时，调查进程较慢。

上海政法学院法律学院副教授姚洪军从2015年就开始举报其所在学院院长侯怀霞的论文抄袭问题，包括侯怀霞的博士学位论文（2004年，中国海洋大学），以及5篇期刊文章，通过学术不端检测软件查重的结果基本都在50%以上。但中国海洋大学在调查后认为，侯怀霞的博士论文不足以构成轻度抄袭；上海政法学院在调查后认为，侯怀霞的期刊文章不构成学术不端行为。③ 一些主流媒体对该事件做过报道，但未能推动进一步的调查。

2019年6月，中国政法大学副教授吴丹红实名举报湖南省高院政治部

---

① 张彤等：《娄底政法委一科长被指论文抄袭 湖南大学：正在调查》，新京报网，2019年6月28日，http://www.bjnews.com.cn/news/2019/06/27/596503.html，最后访问日期：2020年3月18日。

② 《动真格！一周内两所大学，研究生被退学，学术不端撤销学位》，学术会议网，2019年12月2日，https://www.keoaeic.org/consultation/5314.html，最后检索时间：2020年3月15日。

③ 王景烁等：《法学专家搞不定学术打假——谁来判定论文抄袭？》，《中国青年报》2019年4月3日，第7版。

主任董岚、湖南益阳市委副书记黎石秋涉嫌博士学位论文抄袭，用学术不端检测软件查重，两人论文的文字复制比分别为44.7%、37.1%。不仅如此，董岚和黎石秋的硕士论文也同样涉嫌抄袭。湖南大学做出回应，称已成立专门工作组开展调查核实，但截至2019年底尚未发布调查处理结果。①

一些学术不端事件虽然受到调查处理，但有从轻发落的痕迹。如华中师范大学邓大才被举报学术不端，校方调查后认定其存在重复发表等问题，受到"行政警告"和"终止相关项目申报"的处分②。这个处理结果，受到一些学者的质疑。有人认为校方存在保护当事人的嫌疑。

2018年以来，媒体报道的16起涉嫌学术不端案例中，15起受到调查，14起调查后没有下文，从媒体和学校网站上均找不到调查处理的结果。这表明，即使在学术不端"人人喊打"的今天，在一些高校查处学术不端行为也并非易事，人情等因素仍然阻碍着学术不端的公正查处。

5. 管理疏漏是学术不端发生的重要原因

从媒体报道的学术不端案例看，虽然造成学术不端的原因是多方面的，但高校和科研单位管理上的疏漏无疑是重要原因。

有网友统计，翟天临在北京电影学院读博四年，其间接戏、广告不断，"至少主演了11部戏、参演了7部戏，做了24个代言、录了17个综艺"③，基本没有时间学习。这种情况下，翟天临居然能完成博士学业，通过学位论文答辩。

湖南大学2018届硕士生刘梦洁的学位论文，抄袭了云南财经大学一位教师2017年国家自然科学基金申报书，因刘梦洁的导师洪源是国家自然科

① 高宇婷：《湖南大学董岚、黎石秋博士论文被指涉嫌抄袭，校方：正调查》，澎湃新闻，2019年7月4日，https://www.thepaper.cn/newsDetail_forward_3838049，最后访问日期：2019年8月1日。
② 陈彦琳：《长江青年学者邓大才被指学术不端，回应称"早年素养不够"》，《现代快报》2019年5月14日，https://baijiahao.baidu.com/s?id=1633518387811436996&wfr=spider&for=pc，最后访问日期：2020年3月19日。
③ 刘名洋、李一凡：《翟天临"学术造假"坐实了？原文作者：论文被整段抄袭》，新京报网，2019年2月10日，http://www.bjnews.com.cn/news/2019/02/10/545879.html，最后访问日期：2020年3月19日。

学基金的项目评审专家，评审完成后没有及时销毁材料，使刘梦洁得以抄袭15000多字用于自己的论文，云南财经大学老师在博士论文查重过程中发现了刘梦洁的抄袭行为。[①] 这起抄袭国家自然科学基金项目申报书的学术不端案例，暴露了湖南大学管理上的漏洞。类似的还有兰州大学教授边耀君博士论文抄袭事件，也是利用自己作为管理者的便利，抄袭了国家社科基金的结项成果。[②] 这里面同样暴露了兰州大学管理上的问题。

6. 群发性学术不端问题值得关注

与以往曝光的学术不端案例绝大多数为个体作案不同，2018年以来媒体曝光的学术不端案例中，出现了一些群体性、团队型的学术不端行为，涉事人之间存在一定关联，甚至以团队形式相互配合进行学术造假。

2013年开始，上海财经大学教授徐国祥不断被人举报博士学位论文（1999年，厦门大学）抄袭问题，此外徐国祥的两部著作也涉嫌抄袭。直到2019年3月，上海财经大学才对徐国祥涉嫌学术不端问题做出回应，认定徐国祥的论文属于"适当引用"范围，不构成抄袭。[③] 之后，上海财经大学有学生发现，经徐国祥指导并取得博士学位的余明元（2004年）、蒋迪娜（2008年）、牟嫣（2009年）三人的学位论文，同样涉嫌抄袭。有人认为，上海财经大学存在"抄袭窝案"。上海财经大学对余明元等3人涉嫌博士论文抄袭问题启动了调查，但截至2019年底仍没有公布调查结果。[④]

2019年3月，专注于报道学术不端丑闻的外文网站 For Better Science 刊载的一篇报道，披露了华北电力大学教授孙玉兵等人涉嫌团队论文造假问题，包括数据造假、一图多用、一线多用以及互相引用以提高引用量等。所

---

① 《湖南大学硕士剽窃属实：学位被撤 导师调离教学岗位》，中国新闻网，2019年4月3日，http://www.chinanews.com/sh/2019/04-03/8798764.shtml，最后访问日期：2019年7月31日。

② 高宇婷：《兰州大学边耀君博士论文涉嫌抄袭国家社科基金项目被撤销学位》，澎湃新闻，2019年8月5日，http://baijiahao.baidu.com/s?id=1641011747070406574&wfr=spider&for=pc，最后访问日期：2019年9月1日。

③ 王嘉兴：《博士生导师的博士论文还好吗》，《中国青年报》2019年6月19日，第7版。

④ 万笑天、郝成：《上海财经大学3名博士被指论文抄袭 其导师6年前陷抄袭风波》，中国经营网，2019年7月12日，http://www.cb.com.cn/index/show/zj/cv/cv13454411261，最后访问日期：2020年3月19日。

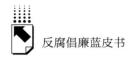
涉人员除孙玉兵外，还包括厦门理工学院实验师黄晓鸣、副教授潘敏、黄山学院讲师李丰伯等人。2019 年 4 月，华北电力大学、厦门理工学院、黄山学院对孙玉兵等人涉嫌学术不端行为做出回应，称已经或即将开展调查，结果将及时向社会发布。① 此事截至 2019 年底仍没有下文。

团队学术不端事件表明少数学者结成了学术关系网，形成了错位的利益共同体。相比于个体学术不端行为，团队型学术不端问题对科研诚信和学术生态的危害更大，查处难度也更大，值得引起重视。

## 二　2018年以来科研诚信建设情况

为治理学术不端问题，加强科研诚信建设，2018 年以来，国家有关部门密集出台了一系列文件和制度，以“零容忍”态度打击学术不端，政策之密集，手段之严厉，措施之全面，是新中国成立以来前所未有的。同时，国家深入推进科研管理与学术评价机制改革，力图从制度根源上解决学术不端问题。在有关部门的重视和推动下，在学术界的支持和努力下，学术不端治理成效显著，科研诚信观念深入人心，健康良好的学术生态正在形成。

1. 建立健全科研诚信制度体系

为解决学术不端多发易发的问题，2018 年 5 月，中办、国办印发《关于进一步加强科研诚信建设的若干意见》（以下简称《若干意见》），被一些专家称为“史上最严”治理学术不端的规定。此外，科技部联合有关部门出台了一系列科研诚信建设的制度和文件。

《若干意见》出台的背景是 2015 年以来国际上多次发生的针对中国作者的集中撤稿事件，其中 2017 年 4 月《肿瘤生物学》杂志一次性撤销中国作者 107 篇稿件，震动了国内外学术界，也引起了管理部门的高度重视。科技部牵头，广泛征求意见，起草了《若干意见》，以两办文件形式印发。

① 何利权、吴文珍：《华电教授孙玉兵被指与昔日同学共同学术造假，多所高校调查》，澎湃新闻，2019 年 4 月 16 日，https://www.thepaper.cn/newsDetail_forward_3298258，最后访问日期：2019 年 8 月 5 日。

《若干意见》以推进科研诚信建设制度化为重点，以健全完善科研诚信工作机制为保障，进一步明确了科研诚信建设的总体要求、工作机制、责任体系、重点任务、主要措施等，致力于解决制约科研诚信建设突出问题，着力打造共建共享共治的科研诚信建设新格局。[1]

相比于以往的科研诚信建设文件，《若干意见》有四个突出亮点：一是对学术不端的处罚空前严厉，强调"建立终身追究制度，依法依规对严重违背科研诚信要求行为实行终身追究，一经发现，随时调查处理"。二是建立完善的科研诚信信息系统，加强科研诚信信息跨部门跨区域共享机制，依法依规对违背科研诚信要求责任人采取联合惩戒措施。实现"一处违规、处处受限"，使科研失信者寸步难行。三是明确了国家层面的牵头单位，规定"科技部、中国社会科学院分别负责自然科学领域和哲学社会科学领域科研诚信工作的统筹协调和宏观指导"，有利于整体谋划，系统推进各领域科研诚信建设。四是强调改进科研管理与学术评价，从源头上治理学术不端问题。"推进项目评审、人才评价、机构评估改革，建立以科技创新质量、贡献、绩效为导向的分类评价制度，将科研诚信状况作为各类评价的重要指标，提倡严谨治学，反对急功近利。"[2]《若干意见》的出台，为我国科研诚信建设确立了基本制度框架和工作机制，是我国科研诚信建设领域里程碑式的重要成果。

《自然》杂志两次刊文，对《若干意见》做出高度评价，认为"中国在打击学术不端行为方面越来越强硬""新规是迄今为止全球范围内处置学术不端行为的最强打击措施"，称赞"中国在解决科学欺诈问题上树立了强有力的榜样"。[3]

2018 年 11 月，国家发改委、科技部、中央组织部等 41 个部门和单位

---

① 《筑牢科研诚信的基石——科技部有关负责人解读〈关于进一步加强科研诚信建设的若干意见〉》，新华网，2018 年 6 月 1 日，http：//www. xinhuanet. com/2018 – 06/01/c_ 129885187. htm，最后访问日期：2019 年 8 月 10 日。

② 《中办、国办印发〈关于进一步加强科研诚信建设的若干意见〉》，新华网，2018 年 5 月 30 日，http：//www. xinhuanet. com/2018 – 05/30/c_ 1122914338. htm，最后访问日期：2019 年 8 月 5 日。

③ 房琳琳：《中国打击学术不端行为令世界瞩目》，《科技日报》2018 年 6 月 15 日，第 4 版。

联合印发了《关于对科研领域相关失信责任主体实施联合惩戒的合作备忘录》（以下简称《合作备忘录》），将学术诚信建设纳入"社会信用体系"，极大地增强了对学术不端的威慑力。《合作备忘录》规定的惩罚措施多达43条，不论是单位还是个人，一旦在科研领域发生了严重的失信行为，不仅要面临学术上的严厉惩罚，还将在公务员招录、银行贷款、企业上市、工程招标等领域受到广泛的"社会性惩罚"。①《合作备忘录》为治理学术不端问题提供了"杀手铜"，是迄今为止打击学术不端问题最有力的武器。

2019年3月，李克强总理在十三届人大二次会议《政府工作报告》中强调，"加强科研伦理和学风建设，惩戒学术不端，力戒浮躁之风。"这是将治理学术不端问题首次写入《政府工作报告》，体现了党和政府对科研诚信建设的高度重视。

2019年5月，中宣部、教育部、科技部、中国社会科学院等单位联合印发了《哲学社会科学科研诚信建设实施办法》（以下简称《实施办法》），规定了社科界落实《若干意见》的具体措施。《实施办法》除了明确社科领域学术不端的类型、调查处理的主体及程序外，还特别规定了社科领域科研诚信建设的组织体系和工作机制，明确了哲学社会科学科研诚信建设联席会议是全国社科领域科研诚信建设的领导机构，由中国社会科学院负责召集，中宣部、教育部、科技部、中共中央党校（国家行政学院）等为成员单位；中国社会科学院设立哲学社会科学科研诚信管理办公室，作为联席会议的办事机构，其职责包括"组织协调相关部门调查重大及敏感的哲学社会科学科研诚信案件"。②

2019年6月，中办、国办印发了《关于进一步弘扬科学家精神 加强作风和学风建设的意见》，针对项目评审、人才评价、机构评估工作中违背科

---

① 《多部门印发〈关于对科研领域相关失信责任主体实施联合惩戒的合作备忘录〉的通知》，中国政府网，2018年11月9日，http://www.gov.cn/xinwen/2018－11/09/content_5338654.htm，最后访问日期：2019年8月6日。

② 《关于印发〈哲学社会科学科研诚信建设实施办法〉的通知》，中国社会科学网，2019年6月27日，http://www.cssn.cn/index/gg/201906/t20190627_4925971.shtml，最后访问日期：2019年9月10日。

研诚信、破坏学术公平的不良倾向和歪风邪气，以"零容忍"的态度，提出了一系列具有操作性的规定和措施。如明确提出反对"学阀"作风、"圈子"文化，破除各种利益纽带和人身依附关系，反对无实质学术贡献者"挂名"，在各种评审活动中不得"打招呼""走关系"，等等。[①] 有网民评论，这是中国学术界"最严的 22 条军规"，"学阀、学霸要收手了！"

2. 进一步完善科研管理与学术评价制度

科研管理与学术评价的异化，是导致学术不端行为的深层次原因。如科研管理环节过多、考核周期短、经费管理过死及人才评价唯论文、重数量、"一刀切"等。这些问题，不仅违背了科学发展与人才成长规律，挫伤了科研人员的积极性，还在很大程度上助长了抄袭剽窃、论文买卖等学术不端之风。

2018 年以来，有关部门密集出台了一大批涉及改革科研管理、学术评价的政策和制度，数量之大，频率之高，为新中国成立以来所罕见。相关文件如下。

2018 年 2 月，中办、国办印发《关于分类推进人才评价机制改革的指导意见》；2018 年 7 月，中办、国办印发《关于深化项目评审、人才评价、机构评估改革的若干意见》；2018 年 7 月，国务院印发《关于优化科研管理提升科研绩效若干措施的通知》；2018 年 10 月，科技部、教育部等五部门印发《关于开展清理"唯论文、唯职称、唯学历、唯奖项"专项行动的通知》；2018 年 11 月，教育部办公厅印发《关于开展清理"唯论文、唯帽子、唯职称、唯学历、唯奖项"专项行动的通知》。

这些文件和制度，废除了一系列不合时宜的科研管理与人才评价规定，力图建立与国际接轨、符合科学发展与人才成长规律的管理制度，为科技创新与科研诚信初步创造了良好的制度环境。

如《关于优化科研管理提升科研绩效若干措施的通知》强调，"建立完

---

① 《中共中央办公厅 国务院办公厅印发〈关于进一步弘扬科学家精神　加强作风和学风建设的意见〉》，新华网，2019 年 6 月 11 日，http：//www. xinhuanet. com/politics/2019 – 06/11/c _ 1124609190. htm，最后访问日期：2019 年 9 月 2 日。

善以信任为前提的科研管理机制，减轻科研人员负担，充分释放创新活力，调动科研人员的积极性"。具体措施包括：简化科研项目申报和过程管理，推行"材料一次报送"制度，合并财务验收和技术验收；赋予科研人员和科研单位更大的科研自主权，科研人员可以在研究方向不变、不降低申报指标的前提下自主调整技术路线；优化整合科技领域人才计划，切实精简人才"帽子"；等等。①

以上这些关于科研管理与学术评价的改革措施，都是科研人员长期呼吁的，如果能够真正落地，不仅有利于激发科研人员的工作热情，而且还有利于促使他们端正学风，减少学术不端行为。

3. 深入开展学术不端治理与科研诚信建设

在高层的重视与有关部门的推动下，各管理部门、高校、科研单位狠抓科研诚信建设系列文件制度的落实，大力开展学术不端治理，深入推进学术评价改革，在科研诚信建设方面形成了上下联动、多点突破、全面开花的局面。

教育部开展了对学位论文买卖、代写行为的治理，加强了研究生招生和培养管理。2018年7月，教育部办公厅印发了《关于严厉查处高等学校学位论文买卖、代写行为的通知》，要求对参与购买、代写学位论文的学生给予开除学籍处分，已获得的学历证书、毕业证书也要依法予以撤销和注销。② 2019年2月公布的教育部工作要点，提出将加大对学术不端行为的监督查处力度，开展硕士博士学位论文抽检。同月，教育部还发布了《进一步规范和加强研究生考试招生及培养管理工作的通知》，强调将在研究生招生和培养管理方面做出更加严格的规范要求，对不能完成论文、达不到毕业标准的研究生做出退学处理。各高校认真落实教育部的要求，一批存在学术不端问题或学业不达标的研究生受到退学处理。2019年6月，宁夏大学对

---

① 《国务院关于优化科研管理提升科研绩效若干措施的通知》，中国政府网，2018年7月24日，http：//www.gov.cn/zhengce/content/2018－07/24/content_5308787.htm，最后访问日期：2019年9月2日。

② 《严厉打击学位论文买卖、代写行为》，人民日报网，2018年7月19日，http：//legal.people.com.cn/n1/2018/0719/c42510－30156537.html，最后访问日期：2020年3月19日。

29 名超期未毕业硕士研究生予以退学处理，同月，清华大学马克思主义学院对 2 名博士研究生做出退学处理。①

全国哲学社会科学工作办公室加强了对国家社科基金研究项目的科研诚信管理。2018 年 12 月发布的《2019 年度国家社会科学基金项目申报公告》强调：申报者"不得有违背科研诚信要求的行为"，"凡存在弄虚作假、抄袭剽窃等行为的，一经发现查实，取消五年申报资格，如获立项即予撤项并通报批评"。② 2019 年 6 月，全国社科工作办撤销了存在严重质量问题的国家社科基金"西南边疆历史与现状综合研究项目"子课题《广西石刻总集整理》，对项目负责人做出 5 年内不得申请或者参与申请国家社科基金项目的处罚。③

在学术期刊领域，2019 年 5 月，全国新闻出版标准化技术委员会发布了《学术出版规范——期刊学术不端行为界定（CY/T174－2019）》，这是我国第一个学术不端行业标准，它界定了学术期刊论文作者、审稿专家、编辑者三方可能涉及的学术不端行为，并对剽窃、伪造、篡改、不当署名、一稿多投、重复发表等术语进行了具体定义④，为治理期刊领域的学术不端问题提供了规范性依据。作为学术期刊出版"大户"，2019 年 8 月，中国社会科学院所属 83 家学术期刊联合发表声明，强调社科院所属学术期刊不收取任何形式的版面费、审稿费，抵制任何形式的人情稿、关系稿、有偿稿，并公布了 83 种学术类期刊的投稿网址、电子信箱以及监督电话。⑤

---

① 《多所高校撤销毕业生硕士学位，因多年前论文存在抄袭行为》，搜狐网"中国科讯"，http://www.sohu.com/a/328428744_744387，访问日期：2019 年 9 月 1 日。

② 《2019 年度国家社会科学基金项目申报公告》，全国哲学社会科学工作办公室网站，2018 年 12 月 25 日，http://www.npopss-cn.gov.cn/n1/2018/1225/c219469-30487263.html，访问日期：2019 年 9 月 1 日。

③ 《国家社科基金成果曝几千处错误 校勘"密密麻麻"》，新浪网，2019 年 6 月 12 日，https://news.sina.com.cn/c/2019-06-12/doc-ihvhiews8424653.shtml，最后访问日期：2019 年 8 月 2 日。

④ 《期刊学术不端行为界定出台国家标准，专家解读三大亮点》，澎湃新闻，2019 年 7 月 19 日，https://www.thepaper.cn/newsDetail_forward_3955515，最后访问日期：2019 年 9 月 3 日。

⑤ 《中国社会科学院学术期刊声明》，《中国社会科学报》2019 年 8 月 4 日，第 1 版。

一些地方也出台了学术不端行为调查处理办法。2019 年 8 月，上海市科学技术委员会印发了《关于科研不端行为投诉举报的调查处理办法（试行）》，目的是在上海市健全预防与惩治并举的工作机制，营造诚实守信的科研环境。①

部分高校还积极建立完善学术评价制度，为科研诚信建设和学术创新营造良好的制度环境。2019 年 4 月，清华大学出台了《关于完善学术评价制度的若干意见》，发布了新修订的《攻读博士学位研究生培养工作规定》，明确不再以学术论文作为评价博士生学术水平的唯一依据，不再将在读博期间发表论文作为学位申请的硬性指标。② 据了解，这是国内首家不再将发表论文作为博士学位限制条件的重点高校。

## 三　进一步做好科研诚信工作的建议

近两年来，国家对学术不端问题的治理力度前所未有，对科研诚信建设的重视程度前所未有。为避免"运动式""一阵风"治理，防止学术不端的反弹回潮，应不断探索和努力建立起具有中国特色的科研诚信建设长效机制。本文结合对近年来学术不端案例的研究，针对当前学术不端治理与科研诚信建设中的不足，提出以下意见和建议。

### 1. 保持打击学术不端的高压态势

继续以"零容忍"态度打击学术不端，依法依规严肃处理学术不端案件，形成"露头就打""人人喊打"的社会氛围，增强对学术不端的震慑力。对于媒体曝光的学术不端案件，有关责任单位要及时进行调查，对于确实存在学术不端问题的，要依纪依规处理，并公布调查处理结果；对于调查

---

① 《关于印发〈关于科研不端行为投诉举报的调查处理办法（试行）〉的通知》，上海市科学技术委员会网站，2019 年 8 月 26 日，http://stcsm.sh.gov.cn/P/C/162000.htm，访问日期：2019 年 9 月 3 日。

② 《清华大学修订〈攻读博士学位研究生培养工作规定〉》，清华大学新闻网，2019 年 4 月 22 日，https://www.tsinghua.edu.cn/publish/thunews/9649/2019/20190422150724263257696/20190422150724263257696_.html，访问日期：2019 年 9 月 3 日。

后认定不存在学术不端行为的，也要公布调查结果，还被举报人一个清白。

为了进一步做好学术不端治理工作，今后应当处理好对待学术不端问题存量与增量的关系，建议将2018年5月《关于进一步加强科研诚信建设的若干意见》的颁发作为一个时间节点，对于在此前后发生的学术不端案件，实行区别对待。在此之前发生的，可以视为存量，考虑其发生时存在制度不健全等客观因素，在处理上可以酌情放宽；在此之后发生的，可以视为增量，是在制度严格、规定明确的情况下发生的，属于明知故犯、"顶风作案"，应当严肃处理。我们应将打击重点放在学术不端的增量上。

2. 完善科研诚信建设的制度和机制

经过管理部门多年的努力，目前已经初步形成惩治与预防学术不端的制度体系和工作机制，但还需要进一步细化和完善。就当前来说，亟须制定调查处理学术不端问题的统一规则。目前各单位在调查处理学术不端举报过程中，缺乏关于举报受理、调查程序、职责分工、处理尺度、时限要求等方面的具体规则，导致一些应该调查的没有得到及时调查，同样或相近的学术不端行为在不同单位受到的处理差别很大。这种状况不利于打击学术不端。有关部门应该尽快出台统一的"科研诚信案件调查处理规则"①。此外，应完善学术不端信息共享与联合惩戒的制度与机制，特别是实现科研失信行为数据库与社会信用系统的对接，实行联合惩戒，使科研失信行为人受到学术领域以外的更广泛的限制和惩罚。

3. 进一步发挥好媒体的作用

实践证明，大众传媒在打击学术不端、加强科研诚信建设方面，发挥着不可替代的重要作用。这方面做得好的媒体有《中国青年报》《新京

---

① 在本研究报告基本定稿、即将付梓之时，2019年9月25日，科技部、中央宣传部、最高人民法院等20个部门（单位）联合印发了《科研诚信案件调查处理规则（试行）》，这是我国科研诚信建设领域又一个里程碑式的成果。该规则明确了科研诚信案件的定义、调查主体、举报途径、调查程序、处理措施、救济途径、监督和保障措施等，为调查处理学术不端案件提供了根本依据和基本遵循，弥补我国学术不端治理方面一个重要的制度短板，必将极大推动学术不端案件的调查，极大震慑潜在的学术不端行为，极大加快科研诚信建设的步伐。

报》、澎湃新闻等，近年来有将近一半的学术不端案件，是由这些媒体曝光的。通过媒体报道，形成大众舆论，倒逼学术不端涉事人所在单位采取行动，开展调查和处理。今后应当完善媒体参与学术不端问题报道的制度和机制，各单位调查学术不端案件的过程，要全程向媒体公开，主动接受媒体的监督；调查处理的结果，不能满足于内部消化，而应当在媒体上公布，一方面加大对学术不端的震慑力，另一方面发挥典型案例的反面教育作用。

4. 加强科研诚信独立调查委员会建设

《关于进一步加强科研诚信建设的若干意见》规定，"自然科学论文造假监管由科技部负责，哲学社会科学论文造假监管由中国社会科学院负责"，赋予了科技部和中国社会科学院组建独立调查委员会的职权。为更好地发挥科技部和中国社会科学院科研诚信办的指导和监督职责，发生学术不端问题的单位应在第一时间报告情况，并及时报告调查处理的进展及结果。目前这样的信息沟通机制尚未建立，科技部和中国社会科学院主要通过媒体报道来了解学术不端案件的曝光、调查和处理情况，这不利于其发挥指导和监督的作用。在责任单位对学术不端案件调查处理不力，或者举报人对调查处理结果存有异议时，科技部和中国社会科学院应当及时介入，监督问责，必要时组建跨部门的联合调查组直接开展调查。

5. 加快科研管理与人才评价改革措施落地

解决科研诚信问题，从根本上说，有赖于建立科学合理的科研管理与人才评价体制机制。2018年以来，有关部门出台的一系列改革科研管理与人才评价的制度和文件，部分得到了落实，取得了较好的效果，但仍有不少尚未得到落实。李克强总理在2019年3月"两会"上强调："要在推动科技体制改革举措落地见效上下功夫，决不能让改革政策停留在口头上、纸面上。大力简除烦苛，使科研人员潜心向学、创新突破。"① 一些好的改革思

---

① 《2019年政府工作报告全文》，中国政府网，2019年3月5日，http：//www.gov.cn/zhuanti/2019qglh/2019lhzfgzbg/index.htm，最后访问日期：2019年8月2日。

路和政策之所以没有落地，除了一些部门不愿放权外，还与未能找到既人性化又能够有效管理的办法有关。如何解决在科研管理和人才评价问题上"一管就死、一放就乱"的问题，建立起既符合科研发展和人才成长规律，又体现公平公正、具有可操作性的管理制度，考验着管理部门的智慧，也考验着科研人员的诚信。

6. 加强对学术不端行为立法顶层设计

我国科研诚信建设的历史相对较短，有关理论研究、制度建设以及立法目前还比较滞后，存在不少空白。对学术不端问题打击不力的一个原因，是目前的措施还基本停留在政策与制度层面，尚未上升到法律高度，特别是缺乏刑事方面的立法。如一些中介公司从事论文代写、代发活动，严重扰乱了学术出版秩序，也助长了学术不端之风，但目前只能按照行政法规进行处罚，力度小，威慑力有限。此外，随着我国科技水平进入世界先进行列，科技领域的失范、失控行为所带来的风险与危害也在与日俱增。2018年底引发轩然大波的贺建奎"基因编辑婴儿"事件，为我国科研伦理建设敲响了警钟。如何通过加强科技伦理的研究和建设，加快相关领域的立法进程，避免少数"科学狂人"冒险行为给国家乃至人类造成的危害，应当尽快提上有关管理部门的议事日程。《关于进一步加强科研诚信建设的若干意见》提出，"积极开展对严重违背科研诚信要求行为的刑事规制理论研究，推动立法、司法部门适时出台相应刑事制裁措施。"[1] 只有加强对学术不端、科技伦理的深入研究，在此基础上填补该领域理论、制度和立法上的空白，才能更好地促进科研诚信，建立起中国特色的科研诚信建设长效机制。

---

[1] 《中办、国办印发〈关于进一步加强科研诚信建设的若干意见〉》，新华网，2018年5月30日，http://www.xinhuanet.com/2018-05/30/c_1122914338.htm，访问日期：2019年8月5日。

附表1　2018年以来媒体报道的学术不端案例统计简表

| 序号 | 涉事人 | 单位（发生时） | 身份/职称（发生时） | 不端行为类型 | 发生时间 | 曝光时间 | 调查/处理情况 |
|---|---|---|---|---|---|---|---|
| 1 | 孙勇 | 东北大学 | 硕士生 | 硕士学位论文抄袭 | 2008 | 2018.4 | 撤销硕士学位 |
| 2 | 曹律 | 湖南大学 | 硕士生 | 硕士学位论文抄袭 | 2016 | 2018.4 | 撤销硕士学位，导师停招3年 |
| 3 | 高丽萍 | 西安电子科技大学 | 硕士生 | 硕士学位论文抄袭 | 2009 | 2018.6 | 撤销硕士学位 |
| 4 | 熊科伟 | 暨南大学 | 硕士生 | 论文抄袭、剽窃 | 不详 | 2018.7 | 撤销博士学位 |
| 5 | 李瑞峰 | 天津大学 | 硕士生 | 硕士学位论文抄袭 | 2012 | 2018.7 | 撤销硕士学位 |
| 6 | 雷磊 | 西安电子科技大学 | 硕士生 | 硕士学位论文抄袭 | 2011 | 2018.7 | 撤销硕士学位 |
| 7 | 黄小艳 | 西安电子科技大学 | 硕士生 | 硕士学位论文抄袭 | 2011 | 2018.9 | 撤销硕士学位 |
| 8 | 叶肖鑫 | 清华大学 | 博士生 | 论文自我抄袭、图片重复利用、编造实验结果 | 不详 | 2018.10 | 撤销博士学位、停止导师招生资格 |
| 9 | 贺建奎 | 南方科技大学 | 副教授 | 违背科研伦理 | 2017-2018 | 2018.11 | 解除劳动合同，终止一切科研学术活动 |
| 10 | 梁莹 | 南京大学 | 教授、青年长江学者 | 抄袭、剽窃、教学态度不端正 | 不详 | 2018.11 | 党内严重警告，行政记过，调出教学科研岗位，撤销"青年长江学者"称号 |
| 11 | 张军等4人 | 华南理工大学 | 院长、教授 | 篡改考研成绩 | 2018 | 2019.2 | 免去院长职务，解除聘用合同；开除党籍，降低岗位等级 |

续表

| 序号 | 涉事人 | 单位（发生时） | 身份/职称（发生时） | 不端行为类型 | 发生时间 | 曝光时间 | 调查、处理情况 |
|---|---|---|---|---|---|---|---|
| 12 | 刘梦洁 | 湖南大学 | 硕士生 | 抄袭 | 2018 | 2019.4 | 撤销硕士学位；导师受到警告处分，取消导师资格 |
| 13 | 马东祝 | 南京理工大学 | 硕士生 | 硕士学位论文抄袭 | 2006 | 2019.4 | 撤销硕士学位 |
| 14 | 邓大才 | 华中师范大学 | 院长、教授，青年长江学者 | 一稿多投 | 不详 | 2019.5 | 行政警告处分，终止其相关项目的申报 |
| 15 | 翟天临 | 北京电影学院、北京大学 | 博士生、博士后 | 抄袭、剽窃 | 不详 | 2019.5 | 撤销博士学位，取消导师博导资格；博士后退站 |
| 16 | 黄留玉 | 第三军医大学 | 所长、教授 | 博士学位论文抄袭 | 2007 | 2019.6 | 撤销博士学位 |
| 17 | 徐承彬 | 吉林工程技术师范学院 | 副教授 | 论文抄袭 | 2007 | 2019.7 | 解除副教授聘任，调离教学岗位 |
| 18 | 万宏伟 | 湖北大学 | 硕士生 | 硕士学位论文抄袭 | 2009 | 2019.7 | 撤销硕士学位 |
| 19 | 边耀君 | 兰州大学 | 教授 | 博士学位论文抄袭 | 2014 | 2019.8 | 撤销博士学位 |
| 20 | 杨洁 | 潍坊学院 | 副教授 | 抄袭 | 不详 | 2019.10 | 撤销副教授职称，调离教师工作岗位 |

附表 2　2018 年以来媒体报道的涉嫌学术不端案例统计简表

| 序号 | 涉事人 | 单位（发生时） | 身份/职称（发生时） | 不端行为类型 | 发生时间 | 曝光时间 | 调查/处理情况 |
|---|---|---|---|---|---|---|---|
| 1 | 徐国祥 | 上海财经大学 | 教授 | 涉嫌博士学位论文抄袭 | 1999 | 2013 年开始持续 | 2019 年 3 月调查结果表示不够成抄袭。 |
| 2 | 范子英 | 上海财经大学 | 教授，青年长江学者 | 涉嫌论文抄袭 | 不详 | 2018 | 未有定论 |
| 3 | 陶晓燕，朱九龙 | 中原工学院 | 教授 | 涉嫌论文抄袭 | 不详 | 2018 | 受到调查，结果不详 |
| 4 | 顾振华 | 上海商学院 | 教师 | 涉嫌抄袭国外论文 | 2017 | 2018 | 受到调查，结果不详 |
| 5 | 孙玉兵 | 华北电力大学 | 教授 | 涉嫌论文造假、数据造假、一图多用等 | 不详 | 2018 | 受到调查，结果不详 |
| 6 | 李庆昆 | 天津大学 | 硕士生 | 涉嫌硕士学位论文抄袭 | 2012 | 2018 | 受到调查，结果不详 |
| 7 | 李仕春 | 中国政法大学 | 博士生 | 涉嫌博士学位论文抄袭 | 2002 | 2019 | 受到调查，结果不详 |
| 8 | 余明元 | 上海财经大学 | 博士生 | 涉嫌博士学位论文抄袭 | 2004 | 2019 | 受到调查，结果不详 |
| 9 | 宋娟 | 天津大学 | 硕士生 | 涉嫌硕士学位论文抄袭 | 2005 | 2019 | 受到调查，结果不详 |
| 10 | 蒋迪娜 | 上海财经大学 | 博士生 | 涉嫌博士学位论文抄袭 | 2008 | 2019 | 受到调查，结果不详 |
| 11 | 牟嬺 | 上海财经大学 | 博士生 | 涉嫌博士学位论文抄袭 | 2009 | 2019 | 受到调查，结果不详 |

续表

| 序号 | 涉事人 | 单位（发生时） | 身份/职称（发生时） | 不端行为类型 | 发生时间 | 曝光时间 | 调查、处理情况 |
|---|---|---|---|---|---|---|---|
| 12 | 李兆申 | 海军军医大学及其第一附属医院 | 教授、工程院院士 | 涉嫌剽窃、抄袭、一稿多投、重复发表 | 2008～2009 | 2019 | 受到调查，结果不详 |
| 13 | 章胜玉 | 中国人民大学 | 硕士生 | 涉嫌硕士论文抄袭 | 2006 | 2019 | 受到调查，结果不详 |
| 14 | 董岚 | 湖南大学（现为湖南省高院政治部主任） | 不详 | 涉嫌硕士、博士论文抄袭 | 2002、2007 | 2019 | 受到调查，结果不详 |
| 15 | 黎石秋 | 湖南大学（现为湖南益阳市委副书记） | 不详 | 涉嫌硕士、博士论文抄袭 | 2003、2007 | 2019 | 受到调查，结果不详 |
| 16 | 马晓慧 | 湖南大学（现为娄底市政法委科长） | 硕士生 | 涉嫌硕士学位论文抄袭 | 2009 | 2019 | 受到调查，结果不详 |

# B.7
# 党内问责的历史沿革与实施现状分析

中国社会科学院中国廉政研究中心课题组*

**摘　要：**　问责是全面从严治党的利器。党的十八大以来，问责力度不断加大，党风廉政建设和反腐败作为党内问责的重要抓手，让长期以来存在的有权力但少责任甚至无责任，有问题但少追责或者难以处理的问题得以解决，有力地推动了管党治党从宽松软到严紧硬。本文梳理了党内问责的历史沿革与特点、主要做法成效，提出党内问责存在实施不严谨、效果不明显、尺度不精准、主体不统一、力度不到位等问题，建议强化"两个责任"落实，改善问责方法，实施精准化问责，问责与激励并重，严格制度执行，做好问责"后半篇"文章。

**关键词：**　全面从严治党　问责　历史沿革

党的十八大以来，党风廉政建设和反腐败斗争不断深入推进，着力于正"歪树"、治"病树"、拔"烂树"，全面从严治党被纳入"四个全面"战略布局，开辟了党建工作的新局面，反腐败斗争已取得压倒性胜利，但反腐力度从未减弱并得到巩固发展。《中国共产党问责条例》（以下简称《问责条例》）把全面从严治党实践创新成果固化为制度，规范和强化问责工作已成

---

＊　课题组组长：蒋来用（中国社会科学院中国廉政研究中心秘书长、社会学所廉政建设与社会评价研究室主任）。课题组成员：中国社会科学院中国廉政研究中心科研助理任涛、胡爽、朱克江、虞晨跃。

为管党治党、治国理政的鲜明特色。《问责条例》与中共中央 2016 年 11 月发布的《关于新形势下党内政治生活的若干准则》和中共中央 2016 年 10 月修订的《中国共产党党内监督条例》相辅相成，形成了一套全面从严治党的制度群，为净化党内政治生态、厚植党的执政根基提供了重要保障。

## 一 党内问责的历史沿革与特点

党的十二大修订《党章》，第一次明确提出责任追究，经历初创、完善、成熟、定型等阶段，党内问责制度走过了 30 多年的发展历程，从由党内追责和行政追责并轨向不断完善、规范党内问责转变，实现了全面从严治党的新局面。

### （一）责任追究进入党章

党的十二大通过的《党章》规定，"坚决维护党的纪律，是党的每个组织的重要责任，党组织如果在维护党的纪律方面失职，必须受到追究"，首次规定了对党组织的责任追究。可是，党的责任追究的具体内容涵盖哪些方面，失职是否需要造成后果以及造成什么后果才能追究，党章及当时的党内法规并没有予以明确规定，党章关于责任追究的规定难以具体操作和实施。

1997 年 2 月，中共中央发布了《中国共产党纪律处分条例（试行）》，条例中共 104 次提到责任，将有关责任人员分为三类：直接责任者、主要领导责任者和重要领导责任者，并按照其职责范围进行了细化规定。当时提出了"失职错误"这一概念，追究由于严重不负责任，不履行或者不正确履行自己的工作职责，致使国家、集体和人民利益遭受损失的行为。该条例相关条款对追究失职错误的情形进行了明确规定，对如何追究失职错误进行了规范，对当时规范权力运行起到了积极的作用。但是，当时配套制度没有进一步细化，对责任的追究有一定的随意性，责任追究刚性不足，综合效果不佳。

## （二）党内追责和行政追责并轨推进

1998 年 11 月，中共中央、国务院联合发布了《关于实行党风廉政建设责任制的规定》。党风廉政建设责任制是中国共产党在党风廉政建设方面逐步走向制度化、规范化的一项重要举措，是结合当时形势的一次积极探索和有益尝试。明确指出追责针对各级领导班子和领导干部，改变了过去针对全党全国的宏观范围，不分层次与责任，往往导致追责对象层层下移，问责效果不明显的状况。与前一阶段相比，问责制度有了明显的进步。这一规定最显著的特点是党内追责与行政追责并轨推进。中共中央于 2010 年 11 月颁布修订后的《关于实行党风廉政建设责任制的规定》，明确了党风廉政建设中各级领导班子和领导干部的政治责任，为贯彻落实党风廉政建设和反腐败斗争的决策部署提供了重要保障；区分了追究轻重程度，根据领导班子或个体违规情形，对应组织处理、党政纪处理和司法处理三种追究方式；落实了纪检、组织人事部门责任追究主体的司责问责程序和权限；通过惩过必有责的方式，破解了追究与不追究一个样的困局。

## （三）首次提出问责概念

2009 年 6 月，中央办公厅、国务院办公厅发布了《关于实行党政领导干部问责的暂行规定》。这项规定突出"问责"的概念，在党内法规中尚属首次，对进一步提高党政领导干部责任意识，加强党政领导干部的管理和监督具有重要意义。这个规定注重与当时其他规章制度的有效衔接，如明确规定了怎样处理在贯彻落实党风廉政建设责任制中存在的问题，同《关于实行党风廉政建设责任制的规定》相衔接；借鉴了《中国共产党纪律处分条例》关于党纪处分后果的规定，避免了党政领导干部被问责后在安排、使用上的随意性。

## （四）问责体系进一步完善

2010 年 3 月，中央办公厅印发《党政领导干部选拔任用工作责任追究办法（试行）》（以下简称《责任追究办法（试行）》），进一步细化了领导责任，包括严格的责任考核和严肃的责任追究内容。党管干部是加强党的建设的重要内容。这个办法强调在选人用人上加大问责力度，健全问责制度体系，着力解决干部选拔任用中存在的"责任缺失"问题，聚焦"跑官要官""买官卖官"和"带病提拔"等突出问题。《责任追究办法（试行）》与《党政领导干部选拔任用工作有关事项报告办法（试行）》《地方党委常委会向全委会报告干部选拔任用工作并接受民主评议办法（试行）》和《市县党委书记履行干部选拔任用工作职责离任检查办法（试行）》配套衔接，在干部选拔任用中形成了相互衔接、内外联动、相互支撑、紧密配合的党内法规体系，形成了事前要报告、事后要评议、离任要检查、违规失责要追究的干部选拔任用监督体系；为党内其他法规的制定提供了参考。相比于此前的党内问责制度，其突出了两个特点：一是以党的建设为中心进行问责；二是与党内其他法规相契合。党的十八大以来，干部选拔任用方面的问责制度进一步完善。在原来制度规定的基础上，2019 年 5 月，中共中央办公厅印发了《干部选拔任用工作监督检查和责任追究办法》，详细规定了干部选拔任用工作的问责情形，对干部选拔任用工作监督检查内容、机制、方式和责任追究等进行了规范和完善，具有理念价值、制度集成价值和靶向解决问题的价值。

### （五）新时代问责规范发展

2016 年 7 月，中共中央印发了《中国共产党问责条例》（以下简称《问责条例》），以条例形式对问责进行系统化的规定在党的历史上首次出现。这部条例将原来零散的规定进行了系统化集成和提升处理，聚焦全面从严治党，明确了问责情形，贯彻落实"两个责任"新理论，规范了问责方式，针对性和可操作性非常强。《问责条例》具有以下特点：一是问责事项聚焦全面从严治党，涉及党的建设的各个方面，尤其是坚持党的领导、维护党的纪律等；二是问责对象既实现党组织层面的全覆盖，又紧紧抓住主要负责人这个"关键少数";三是问责方式坚持预防和惩处相结合;① 四是问责时限实行终身问责,离岗、退休、提拔不再是"免责符"。这部党内专门关于问责的条例运用实施 3 年之后,很快就遇到了问责泛化、简单化、机械化等问题。2019 年 6 月,中共中央修订和印发了新的《中国共产党问责条例》,将问责情形进一步细化,限制了问责适用的情形,将不作为等新问题作为问责内容,提高了问责精准性和实效性。

## 二 十八大以来党内问责的主要做法及成效

党的十八大以来,党中央把问责作为管党治党利器,先后对山西塌方式腐败、湖南衡阳和四川南充拉票贿选案等严肃问责,中央纪委通报曝光河南省新乡市委和市纪委原主要负责人履行"两个责任"不力等问题,② 问责取得了阶段性成效。《中国共产党问责条例》作为我们党制定的又一部重要的基础性党内法规,规范和强化了党的问责工作,更加夯实了全面从严治党的制度基础,向全党释放出严肃问责的强烈信号。

### (一)问责力度加大,推动全面从严治党向纵深发展

"有权必有责、有责要担当、失责必追究"是习近平总书记就强化问责做出的强调。党的十八大以来,党中央紧紧抓住"责任"二字,反复强调权力就是责任、责任就要担当,坚持失责必问、问责必严,通过问责倒逼管党治党政治责任落到实处,推动全面从严治党不断走向深入。③

1. 完善制度机制,对标党内问责

为使问责工作有章可循,规范有序进行问责,全国各地深入贯彻落实

---

① 杨云成:《党内问责制的历史沿革》,《学习时报》2016 年 9 月 8 日,第 4 版。
② 王子晖:《立规与问责——习近平从严治党"利器"》,《理论导报》2016 年第 8 期,第 16 ~ 17 + 23 页。
③ 《用好问责利器推动全面从严治党不断走向深入》,2018 年 11 月 28 日,中国纪检监察报网站,http://www.jjjcb.cn/content/2018 - 11/28/content_ 70644. htm,最后访问时间:2010 年 3 月 15 日。

《中国共产党问责条例》，明确规定了问责对象、程序以及具体情形和结果运用等，把问责工作与监督执纪"四种形态"、"一案双查"、以案促改、通报曝光相结合，形成了问责的综合效应。

地方根据实际情况细化问责规定，并创新性地制定了一系列措施。例如，2018 年 8 月，江苏省无锡市纪委市监委制定《市纪委市监委问责工作实施办法（试行）》，实行问责情况月报制度、问责情况定期报告制度和典型案例通报曝光制度，定期汇总市本级和各市（县）区问责数据、每半年分析一次问责工作情况、不定期筛选典型案例点名道姓通报曝光。① 2018 年 11 月，辽宁省葫芦岛市制定出台了《葫芦岛市党政领导干部不担当不作为问责办法（试行）》，聚焦各级党政组织责任不落实、作风不务实、监管不到位、制度不健全等突出问题和党员干部中存在的不担当、不作为、失职失责失察、官僚主义、形式主义等严重的突出问题，动真碰硬，严肃问责。结合本地实际，细化了党员干部在执行党中央和省市委重大决策部署中应当问责的 11 类不担当情形和 6 类不作为情形，明确权力清单、权责边界和不担当不作为状态下的责任后果，为问责工作提供基本遵循。②

2. 细化责任区分，精准党内问责

各地坚持把纪律和规矩挺在前面，综合运用好"四种形态"。既运用第一、第二种形态对尚未违纪但有苗头性、倾向性问题的党员干部及时提醒，对有轻微违纪行为的党员干部及时处理；也运用第三、第四种形态严肃查处违纪违法者，始终以"零容忍"的态度保持惩治腐败的高压态势。

有的地方积极出台地方性规章制度，对"四种形态"的适用情形做出了细致规定。例如，2018 年底，浙江省杭州市拱墅区纪委与区委组织部联合发布了《区管干部诫勉内部操作规程》，对区委组织部 9 种适用

---

① 《无锡市：规范强化问责工作 深入推进全面从严治党》，2018 年 8 月 24 日，搜狐网，https：//www.sohu.com/a/249806370_100170270，最后访问时间：2020 年 3 月 15 日。

② 《葫芦岛市出台问责办法解决党政领导干部不担当不作为问题》，2018 年 11 月 20 日，辽宁省人民政府网站，http://www.ln.gov.cn/zfxx/qsgd/hld/201811/t20181120_3374847.html，最后访问时间：2020 年 3 月 15 日。

情形、区纪委 9 种适用情形进行了明确规定，以建章立制的方式规范问责、精准问责。① 有的地方准确利用监督执纪"四种形态"，推动全面从严治党向纵深发展。例如，贵州省安顺市平坝区纪委监委，不断加大违纪典型案件通报曝光力度，深入开展"一案一整改"工作，充分利用"三会两书两公开"积极开展分层分类分责警示教育；采取日常检查、重点督查、集中检查相结合的方式，实现监督内容"全方位"、监督执纪"全天候"、监督对象"全覆盖"；贯通运用党性教育、纪律教育、法制教育、道德教育等方式，抓早抓小，切实做到对党员干部和行使公权力的公职人员的严管与厚爱。②

3. 增强威慑效力，严肃党内问责

各地纪检监察机关认真把握落实"四种形态"，发挥专项整治、信访查办、问责追究作用，切实提高执纪监督效力，加大整治力度。

党的十八大以来，全国各地问责存在"全面从严治党不力，主体责任、监督责任落实不到位，管党治党失之于宽松软……"问题的相关人员，体现了党中央推动全面从严治党向纵深发展的决心。

问责更聚焦"关键少数"，体现了终身问责的特性，问责结果也充分体现了问责的严惩效果。比如，2014 年，湖南省政协原副主席童名谦在担任衡阳市委书记期间，身为市换届工作领导小组组长、严肃换届纪律第一责任人，不正确履行职责，最终受到开除党籍、开除公职处分，移送司法机关并获刑 5 年。2011 年，四川省南充市委五届一次全会前拉票贿选案涉及的477 人均受到严肃处理，其中失职渎职的有 4 人，时任南充市委书记刘宏建受到开除党籍处分，因犯玩忽职守罪，被判处有期徒刑 3 年。辽宁省系统性拉票贿选案件，共查处 955 人，时任辽宁省委书记王珉，对选举中发生的拉

---

① 《精准有效用好问责利器③ 各尽其责，不越位更不缺位》，2019 年 4 月 25 日，中央纪委国家监委网站，http://www.ccdi.gov.cn/yaowen/201904/t20190425_192856.html，最后访问时间：2020 年 3 月 15 日。

② 《平坝：精准运用"四种形态"把抓早抓常功夫下在平时》，2019 年 11 月 1 日，人民网，http://gz.people.com.cn/n2/2019/1101/c369574-33496573.html，最后访问时间：2020 年3 月 15 日。

票贿选问题负有主要领导责任和直接责任。①

近年来，问责力度不断加大，问责严肃性凸显，随着监察体制的改革，问责范围更加全面，最终导致问责数量大大增加，一定程度上起到了强震慑的作用。2014～2017 年，全国的单位党委（党组）、党总支、党支部共计7020 个，430 个纪委（纪检组）和 6.5 万余名党员领导干部被问责。② 2018年，全国有单位党委（党组）、党总支、党支部共计 1.3 万个，237 个纪委（纪检组），6.1 万名党员领导干部被问责。③

## （二）问责效率提高，推动"两个责任"落地落实

十九届中央纪委二次全会工作报告指出，要牢牢抓住党委（党组）主体责任、党委（党组）书记第一责任人这个"牛鼻子"，用好问责这个利器，失责必问、问责必严，以强有力的问责唤醒责任意识。各地纪检监察机关坚持失责必问、问责必严，把问责作为推进全面从严治党的有力抓手，对履行全面从严治党"两个责任"不力的予以责任追究，以强有力的问责倒逼"两个责任"落到实处。④

1. 抓住"关键少数"，推动责任落实

党的十八大以来，全国各地把加强对"关键少数"的监督作为管党治党制度建设的一项重点，紧盯领导干部，坚持"重要干部重点管理"原则，以上率下不断规范问责工作。

从 2018 年各地正风反腐成绩单来看，2018 年问责力度加大。湖北省不

---

① 《用好问责利器》，2018 年 12 月 5 日，当代先锋网，http：//www.ddcpc.cn/shizheng/ffcl/ 201811/t20181128_ 309228. shtml，最后访问时间：2020 年 3 月 15 日。

② 《十八届中央纪律检查委员会向中国共产党第十九次全国代表大会的工作报告》，2017 年 10 月 29 日，新华网，http：//www.xinhuanet.com//2017 – 10/29/c_ 1121873020.htm，最后访问时间：2020 年 3 月 15 日。

③ 《2018 年 6.1 万名党员领导干部被问责》，2019 年 2 月 20 日，新京报网，https：// baijiahao.baidu.com/s? id = 1626000315497335111&wfr = spider&for = pc，最后访问时间：2020 年 3 月 15 日。

④ 《用好问责利器 压实"两个责任"》，2018 年 8 月 22 日，《中国纪检监察报》，http：// www.jjjcb.cn/content/2018 –08/22/content_ 66777. htm，最后访问时间：2020 年 3 月 15 日。

断加大力度推动各级党组织落实全面从严治党政治责任，共查处管党治党失职失责问题 1620 个，问责党组织 59 个，问责党员领导干部 2014 人，各项数据同比上年均有所增长；山东省济南市对全面从严治党不力、党的建设缺失、党的领导弱化等问题严格追究责任，共问责党组织 634 个、问责党员领导干部 395 人；江西省南昌市始终坚持从严管党治党、严肃党内问责，共问责党组织 165 个，问责领导干部 990 人，查处党内问责案件 1039 起。"一把手"占全国各地被问责领导干部的大多数，表现出要向"一把手"聚焦，推动主体责任落实。2018 年，福建省被问责的领导干部共计 1781 名，其中"一把手"765 名，占比达到四成以上。①

为使问责情形进一步明确，应深入贯彻落实"两个责任"。各地立足本地实际，进一步规范问责程序，细化问责事项，制定地方制度，压实"两个责任"的落实，为问责工作提供保障。海南省纪委监委对 24 种具体问责情形进行了明确，细化了问责启动、决定、申诉、执行等程序。云南省建立健全《关于落实党风廉政建设主体责任的规定》《关于落实党风廉政建设监督责任的规定》等制度，细化了党委落实主体责任内容和要求的 28 项责任清单，列出了纪委监委履行监督责任不到位的 12 项"负面清单"，使责任落实更具有针对性。②

2. 突出重点领域，确保政令畅通

各地把"两个维护"作为根本政治任务，严明政治纪律和政治规矩，纠正中央八项规定精神不落实的问题，紧盯民生、生态环境领域不作为、涉黑涉恶腐败和充当"保护伞"等突出问题，加大问责力度，推动党员干部担当尽责，确保政令畅通。

各地以"咬定青山不放松"的态势紧盯重点领域和重大事项，坚持深

---

① 《压紧压实全面从严治党政治责任》，2019 年 2 月 18 日，湖北省纪委监委官方网站，http://www.hbjwjc.gov.cn/lzyw/112628.htm，最后访问时间：2020 年 3 月 15 日。
② 《落实中央纪委二次全会部署·年中看进展 用好问责利器 压实"两个责任"》，2018 年 8 月 22 日，中央纪委国家监委网站，http://www.ccdi.gov.cn/yaowen/201808/t20180822_178228.html，最后访问时间：2020 年 3 月 15 日。

入调查、综合分析、专项治理。广西壮族自治区不断挖掘问责深度，从问题末端倒查责任，紧盯扶贫领域腐败和作风问题。自治区成立工作专班，对33个国定贫困县、21个区定贫困县进行单列管理，定期开展督查指导，以多轮次、滚动式的方式重点督办扶贫领域腐败问题线索。江苏省紧盯生态环保领域，对环境污染问题突出且地方党委政府履职不力的县市区，深入分析原因，对履行主体责任不力的进行严肃问责。①

为解决第一责任人职责和班子成员"一岗双责"落实不到位等问题，浙江省严格落实"一案双查"制度，对"四风"问题突出、发生顶风违纪问题、出现区域性、系统性腐败案件，以及发现问题不报告的地方、部门和单位，既追究党委（党组）主体责任，也追究纪委监委（纪检监察组）的监督责任。

### （三）问责精准提升，压实干部责任担当

失责必问，问责必严，是全面从严治党的重要保证。压实责任担当，必须要用好问责这个利器。近年来，全国各地对主体责任落实不力的严肃问责。通过问责常态化，提升各级党组织和党员领导干部的责任意识、激发担当精神。

1. 用好问责利器，推动担当作为

问责并不是最终目的，最重要的是通过问责警醒广大领导干部，落实党委（党组）及其自身主体责任。各地强力问责全面从严治党不力、充当"老好人"的行为，倒逼党组织切实担负起政治责任，着力解决宽、松、软问题。通过责任制专项检查、纪律监督、常态督查、巡视巡察等，全方位扫描共性问题和个性问题，结合实际、精准施治，加大问责力度，定期通报曝光，唤醒责任意识，推动担当作为，防止"一问了之"。

全国各地的问责也更加突出"双向发力"，寄厚爱于严管，既要保持监督的力度，还要做到激励和约束并重，杜绝执行纪律片面化、机械化、简单化。做好与"三个区分开来"的深度对接，加大对诬告陷害党员干部的行

---

① 《落实中央纪委二次全会部署·年中看进展 用好问责利器 压实"两个责任"》，2018年8月22日，中央纪委国家监委网站，http：//www.ccdi.gov.cn/yaowen/201808/t20180822_178228.html，最后访问时间：2020年3月15日。

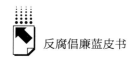

为查处力度，为敢于担当的干部担当，为敢于负责的干部负责，保护干部干事创业积极性。2018年6月，中央纪委发布7起因落实管党治党主体责任和监督责任不力被问责的典型案例，释放出"有权必有责、有责要担当、失责必追究"的强烈信号。各地不断加大对落实"两个责任"不力的问责力度。福建省把重点检查、交叉检查和委托检查进行有效结合，集中检查全面从严治党主体责任落实情况，对存在的问题严肃问责。① 福建省省三明市制定"两个责任"责任清单、主体责任考核办法、责任追究实施办法、扶贫领域监督责任清单等多项制度，让责任追究具体化、程序化，更具操作性。

对于"错误问责"的情况，必须发现一起，改正一起。2018年，江苏省沭阳县胡集镇副镇长张扬分管扶贫创业园项目，因等不及审批，提前改建不符合鲜花种植条件的钢架大棚被问责；该县纪委监委根据调查了解到张扬的行为是从实际出发，保证了农户的25万株花苗能够得到及时栽种，避免了农户的损失，客观原因造成了项目未批先改建，且项目最终根据相应程序进行了审批并通过验收。最终，县纪委监委决定对张扬免予问责。②

2. 坚持抓早抓小，为担当干部撑腰

2019年中办印发《关于解决形式主义突出问题为基层减负的通知》，提出完善问责制度和激励关怀机制并重，明确指出"坚持严管和厚爱结合，实事求是、依规依纪依法严肃问责、规范问责、精准问责、慎重问责，真正起到问责一个、警醒一片的效果"。

通过行动关心爱护"问题干部"，通过思想教育挽救"问题干部"。广东省纪委监委开展问责工作时，有效契合了从严管理监督与关心爱护，既努力做到责任分明、有理有据、边界清晰，又切实做到对知错改错干部的回访教育，给"问题干部"重返"森林"创造条件，让被问责的干部放下思想

---

① 《落实中央纪委二次全会部署·年中看进展 用好问责利器 压实"两个责任"》，2018年8月22日，中央纪委国家监委网站，http://www.ccdi.gov.cn/yaowen/201808/t20180822_178228.html，最后访问时间：2020年3月15日。

② 《为担当者担当 江苏沭阳一副镇长被免于问责》，2019年4月22日，人民网，http://js.people.com.cn/n2/2019/0422/c360300-32868342.html，最后访问时间：2020年3月15日。

包袱，变"有错"为"有为"。该省惠州市东江高新科技产业园管委会对因工作失职失责受到党内警告处分干部陈某某及时进行回访教育，使其重拾信心，此后工作更加细致认真，受到组织的认可和群众的点赞，处分期满后被提拔为东江高新科技产业园管委会某办负责人。①

建立容错纠错机制为干部担当撑腰。2019 年 11 月，吉林省制定《关于建立容错纠错机制激励干部担当作为的办法》，建章立制推进干部担当作为，为干部干事创业提供了保障；制定《关于加强受处理处分干部教育关怀和管理使用的办法》，进一步完善了教育关怀制度、健全了任职管理措施等，切实免除了广大干部创新创业的后顾之忧。吉林省对容错免责的干部坚决做到"不留痕"，在各类考核、评先评优、选拔任用、晋升等方面不受影响，同时对容错从轻减轻处理的干部，在影响期满后同样适用。②

## 三 党内问责存在的困难与挑战

自中国共产党成立以来，党内问责制在不断发展，但要想切实做好党内问责，把问责利器运用好，还存在一些困难与挑战，需要做大量的工作。一些地方问责泛化和简单化，具体表现为问责不够严肃、不够规范、不够精准、不够慎重，以问责数量论成绩、只问责不问效、把问责当工具等问责泛化和简单化的问题，这些都是亟须纠正和解决的。

1. 问责实施不严谨

当前我国行政问责中存在的问题主要是权责不清，党政之间、行政机关之间存在职责交叉的现象，直接导致问题发生后责任难定，大大影响了问责效果。当问题出现时，是追究决策领导还是执行领导的责任？是追究主管领

---

① 《精准有效用好问责利器①问责，须臾不能忘了初衷》，2019 年 4 月 22 日，顺德清风网，http://jwjcj.shunde.gov.cn/data/main.php? id = 197909 - 7210133，最后访问时间：2020 年 3 月 15 日。

② 《吉林：建立容错纠错机制为干部担当"撑腰"》，2019 年 11 月 11 日，新华网，http://www.xinhuanet.com/2019 - 11/11/c_ 1125218468.htm，最后访问时间：2020 年 3 月 15 日。

导还是分管领导的责任？这些问题都具有不确定性。而在问责实践中，问责一般都是追究"一把手"的责任，这有其合理性，但也有其不合理之处，如果只是一味地对"一把手"进行问责，会影响官员工作的积极性。一些地方是先问责再调查，不注重问责的严谨性。一些问题未进行充分调查、未核实清楚便直接做出问责决定，即"先问后查""先问后审"；有的先拿出处理意见，再移交纪检监察部门处理，导致纪检监察部门被动问责；有的先做出问责决定和公开通报，然后再启动相关程序；有的以纪律处分方式问责，没有依据纪律处分程序来执行；还有些地方在发生问题事故后考虑到舆论影响，在纪检监察机关、组织人事部门未办结问责处理手续的情况下，就先行公开通报。

实际工作中，正职与副职之间、上级与下级之间权责难以厘清，职能交叉重叠、有权无责、有责无权现象在基层尤为突出，其中最明显的是属地管理的滥用。诸如信访、国土资源、环保、安全生产、道路交通等工作，基层乡镇政府有协调处理的责任但不具有相应的工作职能，也就是没有执法执权的权限，但由于属地管理，一些基层干部只能"躺着也中枪"。比如，西部某省一名环保局干部因9份信访件被当地纪委先后问责9次，其中包括通报问责6次、诫勉问责1次、组织处理1次、党内警告1次。这9份信访件反映该干部的问题分别是日常监督、管理和处罚力度不够等，而当地纪委对其问责事由都是履职和监管不到位。针对同一类问题，当地纪委处理方式简单化、机械化，采取一个问题一个处理的方式，甚至在同一天内问责2次，做法不合理，因此被上级纪委要求整改。① 此外，一些领导干部缺乏担当和责任感，层层签订责任书，把自身责任甩给基层，把落实工作不力的板子打到基层干部身上。②

2. 问责效果不明显

一些地方为问责而问责，以问责成绩作为政绩论据排名。"为了这口

---

① 《精准有效用好问责利器①问责，须臾不能忘了初衷》，2019年4月22日，顺德清风网，http://jwjcj.shunde.gov.cn/data/main.php？id=197909-7210133，最后访问时间：2020年3月15日。

② 《一根钉怎能承受泛化问责千把锤》，2019年3月27日，腾讯网，https://new.qq.com/omn/20190327/20190327A0HCPP.html，最后访问时间：2020年3月15日。

醋，才包了这顿饺子"的现象在基层并不鲜见，比如在一起群体性事件处理过程中，某县领导为体现问责决心，不讲实际地扩大问责范围，把本无直接关系的部门也列入问责名单。① 某些部门和领导干部，把"问责数量"视作管党治党的成效，为了让问责"有威慑力"，随意扩大问责范围，靠"走量"来彰显"积极作为"，没把重点放在问责的质量和效果上。②

说问责就问责，把问责当作推动一切工作的"工具"。对工作中、管理上的问题，没有具体问题具体分析，不分青红皂白都拿问责来处理，问责成为个别领导能力不足和领导方式欠缺的遮羞布。工作推进中把问责的分量摆得畸重，而对工作的实际情况——下级是否具备完成任务的条件、对任务规定的完成时限是否科学、自身指导责任是否到位等考虑不够。比如，在严禁秸秆焚烧的工作中，有的领导干部要求下级干部做到每个角落24小时盯住，确保时时刻刻万无一失，否则就被问责。③

只问责不问效，一有错就问责一问责就动纪。有些领导机关对于基层干部的失误，不问动机、后果、影响、性质，都要求从严从重惩处追责，比如福建省两名教师因在占道经营的摊点买菜被通报、武汉4名政务中心的工作人员因上班时间与同事用武汉话交流被罚款、山西某学校教师放假后到酒店AA制聚餐被通报批评。④ 有的单位存在"一问了之"的情况，只强调问责过程，问责过后没有回访，对被问责的干部的思想动态和问责效果没有进行跟踪。如此问责只片面追求问责的形式，并没有达到问责的效果。

3. 问责尺度不精准

十九届中央纪委三次全会工作报告明确提出："实施精准问责，防止问

---

① 《秒懂！那些"离谱"问责暴露出啥问题》，2019年9月23日，看点快报，http://kuaibao.qq.com/s/20190923A0OP5Z00？refer＝spider，最后访问时间：2020年3月15日。
② 《中纪委震撼发声：乱问责、错问责、问错责，叫停！》，2019年8月1日，搜狐网，http://www.sohu.com/a/330877511_120206522，最后访问时间：2020年3月15日。
③ 《中纪委震撼发声：乱问责、错问责、问错责，叫停！》，2019年8月1日，搜狐网，http://www.sohu.com/a/330877511_120206522，最后访问时间：2020年3月15日。
④ 《中纪委震撼发声：乱问责、错问责、问错责，叫停！》，2019年8月1日，搜狐网，http://www.sohu.com/a/330877511_120206522，最后访问时间：2020年3月15日。

责不力或者问责泛化、简单化。"《中国共产党问责条例》第三条规定，"党的问责工作应当坚持的原则是：依规依纪、实事求是，失责必问、问责必严，惩前毖后、治病救人，分级负责、层层落实责任"。这四条原则就是问责工作的"游标尺"。问责必须做到有理有据、依法依规进行、深入调查、弄清真相。但是，当前的一些问责内容和结果存在不确定性，受随机性因素影响，尤其是领导重视、领导批示、上级检查、媒体（网络）曝光等，这其中任何一个或几个因素的出现都会导致加大责任追究力度，出现"问责过度"。问责存在"重下轻上"怪象，往往只是运用"第一种形态"对有权有势的领导进行处理。如，四川省成都市蒲江县农业资源开发局相关工作人员骗取国家补助资金、收受贿赂案件，其中涉及 13 名党员干部的违纪问题，其中受到刑事处罚 3 人，但时任分管领导仅仅受到诫勉谈话处理。一些地方为机械化执行《中国共产党问责条例》，一些违纪问题可以适用于"第一种形态"处理的却要使用第二、第三甚至且第四形态进行处理，一些可以免予处分的也要上纲上线通过问责处分予以追究，比如未及时接听巡查组电话就被问责处分，扶贫手册写错两个标点符号就登上"黑榜"被全县通报。①

4. 问责主体不统一

《中国共产党问责条例》第八条规定，"问责决定应当由党中央或者有管理权限的党组织作出。其中对党的领导干部，纪委（纪检组）、党的工作部门有权采取通报、诫勉方式进行问责；提出组织调整或者组织处理的建议；采取纪律处分方式问责，按照党章和有关党内法规规定的权限和程序执行"。

条例清楚说明了不仅党委（党组）和纪委（纪检组）是问责主体，党的其他工作机关也是党内问责的主体。但是，有的地方和部门"两个责任"落实不到位，开展问责的主动性和积极性不够，存在"老好人"思想，缺乏责任担当，不敢较真碰硬，对群众来信来访调查处理不及时不主动，很多问题都是等接受到上级领导批示、巡视巡察整改要求、相关部门督办、社会舆论压力等时再进

---

① 《李蓬国：错俩标点被通报，乱问责就是乱弹琴》，2018 年 12 月 2 日，搜狐网，https：//www.sohu.com/a/279166653_501987，最后访问时间：2020 年 3 月 15 日。

行被迫问责，比如河北省石家庄市鹿泉区"削山造地"和保定市徐水区"20天征地万亩"、满城区"削山造地建别墅群"、涞水县"一个项目独享2000亩生态大湖"4个问题被媒体曝光后，有关党委、政府及领导干部纷纷被问责。①

有的地方存在问责主体单一、纪检监察机关"一手包办"的现象。有的党组织和党员领导干部学习不深入、不透彻，自以为是地认为问责仅仅是纪委（纪检组）的事情，这种错误认知在基层普遍存在。有的地方在污染防治、脱贫攻坚、城市打造等工作中出现推动不力等问题，这些都要求纪检监察机关实施问责，而不是由相应的党委（党组）来实施。比如，2018年四川省自贡市大安区问责处理（书面检查及以上）共计152件次，其中纪检监察机关问责就达118件次，占问责总数的近八成。②

5. 问责力度不到位

有的地方和部门虽然在各方面压力下对问题党组织及领导干部进行了被动问责，但却没有处理意见，只是轻描淡写、不痛不痒地提了几条处理意见。一些地方和部门出现问题后，往往是避重就轻，存在问下不问上、问小不问大，"弱势"部门问得多、"强势"部门追得少，直接责任问得多、领导责任追得少，政府部门问得多、党群部门追得少，副职问得多、正职追得少，等等。比如2008年9月，四川省巴中市政府办公室的3名工作人员由于工作不细致，印发的中秋节放假通知中"中秋节"写成了"端午节"，最终这3名工作人员均被免职，而领导干部则以"交学费"一语带过。③

## 四　完善党内问责的对策建议

强化"两个责任"落实。各级党委（党组）、纪委（纪检组）必须进

---

① 《"20天征地万亩""满城区削山造地"……河北省通报多起违规建设项目问题》，2019年5月14日，搜狐网，http://m.sohu.com/a/313815568_120043298，最后访问时间：2020年3月15日。
② 《精准有效用好问责利器③各尽其责，不越位更不缺位》，2019年4月25日，中央纪委国家监委网站，http://www.ccdi.gov.cn/yaowen/201904/t20190425_192856.html，最后访问时间：2020年3月15日。
③ 《九月刮起问责风暴》，2008年9月24日，《东南商报》，http://daily.cnnb.com.cn/dnsb/html/2008-09/24/content_25187.htm，最后访问时间：2020年3月15日。

一步强化责任意识，紧紧咬住"责任"二字，抓住"问责"这个要害，落实问责中的"两个责任"。落实好主体责任，要充分调动和发挥广大人民群众监督作用，进一步加大问责的公开力度，向社会全部公开非涉密的问责决定书，接受群众监督。组织、政法等工作部门问责运用较少，要适当增加并进一步完善细化各级党委及其工作部门问责权限和手段，建立纪委与其他工作部门问责之间的工作衔接机制。进一步调整党内考核机制，将全面从严治党作为重要考核内容，提高党员群众评议在考核中的权重。要加强纪检监察机关队伍建设，把切实提升政治修养和道德水平作为重要内容，做到"政治过硬"；要增强自我监督约束能力，争做讲政治守纪律讲规矩的表率，做好监督执纪问责的"排头兵"，自觉维护纪检监察干部的良好形象。加大对主体责任、监督责任落实不到位和干部不作为的问责力度，倒逼领导班子及其成员恪尽职守、担当作为。明确细化领导班子成员被问责后，在晋升、评优评先、年终考核等方面受限情况，强化对领导集体的问责处理。

改善问责方法。问责过程中，成立由人大、党委设立临时性多方参与的问责委员会，邀请律师、专业人员等多方面的人员组成听证会，对事件经过、责任、原因等进行全方位调查，要求上级机关代表、地方主要领导、分管领导、相关工作部门领导等发表意见，听取多方意见后，提出问责处理意见、问题整改建议。听证会调查的过程，也是寻求多方利益平衡、各方达成共识的过程，同时也是对广大党员干部进行教育的过程，这种公开的程序有利于政策的宣传解释和贯彻落实到位，让问责受处分的干部心服，同时让群众信服。为了保证全国问责标准运用的统一性，防止出现问责"任性"，应建立并公开问责案例库，用具体直接的案例来指导全国问责，规范问责实践中的运用标准，同时接受群众对问责工作的监督。

实施精准化问责。党的十八大以来，我们党强化问责，充分释放了"有权必有责、有责要担当、失责必追究"的强烈信号。问责的目的是促使广大干部履职尽责、心怀敬畏、兢兢业业干好工作。在失责必问、问责必严成为常态的情况下，依规依纪问责、精准问责，显得尤为重要。问责标准是衡量违纪行为适用何种处分的尺度，一旦这把尺子有了弹性，在群体心理的影响下，管理秩序很容易被打乱，因此要进一步完善问责的"负面清单"、设计问责程序、明确问责结果运用以及问责责任，确保问责的精准性和有效性，让问责工作更加规范化。要明确问责的责任主体，各级党委（党组）应该是使用第一种形态的责任主体，各级组织部门应有权对所管辖的党组织中存在的党的组织建设不力问题进行问责处理，要赋予政法、统战、宣传、人大、武装等各部门在职责范围内问责的权限，通过协同配合、形成合力，将问责利器威力充分发挥出来。问责实施一段时间之后，问责主体要组织对问责实施情况进行跟踪，分析总结问责的经验和效果，同时发现问责带来的问题，提出解决措施，防止一问了之。要注重问责结果的运用，建立健全党内问责通报曝光常态化制度，对典型问题一律点名道姓通报曝光，做到应通报尽通报，用身边事警醒身边人，确保起到查处一个、警醒一片、教育一方的效果。将党内问责和整改情况纳入"党员领导干部廉政档案系统"，与干部绩效考核、评先评优、提拔任用挂钩。

问责与激励并重。按照纪律处分条例的规定，受到党纪处分的党员干部要提拔都有一定的影响期，如果问责受到党内严重警告以上处分，对干部提拔的影响期比较长。因此，问责对干部的提拔晋升影响非常大，这也是一些地方问责避重就轻的一个原因。要认真落实"三个区分开来"，严格落实容错纠错等相关制度规定，大胆容错纠错，符合有关条件的，该使用的要使用。对影响期满的干部，作出问责决定的单位要向问责对象所在单位及组织人事部门提醒影响期满，可以按照规定考察使用，让问责对象感受到组织的关心。

严格制度执行。当前很多问责异化现象与一些部门和地方擅自出台与上位法规相冲突的制度有关。规范惩处性党内法规的立规权，党纪和政务处分只能按照中央和中央纪委规定，地方党政机关不得拥有党纪和政务处分的制定权。严禁地方自行作出"只要纪委给了党纪处分，当年考核结果就不能算称职"等违反上行法规的侵犯党员干部合法权益的自我加码的"内部规定"。提高问责精准度，修改《中国共产党问责条例》，细化应当问责的情形，将扶贫、环保、土地监督、信访、安全生产等需要问责的重点工作纳入

其中。考虑不同时期党和国家重点工作发生的变化，可以每年用清单的方式，将问责情形具体化和标准化。没有纳入清单的情形，不得问责。同时增加不问责的情形，避免问责泛化和滥用。明确问责决定主体，细化条例中的"有管理权限的党组织"的范围。完善问责程序，凡是要给予党纪和政务处分的，必须按照规定履行立案、审查调查、审理等程序。处理好问责提议或提出部门与问责调查和决定作出机关之间的关系，问责调查机关不得因为上级部门交办的问责清单而违反规定程序，要严格按照党纪法规履职尽责。要敢于较真碰硬，紧盯失职失责典型问题，严肃问责，形成有力震慑。要以敢问责、严问责、常问责的实际行动，为经济社会发展提供坚强有力的纪律保障。

做好问责"后半篇"文章。问责本身不是目的，在加大问责力度的同时，要注意保护干部干事创业的积极性，不能问责之后就一了百了、不管不顾。坚持贯彻落实"惩前毖后、治病救人"的方针，做好问责处理后的"后半篇"文章，对被问责受到党纪政务处分的人员要进行跟踪了解，必要时与其谈心谈话，帮助其端正思想，提高认识，打消思想顾虑，让其感受到组织的温暖和关怀，放下思想包袱。建立上级领导干部与问责干部谈心谈话和包联帮扶制度。处分执行后一定时期内，作出问责决定的机关应当对被问责党组织进行"回头看"，通过侧面了解或直接与本人谈心了解，及时掌握他们的工作、生活、心理等情况，帮助他们及时放下包袱、尽早改正错误。

# B.8
# 小区物业信访投诉特点与解决对策

—— 以福建省龙岩市为例

龙岩市纪委驻市住建局纪检组课题组*

**摘　要：** 城市社区群众对居住环境的美好生活向往越来越强烈，小区群众对物业服务管理方面的诉求就是这种美好生活向往的一种集中体现。本文坚持以人民为中心的发展思想，从纪检监察等各类信访渠道中敏锐捕捉群众的呼声与期盼，立足信访诉求、深入调查研究、认真解剖麻雀，分析物业服务管理方面存在的问题和成因，从"建"与"管"两个维度提出治理完善的对策建议。

**关键词：** 福建龙岩　中心城区　物业管理　信访投诉

近年来，随着龙岩中心城市房地产市场发展，大量新建住宅小区投入使用，有关物业信访投诉也不断增加，一些当事人亦向纪委监委来信来访。虽然这些信访件绝大部分并不属于纪委业务的受理范围而被转办处理，却反映了市民群众对纪检监察机关的信任和期望。深入分析信访形势，及时反映损害群众最关心、最直接、最现实利益的问题，这是新时代提高纪检监察工作质量、坚定人民至上这一政治立场的题中应有之义。本文从派驻监督的角度，综合分析包括纪检监察机关在内的各类信访渠道所体现的信访诉求，立

---

\* 课题组组长：郑洪。课题组成员：王焕安、伍功武、邓瑞隆、陈鹏、吕木欣、林小龙、陈晓钢。执笔人：伍功武。

足龙岩市物业实际、推动相关单位履职，以问题为导向对福建省龙岩市中心城区物业服务管理工作进行粗浅探讨。

# 一 龙岩中心城区物业管理状况

## （一）区域基本情况

龙岩，地处闽粤赣三省交界、福建省西部，又称闽西；1997年5月撤地设市，全市辖7个县（市、区），市政府所在地为新罗区；全市总人口318.7万人，中心城区人口55.1万人，全市城镇化率57%，其中新罗区城镇化率71.4%；2018年全市城镇居民人均可支配收入35759元；乡土风俗以客家文化和河洛文化为主。闽西龙岩是著名革命老区，是原中央苏区的重要组成部分，有"二十年红旗不倒"的光荣历史，著名的"古田会议"就在龙岩上杭古田召开，闽西红色文化为中国革命的胜利和社会主义建设提供了强大的精神动力和宝贵的精神财富。

截至2019年9月底，龙岩中心城区有住宅小区740个（不含城中村），总面积2300余万平方米，其中面积超过17万平方米的小区40个。已有410个小区成立业主委员会，占应成立业主委员会小区总数的55%；共有307个小区13.8万户缴存住宅专项维修资金6.8亿元。中心城区现有物业企业120家，从业人员1.5万人，年产值约6亿多元；物业服务总面积3200万平方米（包括住宅、商业、办公、厂房等），其中住宅小区243个，面积1900万平方米。

## （二）物业监管体制

龙岩市中心城区物业管理自20世纪90年代起步以来，广大市民对物业管理的认识不断提高，物业管理领域逐步扩大，物业管理在城市建设发展中正发挥着越来越重要的作用。2012年4月，为使物业监管更接地气，市住建局将物业项目和业主委员会备案、住宅专项维修资金管理等中心城市物业管理职能下放至新罗区住建局。2019 年 4 月，根据龙岩市地方机构改革工作安排，中心城区物业管理职能从新罗区住建局划转给新罗区城市管理局。

目前，行业监管的主要法律法规依据是，国务院 2003 年 6 月公布、2016 年 2 月修订的《物业管理条例》，以及福建省人大常委会 2006 年 9 月通过、2018 年 9 月修订的《福建省物业管理条例》。

### （三）行业管理成效

一是物业管理覆盖面越来越广。业主自治管理水平逐年提高，成立业主委员会的小区从 2013 年的 80 个（占总量的 12%），增长到 2019 年的 410 个（占总量的 55%），规模较大的小区实行的"执行委员 + 议事委员"业主委员会模式日益成熟；体现在物业服务专业化水平不断提升，实行专业化物业管理的住宅小区从 2013 年的 170 个（约 1000 万平方米），增加到 2019 年 9 月的 243 个（约 1900 万平方米）。

二是行业制度规范逐步完善。近年来，市区街镇不断强化对小区物业服务的监督管理，坚持问题导向、结合龙岩实际，出台了一系列物业管理制度规定，有效规范了中心城区物业服务管理。主要有《关于印发推进老旧住宅小区物业规范化管理实施方案的通知》、《龙岩中心城区住宅小区公共停车位管理暂行办法》、《龙岩市新罗区人民政府批转新罗区住宅物业管理服务监管考评实施意见的通知》、《关于龙岩市普通住宅前期物业服务等级标准和等级收费基准价格的通知》、《中心城市新建住宅物业承接查验现场抽查工作流程》、《关于印发〈中心城市新建住宅物业承接查验现场抽查工作流程〉现场查验补充标准的通知》以及《新罗区住房和城乡建设局关于做好住宅小区物业服务合同备案工作的通知》。

三是专项维修资金有效监管。本着"管好钱、安全为本增收益，办好事、精准服务解民忧"的精神，做好住宅专项维修资金归集和管理。截至 2018 年底共归集 6.2 亿元，80% 按 3 年定期存款，每年增加收益 1000 万元；同时在严格保障和落实业主知情权、参与权、决策权和监督权的基础上，每年批准约 250 笔住宅专项维修资金使用申请。

四是承接查验制度有效落实。开展 70 个小区承接查验，接收物业管理用房 80 余处，提出整改措施 1000 余条，促使开发建设单位投入 3000 余万元用于小区整改，有效控制和减少了工程质量遗留问题，维护了广大业主的合法权益。

### （四）住宅小区党建情况

近年来，为弘扬古田会议精神、传承红色革命基因，龙岩市委高度重视城市基层党建工作，大力实施"党员回家"工程，将"在职党员回社区报到"打造成"在职党员回小区报到"的升级版本，在小区中成立"兼合式"党组织，不断强化小区红色堡垒，发挥红色引领作用，收到较好成效。目前，建立小区兼合式党支部 544 个，覆盖 730 个小区，覆盖率达 98.6%；共有小区党员 1617 人，其中在职党员 1186 人。

## 二 从信访诉求中把握当前小区物业主要矛盾

综合分析龙岩市纪委信访室、12345（e 龙岩）等信访投诉渠道的诉求信息，住宅小区物业信访诉求主要呈现以下特点。

### （一）信访数量剧增

2018 年市、区住建局受理（含纪委转办）中心城区物业管理服务类信访诉求件 1776 件，比 2017 年的 482 件增长 2.7 倍，比 2016 年的 235 件增长 6.5 倍。

### （二）反映对象集中

群众投诉的对象主要集中在物业服务合同的各方履约主体，即物业服务企业和工作人员、业主、业主委员会等。投诉行政主管部门和镇街、社区的数量比重较小。从近年龙岩市纪委收到的物业管理信访件来看，有一部分反映社区党组织书记没有听取业主诉求、维护业主权益，社区居委会怂恿业主

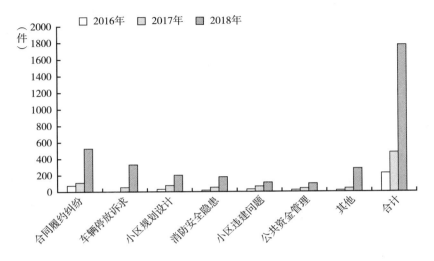

**图1　龙岩中心城区小区物业 2016～2018 年信访件数据**

闹事，相关部门对开发商挪用资金监管不到位等与履职相关的信访诉求，但绝大部分仍为民事主体之间的纠纷行为。

### （三）诉求内容繁杂

信访诉求事无巨细，牵涉众多。但归纳起来，主要集中在以下6个方面，占2018年全年物业信访量的83%（见图2）。

一是合同履约纠纷（528件）。包括对物业环卫保洁、保安与秩序维护、设施设备维管修保、物业服务收费等方面的履约纠纷。比如，莲东小区 BC 组团，物业公司收完物业费即卷款出逃，导致小区停水等一系列问题纠纷；威源物业管理小洋龙铁名苑期间，小区的接地 PE 线大规模被盗，且不落实整改；建发上郡、美伦东景园开发商在交房时强行利用小区公共部位粘贴地产广告且未给付广告费用，被业主多次投诉；中发荣寓等小区业主违反服务合同，拖欠物业费而影响物业服务运转等。总体来看，合同履约纠纷占了投诉量的30%。

二是车辆停放诉求（342件）。主要反映车多位少、公共车位不开放、不愿付费使用、占用他人专属车位、开发商车位只售不租、违规占道停放等问题。比如，商务板块共 6 家物业公司进行管理，属于开放式项目，目前有车位数量 2371 个，现登记车辆达 3737 辆，车位配比严重不足，有些车位因政府不同意收费停车，导致无人管理，出现乱停车现象。紫金莲园、禹州城上城、中骏蓝湾、金茂天马明珠没有规划摩托车位；厦鑫博世园开发商将地下公共车位上锁，不让业主使用；紫金莲园业主反映规划车位只售不租，并用地锁将未售车位上锁，造成大部分业主停车难。

三是小区规划设计（210 件）。主要是一些开发较早的小区规划建设相对滞后，造成一些物业管理纠纷。比如，中山街一期、二期小区，由于没有规划建设化粪池，居民排泄物直接排入污水管道，经常导致管道堵塞；南建小区等一些老旧小区业主反映加装电梯纠纷问题。

四是消防安全隐患（182 件）。主要反映消防设施缺失，添置不及时；消防水不保压、报警系统不能用，但又不愿使用住宅专项维修资金；车辆占用消防、逃生、救援通道和登高面，占区间道停车；杂物堵塞楼道、清理难等。

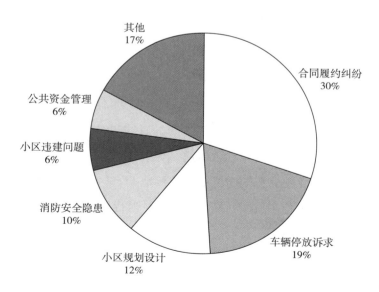

图 2　龙岩中心城区 2018 年小区物业信访件类型占比

五是小区违建问题（116 件）。主要是反映部分防盗网随意外凸，小区顶层违法加层建设或加装太阳能，违建垃圾池等。

六是公共资金管理（103 件）。主要是反映公共资金收支决策程序不对、不公开不透明、乱支出甚至成为极个别业委会成员的"私人钱包"等。比如，金茂天马明珠、金茂体育公园壹号物业公司前期未将公共收益、停车收费进行公示。

# 三　小区物业主要矛盾的产生原因

## （一）城市化进程加快与管理服务不匹配的结果

近年来，龙岩市委、市政府深入贯彻落实福建省委高质量发展、落实赶超重大决策部署，主动融入闽西南协同发展区和粤港澳大湾区建设发展，围绕"一市两区三组团"城市发展格局，加快促进产城融合，中心城市建设得到快速发展，城市建成区从 2013 年的 45 平方公里扩大到 2018 年的 61 平方公里，城市基础设施投入从 2013 年的 13.98 亿元增加到 2018 年的 33.74 亿元。通过全国文明城市、国家园林城市、国家森林城市、全国绿化模范城市、全国生态文明建设试点地区创建，城市面貌日新月异。城市快速发展推动小区物业发展，2013 年以来登记办证新增加住宅物业面积 770 万平方米，占了全部住宅物业面积的 1/3。但是，需要看到，中心城市快速发展和市民群众日益增长的美好生活需要，与物业服务滞后之间的矛盾也随之凸显出来。

## （二）物业服务企业经营管理服务水平落后

目前，中心城区物业服务总体层次较低，经营管理不够规范。一方面，尚存在一些自建自营模式。比如，不少住宅小区由原开发企业委托其子公司代管，或是开发企业违规擅自直接指定物业管理公司，导致缺乏市场竞争，物业企业没有活力，服务水平难令业主满意。另一方面，部分物业企业自身

服务水平较低。比如，祥乐、威源、欣茂等一大部分物业公司没有设立品质管理部门或配备专业专职的品质管理岗位，造成合同与服务不对应，或是服务缺失；非凡SOHO项目的前期物业亿辉物业公司没有也不知如何进行承接查验，没有制定公共车位管理办法等。同时，多数物业公司不重视职工培训培养，也不重视员工社会保障，比如，德祥、祥乐等规模较小的物业公司管理宝泰等老旧多层小区，因服务费较低，从业人员月均工资仅1500元，保安、保洁人员流动性大，服务质量差。

### （三）一些物业履约主体法治意识淡薄，消费理念欠缺

少数业主或物业公司操纵成立业主大会和业主委员会成员换届选举，导致业主委员会成为个别业委会成员或物业公司的谋私工具。比如，前几年城市花园物业公司操纵南中旭日业主委员会成立，存在业委会主任与物业公司利益交织问题，后被业主举报、受到查处。业主委员会越权决策问题普遍存在，侵害了业主知情权、参与权、决策权和监督权，比如，南中旭日小区由业主委员会和业主代表投票表决、违规选聘物业公司，恒宝花园前业主委员会主任私卖小区公共停车位后携款而逃。一些业主对物业服务是有偿服务、有偿消费的认识不到位，存在不付费要服务或少付费多要服务的不当思想，比如东岳花园、嘉华新园等小区业主欠费较多，而西湖御景、西城经适房、莲西小区等因业主欠费而致物业公司撤出。一些业主处理问题方式不当，甚至存在对保安、保洁人员的职业歧视，从而引发纠纷，比如，2018年南中旭日、鹭虹佳苑、东锦缘、谢洋保障房等小区发生业主殴打保安事件。

### （四）市区行业主管和街居属地履行监管职责还有差距

物业管理虽然推行业主自主管理与专业服务相结合的社会化、市场化管理体制，同时，相关部门和街居也不是群众信访投诉的主要对象，但是，剖析众多信访件的诉求事项，行业主管或其他有关部门、镇街和社区居委会若能积极主动介入、及时抓早抓小协调，亦能减少相当部分的信访量。从目前

物业监管的实践看，存在职责不清、推诿扯皮、执法不力、基层属地管理不够到位等问题。2018年9月新修订的《福建省物业管理条例》正视过去物业管理活动中存在的问题和制度设计缺陷，专章明确赋予了物业主管部门和其他相关部门、乡镇（街道）、村（居）委会相应的监管职责。因此，今后各有关单位履好职尽好责，从源头上加强监管、形成合力，这是提升物业服务管理质量、维护小区安定稳定的关键。

## 四 减少小区物业信访投诉的对策

习近平总书记在党的十九大报告中指出，"带领人民创造美好生活，是我们党始终不渝的奋斗目标""要加强社区治理体系建设，推动社会治理重心向基层下移，发挥社会组织作用，实现政府治理和社会调节、居民自治良性互动"。社区是城市的细胞，小区是社区的基本单元。从小区入手，小区治理好了，社区才能稳定，群众的获得感、幸福感、安全感才能更强。作为小区治理的重要载体——物业服务公司，面临的归根到底是如何处理好"建"与"管"的关系问题。

"建"是基础。这是提升物业服务水平的物质前提条件。包括规划设计要科学合理前瞻、基础设施要配套完善管用等。比如，龙岩市一些小区没有设计摩托车车位，近3年中心城区交房的23个小区中，有17个没有设计摩托车车位，这与非禁摩城市实际需要不符；一些隐蔽工程不按设计要求和工程施工规范建设，给后续维管修保造成了麻烦；一些老旧小区没有物业管理房，物业设施不齐全不配套，使物业服务管理面临瓶颈等。这些基础设施方面的短板或"欠账"问题，是引发群众投诉的一个方面，需要在今后城市建设发展中切实加以研究解决。比如，要充分抓住中央重视老旧小区改造的历史契机，研究和用好政策资金，扎扎实实解决好群众期盼的一些硬件"短板"问题。

"管"是关键。业主与物业服务企业之间如何遵守契约，各个部门如何加强监管，这也是关键问题。"病灶"虽主要不在相关单位，但"药方"还

得靠监管单位来开。尤其是解决群众信访诉求、化解群众纠纷矛盾，需要各有关单位的充分履职尽责。

## （一）理顺管理体制，健全物业治理体系

### 1. 抓住机构改革契机，充实物业机构人员设置

目前，龙岩中心城区各街（镇）将小区业委会管理职能列入公共服务事项清单，同时确定了小区物业管理的工作岗位，但均为兼职人员。要紧密结合地方党和国家机构改革，尤其是当前推进乡镇机构改革的有利时机，抓紧对乡镇街道物业管理职能机构进行调整完善，进一步健全中心城区小区物业服务管理治理体系，扎实推进小区物业治理能力现代化。一是完善市区物业管理事权划分。小区物业管理点多面广，直接关系广大人民群众的生产生活，按照审批制度改革的精神，应进一步推动小区物业管理事权下放下沉。二是配强物业管理机构。根据新修订的《福建省物业管理条例》的规定，乡镇（街道）应明确物业管理机构。因此，建议可按每 50 万平方米配置 1 名专职物业管理人员执行；同时，目前各社区未设立环境和物业管理委员会，要认真贯彻福建省委《关于加强和完善城乡社区治理的实施意见》的精神，抓紧设立相关机构，以增强社区物业管理职能。三是配足物业监管人员力量。目前市区两级物业行政主管部门负责小区物业管理的职能不够集中，编制和人员力量明显不足，不适应中心城区物业面积快速增长等监管需要，应统筹兼顾，适当增加物业管理人员编制，确保事有人干。

### 2. 建立联席会议机制，推动纠纷协调有序顺畅

物业服务管理牵动着千家万户，群众诉求不一而足。解决好诉求问题，维护小区社区稳定，这是一项综合系统工程，需要各个单位有机衔接。2006年公布的《福建省物业管理条例》没有明确物业管理相关部门的职责分工，导致遇事推诿扯皮现象。新条例以专门一章明确了相关部门、村（居）委会在社区治理方面的权责清单，专门对相关部门、村（居）民委员会在物业管理活动中具体职责做了明确规定。当务之急，是按照新条例第73条的规定，抓紧建立物业管理联席会议制度，堵上这个制度"缺口"。镇政府或

街道办事处要切实负起联席会议召集单位的责任，根据群众诉求情况，定期或不定期召开由区住建局、城管局、镇街公安派出所、居委会、业委会和物业服务企业等方面代表组成的联席会议，用好"组合拳"，针对物业诉求问题，共开药方、对症下药，共同协调解决。

3. 强化矛盾纠纷化解，发挥街居维稳基础作用

要充分利用新罗区"1（综治中心）+3（三级信息平台）+N（具体业务）"的"综治云服务"成功经验模式，把小区物业矛盾纠纷排查调处纳入"云服务"重点，切实把矛盾消化在萌芽、解决在一线。镇街和居委会要发挥基层维稳的基础性作用，建立物业投诉受理机制，对物业管理活动中的投诉，及时进行调查处理；基层人民调解委员会要成立物业纠纷调解工作室，聘请相关专业人员，专门调解物业服务纠纷。

## （二）把好关键节点，完善共治共享机制

### 1. 选好"人"——业委会委员

政治路线确定之后，干部就是决定的因素。这一论断同样适用于以业主自我管理为主的小区物业管理体系。由业主大会产生的业委会最终"为了谁"？作为业主"代言人"的业委会主任由什么样的人来担任？从近年来物业管理的实践看，选好一个业委会、选准一个业委会主任，很多问题和纠纷都能迎刃而解，使其在内部自我消化。一是扎牢人选"第一道关口"。镇政府或街道办事处要按照新修订的省条例规定，切实发挥人选把关的"第一道关口"作用。作为最初起始阶段的业主大会筹备组的召集人，镇街首先必须选好筹备组中的业主代表，从源头上把握人选主动权。同时，镇街还应会同村（居）委会组织产生首届业主委员会委员候选人名单，要真正把出于公心、敢于担当、热心公益的人员纳入业委会候选人名单。否则，一步失守，步步被动！二是建立业委会委员负面清单制度。市区住建主管部门要制定业委会委员负面清单，挤压业委会委员资格的模糊争议空间，把那些裹挟私心、不善履职、空挂名头、违章建设等不适宜担任业委会委员、业委会主任的人员，在制度层面把其刚性排除在外。三是探索执行委员职业化制度。

家和天下、水韵华都两个小区从2017年开始，按照业委会"议事＋执行"的组织结构，推行议事和执行分离原则，有效提高了业主委员会的议事和执行能力，较好地落实了小区物业管理服务责任。比如，水韵华都从2017年1月采取这一组织结构以来，逐步打破了因长期失管而形成的一盘散沙局面，厘清了治理思路，化解了大量积存的邻里矛盾。此外，还可借鉴家和天下、裕福国际、旺角一号等小区做法，经由业主大会表决通过，可以给予业委会委员适当的成本性支出补偿和误工性补贴，增强业委会委员履职意愿和保障。

2. 管好"钱"——公共资金

从群众信访投诉件看，小区经营性收益、水电公摊费用计算、住宅专项维修资金等小区公共资金的使用管理是一个焦点。管好用好小区业主的公共资金，关键要在管理规约、民主决策、公开透明三个方面下功夫。要完善细化管理规约，镇街和村居要加强指导，对业委会制定的管理规约中涉及的资金事项认真把关，业主大会表决前要监督业委会充分征求业主意见，确保资金使用管理从制度设计层面达到优化状态；要落实民主决策机制，管理规约必须经由业主大会决定，相关资金使用安排要按新修订条例的规定，由业主大会或业主委员会进行民主决策，坚决防止少数人独断拍板或不按规定事后报请的"绑架"方式；要落实每季度公布物业服务资金收支、每季度公布公共收益收支、定期公布专项维修资金收支、每月公示公共水电清单及分摊等公示机制，实现资金收支透明、阳光操作。

3. 守好"地"——共用部位

从信访诉求看，要重点抓好两个方面。一方面，要着力解决好停车位诉求问题。除了加快公共停车场建设、提供更多停车位外，还要落实好新罗区政府2018年出台的《龙岩中心城区住宅小区公共停车位管理暂行办法》（龙新政综〔2018〕346号）；要督促房地产开发商遵循新条例规定的车位可租可售原则，防止房地产开发商私占公共车位。另一方面，要加大违建查处力度。城市管理等部门要对小区顶层加层、加装等违建行为加大执法力度，确保小区公共部位姓"公"，而不是成为个别人的"自留地"。

### （三）树立法治思维，提升法治建设水平

1. 狠抓物业法规宣传，推动物业进入法治轨道

中国特色社会主义进入新时代，这是一个全面依法治国的新时代。历时3年修订的省物业条例运用了近年来福建省小区物业服务管理实践成果，进行了制度创新和完善，对小区物业管理服务更具实操性。今后一段时期，要运用各种群众喜闻乐见的形式载体，加大法律法规宣传教育力度。法律进社区小区，首先是合同法、物业管理条例要进社区小区。通过大张旗鼓、深入细致的法治宣传，着力推动契约主体各方依法依规履约。一方面，要推动业主自治主体责任的落实。履行好业主自治主体责任，这是解决小区物业问题的基础性环节。要切实增强业主和物业公司的契约精神和法律意识，明确自身的权利和义务，充分行使业主知情权、参与权、决策权和监督权。要让广大业主明白，业主自治不是"乱治"，自主不是"自由"做主，而是依法依规前提下的民主管理。比如，业主不缴纳物业费，就要引导相关方通过法院诉讼的方式依法妥善解决。另外，要推动物业企业行业自律的落实。市物业管理协会要发挥好行业自律组织的作用，适应新形势、新情况、新问题，定期公布物业服务收费的市场动态信息，制定物业服务规范和收费参考标准，加强物业服务从业人员培训，开展物业服务质量评价，提升物业服务企业管理水平和物业从业人员素质，不断满足市民群众对美好生活的向往。

2. 补足行政执法短板，彰显物业条例法治之力

国务院《物业管理条例》从2003年9月1日开始实施，福建省人大常委会通过的《福建省物业管理条例》从2007年1月1日开始实施。但是，从目前市区建设行政主管部门行政执法情况看，从2002年至今，行政处罚案件为零，行政法规和地方性法规的威慑力没有发挥。要对照自身职责，切实履行行政处罚职能，加大行政执法检查和行政处罚力度，让违法违规的业主、业委会成员、物业公司等相关主体付出违法违规的代价，增强法律法规的严肃性和权威性，进一步推动中心城区小区物业服务管理进入法治运行轨道。

3. 适时推动地方立法，从更高层面固化治理成效

随着新修订的《福建省物业管理条例》和福建省住建厅《关于贯彻〈福建省物业管理条例〉的实施意见》（闽建房函〔2019〕1 号）等相关法规、指导性文件的出台，物业管理各方主体行为将逐步得到有效规范。为推动龙岩市小区物业服务管理高质量发展，可结合龙岩地方特点和治理成效，同时学习深圳、厦门等城市的成功经验，适时制定出台《城市住宅物业管理办法》等地方性法规。

## （四）加强小区党建，发挥组织引领作用

党的建设是我们的"三大法宝"之一。要认真贯彻落实中央办公厅 2019 年印发的《关于加强和改进城市基层党的建设工作的意见》，进一步优化龙岩市创新居民小区党的组织体系构建方式，引领建设红色幸福小区的具体实践，善于从党建中找力量、寻对策、求答案。

1. 创新基层组织设置方式

习近平总书记说，"社会治理重心要向基层下移"。我们认为，"下移"是关键词。同时，中央城市基层党建工作意见指出，要"扩大新兴领域党建有效覆盖""依托物业服务企业、产权单位、骨干企业等建立楼宇党组织"，这是贯彻"下移"的具体举措。要推广和深化龙岩居民小区"兼合式"党组织做法，汇集小区居民党员，打破原有隶属各自支部的框架，单独或联合成立兼合式党支部，再按楼栋设立党小组；兼合式党支部与原有隶属支部互不冲突，党员组织关系仍在原隶属支部。通过这种方式，可以解决长期以来居民小区虽有党员但各有归属，以致松散化、碎片化，无法有效凝聚、形成活动合力的困扰，让党员居民尤其是在职党员居民八小时以外回到家中仍能找到组织，为小区党建打下坚实组织基础。

2. 红色业委会要推而广之

小区兼合式党支部要在街（镇）党（工）委和社区党组织的领导下，在小区业委会产生中发挥主导作用，推动小区业委会依法依规产生。要引导小区党员依法参选小区业委会委员，推动党支部委员与业委会成员交叉任

职，鼓励"兼合式"党支部书记与业委会主任"一肩挑"，同时还要将小区优秀常住党员推荐为楼栋长、业主代表等，切实组建一个能够贯彻落实党的路线方针政策、真正能为小区居民当家做主服务的"红色业委会"。

3. 灵活组织开展党员活动

小区党支部与红色业委会的有效融合在于灵活组织开展小区党员活动。要创新管理办法，明确党员在小区"兼合式"党组织参加"三会一课"等情况均可统筹计入党员应参加的总次数；要亮明党员身份，把党员名字、照片等信息上墙，让全体居民共同监督其先锋模范作用的发挥；在职党员进社区进小区要克服形式主义，参加社区小区活动要避免签个字登个记就跑的"走过场"行为，而应带着本小区的问题尤其是业主反映较强烈的物业服务管理方面的问题，对上对接协调、入户家访宣传，从自己带头做起、从小区小事抓起，发挥在职党员的先锋模范作用；积极探索考核方式，将党员干部参与小区业主大会建设和管理中的任职情况、履职表现纳入其年度考核、评先评优、二级绩效考核等内容，推动小区物业管理上水平。

## （五）强化履职监督，推动各方担当作为

纪检监察机关作为党内监督的专责政治机关，要认真把握好边界原则、兜底原则，做到凡是群众反映强烈的问题都要严肃对待，凡是损害群众利益的行为都要坚决纠正，在监督中回应群众关切的问题，在监督中推动物业监管履职，提升新时代小区物业发展质量。

1. 持续巩固专项监督检查成果

开展行政执法单位"不作为、慢作为、乱作为"问题专项监督检查，一些部门行政执法不到位，甚至行政零处罚问题得到纠治整改。住建、自然资源、城市管理、公安、应急管理、市场监管、生态环境、卫健、物价等部门综合派驻监督的纪检组和镇街纪委（纪工委），要擦亮监督探头，持续聚焦瞄准物业行政执法情况，并把其列入每年度的专项监督清单，推动相关部门单位新时代新担当新作为，推动实现中心城区物业管理规范化、法治化。

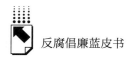

2. 加强部门对物业履职情况的日常监督

相关纪检组和镇街纪委（纪工委）要强化监督首要职责、第一职责，对相关单位在履行物业监管职责上进行"监督的再监督"，重点监督好相关单位对业主大会筹备、召开、运转是否履行监管职责，对红色业委会人员构成是否进行把关，对联席会议、区域监督考评、信用体系建设等是否存在形式主义等，确保党的惠民利民方针和决策部署在基层得到贯彻落实，让市民群众有更多的获得感、幸福感和安全感。

3. 加大监管缺失行为问责力度

对物业监督履职不力或失职失责的单位和党员干部，纪检监察机关要敢于亮出"利器"，视情开展问责。对相关单位在物业监管中"不作为、慢作为、乱作为"行为进行问责；对党员进小区不到位，或者存在形式主义官僚主义问题的，也要进行问责；尤其要盯紧在小区物业管理服务中发生的涉黑涉恶、侵害小区群众利益的事件，和先锋模范作用发挥不够甚至起反作用的党员干部，要严肃执纪问责，不断涵养风清气正、正气充盈的小区文化和政治生态，让市民群众真正感受到纪检监察就在身边。

# 企 业 报 告

**Enterprises Report**

**B**.9

# 建立健全"不敢腐、不能腐、
# 不想腐"机制研究

## ——以国网新源公司的实践探索为例

中国社会科学院中国廉政研究中心课题组 *

**摘　要：**　一体推进"三不腐"不仅是党政机关的责任和义务，也需要
国有企业主动作为。加强国有企业"三不腐"机制研究意义
重大。国网新源公司基于负面行为清单制度、多种惩处方式
并用、建立黑名单制度，构建"不敢腐"机制；以制度反腐
和技术反腐并用、实施人财物的集约化管理并建立二级采购
制度、建立大审计监督体系，构建"不能腐"机制；以"体
验式"廉政教育、完善廉洁教育体系，构建"不想腐"机

* 执笔人：蒋来用（中国社会科学院中国廉政研究中心秘书长、社会学研究所廉政建设与社会
评价研究室主任）、吕永祥（武汉大学党内法规研究中心讲师、法学博士）。

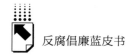
制。但是，国有企业纪检监察部门调查手段和权限的局限制约腐败行为惩处，国家电网内部"黑名单"系统的区隔性降低行贿企业腐败成本，收入分配差距较大带来的诱惑较多，专业化水平不高削弱权力监督效果，警示教育案例的针对性亟待提升，廉洁教育与物质激励没有形成有效抑制腐败动机的合力等问题还存在，需要在"企监合作"的框架下建立健全信息共享机制与协作办案机制，构建"上通下达、左右联通"的"黑名单"信息共享系统，建立一支专职化和专业化的纪检监察干部队伍，提高警示教育案例的针对性，在构建"不想腐"机制时要坚持廉洁教育与物质激励双管齐下，从而健全"三不腐"机制。

**关键词：** 国有企业 "三不腐" 廉政建设 国网新源公司

2014 年，习近平总书记在十八届中央纪委三次全会上提出，"形成不敢腐、不能腐、不想腐的有效机制"。2018 年 1 月，中央纪委书记赵乐际在十九届中央纪委二次全会上将"深化构建不敢腐、不能腐、不想腐的体制机制"作为 2018 年的一项重点工作①。"三不腐"机制是习近平总书记对中国特色社会主义制度反腐模式的准确概括，国有企业纪检监察部门也承担着不断健全"三不腐"机制的重要任务。加强对国有企业"三不腐"机制建设的理论研究与经验总结，对于提升"三不腐"机制建设的系统性、更好地防范国有企业特别是垄断性国有企业的廉洁风险、提振社会民众对国有企业廉洁运行的信心具有重大的现实意义。目前学术界对"三不腐"机制的研

---

① 赵乐际：《以习近平新时代中国特色社会主义思想为指导 坚定不移落实党的十九大全面从严治党战略部署——在中国共产党第十九届中央纪律检查委员会第二次全体会议上的工作报告》，《中国纪检监察》2018 年第 2 期，第 6～13 页。

究主要集中于党政机关、科研院校上，对国有企业"三不腐"机制的研究相对薄弱。本课题组通过对不同地区的多个国有企业的"三不腐"机制进行实地调研的基础上发现，党的十八大以来国网新源公司在党和国家的反腐败力度空前加大的情况下，不仅没有发生高级领导干部的腐败问题和公司员工的集体腐败问题，而且其廉政建设成效还多次获得国家电网系统的表彰，最近还获得首届"中国廉洁创新奖"。鉴于此，本课题组选择以国网新源公司作为案例分析对象，通过对国网新源公司建设"三不腐"机制的成功经验进行归纳总结，对妨碍国有企业健全"三不腐"机制的现实问题进行深入剖析，以期对党和国家进一步深入构建国有企业的"三不腐"机制提供具有针对性的政策建议。

## 一 国网新源公司建设"三不腐"机制的有效举措

### （一）国网新源公司构建"不敢腐"机制的有效举措

所谓"不敢腐"，就是通过强力惩治来打压腐败气焰，让心存侥幸者付出成本和代价，使之如芒在背、心生畏惧，以形成清正廉洁的制度氛围。[1]"不敢腐"机制的运作机理就是纪检监察部门加大问责力度，形成震慑，以提高公职人员的腐败成本，使其因为腐败的成本高于腐败的收益而不敢从事腐败行为。国网新源公司在构建"不敢腐"机制时，注重以负面行为清单制度约束公司员工行为，以黑名单制度和行业禁入制度提高公司员工腐败的长期成本。

1. 以负面行为清单制度编织公司员工"不敢腐"的高压电网

《关于改进工作作风密切联系群众的八项规定》是国有企业员工的行为指南，为他们划定"应当为"和"不得为"的行为底线。国网新源公司将

---

① 过勇、贺海峰：《"不必腐"机制：反腐败标本兼治的重要保障》，《国家行政学院学报》2017 年第 6 期。

贯彻落实《关于改进工作作风密切联系群众的八项规定》的现实需要与制定负面行为清单的做法结合起来，相继制定《中共中央政治局贯彻落实中央八项规定的实施细则》和《贯彻落实中央八项规定实施细则的实施办法》等制度性文件，通过细化负面行为清单制度进一步提升"不敢腐"制度的可操作性。为进一步加强对公司员工行为的纪律约束，国网新源公司下属的文登公司所制定的吃饭"三不准"、用车"三不许"、出差"五不得"和工作审批"三严禁"等负面行为清单（见表1），有效约束了公司员工行为。

表1　通过负面行为清单制度树立"不敢为"的纪律高压线

| 吃饭"三不准" | 不准公司员工到各参建单位用餐 |
| | 不准公司普通员工宴请公司中层以上干部 |
| | 不准公司中层干部宴请公司领导班子成员 |
| 用车"三不许" | 不允许公车私用 |
| | 不允许因私使用各参建单位车辆 |
| | 不允许无计划审批用车 |
| 出差"五不得" | 不得超标准乘坐交通工具 |
| | 不得超标准住宿 |
| | 不得无故绕道 |
| | 不得超次数报销探亲费用 |
| | 不得超标准给予出差补助和伙食补助 |
| 工作审批"三严禁" | 严禁无故拖延审批期限 |
| | 严禁"桌下交易" |
| | 严禁故意刁难施工单位 |

2. 多种惩处方式并用，提高公司员工违法违纪的短期成本

国网新源公司将纪律处分与绩效考核、人事任免挂钩，加大对企业员工的违法违纪行为的惩处力度。首先，国网新源公司纪检监察部门严格履行监督执纪问责等职责，根据监督执纪"四种形态"中的第一种形态和第二种形态，对涉嫌违纪的员工采取约谈、警告、记过、记大过等纪律处分。其次，国网新源公司还将纪律处分的结果与企业员工的工资收入、绩效考核结果相挂钩，通过纪律处分和经济惩罚并用，进一步提高企业员工违法违纪的成本。最后，国网新源公司严把人才选用的廉洁

关，组织人事部门在选拔任用干部时，积极听取纪检监察部门对候选人的考察意见，由公司纪委出具廉政考察报告书，对有廉洁问题的候选人实施一票否决。由于企业员工的职务、职级与其工资收入、福利待遇等各种利害事项相挂钩，因此对有廉洁问题或违纪问题的企业员工进行职务晋升限制，发挥的惩处和威慑作用往往比经济惩罚更大，对于其他员工也能发挥警示作用。

3. 建立黑名单制度，提高受贿人员以及行贿企业违法违纪长期成本

国网新源公司建立黑名单制度，将行贿者以及失信企业纳入黑名单，对其实施行业禁入。黑名单制度是惩戒失信者的重要措施，被列入黑名单将给市场或者社会主体的经营行为、社会生活带来现实或者潜在的不利影响，具有极大的威慑力。诚实守信是企业发展的一大生命力，企业一旦被列入黑名单，其不利后果甚至比罚款更大。国网新源公司以国家电网公司的黑名单制度为基础，建立物质类黑名单和服务类黑名单两套黑名单制度，将虚假采购、串标围标的供应商一律拉入黑名单，在三年内禁止其参与国网新源公司的工程项目。目前国网新源公司拉黑的参建企业大约有 50 家，每年有 10 ～ 20 家企业因为失信和行贿等被拉入黑名单。

另外，物资采购项目的评审专家也因为掌握着关键的信息和重要的评审权力而容易成为参与投标企业拉拢甚至围猎的对象。鉴于此，国网新源公司在招标投标过程中借助实时监控设备对聘任的采购专家进行实时监督，组织代理机构和公司对于采购专家的表现进行打分，对于出现与投标者串通、违反招投标过程行为规范以及采购专家手册的专家，国网新源公司在专家库中坚决将其除名。

## （二）国网新源公司构建"不能腐"机制的有效举措

孟德斯鸠提出："一切有权力的人都容易滥用权力，这是万古不易的一条经验。有权力的人往往使用权力一直到遇有界限的地方才停止。"[1] 权力

---

[1] 〔法〕孟德斯鸠：《论法的精神（上册）》，张雁深译，商务印书馆，1961，第154页。

具有自我扩张的本性，任何存在权力的地方都有可能出现权力滥用的廉洁风险。国网新源公司将权力监督、廉洁风险防控管理与自己的业务工作特点和下属企业特点紧密结合起来，一方面通过各种监督方式的配合使用和对监督技术的创新，构建起全方位、广覆盖和有效管用的权力监督体系；另一方面紧紧抓住物资采购和财务审计这两个关键领域和关键环节，通过实施对下属企业人财物的集约化管理，有效解决下属企业分散进行物资采购所带来的碎片化腐败问题。

1. 制度反腐和技术反腐并用，构建"四把钥匙"权力监督体系

国网新源公司紧紧抓住权力监督这个关键任务，创新权力监督的体制机制和方式方法，将制度反腐与技术反腐充分结合起来，为打破腐败这把"锁"而构建"四把钥匙"权力监督体系（见表 2）。无数腐败案例已经证明，缺乏有效监督与制约的权力往往会走向腐败。健全"不能腐"机制的关键，是加强对权力运行过程的监督与控制，通过各种监督方式的相互配合以及实现制度建设与技术手段相辅相成，使权力严格在权力监督的轨道内有序和规范地运行。

**表 2　"四把钥匙"权力监督体系**

| | | |
|---|---|---|
| 制度反腐手段 | 组合监督 | 企检共建的组织监督 |
| | | 多层次法律顾问机构的组织监督 |
| | | 多层次审计部门的组合监督 |
| | 错位监督 | 横向错位监督 |
| | | 纵向错位监督 |
| | 交叉监督 | 党工团共建区域协作组内的交叉监督 |
| | | 生产大修技改专项协同监督基层实施组的交叉监督 |
| 技术反腐手段 | 大数据监督 | 纪检监察业务应用系统的实时监督 |
| | | 审计综合系统的在线稽核 |
| | | 国网新源公司全业务数智中心的全局掌控 |

2. 实施人财物的集约化管理，建立二级采购制度

物资采购因为涉及大额资金交易，一直是腐败问题易发多发的重要领域。国网新源公司针对下属企业重要设备采购、重大工程项目涉及资金量

多、监管难度大等特点，探索建立国家电网公司和国网新源公司负责主要采购工作的二级采购制度。一方面，通过发布物资采购清单，明确国家电网公司和国网新源公司在物资采购金额中所占的额度以及各自负责的具体的物资采购目录。另一方面，为处理好物资采购制度的严格性与基层采购实践的灵活性之间的关系，国网新源公司根据具体情况和实践需要，授权下属企业进行三级采购。授权采购分成两类：一类是限制采购额度的授权采购，授权采购金额的上限为30万元；另一类是不限制采购额度的授权采购，主要用于基层企业支付电费、水费和移民费用等小额费用。虽然授权采购在整个物资采购金额中所占的比重只有5%，但是为消除授权采购环节中可能出现的腐败问题，国网新源公司对授权采购的采购金额和采购物品种类进行严格的限制和有效的监督。

国网新源公司将对物资采购这一重要领域和关键环节的廉洁风险防控贯穿于对物资采购专家的监督、对招标代理机构的监督和对物资采购系统工作人员培训教育等三个方面。首先，就对物资采购专家的监督和制约而言，国网新源公司建立了人数在1000人以上的物资采购专家数据库，每次都从专家库中随机抽取招投标项目的采购专家，每个采购专家每年参与评审的项目最多有两次，在项目评审过程中将不同的采购专家进行物理隔离和信息隔断，由招投标评审现场的监督人员和实时监控设备负责对采购专家进行线下和线上的实时监督。其次，就对招标代理机构的监督而言，为防止采购专家与招标代理机构之间出现利益输送等不正当关系，国网新源公司规定招标代理机构的项目经理要进行定期轮换。最后，国网新源公司，对由物资采购部主任、副主任和关键岗位工作人员构成的物资采购系统人员也不放松监督，将制订采购计划的人员和具体实施采购的人员进行分离，通过廉洁培训和廉政教育等多种渠道，保障物资采购系统廉洁地行使采购权。

3. 充分发挥审计的事前监督功能，构建大审计监督体系

国网新源公司高度重视发挥审计的事前监督作用，一直秉持独立、客观、公正的审计监督原则，始终坚持"严肃审计、严肃整改、严肃问责"，从加强审计管理机制建设、以推进各类审计项目促进审计监督全覆盖、以深化审计

成果的运用推进问题整改、提升审计工作的网络化和信息化水平以及加强审计资源与审计队伍的建设五个方面构建起一个大审计监督体系（见表3）。

表3　大审计监督体系

| 加强审计管理机制建设 | 建立审计工作报告制度 |
| --- | --- |
| | 健全审计项目质量管控机制 |
| | 健全审计项目组织管理机制 |
| | 不断健全横向沟通工作机制 |
| 以推进各类审计项目促进审计监督全覆盖 | 深化领导干部经济责任审计 |
| | 强化基建工程全过程跟踪审计 |
| | 优化重点领域专项管理审计 |
| 以深化审计成果的运用推进问题整改 | 建立问题整改常态核查机制 |
| | 强化问题整改协同机制 |
| | 强化整改闭环管理机制 |
| | 强化考核管理机制 |
| | 强化审计成果运用机制 |
| 提升审计工作的网络化和信息化水平 | 加强审计辅助管理系统开发建设 |
| | 积极推动数字化审计工作 |
| 加强审计资源和审计队伍建设 | 构建审计工作全国"一盘棋"工作格局 |
| | 加强审计队伍人才建设 |

第一，在审计管理机制的构建上，国网新源公司在垂直层面上建立审计工作报告制度，加强公司党委对审计工作的统一领导；在水平方向上健全审计工作横向协调机制，加强审计部门与其他职能部门之间的沟通与协调。除此以外，国网新源公司还非常注重对审计项目质量的监督与管理，不断建立健全制度，提高审计机制运行功效。

第二，在具体的审计项目上，国网新源公司构建覆盖权力运行全过程与基建工程全过程的审计监督体系，将常态化审计与专项审计有机结合起来。首先，按照离任审计和任中审计的原则，深化领导干部经济责任审计。其次，强化基建工程全过程跟踪审计，关注建设程序、资金管理、工程物资和建设管理等重点环节，先后研究建立了"N＋1"定向督导机制、考评反馈机制、"六图管控"机制、集体会商机制和滚动整改机制，有效保障了审计工作质量,对公司近年来建设的29个基建工程项目开展了全过程跟踪审计,共发现问题1766个,促进增收节支2.01亿元。再次,在开展常态化审计项目的基础上,优化重点领域专项管理审计,积极拓展审计领域。国网新源公司共开展前期支出、技改大修等专项审计25项,发现问题453个,提示重大风险24项,以管理建议书的形式对提升管理水平、提高经营质效等提出意见和建议,夯实公司安全健康发展基础。

第三,在审计结果的运用上,整改工作强化整改闭环管理机制,严格执行"一把手"整改负责制,坚持整改台账和动态销号管理,确保问题整改落到实处。强化考核问责机制,加大审计发现问题整改质量考核力度,各单位将整改情况纳入公司企业负责人年度业绩考核。对整改态度不积极、工作不到位以及不整改、假整改、慢整改或屡查屡犯的单位,对企业负责人进行考核并追责。建立后续审计工作机制,将以前年度审计问题整改情况检查纳入各类审计内容,常态化组织开展后续审计,以严肃审计推动问题的真实彻底整改。

第四,在审计技术的运用上,国网新源公司不断加强审计辅助管理系统开发建设,积极推动数字化审计工作。2017年结合公司业务管理和审计工作特点,依托决策分析平台建设了审计辅助管理系统,开发了审计整改、审计依据索引、审计疑点查询三个模块,实现了审计整改在线管理、审计依据在线查询和异动指标在线监控功能。2018年公司组建了数字化审计工作团队,设立了数字化审计工作室,逐步实现对审计风险点的实时监控和技改大修等项目的在线审计,构建"集中分析、分散核查"的审计模式,实现审计现场作业与在线数据分析的一体化融合。

第五,在审计资源整合和审计队伍的建设上,国网新源公司构建审计工作"全国一盘棋"格局,整合不同地区的审计资源,在全国范围内成立五个审计协作组,分别负责不同区域下属企业的审计监督工作。在建设审计队伍时,国网新源公司2017年建立审计人才资源库,初步筛选82名成员入库。2018年开展了"师带徒"培养活动,培养基层单位专兼职审计人员在审计项目实施、审计方法手段、审计工作质量把控、审计管理创新等方面的

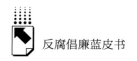

业务技能，下一阶段将采用审计实践、内外部培训等多种形式，提升公司审计人员"四项能力"和综合素质，进一步加强队伍梯队建设，激发创新活力。

### （三）国网新源公司构建"不想腐"机制的有效举措

1. 深入开展"体验式"廉政教育，充分发挥警示教育的震慑作用

从防止腐败的角度看，有效的廉洁教育作用于人的主观世界的改造，是反腐败治本的方法。如果廉洁教育能够提升受教育对象的觉悟与思想道德水平，那么他们即使遇到制度漏洞和腐败机会，也会选择廉洁的方式办事。正是因为廉洁教育直接作用于人的内心世界甚至思想灵魂，其效果往往难以量化和直接观察，所以廉洁教育往往需要久久为功和坚持不懈。在调查研究中，一些纪检监察干部反映廉洁教育活动存在内容空洞、方式单一和流于形式等问题。因此，探索构建切实有效的廉洁教育模式，对于构建"不想腐"机制至关重要。国网新源公司结合实际，在开展党风廉政教育时，注重法律和纪律教育，将法纪寓于人心增强执纪用法的获得感；让所有员工清楚知道工作中必须注意的"红灯"和底线，对法纪产生敬畏感；知晓违纪违法的严重后果，珍惜遵纪守法的幸福感。用好反面典型，更加强调发挥警示教育的提醒与震慑作用。与一些国有企业过度依赖下发文件和召开会议等传统方式来开展党风廉政教育不同，国网新源公司创造性地开展"体验式"廉政教育，将廉政教育的课堂搬到法庭庭审现场和监狱，变空洞的说教为生动的情景展现，变教育主体的"填鸭式"教学为受教育对象"直观式"的主动体验。在具体做法上，国网新源公司打造"企检合作""企法合作"的互动平台，有机整合纪委监委、检察院、法院与国有企业的廉洁教育资源，通过组织企业管理人员和关键岗位人员参观警示教育基地、赴法院旁听职务犯罪案件庭审过程，和参观监狱、让服刑人员现身说法等多种形式，将廉政教育与典型案例、具体情境结合起来，使公司员工零距离接受警示教育，产生了很好的教育效果。法庭对腐败官员的审理和判决的过程以及落马腐败官员现身说法的忏悔过程，本身就是一次拉近受教育对象与教育内容之间的距离，

生动鲜活而又直击灵魂的廉政教育过程，有效地发挥了"查处一案，教育一片"的效果。除此以外，国网新源公司还围绕国有企业经营特点，将落实"两个责任"不力、违反中央"八项规定"、滥发津贴补贴、滥用职权行贿受贿等易发频发的案例进行更新，将本行业和本系统发生的典型腐败案例建成案例库，以达到用身边事教育身边人的目的。

2. 构建起合作共建、因人施教、载体多样和形式丰富的廉洁教育体系

首先，国网新源公司将党风和廉洁教育作为一项重要任务来抓，构建起党委"一把手"负总责、职能部门各负其责、辖区的检察院与法院以及参建单位相互配合的廉洁教育领导体制，有效地解决了避免廉洁教育"说起来重要，做起来次要，忙起来不要"的问题。国网新源公司党委及其下属的党总支和党支部在党风廉政教育中负有主体责任，纪检监察部门在履行监督责任的同时也要协助好党委履行好开展党风廉政教育的职责。国网新源公司除了依靠自身的力量开展党风廉政教育以外，还积极与管辖地的检察院、法院以及项目参建单位签署党风廉政教育共建协议。通过邀请职务犯罪预防专家开展腐败预防讲座和组织公司员工旁听法庭审判等多种形式，有效地整合了原本分散的廉洁教育资源，发挥了各个廉洁教育主体的特点和优势。

其次，国网新源公司利用线上和线下各种廉洁教育平台，将灵活多样的教育形式和具体的教育内容相结合，确保党风廉洁教育更具亲和力、感染力。针对普通企业员工和企业管理人员、一般岗位员工和关键岗位员工等不同类型的廉洁教育对象，国网新源公司有针对性地设计不同的教育内容，在腐败易发多发的重要领域（如工程建设）和关键部门（如物资采购部门）开展廉洁风险防范教育和责任意识教育，对于技修大改等关键岗位的员工进行廉洁安全"交底"教育。在廉政教育载体上，借助廉洁海报、廉洁家书、廉洁书画展、廉洁文化长廊、廉洁短信等各种载体，将党风廉政教育的内容覆盖到企业的每一个角落，使公司员工时时接受教育，刻刻受到提醒，实现教育的全天候和广覆盖。

表4　国网新源公司的廉洁教育模式

| 教育主体 | 教育对象 | 教育载体 | 教育内容 | 教育方式 |
|---|---|---|---|---|
| 党委及其下属机构<br>纪检监察部门<br>其他职能部门<br>检企共建单位<br>惩防共建单位 | 普通企业员工<br>企业管理人员<br>关键岗人员 | 反腐倡廉教育基地<br>纪检监察期刊<br>廉洁海报<br>廉洁书画展<br>廉洁短信<br>廉政承诺书<br>廉洁家书 | 理想信念和企业价值观<br>党的优良传统和作风<br>党纪党规和法律法规<br>"干事、干净"廉洁文化 | 自我教育<br>警示教育<br>示范教育<br>专题教育<br>廉政安全交底 |

## 二　"三不腐"机制建设遇到的困难和问题

### （一）构建"不敢腐"机制遇到的困难和问题

1. 国有企业纪检监察部门调查手段和权限的局限制约对腐败行为的惩处

与地方纪检监察机关不同，国有企业纪检监察部门缺乏强制性的调查手段，也没有像监察委员会那样的专门的留置场所，这些局限影响国有企业纪检监察部门对涉腐企业人员的惩处力度，削弱了惩治的威慑效应。必要的调查和处置权限是有效查处腐败问题线索、对腐败分子进行严厉惩治的重要保障，是有效治理腐败的重要内容。国网新源公司从事的业务具有资金量大、工程周期长和监管难度大等特点，再加上国网新源公司下属的三级公司点多面广和地域比较分散，因此国网新源公司在资金管理和工程监管等方面存在着较大的廉洁风险。但是，作为国家电网的二级子公司，国网新源公司并没有像国家电网公司那样设有中央纪委与国家监委直接领导和管理的派驻机构，虽然国网新源公司及其下属企业的纪检监察部门及其工作人员也承担着预防和惩治腐败的职能，却缺乏地方纪检监察机关那样的调查和处置权限和手段。高廉洁风险和低腐败问题调查和处置能力之间的冲突，为国网新源公司健全"不敢腐"的体制机制造成了制度上的障碍。虽然长期以来国网新源公司及其下属企业都保持着与辖区的检察院、法院合作开展反腐败合作的优良传统，但是合作的方式往往是组织公司员工旁听腐败案件庭审和邀请职务犯罪预防部门的专家进行预防腐败座谈等，局限于廉洁教育和腐败预防环节的合作，腐败案件立案、调查等惩处环节的合作目前还比较缺乏，不能很好地解决国有企业纪检监察部门在调查和处置腐败案件时面临的上述难题。

2. 国家电网系统内部"黑名单"系统的区隔性降低行贿企业的腐败成本

国家电网系统在黑名单制度建设上存在失信人和行贿者的信息区隔问题，关于失信人与行贿者的信息没有做到"下情上传"与"左右联通"。国家电网公司与国网新源公司、国网新源公司与国家电网系统的其他省网公司之间、国网新源公司与其下属三级企业之间的失信与黑名单信息并没有实时共享，虽然按照国网新源公司的黑名单制度的相关规定，被国家电网公司拉黑的投标企业和参建企业被禁止参加国网新源公司的招投标项目，但是被国网新源公司拉黑的投标企业和参建企业却仍然可以参与国家电网公司和国家电网其他省网公司的招投标项目。从失信与黑名单信息的流动方向来看，在国家电网系统内部的条块结构中，黑名单信息实现了"上情下达"，但是并没有实现"下情上传"和"左右联通"。国家电网公司内部的黑名单制度缺乏统一性，使得被拉黑的投标方和采购专家能够利用国家电网公司内部二级公司与三级子公司之间信息不对称的弊端正常参与投标和工程建设，降低了黑名单制度对失信与行贿企业的惩罚力度，削弱了黑名单制度对构建"不敢腐"机制的威慑作用。

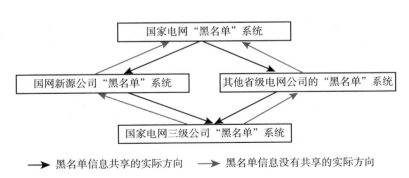

图1　国家电网"黑名单"系统示意

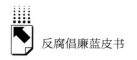

## （二）构建"不能腐"机制遇到的困难和问题

### 1. 收入分配差距较大带来的诱惑较多

企业人员属于社会的一个组成部分，其思维和行为必然受到社会的影响。当前社会收入差距较大。根据中国社会科学院中国廉政研究中心2018年的城乡入户调查，76.9%的城乡居民觉得目前我国不同群体之间的收入差距"非常大"和"比较大"。收入差距大容易导致盲目攀比，一些社会成员的财富观念错误，将金钱视为唯一追求目标，认为人生的目标就是赚钱，有的不择手段去挣钱。在这种环境下，防治腐败的压力非常大，尽管有很多的制度和措施，但因为错误的财富观念的存在，总有人想方设法钻制度漏洞，规避制度约束，防不胜防。国有企业人员与其他群体之间存在收入差距，其内部也存在收入差距。合理的收入差距能够激励竞争，但一旦收入差距超过一定程度，就会导致心理不平衡和扭曲，从而出现腐败犯罪等行为。

### 2. 专业化水平不高削弱监督的效果

从整体情况来看，党的十八大以来，随着全面从严治党不断向基层延伸，国有企业纪检监察组织工作任务日益繁重，"人手不够、能力不足"问题日益凸显。在国家监察体制改革之后，监察对象大量增加，给国有企业纪检监察组织履行监督执纪问责的职责带来新的挑战。从国网新源公司的具体情况来看，国网新源公司所属的电力行业，如前所述具有工程周期长、资金量大、点多面广的特点，廉洁风险防控难度大。纪检监察干部是反腐倡廉建设的重要力量，纪检监察队伍建设关系反腐倡廉建设成效。目前，除了国网新源公司的纪检监察部门的组织建构和人员配备比较强以外，下属三级企业从事专职纪检监察工作的人员数量较少，公司纪委书记兼任工会主席、纪委委员和党支部书记兼任业务部门负责人的情况比较常见。纪检监察人员的兼职模式造成纪检监察人员既要管业务又要负责进行纪检监察监督，不仅分散了纪检监察人员的时间和精力，而且容易造成纪检监察人员既是运动员又是裁判员的尴尬局面，不利于纪检监察人员聚焦于主业和主责。除此以外，基层企业纪检监察干部水平参差不齐，履职能力、素质和作风不适应党风廉政建设和反腐败工作形势任务需要的问题也有所凸显,纪检监察队伍建设亟须加强。

## (三)构建"不想腐"机制遇到的困难和问题

### 1. 警示教育案例的针对性亟待提升

2014年10月,在党的群众路线教育实践活动总结大会上,习近平同志强调:"要加强警示教育,让广大党员、干部受警醒、明底线、知敬畏,主动在思想上划出红线、在行为上明确界限,真正敬法畏纪、遵规守矩。"[①]党的十八大以来,各级纪检监察部门陆续查处了一批典型腐败案件,发挥了"查处一案、教育一片"的警示教育功能,警示教育在党风廉政教育体系中的重要性不断提升。持之以恒地开展警示教育,不断改善警示教育的方式方法,可以充分发挥警示教育的说服力、震慑力和预防力。[②] 国网新源公司在开展警示教育时,抓住了企业管理人员和关键岗位人员等关键少数,采取参观警示教育基地和监狱、旁听法院庭审和编制典型案例素材库等多种行之有效的方式,取得了比较显著的警示教育成果。但是,需要指出的是,国网新源公司在加强警示教育针对性上还存在着可以进一步提升的空间。

国网新源公司及其下属企业在开展警示教育时在某种程度上存在着警示教育案例"别人的多,自己的少;陌生的多,熟悉的少"的问题。虽然这种问题的出现与国网新源公司自身的腐败案例很少等客观原因有关,但是在一定程度上也与国网新源公司在编制警示教育案例素材库时忽视警示教育的案例针对性有关。警示教育案例的选择并不是随机的和无序的,开展警示教育的理想原则是警示教育的案例距离受教育对象越近越好。当受教育对象对警示教育案例中涉及的腐败官员不熟悉并且腐败官员所处的地域、行业和岗位与受教育对象存在明显差别时,受教育对象将自己与腐败官员进行类比的

---

① 《习近平在党的群众路线教育实践活动总结大会上的讲话》,http://theory.people.com.cn/n/2014/1009/c40531 - 25793731.html,最后访问日期:2020年3月15日。

② 彭龙富:《中共反腐警示教育的演进、意义与改进策略研究》,《南昌大学学报》(人文社会科学版)2016年第1期,第79~85页。

可能性降低，警示教育案例对受教育对象的触动性和震慑性就会大大降低。除了按照地域原则选择警示教育案例、采取用身边事教育身边人这种警示教育方式以外，按照受教育对象的行业分布、职级特征和岗位特点来精准化地选择警示教育案例，无疑会提升警示教育的针对性和有效性。

2. 廉洁教育与物质激励没有形成有效抑制腐败动机的合力

从腐败动机理论的角度看，构建"不想腐"机制的关键是有效抑制公职人员的腐败动机，铲除滋生腐败的内在根源。腐败动机是腐败行为发生的内在诱因，对推动公职人员做出腐败行为具有激活作用、指引作用和强化作用。探寻抑制腐败动机的精准化策略，需要弄清楚不同职级与类型的国有企业员工产生腐败动机的不同根源，然后再"对症下药"和"因病施治"。腐败动机产生的原因往往不是单一的，呈现混合性的特征。美国腐败问题研究专家罗伯特·克利特加德用数学公式的形式将腐败动机的影响因素概括为"腐败动机＝贿赂－道德损失－（被发现和制裁机会×所受处罚）＞薪金＋廉洁自律的道德满足感"[1]。由此公式可以看出，腐败动机的产生既受贿赂金额和罚金等物质因素的影响，也受到廉洁的道德满足感和腐败的道德损失等精神因素的影响。基于此，有学者将腐败动机划分为物质型腐败动机和精神型腐败动机等不同的类型[2]。

从国网新源公司构建"不想腐"机制的实践角度看，国网新源公司在构建"不想腐"机制时主要依赖开展党风廉政教育这一手段，虽然这种方式对于制约国有企业员工的精神型腐败动机可能有比较显著的作用，但是对抑制国有企业员工的物质型腐败动机的作用则非常有限。在马克思主义哲学看来，物质决定意识，"追求利益是人类社会活动的一切动因"[3]。国有企业员工也具有"经济人"的一面，在构建"不想腐"机制时忽视国有企业员

① 〔南非〕罗伯特·克利特加德：《控制腐败》，杨光斌等译，中央编译出版社，1998，第58页。
② 李斌雄、江小燕：《公职人员"想腐败"之动机及其矫治策略》，《中南民族大学学报》（人文社会科学版）2016年第4期。
③ 《马克思恩格斯全集》（第一卷），人民出版社，1960，第439页。

工正当合理的物质需要，对于抑制基层国有企业员工的腐败动机是非常不利的。对于这些人而言，他们从事腐败行为往往不是因为主观上"想腐败"，而是为生活压力所迫而不得不滥用手中的权力以满足自己和家人过上体面生活的需要，有学者将这种现象概括为"生存型腐败"①。房价和物价的不断上涨增加国有企业员工的生活成本，特别是那些自身或子女面临在城里买房、结婚的刚性需求或家人患有严重疾病的国有企业员工，物质生活压力的骤然增加会迫使他们铤而走险、走向腐败的道路。正如在调研过程中一位国有企业纪委书记所说的那样，"我们企业也创办廉政杂志，也开展廉政教育，但是为什么腐败案件还是会发生，究其原因就是抓廉政教育的时候没有将廉政文化与其他手段结合起来。如果公司员工的收入每月只有四五千元，你天天给他讲大道理，给他讲廉洁也没有用，要达到廉洁的效果，不能单纯依赖廉政教育来培养廉政文化的做法，要从人性的角度进行思考，廉洁的意义要建立在体面和有尊严的生活的基础上，廉洁教育也需要一定的物质激励手段作为辅助。建立廉政金制度也是可取的，为实现'不想腐'创造有利条件"。

## 三　健全"三不腐"机制的对策建议

### （一）在"企监合作"的框架下建立健全信息共享机制与协作办案机制

国家监察体制改革将原行政监察机关、预防腐败局和检察院的反贪反渎等部门的反腐败职能整合起来，成立监察委员会这一国家反腐败工作机构，赋予其广泛的反腐败职权和丰富的反腐败手段，为解决我国的腐败问题创造了有利条件。《国家监察法》将国有企业的管理人员纳入监察委员会的监督范围之内，使得国有企业纪检监察部门和纪检监察机关因为具有相同的监督对象而具有开展反腐败合作的基础。对于国有企业纪检监察部门中存在

---

① 〔新西兰〕杰瑞米·波普：《制约腐败：建构国家廉政体系》，清华大学公共管理学院廉政研究室译，中国方正出版社，2003，第20页。

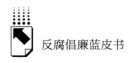

的缺乏强制性调查手段和充分的反腐败职权等问题，要在"企监"合作的框架内解决，加强国有企业纪检监察部门与辖区纪检监察机关在腐败问题线索移送、立案和腐败案件查处等方面的反腐败合作。

首先，辖区纪检监察机关可以考虑挑选国有企业纪检监察负责人作为特邀监察员，使其通过定期向纪检监察机关汇报工作的渠道，将履职过程中发现的涉及国有企业员工的腐败问题线索及时通报给纪检监察机关，建立健全国有企业纪检监察部门与辖区纪检监察机关的信息共享机制。国有企业的反腐败工作要以纪检监察机关作为主要的后盾力量，同时也要充分发挥国有企业纪检监察部门熟悉情况和掌握信息的优势。通过邀请国有企业纪检监察部门负责人作为特邀监察员这一制度平台，可以将国有企业纪检监察部门掌握的违纪问题乃至腐败问题线索及时通报给纪检监察机关，解决国有企业纪检监察部门无权对腐败案件进行立案的问题。

其次，辖区纪检监察机关在调查涉及国有企业管理人员的腐败案件时，考虑采取吸纳熟悉情况和业务能力突出的国有企业纪检监察部门骨干人员加入案件调查组的形式，建立健全国有企业纪检监察部门与纪检监察机关的协作办案机制。对于涉及国有企业管理人员的严重违纪违法案件，纪检监察机关在成立联合调查组时，可以考虑吸收国有企业纪检监察部门骨干人员参与进来，由他们协助对相关问题线索与嫌疑人进行调查处理。在联合调查组中国有企业纪检监察部门主要发挥介绍案情和通报相关信息、组织企业员工反映相关问题线索和配合纪检监察机关进行案件调查等辅助职能。

## （二）构建"上通下达、左右联通"的"黑名单"信息共享系统

首先，在技术手段上，国家电网公司要加快信息化和网络化建设步伐，争取早日实现国家电网公司、国网新源公司及其他省网公司与国家电网三级公司之间"黑名单"信息系统的联网，做到"黑名单"信息的实时共享，防止被拉入黑名单的行贿与失信企业换一个地区和招标单位再进行投标，真正实现全系统的"行业禁入"。由国家电网公司对被拉入"黑名单"的行贿与失信企业通过统一的信息平台进行公开，方便国家电网的二、三级公司对

"黑名单"信息进行查询、使用。国家电网系统内部不同层级和不同地区的下属企业在信息化建设水平上差异较大,因此国家电网系统在构建"黑名单"信息共享系统时应当采取循序渐进的方式,抓住二级企业这个中间环节,先逐步实现二级企业"黑名单"信息系统与国家电网公司"黑名单"信息系统之间的联网和信息共享。

其次,在制度建设上,国网新源公司作为国家电网系统的二级企业,要不断建立健全下属企业"黑名单"信息收集制度、对其他省级电网公司的"黑名单"信息通报制度和对国家电网公司的"黑名单"信息上报制度,在国家电网系统内部"上通下达、左右联通"的"黑名单"信息共享系统中发挥好桥梁和纽带的作用。对于下属三级企业发现的失信和行贿企业与个人,国网新源公司要在调查核实无误的情况下及时将其拉入自己的"黑名单"系统,并按照"每月一通报"的通报制度及时通报给其他省级电网公司。对于严重失信与涉嫌违法的企业与个人,国网新源公司要建立健全向国家电网公司的"黑名单"信息上报制度,在整个国家电网系统对其进行行业禁入和项目禁入。对于国网新源公司等省级电网公司上报的"黑名单"信息,国家电网公司要组织相关部门人员进行调查核实,在调查核实的过程中除了听取下属企业的汇报以外,还要听取被拉入"黑名单"的企业与个人的申诉与辩解,通过正当合理的程序做出最终是否将其输入国家电网公司的"黑名单"信息系统的决定。

### (三)建立一支专职化和专业化的纪检监察干部队伍

首先,国有企业要适度增加人员编制,逐步构建专职化的纪检监察干部队伍,降低兼职纪检监察人员的比重。国有企业纪检监察人员既要管监督又要管业务的兼职模式,不利于纪检监察人员聚焦于主业和主责,也难以避免纪检监察人员既当裁判员又当运动员的问题。针对国有企业基层单位中兼职纪检监察人员比重较高的问题,提升国有企业纪检监察人员的专职化水平,首先要从增加基层单位的人员编制入手,充实基层纪检监察队伍,尊重纪检监察工作的重要性和专业性。在人员编制短期内无法大量增加的情况下,提

升纪检监察人员的专职化水平要抓住主要矛盾和矛盾的主要方面，首先要从逐步改变纪委书记兼任工会主席、纪委委员兼任职能部门负责人的情况入手，规定纪委书记专职专任，工会主席由企业党委副书记等其他非纪检监察人员兼任。

其次，通过加大对现有国有企业纪检监察干部的培训力度和招收具有纪检监察机关工作经验、司法机关工作经验、财务与会计工作经验的人员等多种方式，提高国有企业纪检监察干部队伍的专业化水平。专业化水平是衡量一个国有企业纪检监察部门的腐败治理能力的重要指标。在对现有国有企业纪检监察人员进行业务培训时，要根据当前纪律检查体制改革和国家监察体制改革的最新形势，着重对其加强党规党纪和国家监察法等相关知识的培训。培训的人员可以是纪检监察领域的专业研究人员，也可以是纪检监察机关的实务干部。在加强纪检监察干部队伍建设时，要丰富人员的知识结构和专业构成，注意吸纳具有财务、审计、反贪、职务犯罪预防等相关工作经验的专业人员。

### （四）强化警示教育案例的针对性

2005 年 1 月，中共中央印发《建立健全教育、制度、监督并重的惩治和预防腐败体系实施纲要》（以下简称《实施纲要》），《实施纲要》指出："深化警示教育，深刻剖析违纪违法案件发生的原因，分类分层次开展教育。"从党的警示教育的实际可知，大案、要案、重案，始终是警示教育的"重头戏"。通过这类典型案例来告诫党员干部慎独慎微、慎权慎私，固然有用，但警示教育是大面积、多领域开展的，更应该因人制宜、因地制宜开展。俗话说："到什么山唱什么歌。"对不同的职业、不同的行业、不同的级别、不同的阅历，都仅仅以大案、要案、重案作为警示教育内容，企图"一锅菜招待百家客"，说服力、感染力和震慑力都是有限的。鉴于此，警示教育案例的选择应当以更贴近受教育对象的工作、更贴近受教育对象的生活和更贴近受教育对象的实际为原则，以缩短警示教育案例与受教育对象之间的距离，提高警示教育的针对性和对受教育对象的震慑效果。具体而言，除了采取共通性的警示教育方式以外,国网新源公司还应当对不同类型的受教育群体"因类施教"和"对症施治"。

首先,健全用"身边事教育身边人"的警示教育方法,提高受教育对象对警示教育案例的熟悉度。国网新源公司在建设警示教育素材库时,要注意运用本地区和系统的腐败案例,警示教育案例中的落马官员有的是受教育对象的领导,有的是受教育对象的同事,有的是受教育对象曾经在工作上打过交道的人,当受教育对象认识甚至熟悉警示教育案例中的落马官员时,他们就会发现原来反腐败工作离自己是如此之近,这会加深他们"莫伸手,伸手必被捉"的反腐败效能感,减少他们对从事腐败行为的侥幸心理。

其次,用"同一岗位事教育同一岗位人"和用"同一职级落马官员教育同一职级人"的警示教育方法,通过"同类的腐败""同岗的腐败"让教育对象吸取教训,引以为戒,绷紧"廉洁"这根弦。同一岗位和同一职级的国有企业官员面临相似的廉洁风险点和相近的物质与职业发展需要,国网新源公司在建设警示教育案例库时,应当针对财务会计、采购人员等关键岗位的员工和企业管理人员特别是各个部门的"一把手",发放本地区或其他地区本系统同一岗位和同一职级落马腐败官员的警示教育案例,让他们进一步明确本岗位和本职级存在的廉洁风险,时时受到提醒。

### (五)在构建"不想腐"机制时要坚持廉洁教育与物质激励双管齐下

首先,对于工资收入丰厚的企业管理人员和高级技术人员,要开展"忆苦思甜"教育和公益扶贫活动,引导他们知足节制,树立更高的价值目标,为国家和社会做出更多贡献。要加强理想信念教育和职业精神培塑,使他们树立正确的世界观、人生观、价值观和权力观。对公司管理人员开展廉洁教育,主要围绕权力观、责任观、事业观进行,让公司管理人员逐渐认识到"权力的背后是责任,权力越大责任也越大",做到履职尽责、精益求精。对于高级技术人员要对其加强党规国法和职业道德教育,使他们坚守不能违法违纪的行为底线和积极履行职业道德的行为高线。

其次，对于工资收入水平不高的基层国有企业官员、刚入职的国有企业员工，国有新源公司应当加大对其物质生活需要的关注力度，采取"适薪养廉"和畅通人员晋升渠道等激励手段，让他们通过自己的积极工作和努力作为也能满足过上体面生活的需要。要对入职不久的年轻人进行财富观教育，使其建立合理的收入预期，不能盲目攀比金钱多少，而是鼓励他们关注奉献大小。任何一个职业群体均有物质激励问题，对于国有企业员工也不必讳言物质激励。鉴于此，借鉴私营企业人力资源管理和组织激励的有效手段，将基层国有企业员工的工作表现与其工资收入挂钩，对于工作业绩突出和勤政的基层国有企业员工，可以在正常的收入以外予以适当的经济奖励。除此以外，更为重要的是，要以企业发展水平、社会生活成本等因素作为参考指标，建立企业员工工资收入的合理增长机制，以调动企业员工特别是基层员工的工作积极性，激发他们将个人发展需要和企业的发展需要结合起来，实现对个人利益和公司利益的激励相容。对于因职位资源有限而产生的企业员工晋升困难这一问题，可以逐步探索职务与职级并行的制度举措，对于能力和道德品行突出的基层国有企业员工可以先予以职级和工资待遇方面的提升，当职位出现空缺时再予以职务上的提拔。

# 评 估 报 告

## Evaluation Reports

**B.10**

# 2019年全国地方各级纪检监察
# 机关信息公开评估报告

中国社会科学院社会学研究所"党和国家监督体系绩效测评研究"创新工程项目组*

摘　要：　国家法律和党内法规对纪检监察信息公开做出明确规定。
　　　　　2019年，项目组沿用2018年的评估体系和评估方法，对31
　　　　　个省级纪委监委、32个省会及副省级城市纪委监委、54个地

* 项目组负责人：蒋来用。项目组成员：蒋来用、王田田（中国社会科学院中国廉政研究中心
副秘书长、副研究员）；周兴君（中国社会科学院大学讲师、法学博士）。于琴（中国社会科
学院社会学所廉政建设与社会评价研究室助理研究员）。林之波（中国社会科学院中国廉政
研究中心达州市党风廉政教育中心大竹工作点主任、四川省大竹县纪委常委）。任涛（中国
社会科学院中国廉政研究中心科研助理、贵州省沿河自治县人民医院党委委员、纪律检查
员）。朱克江（中国社会科学院中国廉政研究中心科研助理、贵州省德江县委办公室常务股
负责人）。胡爽（中国社会科学院中国廉政研究中心科研助理、湖南省永州市零陵区纪委干
部）。张缙昕（中国社会科学院研究生院社会学系研究生）；张伟（中国社会科学院中国廉政
研究中心科研助理、陕西省安康市纪委干部）；虞晨跃（中国社会科学院中国廉政研究中心
科研助理、四川省广元市纪委朝天区纪委干部）。执笔人：蒋来用，周兴君。

级市纪委监委、108个县级纪委监委和四个直辖市下属的86个区县纪委监委网站信息公开状况进行了评估。评估结果显示，31个省级纪检监察机关平均得分为59.14分，比2018年略增了1.14分；54个地级市纪检监察机关平均得分为36.02分，比2018年下降了8.01分，降幅达18.19%；108个县级纪检监察机关平均得分28.83分，比2018年下降了10.55%；省会及副省级城市纪检监察机关平均得分40.71；直辖市各区县纪检监察机关平均得分仅15.89分。评估发现：纪检监察机关层级越高，网上信息公开工作做得越好；网上信息公开做得好的地方，上下级纪检监察机关具有一致性；经济发展水平与信息公开质量并非正相关关系；公开平台和通报曝光项普遍公开情况较好，而工作报告和组织结构项公开情况普遍较差；直辖市及下属区县纪委监委信息公开水平和质量亟待提高。项目组认为，地方各级纪检监察机关须进一步统一思想、提高认识，充分认识信息公开对坚持和完善党和国家监督体系、强化权力运行制约和监督的重大意义，进一步加大工作信息公开力度。

**关键词：** 信息公开 纪检监察机关 网站 评估 指标体系

信息公开是人民群众监督党政机关及其人员的重要方式。在网络信息技术持续深化发展的时代，政府机关门户网站建设是保障人民群众知情权、展示党政机关形象的重要举措。网站信息公开的内容、数量、深度、及时性和效果，不仅反映出这个机构的工作效率和质量，也体现其对社会和公众监督的态度。《中国共产党党务公开条例（试行）》规定了纪委信息公开内容。2018年3月，第十三届全国人大一次会议审议通过的《中华人民共和国监察法》明确提出了监察工作信息公开的要求。中国社会科学院社会学所"党和国家监督体系绩效测评研究"创新工程项目组以全国地方纪检监察机关为评估对象，设计评估指标体系，对地方纪检监察机关工作信息公开情况进行第三方评估，以期推动纪检监察机关信息进一步公开，让广大人民群众更好地了解和参与监督，提高党的执政能力和领导水平。

# 一 纪检监察机关信息公开意义重大

## （一）有利于完善国家治理体系和提升治理能力

公开是国家和社会治理的有效举措，也是党风廉政建设和反腐败始终强调和重视的工作，几十年来稳步推进实施。早在1988年6月，《中华人民共和国村民委员会组织法（试行）》就规定了村级财务公开，目前村级财务公开是所有公开中做得最好的。有的地方，如湖南省不仅公开农村的账目，而且公开发票、审批单等资料，公开做得非常彻底。2005年1月3日，中央下发《建立健全教育、制度、监督并重的惩治和预防腐败体系实施纲要》，提出健全政务公开、厂务公开、村务公开制度，逐步推行党务公开。政务公开目前已经全面推进，公开已成为常态、不公开成为例外。2016年2月17日，《关于全面推进政务公开工作的意见》施行，政务公开进入"互联网＋公开"模式，《〈关于全面推进政务公开工作的意见〉实施细则》要求强化政府网站建设和管理，加强网站之间的协同联动。政务公开列入绩效考核体系，并由第三方机构进行评估。2017年11月，《中国共产党党务公开条例（试行）》通过并实施，明确规定"除涉及党和国家秘密不得公开或者依照有关规定不宜公开的事项外，一般应当公开"，对纪委信息公开专门做出规定。2018年，全国人大通过的《中华人民共和国监察法》规定监察机关"应当依法公开监察工作信息，接受民主监督、社会监督、舆论监督"。2019年10月，中共十九届四中全会通过《中共中央关于坚持和完善中国特色

社会主义制度 推进国家治理体系和治理能力现代化若干重大问题的决定》，强调推动用权公开，完善党务、政务、司法和各领域办事公开制度，建立权力运行可查询、可追溯的反馈机制。信息公开成为完善权力配置和运行制约的重要机制，是推进国家治理体系和治理能力现代化的重要举措。从国家法律、党内法规以及中央发布的文件可以看出，纪检监察机关既是政务公开、村务公开、厂务公开、党务公开的监督者，也是信息公开的实施者，应当积极带头公开，认真完成党内法规和国家法律的"规定动作"，接受社会和群众监督，加快国家治理体系和治理能力现代化步伐和进程。

### （二）有利于推进纪检监察工作高质量发展

2013 年以来，中央纪委带头主动公开纪检监察工作信息，积极采取措施"开门反腐"，主动去"神秘化"，提升透明度，不仅公开了组织机构、工作程序、党内规章制度，还高频发布干部接受审查调查、巡视派驻、典型案例等信息。当前，点名道姓地公开曝光违纪案件已成为常态。这些举措事半功倍，不仅获得了社会广泛的关注，厚植了人民群众支持反腐败斗争的根基，增强了人民群众反腐倡廉的信心，也有效地震慑了腐败分子，极大地遏制了腐败持续滋生蔓延的势头，为治本赢得了宝贵的时间。除此之外，党的十八大以来历年中央纪委全会的工作报告全文通过网站向社会公开，让社会公众明确看到反腐败取得的成绩、存在的问题与挑战，明白中央和中央纪委的任务部署和工作安排。实践证明，纪委监委运用网络、微信、客户端等媒介公开监督执纪问责相关信息，提升了工作质量和效果，赢得干部群众的信任与支持。但是地方各级纪检监察机关信息公开内容参差不齐、程度不一，不能充分满足人民群众的知情和监督需求。中央纪委国家监委给全国纪检监察机关做出了榜样，地方各级纪检监察机关网站应当向中央纪委国家监委网站看齐，适应新时代反腐败的形势发展。项目组对全国地方纪检监察机关信息公开持续开展第三方评估，可以帮助地方各级纪检监察机关不断改进信息公开工作，逐步在全国建立一个相对规范的信息公开标准，提升信息公开质量，最终提高纪检监察工作质量。

### （三）有利于监督执纪和保护纪检监察干部

公开有利于建立健全全国统一的监督执纪的标准。虽然党内法规和国家法律以及纪律规定对监督执纪的内容、流程、标准等做出了详细规定，但再完善的制度规定都会挂一漏万。成文规定具有一定的局限性，通过逐步推行公开的方式，将大量具体鲜活的实践向社会公开，才能将制度规定形象化，可以给监督执纪实践提供直接指导和帮助，补充正式制度规定的不足。公开也有利于保护监督执纪的干部。越不公开透明，监督执纪的人情阻力就会越大。人民法院推行裁判文书公开之前，裁判权行使的自由裁量空间非常大。虽然法律明确规定了裁判规定和标准，但社会公众并不十分清楚判决的具体标准和内容。因此想方设法找关系，甚至向司法人员行贿现象比较普遍。最高人民法院建立"中国裁判文书网"，公开裁判文书后，群众很快可以通过对比发现判决标准，知晓判决是否公正。公开对约束自由裁量权起到重要作用，倒逼司法工作人员认真履职，为其抵制各种说情、打招呼提供了充分的理由。人民法院持之以恒坚持公开，其可信度得到很大的提升。

党的十八大以来，党中央对纪检监察干部提出打铁必须自身硬的高标准严要求，中央纪委国家监委采取了很多内控措施，但"灯下黑"现象时有发生。2019年1月，十九届中央纪委三次全会报告指出，2018年全国谈话函询纪检监察干部9200余人，组织处理1.3万人，处分3900余人，移送司法机关110余人。[①] 十八大期间，全国纪检监察机关处分1万余人，组织处理7600余人，谈话函询1.1万人。其中2016年，全国纪检监察机关就谈话函询5800人次、组织处理2500人、处分7900人。[②] 数据表

---

① 2019年1月11日赵乐际在中共第十九届中央纪委三次全会上的工作报告。
② 2017年10月24日，王岐山代表十八届中央纪律检查委员会向中国共产党第十九次全国代表大会所作的工作报告。

明，纪检监察干部也存在违纪违法甚至犯罪的行为，并非天然具有免疫力。项目组调研了解到，很多监督执纪一线的干部都希望纪检监察信息更加公开。因为如果缺乏透明公开或者公开力度不够，运用监督执纪的标准就会不统一，"四种形态"掌握就容易随意，制度规定的程序、标准和内容执行就难以到位。不公开透明也让打招呼、托关系有机可乘、难以杜绝，监督执纪容易被人情所束缚，增加了被"糖衣炮弹"击中的风险。公开透明能让社会更多了解纪检监察工作，从而更加信任、理解和支持纪检监察工作，在社会监督、民主监督和舆论监督网络环境下，各种打招呼、托关系等干扰监督执纪的行为会有所顾忌和收敛，纪检监察干部被腐蚀的风险也就大幅减少，"打铁必须自身硬"要求才会更好地得到保障落实。

## （四）有利于加速"清廉中国"战略实施

2018 年，第八部《反腐倡廉蓝皮书》建议党中央推行"清廉中国"战略，从根本上改变国人找关系甚至行贿的理念、思维和行为习惯。"清廉中国"战略是系统性工程，需要全社会共同努力，但纪检监察机关作为纪律部门，应当率先垂范、主动作为，一方面，通过一体推进"三不腐"机制建设，严肃惩处违纪违法分子，建立健全制度，加强廉洁文化宣传教育；另一方面，加强通报曝光等监督执纪信息公开，成倍放大了惩治腐败的震慑力，可以有效遏制腐败发生。同时，信息公开事实上逐步建立了腐败分子和其他违法违纪行为的大数据库，全社会都可以分享和利用这些信息，腐败分子除了受到法律和纪律以及组织处理之外，还受到信息公开带来的限制，违纪违法成本将会提高。纪检监察机关监督覆盖了所有的公权力，其监督执纪形成的信息是构建社会诚信体系的重要信息来源。对纪检监察机关信息公开进行评估，通过外部监督的方式促进纪检监察机关积极履职，对于营建良好政治生态、推动社会诚信体系建设、推动"清廉中国"建设都具有重要意义。

## 二 纪检监察工作信息公开评估指标体系和方法

### （一）构建评估指标体系

#### 1. 构建原则

为保证评估指标体系的科学性、系统性与合理性，项目组坚持客观与主观相结合、过程与结果相结合、现实性与前瞻性相结合、法定性与参考性相结合的原则。

（1）客观与主观相结合。指标体系中的指标既有客观性指标，也有主观性指标。客观性指标是调查人员无须发挥自由裁量权的指标，主要表现为对"是"与"否"的简单判断。主观性指标则是调查人员具有一定的自由裁量权，依赖其主观判断进行打分的指标。为保证评估的客观性，主观指标占比很少，主要适用于对工作报告新颖度和举措务实性的评价。

（2）过程与结果相结合。过程指标主要是看工作是否进行或者已经完成，但不考虑实际效果和质量。结果指标则主要看工作的效果和质量。指标体系将两者结合，但以过程指标为主，少部分指标是结果指标，例如工作报告新颖性、公开平台更新情况和检索便捷度、预算绩效目标实现情况等。

（3）现实性与前瞻性相结合。指标体系设计主要反映当下纪检监察机关信息公开状况。同时，指标体系具有前瞻性和引导作用，旨在通过评估促进纪检监察机关进一步公开信息，保障舆论监督、群众监督效果。例如通过工作报告举措务实这个指标引导纪检监察机关提升工作报告质量、积极执行工作部署。前瞻性的设计方向主要是借鉴和参考政务公开、司法公开等做法经验，为反腐败和作风建设工作改革创新提供思路，如公开政务处分决定书、办案经费，设定绩效评价目标，机构职能、编制人员、领导职数透明化等，这些指标可以引导纪检监察机关提高监督执纪问责水平和能力，朝着更高的目标前进和努力。

（4）法定性与参照性相结合。指标体系的确立均以相关法律法规和正式文件为依据，如《中华人民共和国宪法》《中华人民共和国监察法》《中国共产党党务公开条例（试行）》《关于全面推进政务公开工作的意见》，及《国务院办公厅关于进一步做好中央政府门户网站内容保障工作的意见》等规定的内容，同时考虑纪检监察机关信息公开的特殊性和保密性要求，参照中央纪委国家监察委网站以及地方网站公开的做法，确定纪检监察机关应该公开的内容，形成评估指标体系。

2. 评估指标体系

纪检监察机关信息公开指标体系根据纪检监察机关职责任务、法律或制度规定和实践做法设计，由三级指标构成，一级指标8个，二级指标25个，三级指标61个，主要从公开平台、组织结构、部门收支、制度规定、工作报告、通报曝光、巡视巡察整改、社会参与8个方面评估纪检监察机关信息公开状况。

（1）公开平台。主要反映纪检监察机关是否有网络化的公开渠道及其功能信息公开状况。公开平台指标具体化为3个二级指标，6个三级指标。第一个二级指标是"公开渠道"，专指纪检监察机关的网络化渠道，如网站，以及微信、微博、手机客户端（"两微一端"），非网络方式的公开墙、公开栏等方式因查找困难，则不予考虑。统计只看是否有公开的渠道。第二个是"检索功能"，不仅看网站是否有检索栏，并且还要输入关键词看能否在网站内检索到有关结果、检索需要的时间。为了保证公平，本项目组建立关键词库，2019年使用的关键词主要是：派出机构、编制、领导班子、简历、实有人员、预算、绩效目标、"三公"经费、全会工作报告、违反中央"八项规定"精神案例、严重职务违法或者职务犯罪、立案决定、处分决定书、巡视反馈、整改情况、巡视巡察公告、举报电话、信访接访人员。虽然网站设有检索栏，但不能检索，或者检索速度十分缓慢的，将会影响其得分。第三个是"信息更新"。《政府网站发展指引》规定，政府网站要对发布的信息和数据及时更新，确保准确权威，已发布的静态信息发生变化或调整时，要及时更新替换。这个指标主要看纪检监察机关网站首页头条信息和网站其他栏目是否持续经常更新。

（2）组织结构。主要考察纪检监察机关机构职能任务、机构和主要人员信息公开情况。《政府网站发展指引》对机构职能、负责人信息等做了非常明确的规定，如机构职能信息要求发布机构设置、主要职责和联系方式等信息。负责人信息包括机构负责人的姓名、照片、简历、主管或分管工作以及重要讲话文稿等。考虑到纪检监察机关工作性质的特殊性，设置5个二级指标，14个三级指标，主要看有无相关的信息，要求相对比较低。第一个二级指标是"职能任务"，看网站上是否公开纪委监委的职能和任务。第二个是"内设和派驻机构"，看是否公开纪检监察机关内设及派出机构的名称、职能职责、负责人姓名三个方面的信息；派驻机构是专指按照全覆盖要求的综合派驻和单独派驻的纪检监察组。第三个是"人员编制"，是指纪检监察机关和派驻机构的编制数是否公开。第四个是"领导班子信息"，看是否公开纪检监察机关领导职数、领导班子成员姓名、照片、简历信息等。第五个"人员信息"，指纪检监察机关和派驻机构实有人员数是否公开，实有人员包括公务员、事业单位人员、签订劳务合同的聘用人员等，纪检监察机关内设机构和派驻机构领导人员姓名，如内设室（部）主任或部长、副主任或副部长、纪检组组长和副组长的姓名。

（3）部门收支。主要评估纪检监察机关财务信息公开情况。每年各级纪检监察机关都要根据规定在网上公开本单位收支情况，但各地做法并不一样，公开内容程度并不相同，有的还公布部门预算绩效，但有的并不公开。该部分二级指标共4个，三级指标9个。第一个二级指标是"预决算"，主要看三个方面：首先是否按时公开纪检监察机关预算或决算信息，一般是在3月底之前公布预算，评估统计时段一般安排在下半年，统计时主要看公开的时间。其次是看纪检监察机关预算是否便于查找，有的预算在政府网站公开而不是在纪检监察机关网站公开，因为统计的数据来源都是纪检监察机关网站，评估统计以纪检监察机关网站检索栏能否检索到公开的预算或决算为准。如果在其他网站公开，但未在纪检监察机关网站公开的，将会影响其得分。最后是看纪检监察机关预算公开是否充分。这是一个评估预算公开内容的指标，在地方各级纪检监察机关公开的预算中，通过横向比较判断各机构预算公开的充分度。第二个二级指标是"预算绩效目标",指是否按时公开纪检监察机关部门预算绩效目标,预算绩效目标公开是否具体客观。衡量是否具体客观既要考虑绩效目标的设置是否具体量化,也要看目标实现是否有量化的指标来对应。第三个二级指标是"办案经费",主要看"两个公开",即是否公开纪委审查、监委调查工作经费年度开支总额和大案要案查办支出。第四个二级指标是"'三公'经费",看"三公"经费开支总额和经费开支明细是否公开。经费开支明细指的是单列公务接待费、公务用车购置及运行费(包括公务用车购置费、公务用车运行维护费)、因公出国(境)费用。

(4)制度规定。评估纪检监察机关对上级和自己制定的制度规定公开情况。国务院要求各地区、各部门要建立完善政府网站信息发布机制,及时准确发布政府重要会议、重要活动、重大决策信息。纪检监察机关同样要对上级纪检监察机关的文件、制度进行宣传和贯彻落实。但考虑到纪检监察机关的特殊性,指标仅对不具有保密性的制度规定公开公示情况进行统计。二级指标有2个,第一个是"上级制度",设置了3个三级指标,即看网站是否开设制度专栏、公开的制度是否齐全、公开的制度更新是否及时,是否齐全和及时更新具有一定的主观性,应该公开但没有公开,已经修改过时的制度却未更新替换,都要根据情况扣分。第二个二级指标是"本级制度",看是否公开本地纪检监察工作制度及规范性文件。

(5)工作报告。主要反映本级纪委监委工作报告是否公开、公开的及时性以及工作报告的质量。二级指标有3个,第一个是"可获取",看当年本级纪委全委会上的工作报告是否在本单位网站全文公开、公开是否及时。及时性主要以纪检监察机关年度工作会议召开后一个月内公开为标准。第二个二级指标是"报告新颖",就是看工作报告是否有创新性做法。对创新性的判断通过横向和纵向比较做出。第三个二级指标是"举措务实",看工作目标与工作部署的吻合度、工作成效数据和事实。

(6)通报曝光。反映纪委监委对涉嫌严重职务违法或者职务犯罪、违反"中央八项规定"精神案例曝光公开情况。"通报曝光"是中央纪委国家监察委网站带头推行的做法,地方各级纪检监察机关应该要有看齐意识,加大曝光力度。二级指标有 3 个，第一个是"开设专栏"，一方面看网站是否专门开设"曝光台""审查调查""执纪审查"等通报专栏，另一方面还要看通报专栏更新是否及时。第二个是"案件通报"，有 6 个三级指标，但主要是两个方面，一方面是看最近半年是否及时向社会公开发布涉嫌严重职务违法或者职务犯罪的审查调查信息；另一方面是看违反"中央八项规定精神"案例是否曝光，曝光后还要看是否公开涉案人姓名、单位和职务、违纪事实、处分结果等四个方面的信息。第三个二级指标是"通报深度"，看三个信息：重要案件立案决定是否及时通报；是否公开违纪干部处分决定；处分决定书公开是不是全文公开。是否及时看通报发布时间与立案时间间隔天数。处分决定公开要看是公开所有的内容，还是仅公开处分的结果。

（7）巡视巡察整改。反映纪检监察机关对上级巡视巡察反馈整改和本级巡视巡察执行公开情况。巡视巡察工作虽然是地方各级党委领导，但巡视巡察工作办公室一般设在纪检监察机关，各级纪检监察机关网站都将巡视巡察工作作为重要内容予以公开。二级指标有两个，一个是"上级巡视巡察"，看是否公开上级巡视巡察反馈问题和整改情况；另一个是"本级巡视巡察"，看是否公开本级巡视巡察公告、工作报告或发现的问题、巡视巡察后整改情况的通报。

（8）社会参与。反映社会参与纪检监察机关工作的渠道是否通畅、是否主动积极。人民群众的支持和参与是党风廉政建设和反腐败工作取得决定性胜利的关键，纪检监察机关网站则是与群众进行联系沟通的重要纽带和桥梁，因此这一部分指标的权重最高。二级指标共有 3 个，第一个是"监督举报渠道"，在纪检监察机关网站上要看是否有监督举报网站、是否公开举报电话、举报信件投寄地址。第二个二级指标是"公众评价互动"，主要看网站是否开设留言板、群众留言是否回复。第三个二级指标是"网站点击率"，首先是看纪检监察机关网站是否公开点击率的统计，再就是看网站首页头条新闻信息前五条浏览人数，浏览人次根据横向比较所有评估网站浏览量来确定。如果网站上没有公开此项信息，则做零分处理。纪委监委信息公开评估指标体系见表1。

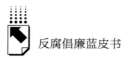

表1　纪委监委信息公开评估指标体系

| 一级指标 | 二级指标 | 三级指标 |
|---|---|---|
| 1. 公开平台<br>（10%） | 公开渠道<br>（30%） | 是否有网络公开渠道（如网站、微信、微博、手机客户端）（50%） |
| | | 是否有专门的官方网站（50%） |
| | 检索功能<br>（30%） | 是否设置站内检索（50%） |
| | | 站内检索功能是否便捷（50%） |
| | 信息更新<br>（40%） | 首页头条信息是否经常更新（50%） |
| | | 其他栏目信息是否经常更新（50%） |
| 2. 组织结构<br>（10%） | 职能任务（20%） | 是否公开纪委监委的职能和任务（100%） |
| | 内设和派驻<br>机构（20%） | 是否公开内设及派驻机构名称（50%） |
| | | 是否公开内设及派驻机构职能职责（25%） |
| | | 是否公开内设及派驻机构负责人姓名（25%） |
| | 人员编制<br>（20%） | 是否公开纪检监察机关编制数（50%） |
| | | 是否公开派驻机构编制数（50%） |
| | 领导班子信息<br>（20%） | 是否公开领导职数（25%） |
| | | 是否公开领导班子成员姓名（25%） |
| | | 是否公开领导班子成员照片（25%） |
| | | 是否公开领导班子成员简历（25%） |
| | 人员信息<br>（20%） | 是否公开纪检监察机关实有人员数（25%） |
| | | 是否公开派驻机构实有人员（25%） |
| | | 是否公开内设机构领导人员姓名（25%） |
| | | 是否公开派驻机构领导人员姓名（25%） |
| 3. 部门收支<br>（15%） | 预决算<br>（25%） | 是否按时公开纪检监察机关预算或决算（50%） |
| | | 预算是否便于查找（25%） |
| | | 预算公开是否充分（25%） |
| | 预算绩效目标<br>（25%） | 是否按时公开纪检监察机关预算绩效目标（50%） |
| | | 预算绩效目标公开是否具体客观（50%） |
| | 办案经费<br>（25%） | 是否公开纪委审查、监委调查工作经费年度开支总额（50%） |
| | | 是否公开大案要案查办支出（50%） |
| | "三公"经费<br>（25%） | 是否公开"三公"经费开支总额（50%） |
| | | 是否公开"三公"经费开支明细（50%） |
| 4. 制度规定<br>（12%） | 上级制度（50%） | 网站是否开设制度专栏（34%） |
| | | 网站公开制度是否齐全（33%） |
| | | 网站公开制度更新是否及时（33%） |
| | 本级制度（50%） | 是否公开本级工作制度（50%） |
| | | 是否公开本级出台的规范性文件（50%） |

续表

| 一级指标 | 二级指标 | 三级指标 |
|---|---|---|
| 5. 工作报告（12%） | 可获取（34%） | 工作报告是否全文公开（75%） |
| | | 工作报告公开是否及时（25%） |
| | 报告新颖（33%） | 工作报告是否有创新性做法（100%） |
| | 举措务实（33%） | 工作目标与工作部署的吻合度、工作成效数据和事实（100%） |
| 6. 通报曝光（15%） | 开设专栏（34%） | 网站是否专门开设通报专栏（50%） |
| | | 通报专栏更新是否及时（50%） |
| | 案件通报（33%） | 是否及时向社会公开发布涉嫌严重职务违法或者职务犯罪的审查调查信息（40%） |
| | | 是否曝光违反"中央八项规定"精神案例（20%） |
| | | 每例违反"中央八项规定"精神案例是否列明涉案人姓名（10%） |
| | | 每例违反"中央八项规定"精神案例是否列明涉案人单位和职务（10%） |
| | | 每例违反"中央八项规定"精神案例是否列明涉案人违纪事实（10%） |
| | | 每例违反"中央八项规定"精神案例是否列明涉案人处分结果（10%） |
| | 通报深度（33%） | 是否及时通报重要案件立案决定（34%） |
| | | 违纪干部处分决定是否公开（33%） |
| | | 处分决定书是否全文公开（33%） |
| 7. 巡视巡察整改（10%） | 上级巡视巡察（50%） | 是否公开上级巡视巡察反馈问题（50%） |
| | | 是否公开上级巡视巡察后整改情况（50%） |
| | 本级巡视巡察（50%） | 是否公开本级组织开展的巡视巡察公告（34%） |
| | | 是否公开本级巡视巡察工作报告或发现的问题（33%） |
| | | 是否公开本级巡视巡察后整改情况的通报（33%） |
| 8. 社会参与（16%） | 监督举报渠道（34%） | 是否有监督举报网站（34%） |
| | | 是否公开监督举报电话（33%） |
| | | 是否公开监督举报信件投寄地址（33%） |
| | 公众评价互动（33%） | 网站是否开设留言板（50%） |
| | | 对网站群众留言是否回复（50%） |
| | 网站点击率（33%） | 网站是否公开对点击率的统计（50%） |
| | | 网站首页头条新闻信息前五条浏览人数（50%） |

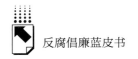

### （二）指标权重分配方法

1. 权重分配方法及程序

在纪检监察机关信息公开的指标体系中，各指标的重要程度并不完全相同。为了表示出各个指标的重要程度，课题组对各指标的相对重要性进行了估测，即确定各个指标的权重。确定权重的方法较多，项目组主要运用德尔菲专家咨询法、主次指标排列分类法和主观经验法。首先，总分限定为 100 分，对每个一级指标赋予 10% 的权重，再由每一位专家根据自身的经验从 8 个一级指标中选出相对重要的 4 个一级指标，并根据专家各自的经验分别分配 10% 的权重，再从选出的相对重要的 4 个一级指标中选出更重要的 2 个一级指标，并根据专家各自的经验分别分配 5% 的权重，再对每位专家最终给出的权重取平均值。二级指标在对应的一级指标权重范围内用上述方法确定其具体权重，三级指标则在对应的二级指标权重下用上述方法确定其权重。其次，再由专家对个别争议指标权重分配进行集中研究讨论确定。

2. 运用方法

关于政府网站信息公开的评估方法，不同学者构建了多样的评估指标体系，开展了多个层面的评估研究，例如钟军等从我国政府网站的实际特点和现状出发，提出了包括网站的容量、更新速度、稳定性等内容的评测方法与指标[1]；费军等利用层次分析法构建了由 4 个一级指标和 19 个二级指标组成的政府网站信息公开评估指标体系[2]；许剑颖选择江苏省全部 13 个地级市政府网站作为研究样本，确定了网页总数、总链接数、外链接数、内链接数、网络影响因子、PR 值等共 8 个分析指标，运用链接分析法对政府网站的网络影响力进行分析[3]。这些研究以政府的官方网站作为重要的信息来源渠道，为政府信息公开评估提供了有益的启发。纪检监察机关与政府机

① 钟军、苏竣：《政府网站评测方法研究》，《科研管理》2002 年第 1 期。
② 费军、王露：《地方政府网站信息公开专项评估研究》，《电子政务》2015 年第 12 期。
③ 许剑颖：《基于链接分析法的江苏省市级政府网站网络影响力分析》，《现代情报》2012 年第 10 期。

关工作性质具有较大的差别。纪检监察机关行使监督权，执纪监督和执纪审查具有较强的政治性和保密性，获取纪检监察机关的工作信息比较困难。但这并不影响对纪检监察机关信息公开的评估，因为只要采用的评估方法和指标体系相同，对所有纪检监察机关都是公平的。项目组设计了适用于所有地方纪检监察机关的指标体系，通过全面覆盖或者随机抽样方法确定评估对象，观察每个纪检监察评估对象在自己的网站发布的相关信息，分析主动公开的情况。为保证评估的公平性，项目组评估的时间为统一的时间段。调查评估人员全面搜集评估需要的数据、资料和信息。凡是调查人员无法找到信息内容、无法打开网页的，由其他调查人员再次进行确认，采取变更电脑、变更浏览器、变更上网 IP 地址、变更上网时间等方式进行尝试。组织多轮评估，由不同的调查人员对评估结果进行核查，找出差异点。指标体系尽可能多地使用客观指标，以避免调查人员的随意性判断，同时将指标解释统一规范化，减少和避免理解上的歧义。检验的方法就是让不同的调查人员对同一评估对象打分，得出的结果要基本相同。我们采用多轮评估、相互校核的办法，保证评估标准的一致性和准确性：首先是初步评估，调查评估人员在相关纪检监察网站查找有关信息，根据指标体系和权重，对评估对象进行打分；其次是复核比对，复核调查人员对初步评估逐项进行验证，提出复核意见，修改评估结果；最后会商研究，对复核中出现的重大分歧，组织召开专家评审会议，确定评估结果。

# 三　2019年评估的总体情况

## （一）评估对象

2019 年，项目组评估了 31 个省（自治区、直辖市）、54 个地级市、108 个县级纪委监委网站，相较于 2018 年，省级纪委监委保持不变，除了香港、澳门和台湾外，做到了全覆盖；地级市在数量上与 2018 年相同，但评价对象特意剔除了 2018 年评估过的地级市；县级比 2018 年的 62 个多了

46个,并且2019年的评估对象与2018年不存在交叉重叠。此外,2019年还特别增加了四个直辖市下属的86个区县纪委监委和32个省会及副省级城市纪委监委作为评估对象。因此,2019年的评估范围更广,评估类别更多,这样可以尽可能多地通过评估客观全面地反映地方纪检监察机关信息公开的状况,力争在未来数年的评估中实现地方纪检监察机关信息公开评估的全覆盖。

## (二)评估结果

### 1.省级纪检监察机关信息公开评估结果

2019年评估的31个省级纪委监委网站信息公开平均得分59.14分,较2018年略增1.14分,中位数59.28,较2018年略增1.18分,其中第一名甘肃省得分74.82分,较2018年第一名广西壮族自治区(77.77),下降了2.95分,最后一名黑龙江省40.27分,较2018年最后一名黑龙江省(30.72)上升了9.55分,升幅达31.09%。2019年评估结果中,得分在60分以上的有15个省,占到48.39%,与2018年持平。得分排名前十的分别为:甘肃、安徽、内蒙古、海南、贵州、湖南、江西、四川、河北、福建(见表2),其中内蒙古、海南、四川、福建进步较为明显,分别上升了18位、16位、16位、9位,前十名的平均得分为70.04分。

表2　得分排名前十的省级纪委监委

| 排名 | 地名 | 公开平台(10%) | 组织结构(10%) | 部门收支(15%) | 制度规定(12%) | 工作报告(12%) | 通报曝光(15%) | 巡视巡察整改(10%) | 社会参与(16%) | 总分(满分100) |
|---|---|---|---|---|---|---|---|---|---|---|
| 1 | 甘肃 | 100 | 10.0 | 83.1 | 90.9 | 90.1 | 85.8 | 100.0 | 42.3 | 74.82 |
| 2 | 安徽 | 100 | 25.0 | 76.9 | 70.9 | 93.4 | 85.8 | 86.8 | 58.8 | 74.71 |
| 3 | 内蒙古 | 100 | 45.0 | 61.3 | 33.5 | 91.7 | 84.8 | 100.0 | 67.0 | 72.14 |
| 4 | 海南 | 100 | 40.0 | 81.3 | 100.0 | 0.0 | 84.8 | 100.0 | 67.0 | 71.62 |
| 5 | 贵州 | 100 | 45.0 | 80.6 | 35.3 | 95.1 | 85.8 | 100.0 | 36.3 | 70.92 |
| 6 | 湖南 | 100 | 15.0 | 69.1 | 100.0 | 0.0 | 84.8 | 88.45 | 83.5 | 68.78 |
| 7 | 江西 | 100 | 45.5 | 69.1 | 45.2 | 91.8 | 85.3 | 78.55 | 42.3 | 68.75 |
| 8 | 四川 | 100 | 20.0 | 69.1 | 50.3 | 91.8 | 85.3 | 76.9 | 42.3 | 66.64 |
| 9 | 河北 | 100 | 20.0 | 48.1 | 61.8 | 90.1 | 83.7 | 93.4 | 42.3 | 66.10 |
| 10 | 福建 | 100 | 45.0 | 61.3 | 33.5 | 86.8 | 84.8 | 83.5 | 42.3 | 65.95 |

得分在 50 分以下的共有 5 个省市，占 16.13%，平均得分 44.05 分，与 2018 年相比，省份少 2 个，平均得分增加了 8.15%（2018 年平均得分 40.73）。同时，重庆、上海、黑龙江、江苏得分继续保持在 50 分以下（见表 3）。

表 3　得分 50 分以下的省市

| 排名 | 地名 | 公开平台（10%） | 组织结构（10%） | 部门收支（15%） | 制度规定（12%） | 工作报告（12%） | 通报曝光（15%） | 巡视巡察整改（10%） | 社会参与（16%） | 总分（满分100） |
|---|---|---|---|---|---|---|---|---|---|---|
| 27 | 江苏 | 100 | 25.0 | 48.1 | 0 | 0 | 85.3 | 86.8 | 42.3 | 47.95 |
| 28 | 宁夏 | 70 | 27.5 | 48.1 | 33.5 | 0 | 85.8 | 93.4 | 22.8 | 47.85 |
| 29 | 上海 | 100 | 0 | 0 | 38.5 | 0 | 86.4 | 81.65 | 42.3 | 42.50 |
| 30 | 重庆 | 100 | 0 | 0 | 33.5 | 0 | 84.8 | 100.0 | 31.0 | 41.70 |
| 31 | 黑龙江 | 100 | 15 | 0 | 28.6 | 0 | 85.8 | 75.0 | 31.0 | 40.27 |

从分项来看，各省级纪委监委网站得分率最高的是公开平台项，平均得分高达 99.03 分，其次是巡视巡察整改、通报曝光，平均得分分别达到 91.25、85.06 分，这充分说明各省级纪委监委在信息公开平台建设和典型案例通报曝光方面做得普遍较好，积极回应了人民群众的关切。同时，得分率最低的是组织结构项，平均得分仅 25.97 分，距离得分率倒数第二的工作报告项 32.24 分差了 6.27 分，距离所有项平均数 59.74 差了 30 多分，这说明各省级纪委监委网站在组织结构项信息公开严重不充分，特别是在领导职数、纪委监委内设机构、派驻机构名称、派驻机构职能、派驻机构负责人、派驻机构编制数、实有人员数等方面亟须提高公开度。得分率倒数第二名是工作报告项，这一项之所以失分较高是因为相当多的纪委监委全会工作报告没有及时全文发布，而是用新闻稿、要点、解读稿替代全文公布，同时工作报告的质量亟待进一步提升（见图 1）。

2. 省会及副省级城市纪检监察机关信息公开评估结果

2019 年，项目组对 32 个省会及副省级城市纪委监委网站进行了评估。除西宁市纪委监委网站无法打开外，其他 31 个省会及副省级城市纪委监委网站均能正常访问。

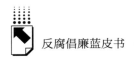
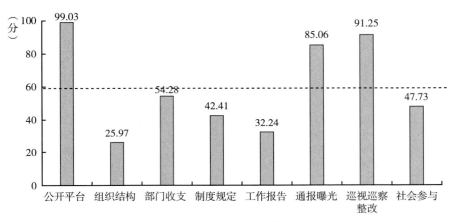

**图1　各省级纪委监委分项平均得分**

注：图中虚线为各项平均分59.74分。

评估结果显示，最高分是石家庄60.03分，也是唯一一个分数在60分以上的评估对象。平均得分40.71分，高于平均分的有20个市，占62.5%，比省纪委监委占比高10.89个百分点，中位数42.86分，比省级低了16.42分，同时比地级市高1.69分，比县级高25.2分，这种省、省会及副省级、地级市、县级的差序也充分说明越往上，越重视信息公开工作。得分在50分至60分的有3个市，分别为南京、南宁、贵阳；得分在40分至50分的有17个市，分别为成都、宁波、武汉、兰州、大连、深圳、呼和浩特、长春、哈尔滨、合肥、海口、太原、沈阳、西安、郑州、乌鲁木齐、广州；得分在30分至40分的有7个市，分别为厦门、福州、拉萨、长沙、昆明、杭州、青岛；得分在20分至30分的有3个市，分别为济南、南昌、银川；西宁因网站无法打开得分为0（见表4、图2）。

**表4　得分排名前十的省会及副省级城市**

| 排名 | 地名 | 公开平台（10%） | 组织结构（10%） | 部门收支（15%） | 制度规定（12%） | 工作报告（12%） | 通报曝光（15%） | 巡视巡察整改（10%） | 社会参与（16%） | 总分（满分100） |
|---|---|---|---|---|---|---|---|---|---|
| 1 | 石家庄 | 98 | 12.5 | 53.13 | 39.3 | 92.55 | 73.72 | 63.2 | 48.85 | 60.03 |
| 2 | 南京 | 100 | 5.0 | 95.0 | 36.0 | 91.7 | 23.1 | 50.0 | 50.5 | 56.62 |

续表

| 排名 | 地名 | 公开平台(10%) | 组织结构(10%) | 部门收支(15%) | 制度规定(12%) | 工作报告(12%) | 通报曝光(15%) | 巡视巡察整改(10%) | 社会参与(16%) | 总分(满分100) |
|---|---|---|---|---|---|---|---|---|---|---|
| 3 | 南宁 | 98 | 7.5 | 61.88 | 58.5 | 0 | 70.7 | 51.7 | 65.35 | 53.08 |
| 4 | 贵阳 | 70 | 15.0 | 63.13 | 25.0 | 92.55 | 38.62 | 51.7 | 48.85 | 50.85 |
| 5 | 成都 | 100 | 12.5 | 0.0 | 18.65 | 92.55 | 78.2 | 67.0 | 42.51 | 49.83 |
| 6 | 宁波 | 100 | 7.5 | 61.25 | 43.4 | 0 | 67.92 | 76.45 | 26.41 | 47.2 |
| 7 | 武汉 | 100 | 9.5 | 70.63 | 21.95 | 0 | 80.83 | 0.0 | 67.0 | 47.02 |
| 8 | 兰州 | 98 | 0 | 53.13 | 36.0 | 0 | 73.14 | 0.0 | 47.2 | 46.61 |
| 9 | 大连 | 100 | 12.5 | 65.63 | 30.2 | 0 | 58.02 | 50.0 | 48.85 | 46.24 |
| 10 | 深圳 | 85 | 32.5 | 60.63 | 5.1 | 0 | 73.14 | 50.0 | 48.85 | 45.34 |

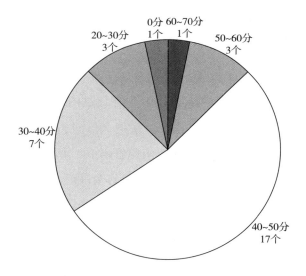

图2 省会及副省级城市纪委监委各得分段城市个数

从分项来看，得分最高的是公开平台，90.58分；其次是通报曝光，55.12分；再次是巡视巡察整改，50.63分；得分率最低的是组织结构，仅9.27分，其次是工作报告14.38分（见图3）。这个结果，大致与省级纪委监委、地级市纪委监委评估结果相似，在公开平台和通报曝光方面信息公开较充分，而在组织结构、工作报告方面信息公开较差。

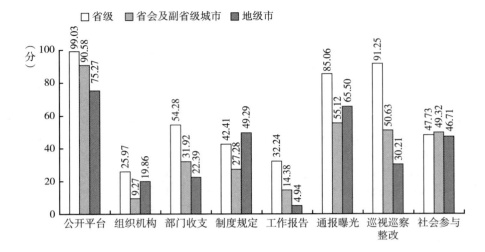

**图3 省级、省会及副省级城市、地级市纪委监委分项得分对比**

3. 地级市纪检监察机关信息公开评估结果

2019 年地级市评估对象剔除了 2018 年评估过的地市、省会及副省级城市和海南省三沙市后，通过人口排序，采用 PPS 进行等距抽样确定的。评估数量与 2018 年相同。评估期间，海南省儋州市、青海省海南藏族自治州、青海省西宁市 3 市纪委监委没有网站，甘肃省金昌市、吉林省白城市 2 市虽然查找到了网站地址，但在数据收集时段网站无法访问，因此以上 5 市得分均为 0。计算占比、平均值时均以 49 个评估对象为基数。

2019 年评估中，地级市纪检监察机关信息公开评估平均得分 39.70，较 2018 年 44.03 下滑了 9.83%，相较于省级 59.14 分相差了近 20 分，中位数较 2018 年 45.38 分下滑了 5.95 分。总分在 60 分以上的仅 1 家，较 2018 年减少了 2 家，且分值较 2018 年第一名河南洛阳 66.38 分少了 4.95 分。得分在 50 分（含，下同）至 60 分（不含，下同）的评估对象有 6 家，占比为 12.2%，较 2018 年 11 家下降了 45.45%；得分在 40 分至 50 分的评估对象有 20 家，占比为 40.8%，与 2018 年 21 家基本持平；得分在 30 分至 40 分的评估对象有 14 家，占比为 28.6%，较 2018 年 16 家基本持平；得分在 30

分以下的评估对象有 13 家，占比为 26.5%。如图 4 所示，2018 年得分分布主要在 40 分以上，而 2019 年得分主要处于 50 分以下。

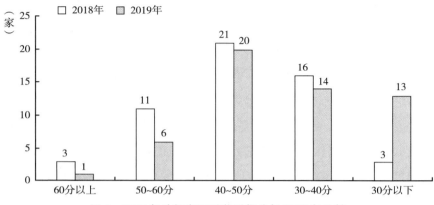

**图 4　2018 年地级市纪委监委得分与 2019 年比较**

总得分排在前十名的有：云南怒江傈僳族自治州、江苏镇江、山东东营、河北承德、海南三亚、湖南永州、安徽蚌埠、辽宁铁岭、广东汕头、陕西宝鸡，平均得分 52.12 分，较 2018 年 56.97 分下降了 8.51%（见表 5），与省级前十名的平均得分存在较大的距离。

**表 5　得分排名前十的地级市纪委监委**

| 排名 | 地级市 | 公开平台（10%） | 组织结构（10%） | 部门收支（15%） | 制度规定（12%） | 工作报告（12%） | 通报曝光（15%） | 巡视巡察整改（10%） | 社会参与（16%） | 总分（满分100） |
|---|---|---|---|---|---|---|---|---|---|---|
| 1 | 云南怒江傈僳族自治州 | 70 | 35 | 87.5 | 100 | 0 | 78.22 | 33.5 | 67 | 61.43 |
| 2 | 江苏镇江 | 70 | 5.0 | 43.75 | 100.0 | 0 | 78.22 | 50.0 | 100.0 | 58.80 |
| 3 | 山东东营 | 85 | 41.5 | 0.0 | 50.0 | 83.5 | 78.22 | 17.0 | 67.0 | 52.82 |
| 4 | 河北承德 | 80 | 10.0 | 18.75 | 100.0 | 79.25 | 45.3 | 83.5 | 22.78 | 52.11 |
| 5 | 海南三亚 | 85 | 35.0 | 43.75 | 50.0 | 0 | 78.22 | 50.0 | 67.0 | 52.02 |
| 6 | 湖南永州 | 100 | 37.5 | 0 | 50.0 | 79.25 | 78.22 | 50.0 | 34.0 | 51.43 |
| 7 | 安徽蚌埠 | 85 | 12.5 | 56.25 | 91.75 | 0 | 78.22 | 50.0 | 34.0 | 51.37 |
| 8 | 辽宁铁岭 | 90 | 45.0 | 62.5 | 33.5 | 0 | 65.79 | 0 | 67.0 | 47.48 |
| 9 | 广东汕头 | 85 | 10.0 | 6.25 | 50.0 | 0 | 65.02 | 100.0 | 67.0 | 46.91 |
| 10 | 陕西宝鸡 | 90 | 30.0 | 43.75 | 50.0 | 0 | 78.22 | 33.5 | 44.56 | 46.78 |

从分项来看，得分率最高的是公开平台，平均得分 75.27 分，其次是通报曝光，平均得分 65.50 分，这个结果与 2018 年也相同，由此可见，公开平台和通报曝光是地级市纪委监委信息公开相对比较充分的项目。得分率最低的是工作报告项，平均得分仅 4.94 分，甚至远低于第二名组织结构 19.86 分（见图 5），这个结果与省级纪委监委相类似，也与 2018 年结果类似，即得分率最低的两个项目均为组织结构和工作报告。2019 年评估中，地级市纪委监委网站仅 3 个市全文公开工作报告，大多数通过新闻报道或纪要形式进行了公开，而在纪委监委机关编制数方面，仅 5 个市进行了公开，占比仅 10.20%。当然，与省级纪委监委相较而言，得分率在平均数以上的项占到 50%，比省级纪委监委多了 12.5 个百分点。八项得分平均值 39.27，较省级纪委监委 59.74 分存在不小的差距。

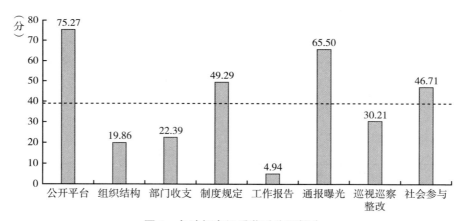

**图 5　各地级市纪委监委分项得分**

注：图中虚线为各项平均分 39.27 分。

4. 县级纪检监察机关信息公开评估结果

2019 年全国 27 个省/自治区（剔除了直辖市）中，每个省（区）采取随机抽样的方法抽取 4 个县级纪委监委，总计 108 个评估对象，比 2018 年多 46 个评估对象。评估期内，58 个县（市、区）纪委监委未搜索到官网，占比达到 53.7%，分别比地级市纪委监委和省级纪委监委高了 44.44 个、

53.7个百分点,足见县级纪检监察机关在官方网站建设方面与地级市和省级存在很大的差距。但是没被搜到官网的部分县(市、区)建立了微信公众号平台,在12388网站建立了举报渠道,项目组酌情在公开平台项给分,其他项目分数为0。

108个评估对象平均得分28.83分,较2018年32.23分下降了3.4分,其中42个县(市、区)得分高于平均分,占38.89%,较2018年60%的县(市、区)在平均分以上下降了不少;中位数17.66分,较2018年的37.17分,下降了52.49%。得分最高的是江苏省南通市海安市,72.43分,也是唯一的70分以上的县(市、区)(见表6)。得分在60~70分的有10个县,占9.26%,较2018年上升2.81%;50~60分的14个,占12.96%;40~50分的9个,占8.33%;30~40分的8个,占7.41%;20~30分的3个,占2.78%;10~20分的48个,占44.44%;10分以下的15个,占13.89%(见图6)。

**表6　得分前十的县级纪委监委**

| 排名 | 所在地 | 公开平台(10%) | 组织结构(10%) | 部门收支(15%) | 制度规定(12%) | 工作报告(12%) | 通报曝光(15%) | 巡视巡察整改(10%) | 社会参与(16%) | 总分 |
|---|---|---|---|---|---|---|---|---|---|---|
| 1 | 江苏省南通市海安市 | 67.00 | 60.00 | 75.00 | 100.00 | 91.50 | 89.13 | 50.00 | 44.56 | 72.43 |
| 2 | 江西省抚州市资溪县 | 90.00 | 50.00 | 75.00 | 75.00 | 100.00 | 89.13 | 16.50 | 54.31 | 69.95 |
| 3 | 贵州省黔西南布依族苗族自治州兴义市 | 82.00 | 50.00 | 68.73 | 100.00 | 100.00 | 89.13 | 0.00 | 34.00 | 66.32 |
| 4 | 吉林省吉林市永吉县 | 66.00 | 40.00 | 68.73 | 58.50 | 91.50 | 55.13 | 83.00 | 50.50 | 63.56 |
| 5 | 宁夏回族自治区石嘴山市惠农区 | 74.00 | 60.00 | 68.73 | 75.00 | 100.00 | 55.13 | 33.50 | 34.00 | 61.77 |
| 6 | 安徽省淮南市潘集区 | 72.00 | 50.00 | 68.73 | 50.00 | 91.50 | 53.80 | 33.50 | 67.00 | 61.63 |

续表

| 排名 | 所在地 | 公开平台（10%） | 组织结构（10%） | 部门收支（15%） | 制度规定（12%） | 工作报告（12%） | 通报曝光（15%） | 巡视巡察整改（10%） | 社会参与（16%） | 总分 |
|---|---|---|---|---|---|---|---|---|---|---|
| 7 | 广西壮族自治区钦州市浦北县 | 64.00 | 40.00 | 68.73 | 50.00 | 91.50 | 53.80 | 50.00 | 67.00 | 61.48 |
| 8 | 湖南省怀化市洪江市 | 60.00 | 75.00 | 75.00 | 17.00 | 91.50 | 53.80 | 50.00 | 65.88 | 61.38 |
| 9 | 安徽省合肥市包河区 | 84.00 | 40.00 | 68.73 | 100.00 | 91.50 | 53.80 | 16.50 | 34.00 | 60.85 |
| 10 | 浙江省嘉兴市海宁市 | 72.00 | 55.00 | 68.73 | 100.00 | 0.00 | 89.13 | 50.00 | 44.56 | 60.51 |

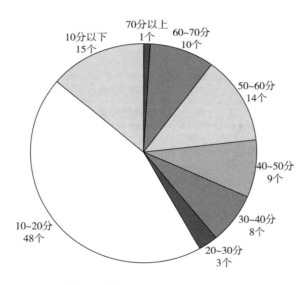

**图6　县级纪委监委各得分段县（市、区）个数**

以随机抽取四个县（市、区）所在省（自治区）为单位看，平均得分在50分以上的仅四个省（自治区），分别为：江西省57.76分、安徽省54.95分、四川省53.11分、内蒙古自治区52.97分，对应的省（自治区）纪委监委2019年评估中得分为江西省68.75分，排名第7名，安徽省74.71分，排第二名，四川省66.64分，排名第八，内蒙古72.14分，排名第三，均位列八强

（见表7）。平均得分在40分至50分的有浙江省40.27分；30分至40分的有八个省（自治区），分别为广西壮族自治区、贵州省、湖南省、福建省、广东省、陕西省、江苏省、吉林省，平均得分35.19分；20分至30分的有四个省（自治区），分别为宁夏回族自治区、山东省、云南省、甘肃省，平均得分24.43分；10余分的有十个省（自治区），分别为：黑龙江省、湖北省、河南省、青海省、辽宁省、山西省、新疆维吾尔自治区、海南省、河北省、西藏自治区，平均得分14分。值得一提的是，2019年省级纪委监委评估得分第一名甘肃省，其四个县级纪委监委平均得分仅20.04分，在27个省（自治区）中排第17名，而得分排第4名的海南省，其四个县级纪委监委平均得分仅13.57分，在27个省（自治区）中排第25名，这也说明在信息公开工作中存在上热下冷的情况。

表7　各省份评估名次排名情况

| 省份 | 2019年省级纪委监委评估排名 | 2018年省级纪委监委评估排名 | 名次变化情况 | 2019年基于县级纪委监委平均分的省份排名 |
|---|---|---|---|---|
| 甘肃 | 1 | 6 | ↑5 | 17 |
| 安徽 | 2 | 7 | ↑5 | 2 |
| 内蒙古 | 3 | 21 | ↑18 | 4 |
| 海南 | 4 | 20 | ↑16 | 25 |
| 贵州 | 5 | 4 | ↓1 | 7 |
| 湖南 | 6 | 2 | ↓4 | 8 |
| 江西 | 7 | 9 | ↑2 | 1 |
| 四川 | 8 | 24 | ↑16 | 3 |
| 河北 | 9 | 11 | ↑2 | 26 |
| 福建 | 10 | 19 | ↑9 | 9 |
| 新疆 | 11 | 22 | ↑11 | 24 |
| 河南 | 12 | 16 | ↑4 | 20 |
| 陕西 | 13 | 5 | ↓8 | 11 |
| 湖北 | 14 | 13 | ↓1 | 19 |
| 云南 | 15 | 3 | ↓12 | 16 |
| 天津 | 16 | 14 | ↓2 | — |
| 青海 | 17 | 8 | ↓9 | 21 |
| 广东 | 18 | 10 | ↓8 | 10 |
| 浙江 | 19 | 25 | ↑6 | 5 |

| 省份 | 2019年省级纪委监委评估排名 | 2018年省级纪委监委评估排名 | 名次变化情况 | 2019年基于县级纪委监委平均分的省份排名 |
|---|---|---|---|---|
| 吉林 | 20 | 12 | ↓8 | 13 |
| 广西 | 21 | 1 | ↓20 | 6 |
| 辽宁 | 22 | 23 | ↑1 | 22 |
| 北京 | 23 | 26 | ↑3 | — |
| 西藏 | 24 | 27 | ↑3 | 27 |
| 山东 | 25 | 15 | ↓10 | 15 |
| 山西 | 26 | 17 | ↓9 | 23 |
| 江苏 | 27 | 28 | ↑1 | 12 |
| 宁夏 | 28 | 18 | ↓10 | 14 |
| 上海 | 29 | 30 | ↑1 | — |
| 重庆 | 30 | 29 | ↓1 | — |
| 黑龙江 | 31 | 31 | 持平 | 18 |

从分项来看，得分最多的是部门收支，49.59分；其次是公开平台，33.87分。得分最低的是巡视巡察整改，9.33分；其次是制度规定，18.72分。八个项目平均得分27.6分（见图7），相较于地级市39.27分、省级59.74分存在较大差距。

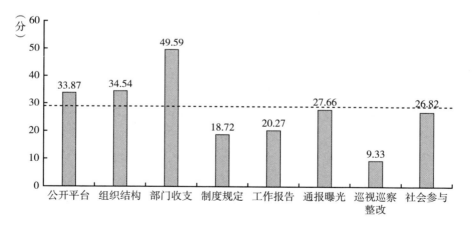

**图7 县级纪委监委分项平均得分**

注：图中虚线为各项平均分27.6分。

5. 直辖市区县纪检监察机关信息公开评估结果

2019 年，项目组采取全覆盖的方式对北京市、天津市、上海市、重庆市四个直辖市所有区县纪委监委网站信息公开情况进行了评估，一共 86 个评估对象，其中 45 个区县纪委监委未找到相应网站，占比 52.33%，基本与全国抽样各县级纪委监委无网站比重 53.7% 持平，但重庆市下辖 38 个区县纪委监委均无网站，这与重庆市纪委监委 2018 年、2019 年评估得分低、排名靠后情况高度匹配。

评估结果显示，86 个评估对象平均得分 15.89 分，其中 41 个评估对象高于平均分。除了未找到相应网站的区县纪委监委外，得分均在平均分之上。该得分较 2019 年抽样评估的 108 个县（市、区）平均分低了 44.88%。得分最高的是天津市宁河区 53.69 分，也是唯一一个得分高于 50 分的，高出第二名 6.78 分，但与抽样评估的全国县级纪委监委第一名江苏省南通市海安市纪委监委的 72.43 分相比，得分低了 25.87%。得分在 40 分至 50 分的有 9 个区县，占比 10.47%，分别为北京市延庆区、天津市河北区、北京市丰台区、北京市通州区、北京市海淀区、北京市门头沟区、北京市顺义区、北京市西城区、北京市房山区；得分在 30 分至 40 分的有 12 个区县，占比 13.95%；得分在 20 分至 30 分的有 17 个区县，占比 19.77%；得分在 10 分至 20 分的 2 个区县，得分为 0 的有 45 个区县（见图 8）。

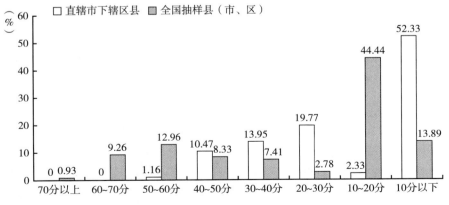

图 8　直辖市下辖区县与全国抽样县（市、区）评估结果对比

以省级为单位来看，北京市 16 个区县平均得分 38.17，排名第一；天津市 16 个区县平均得分 33.17，排第二；上海市 16 个区县平均得分 14.08，排第三；重庆 38 个区县平均得分为 0，排第四。

从分项来看，得分最高的是公开平台，41.96 分。其次是社会参与，17.94 分。得分最低的是工作报告 0 分，其次是巡视巡察整改 6.12 分，再次是组织结构 8.87 分（见图 9）。剔除无网站的区县后，得分率最高的依然是公开平台 88.01 分，其次是社会参与 37.62 分，再次是通报曝光 37.19 分，得分率最低的依然是工作报告 0 分，其次是巡视巡察整改 12.83 分，再次是组织结构 18.6 分，情况在剔除前后基本一致（见图 9）。

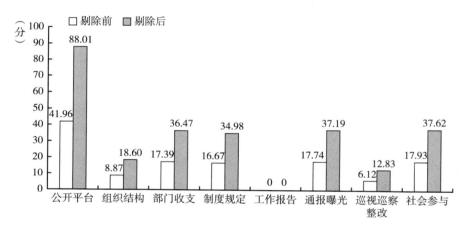

**图 9　直辖市各区县纪委监委分项得分**

# 四　2019 年地方纪检监察信息公开评估总结

## （一）纪检监察机关层级越高，网上信息公开工作做得越好

从信息公开平台来看，31 个省级纪委监委网站建设率 100%；32 个省会及副省级城市纪委监委信息公开平台仅西宁一个市网站无法打开，建设率也达到 96.88%；54 个地级市纪委监委中则有 3 个未找到网站，2 个无法打

开，建设率为90.74%；4个直辖市中86个区县纪委监委中则有45个区县无网站，建设率仅为47.67%，全国27个省（自治区）抽样的108个县级纪委监委中有58个区县无网站，建设率仅46.30%。

从评估结果来看，纪检监察机关信息公开工作存在上热下冷现象。省级纪委监委平均得分59.14分，中位数59.28分，分项平均值59.74分；省会及副省级城市纪委监委平均得分40.71分，中位数42.86分，分项平均值41.06分，分别比省级下降31.16%、27.7%、31.27%；地级市平均得分39.70分，中位数39.43分，分项平均值39.27分，较省会及副省级城市分别下降了2.48%、8%、4.36%；抽样县（市、区）平均得分28.83分，中位数17.66，分项平均值27.6，分别比地级市下降了27.38%、55.21%、29.72%（见图10）。

之所以上级纪检监察机关网上信息公开工作做得较好，是因为纪检监察机关层级越高人力、物力等各方面资源越多，越有能力去建设、维护官方网站。另外，层级越高的纪检监察机关看齐意识也越强，执行信息公开相关法律法规力度越大。评估结果提示我们，一方面上级纪检监察机关必须进一步做好信息公开工作，以上率下，用实际行动鼓励支持下级纪检监察机关做好信息公开工作；另一方面，下级纪检监察机关必须进一步增强看齐意识，从政治的高度看待纪检监察机关信息公开工作的重大意义，积极向中央纪委国家监委看齐，主动对标对表，坚决按照公开是常态、不公开是例外原则，增强纪检监察机关的透明度，进一步夯牢人民群众的信任基础。

## （二）网上信息公开做得好的地方，上下级纪检监察机关具有一致性

评估结果显示，省级纪委监委信息公开工作做得好的往往其省会及副省级城市和地级市、县级也做得不差。例如，甘肃省排名第一，其省会城市兰州排名第八，下属地级市酒泉排名第二十，其下属张掖市甘州区排名第二十九；贵州省排名第五，其省会贵阳排名第四，其下属六盘水市排名第十二，其下属黔西南布依族苗族自治州兴义市排名第三；四川省排名第八，其省会

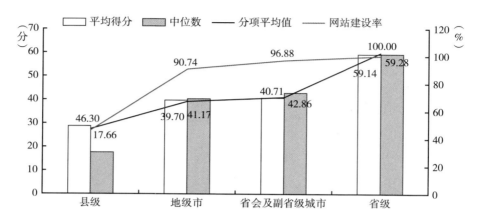

**图10 省、省会及副省级城市、地级市、县级评估结果比较**

成都排名第五，其下属内江市排名第十九，其下属绵阳市盐亭县排名第十二；河北省排名第九，其省会石家庄排名第一，其下属承德市排名第四，其下属邢台市任县排名第四十九（见表8）。再如江西省排名第七（见表7），抽样的四个县平均分排名第一；安徽省排名第二，抽样的四个县平均分排名第二；内蒙古排名第三，抽样的四个县平均分排名第四；湖南省排名第六，抽样的四个县平均分排名第八。

项目组认为，出现这种现象跟上级纪委监委以上率下分不开，上级做得好自然而然会向下级传导。因而，项目组建议各省级纪委监委要充分认识纪检监察机关信息公开的重要意义，高度重视信息公开工作，从自身做起，将信息公开作为倒逼自我革命的重要举措。

**表8 部分省市县级评估排名**

| 排名 | 省级 | 省会 | 省会排名 | 地级市 | 地级市排名 | 县级 | 县级排名 |
|------|------|------|----------|--------|-----------|------|----------|
| 1/31 | 甘肃 | 兰州 | 8/32 | 酒泉 | 20/54 | 张掖甘州 | 29/108 |
| 5/31 | 贵州 | 贵阳 | 4/32 | 六盘水 | 12/54 | 黔西南兴义 | 3/108 |
| 8/31 | 四川 | 成都 | 5/32 | 内江 | 19/54 | 绵阳盐亭 | 12/108 |
| 9/31 | 河北 | 石家庄 | 1/32 | 承德 | 4/54 | 邢台任县 | 49/108 |

## （三）除省级纪委监委得分略增外，其他各级得分均呈下滑趋势

综合评估结果显示，2019年31个省级纪委监委平均得分59.14分，相对于2018年平均分58.00略增2%，但2019年第一名甘肃得分较2018年第一名广西则下降了2.95分；地级市纪委监委平均得分39.70分，较2018年平均得分44.03分下降了9.83%，第一名云南怒江傈僳族自治州平均得分比2018年第一名河南洛阳下降了7%；县级纪委监委平均得分28.83分，较2018年平均分32.23分下降了10.55%。

项目组认为，这种下滑趋势是多方面原因导致的，一方面，2019年的评估对象与2018年评估对象不尽相同，且区县的评估范围有所扩大。为尽量避免这方面的因素影响评估的客观性和可比性，项目组通过科学的抽样方式产生了评估对象。另一方面，随着微信公众号等新兴媒体的兴起，有的地方纪检监察机关将更多的精力投入新兴媒体的运营和维护上，从而忽视了官方网站的更新工作。

## （四）公开平台和通报曝光项公开较好，工作报告和组织结构公开较差

从评估项目来看，尽管相当多的县级纪检监察机关（53.7%）没有建设官方网站或者官方网站无法打开，但信息公开平台得分率依然是较高的，这充分说明了各级纪检监察机关具有信息公开意识，都愿意通过官方网站来展示监督执纪问责的履职成果（通报曝光），但同时，在公开组织结构和工作报告方面，又存在一些顾虑，比如会不会泄露纪检监察机关领导的信息、编制人数，工作报告中的数据会不会有不良影响，提出的任务部署万一完不成怎么办，等等。

# B.11
# 省级纪检监察机关信息公开评估报告

中国社会科学院社会学所"党和国家监督体系绩效测评研究"创新工程项目组 *

**摘　要：** 本文依据31个省（自治区、直辖市）纪检监察网站上公开的信息，对省级纪检监察机关2019年信息公开工作进行了评估。目前省级纪检监察公开平台建设总体较好、组织机构信息公开比较相近、部门预算决算信息基本公开、人员编制信息逐步公开、工作报告有些地方做到公开、"通报曝光"信息较多、社会参与渠道比较畅通，但也存在组织结构信息公开不全面、部门收支信息公开不具体、制度规定公开质量不高、工作报告公开不充分、通报曝光信息公布不均衡、社会参与互动性不够的问题，建议加强网站建设管理的保障和支持、加强与新媒体的相互支持、加大工作信息公开力度、加大"开门反腐"的力度、增加与群众的互动沟通。

**关键词：** 纪委　监委　信息公开　评估　省级

## 一　评估对象和数据来源

对省级纪检监察机关的评估，我们采用全覆盖的方式，将31家省级纪检监察机构全部作为评估对象。评估的信息来源为省级纪检监察机关网站，对所有

---

\* 项目负责人：蒋来用。项目组成员：蒋来用、王田田、周兴君、于琴、林之波、任涛、朱克江、胡爽、张缙昕、张伟、虞晨跃。执笔人：朱克江。

省级纪检监察机关信息公开的状况进行评估。考虑到网站上的信息不断更新和变化，项目组统一搜集信息数据的时段为 2019 年 8 月 1 日至 8 月 31 日（见表1）。

表1　评估对象名称、网站域名

| 序号 | 省/区/市名称 | 省/区/市纪委监委网站域名 |
|---|---|---|
| 1 | 北京市 | http://www.bjsupervision.gov.cn |
| 2 | 天津市 | http://www.tjjw.gov.cn |
| 3 | 河北省 | http://www.hebcdi.gov.cn |
| 4 | 山西省 | http://www.sxdi.gov.cn |
| 5 | 内蒙古自治区 | http://www.nmgjjjc.gov.cn |
| 6 | 辽宁省 | http://www.lnsjjjc.gov.cn |
| 7 | 吉林省 | http://ccdijl.gov.cn |
| 8 | 黑龙江省 | http://www.hljjjjc.gov.cn |
| 9 | 上海市 | http://www.shjjjc.gov.cn |
| 10 | 江苏省 | http://www.jssjw.gov.cn |
| 11 | 浙江省 | http://www.zjsjw.gov.cn |
| 12 | 安徽省 | http://www.ahjjjc.gov.cn |
| 13 | 福建省 | http://www.fjcdi.gov.cn |
| 14 | 江西省 | http://www.jxlz.gov.cn |
| 15 | 山东省 | http://www.sdjj.gov.cn |
| 16 | 河南省 | http://www.hnsjct.gov.cn |
| 17 | 湖北省 | http://www.hbjwjc.gov.cn |
| 18 | 湖南省 | http://www.sxfj.gov.cn |
| 19 | 广东省 | http://www.gdjct.gd.gov.cn |
| 20 | 广西壮族自治区 | http://www.gxjjw.gov.cn |
| 21 | 海南省 | http://www.hnlzw.net |
| 22 | 重庆市 | http://jjc.cq.gov.cn |
| 23 | 四川省 | http://www.scjc.gov.cn |
| 24 | 贵州省 | http://www.gzdis.gov.cn |
| 25 | 云南省 | http://www.jjjc.yn.gov.cn |
| 26 | 西藏自治区 | http://www.xzjjw.gov.cn |
| 27 | 陕西省 | http://www.qinfeng.gov.cn |
| 28 | 甘肃省 | http://gsjw.gov.cn |
| 29 | 宁夏回族自治区 | http://www.nxjjjc.gov.cn |
| 30 | 青海省 | http://www.qhjc.gov.cn |
| 31 | 新疆维吾尔自治区 | http://www.xjjct.gov.cn |

## 二 省级纪检监察机关信息公开状况评估

本次评估，总分在 60 分以上的评估对象有 15 个，占比达 48.39%，其中总分在 70 分以上的评估对象比 2018 年增加了 1 个。排在前列的有：甘肃、安徽、内蒙古、海南、贵州、湖南、江西、四川、河北、福建、新疆、河南、陕西、湖北、云南，东部、中部、西部地区都有代表省（自治区）。大多数省（自治区、直辖市）的得分、排名与 2018 年大致相同，比如上海、重庆、黑龙江等；有的省（自治区、直辖市）的得分、排名较 2018 年都有显著提升，比如内蒙古、海南、四川等；有的省（区、市）的得分、排名较 2018 年有明显下滑，比如广西、云南、青海等，分析其影响 2019 年得分、排名的关键指标为纪委全会工作报告是否全文公开。但总体而言，省级纪检监察机关网站信息透明度与经济发展水平并没有直接关系，其信息公开呈现以下特点。

### （一）公开平台建设总体较好

项目组调查人员比较观察各省（自治区、直辖市）纪检监察机关网站发现，所有省级纪检监察机关都有公开的网站，都有"两微一端"公开平台。在本次评估的 31 家纪检监察网站中，有 22 家网站在其首页导航设计中有专门的"信息公开"栏目，占评估对象总数的 71%，其中山西、福建、江西、广东、宁夏等省（自治区）的"信息公开"栏目被置于导航的第一位，可以非常直观地观测到，体现这些省（自治区）纪检监察机关对信息公开的重视；有 11 家纪检网站发布了信息公开指南或信息公开目录，占评估对象总数的 35.5%，贵州、甘肃、新疆等同时公布了信息公开指南和信息公开目录，提供了较为丰富的信息，与此同时，贵州、甘肃等省份的信息公开目录还具有内容超链接功能；有 30 家纪检监察机构网站都设有检索功能，并且查询速度较快，网站检索功能较强，信息查询比较便捷，如北京市纪检监察网站在检索栏输入关键词，很快就能显示查询结果，用时很少。网站信息更新较快，尤其是新闻头条的信息更新比较及时，平均每个工作日大约有 3 条新信息公开，有的网站周末还在更新信息，如山西、河北等省（自治区、直辖市）纪检监察网站（见表2）。

表2　省（区、市）纪委监委工作信息公开评估结果

| 排名 | 省/区/市 | 公开平台（10%） | 组织结构（10%） | 部门收支（15%） | 制度规定（12%） | 工作报告（12%） | 通报曝光（15%） | 巡视巡察整改（10%） | 社会参与（16%） | 总分（满分100分） |
|---|---|---|---|---|---|---|---|---|---|---|
| 1 | 甘肃 | 100 | 10 | 83.1 | 90.9 | 90.1 | 85.8 | 100 | 42.3 | 74.82 |
| 2 | 安徽 | 100 | 25 | 76.9 | 70.9 | 93.4 | 85.8 | 86.8 | 58.8 | 74.71 |
| 3 | 内蒙古 | 100 | 45 | 61.3 | 33.5 | 91.7 | 84.8 | 100 | 67 | 72.14 |
| 4 | 海南 | 100 | 40 | 81.3 | 100 | 0 | 84.8 | 100 | 67 | 71.62 |
| 5 | 贵州 | 100 | 45 | 80.6 | 35.3 | 95.1 | 85.8 | 100 | 36.3 | 70.92 |
| 6 | 湖南 | 100 | 15 | 69.1 | 100 | 0 | 84.8 | 88.45 | 83.5 | 68.78 |
| 7 | 江西 | 100 | 45.5 | 69.1 | 45.2 | 91.8 | 85.3 | 78.55 | 42.3 | 68.75 |
| 8 | 四川 | 100 | 20 | 69.1 | 50.3 | 91.8 | 85.3 | 76.9 | 42.3 | 66.64 |
| 9 | 河北 | 100 | 20 | 48.1 | 61.8 | 90.1 | 83.7 | 93.4 | 42.3 | 66.10 |
| 10 | 福建 | 100 | 45 | 61.3 | 33.5 | 86.8 | 84.8 | 83.5 | 42.3 | 65.95 |
| 11 | 新疆 | 100 | 30 | 48.1 | 28.6 | 90.1 | 84.8 | 100 | 39.3 | 63.45 |
| 12 | 河南 | 100 | 38 | 69.1 | 36.8 | 0 | 85.3 | 95.05 | 75.3 | 62.92 |
| 13 | 陕西 | 100 | 45 | 94.7 | 33.5 | 0 | 86.4 | 100 | 42.3 | 62.44 |
| 14 | 湖北 | 100 | 12 | 61.3 | 18.7 | 88.5 | 84.8 | 83.5 | 42.3 | 61.06 |
| 15 | 云南 | 100 | 48.5 | 74.4 | 45.2 | 0 | 85.8 | 100 | 42.3 | 61.01 |
| 16 | 天津 | 100 | 35 | 61.3 | 23.6 | 0 | 83.7 | 91.75 | 75.3 | 59.28 |
| 17 | 青海 | 100 | 25 | 61.3 | 54.3 | 0 | 85.8 | 96.7 | 42.3 | 57.51 |
| 18 | 广东 | 100 | 31 | 67.8 | 38.5 | 0 | 85.3 | 96.6 | 42.3 | 57.11 |
| 19 | 浙江 | 100 | 5 | 0 | 40.9 | 90.1 | 85.3 | 100 | 42.3 | 55.78 |
| 20 | 吉林 | 100 | 15 | 78.1 | 25.3 | 0 | 82.6 | 95.05 | 47.5 | 55.74 |
| 21 | 广西 | 100 | 46.5 | 48.1 | 39.4 | 0 | 85.8 | 88.35 | 42.3 | 55.06 |
| 22 | 辽宁 | 100 | 10 | 65.3 | 33.5 | 0 | 84.8 | 91.75 | 42.3 | 53.46 |
| 23 | 北京 | 100 | 30 | 61.3 | 20.3 | 0 | 83.7 | 88.45 | 42.3 | 52.78 |
| 24 | 西藏 | 100 | 20 | 0 | 68.4 | 0 | 85.3 | 86.65 | 67 | 52.39 |
| 25 | 山东 | 100 | 18 | 48.1 | 17 | 0 | 84.8 | 86.8 | 58.8 | 51.85 |
| 26 | 山西 | 100 | 18 | 48.1 | 35.2 | 0 | 83.7 | 83.5 | 42.3 | 50.90 |
| 27 | 江苏 | 100 | 25 | 48.1 | 0 | 0 | 85.3 | 86.8 | 42.3 | 47.95 |

| 排名 | 省/区/市 | 公开平台<br>（10%） | 组织结构<br>（10%） | 部门收支<br>（15%） | 制度规定<br>（12%） | 工作报告<br>（12%） | 通报曝光<br>（15%） | 巡视巡察整改<br>（10%） | 社会参与<br>（16%） | 总分<br>（满分100分） |
|---|---|---|---|---|---|---|---|---|---|---|
| 28 | 宁　夏 | 70 | 27.5 | 48.1 | 33.5 | 0 | 85.8 | 93.4 | 22.8 | 47.85 |
| 29 | 上　海 | 100 | 0 | 0 | 38.5 | 0 | 86.4 | 81.65 | 42.3 | 42.50 |
| 30 | 重　庆 | 100 | 0 | 0 | 33.5 | 0 | 84.8 | 100 | 31 | 41.70 |
| 31 | 黑龙江 | 100 | 15 | 0 | 28.6 | 0 | 85.8 | 75 | 31 | 40.27 |

## （二）组织机构信息公开大体相同

本次评估中发现，31家网站中18家在2019年部门预算中公开了纪检监察机关的职能或任务，占评估对象总数的58.06%，其中江苏、安徽、福建、四川、云南、陕西、宁夏等同时公开了纪委监委的职能和任务；有23家公开了纪检监察机关的组织机构和领导机构，占总数的74.19%，其中黑龙江、湖南、四川、云南、西藏等在其首页导航设计中有专门的"机构设置"栏目；有9家公开了纪检监察机关的工作程序，占总数的29.03%，如甘肃、内蒙古、河北等纪检监察网站公开了信访举报、查办案件、检查、复查、复审、复核、申诉、行政复议工作程序，内容非常完整。

## （三）部门预决算信息公开更加普遍

财务信息是公开的重点领域。除上海、重庆、浙江、黑龙江、西藏5个省（自治区、直辖市）纪检监察机关的预决算信息在政府门户网站统一公开外，其余纪检监察机关的预决算信息都是在本单位网站公开的。在评估期间，31家网站中有26家在省级纪检监察网站上公开了2019年的部门财政预算，占评估对象总数的83.87%；有24家纪检监察网站同时公开了2019年部门预算、2018年部门预算、2017年部门决算，占评估对象总数的77.42%；有3家纪检监察网站公开了2018年部门决算，如甘肃省和宁夏回族自治区。一些地方纪检监察网站开设专栏公开财务信息，如天津、安徽、贵州等 8 个省（自治区、直辖市）纪检监察网站在"信息公开"专栏中设有"财务预决算"板块，及时公开预算、决算和"三公经费"。北京、天津、内蒙古等 17 个省级纪检监察网站公开了本部门预算绩效目标及绩效评价情况。吉林、安徽、福建、海南、贵州、云南、陕西、甘肃等 8 个省级纪检监察机关公开了大案要案查办支出。

### （四）人员编制信息公开力度进一步加大

人员编制情况一般在部门预算中公开。北京、内蒙古、福建、江西、广西、海南、贵州、云南、陕西、新疆等 10 个省（自治区、直辖市）纪检监察机关在其网站公开的部门预算中说明了人员构成和编制数量，占评估对象总数的 32.26%，其中北京、内蒙古、江西、贵州、新疆等省（自治区、直辖市）纪检监察机关从行政编制、参公事业编制、事业编制、工勤编制、实有人员、离退休人员等方面，对单位的人员构成和编制数量作出了非常详细的公开。北京、内蒙古、吉林、福建、江西、贵州、云南、陕西、新疆 9 个省（自治区、直辖市）在其纪检监察网站中公开了纪检监察机关实有人员数量。内蒙古纪检监察机关公开了派驻机构实有人员数量。

### （五）纪委全会工作报告公开逐步推进

党的十八大以来，在中央纪委的带头示范作用下，有 11 个省（自治区、直辖市）纪检监察机关在其网站上全文公开了 2019 年纪委全会工作报告，其中有 7 个省（自治区、直辖市）纪检监察机关的纪委全会工作报告是在纪委全会召开后一个月内公开的，公开不够及时。河北、福建、江西、四川、贵州、甘肃、新疆等省（自治区、直辖市）纪检监察网站设有专门的"会议资料"或"工作报告"栏目，对纪委全会工作报告等重要文件进行公开，让公众查询起来非常便捷。

### （六）巡视巡察信息公开更加规范

所有省级纪检监察网站都开设了"巡视巡察"专栏，公布的巡视巡察

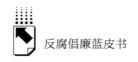

信息较多。除重庆市、西藏自治区2个省级纪检监察网站专门公开了中央巡视组反馈的问题和巡视整改情况外，其他省（自治区、直辖市）均可以通过链接中央纪检监察部网站查看这些信息。北京、广东、江苏、安徽、湖北、河北、甘肃、内蒙古8个省（自治区、直辖市）纪检监察网站在"巡视巡察"专栏中设置了"巡视进驻""巡视反馈""巡视整改"三个模块，分别就巡视公告、巡视反馈意见、巡视整改情况等内容进行了公开，分类非常清晰，查询特别方便。所有的省级纪检监察网站都公开了本级组织开展巡视的公告、本级巡视工作报告或发现的问题。除一家网站外，其他的纪检监察机关都公开了本级巡视整改情况。

### （七）"通报曝光"信息更加有力

所有省级纪检监察网站开设"通报曝光"专门栏目并及时更新，对违反"八项规定"精神案例曝光力度较大，及时通报重要违纪违法立案审查调查信息。违反"八项规定"精神案例都点名道姓，列明涉案人单位和职务、违纪事实和处分结果，摘要式地公开了违纪干部的处分决定。大部分网站重视通报曝光专栏，信息更新快，分类清晰，一目了然，便于查找。如河北省纪委监委网站"审查调查"专栏每周几乎都有涉嫌严重违纪违法接受纪律审查和监察调查的信息，专栏设有"党纪政务处分"，几乎每月公布信息，该网站"通报曝光"专栏分类曝光"落实'两个责任'不力被问责的问题""违反中央八项规定精神""侵害群众利益的不正之风和腐败问题""'一问责八清理'问题"，还将省纪委和各地市纪委曝光的问题分别列出，问题信息分类明晰。

### （八）社会参与监督的渠道更加畅通

监督执纪信息公开较多。几乎所有省级纪检监察网站都有接受举报的平台和渠道，设有举报网站、举报电话，大多数网站还公开了来信来访的具体地址，监督举报渠道更加通畅。天津、吉林、安徽、山东、河南、湖南、贵州、西藏、新疆9个省级纪检监察网站不仅公开了举报网站、电话和来信来访的地址，还设置了留言板。天津市、河南省、西藏自治区的纪检监察网站设有留言回复选登的栏目，和网民互动频次较高。湖南、海南、内蒙古 3 家纪检监察网站统计了点击率。

## 三 省级纪检监察机关信息公开存在的问题

### （一）组织结构信息公开不够深入

从本次评估情况来看，没有一个省（自治区、直辖市）在纪检监察机关网站"机构介绍"栏目中介绍其职能任务，仅有 58% 的省（自治区、直辖市）在部门预算中公开了职能任务，但公开的职能任务并不完整。绝大多数纪检监察机关没有公开派驻机构名称、纪委监委内设及派驻机构职能职责、负责人等信息。只有 1/3 的省级纪检监察机关网站公开了其编制数和实有人员数，几乎所有的省级纪检监察机关网站都没有公开领导职数、派驻机构编制数和实有人员数。

### （二）部门收支信息公开不够具体

绝大多数省级纪检监察机关按照要求及时公开了本部门的预算，仅有极少数纪检监察机关在 2019 年下半年公开了本部门上半年的决算。绝大多数纪检监察机关没有公开部门预算绩效目标信息，有的公开不具体客观。虽有 8 家纪检监察机关网站公开了大案要案查办经费，但没有一家纪检监察机关公开纪律审查、监察调查工作经费年度开支总额。总体来说，各地公开的内容有较大区别，有的公开比较细，有的公开比较粗。

### （三）制度规定公开质量有待提升

有的纪检监察机关网站公开的制度信息很多，但绝大多数是上级的制度规定，本级的制度规定并没有公开，或是公开不足。有的对上级制度公开得不规范不及时不全面，没有进行分类处理，对最近两年党中央和国务院的制

度规定并未转载，如最新修改的《中国共产党章程》《中国共产党纪律处分条例》等，网上查阅使用不太方便。有的制度已经废止，或者被新的制度取代，但网站并未及时清理。有的分类不科学，如将《中华人民共和国宪法》《中华人民共和国监察法》放在会议资料中，与纪委领导工作报告、纪委全会决议等归并在一起。

### （四）纪委全会工作报告公开不够充分

从本次评估情况来看，仅有 11 家省级纪检监察机关网站全文公开了其纪委全会的工作报告，这其中大多数是在纪委全会召开一个月内公开的，公开不够及时。部分纪检监察机关网站公开纪委全会工作报告不连续，存在 2018 年公开 2019 年不公开、2019 年公开 2018 年没有公开的现象。有的纪检监察机关网站开设了纪委全会精神专栏，但都是纪委全会决议、纪委全会新闻报道及学习贯彻纪委全会精神的会议报道，查询不到全会工作报告。有的工作报告对往年的工作部署缺乏回应，"吻合度"不高；有的缺乏务实举措，针对性不强。

### （五）通报曝光信息公布不够全面

绝大多数纪检监察机关网站月月都曝光违反"八项规定"精神的案例，但涉嫌严重职务违法或者职务犯罪信息较少，有的长期不向社会发布。目前，纪检监察机关网站对重要案件的立案决定有不少公开了，但对违纪干部的处分决定书并没有全文公开。

### （六）社会参与互动渠道仍需健全

几乎所有的纪检监察机关网站都设有监督举报网站、公开监督举报电话、监督举报信件投寄地址等渠道，但仍有少数纪检监察机关网站没有公开监督举报电话和监督举报信件投寄地址。有 9 家纪检监察机关网站开设了留言板，但仅有 3 家纪检监察机关网站及时回复了群众留言；与此同时，仅有 1/10 的纪检监察机关网站公开了点击率、统计了浏览人数，存在与网民互动交流力度不够等问题。

### （七）网站建设管理不够科学合理

有的纪检监察网站公开了大量信息，但分类不合理不科学，信息查找不方便，体验感较差。有的纪检监察机关网站设计布局不科学不合理，没有很好地分门别类、把群众监督需要的重要信息放在显目位置，如纪委全会工作报告、部门预决算、机构职能职责、人员编制等；又如部分纪检监察机关在信息公开专栏中设"信息公开年报""财务公开""政务公开"等子栏目，公开部门预决算，给公众查询信息带来很大的不便。

## 四 进一步完善纪检监察机关信息公开的建议

### （一）深化网站建设

公共机构的网站是其"门面"，也是群众获取信息的重要渠道。纪检监察机关要提高政治站位，深化思想认识，高度重视网站建设和管理工作。要把网站建设纳入"阳光反腐"重要内容，安排专人负责网站的建设、研究、维护和运营等工作，提高信息发布的精准性、规范性和时效性。要加大财政投入力度，加强纪委监委网站硬件和软件支持，解决"无法打开"、链接无效、网页打开慢等技术问题。要加强与网络技术单位的合作，科学合理设计网页，确保纪检监察机关网站的栏目设置更加规范合理，以便人民群众能够直观、快速地浏览或检索。

### （二）深化互鉴融合

纪检监察门户网站作为一种传统的电子政务平台，具有信息涉及面广、信息公开完整、文件下载便捷、社会认可度高等优势。纪检监察门户网站应当借助微博、微信、客户端等新媒体优势，强化纪检监察机关网站自身建设，吸引更多人民群众主动参与纪检监察机关工作，推动全面从严治党和反腐败斗争工作取得新的更大成效。同时，新闻媒体要以纪检监察机关公开的信息为依据，避免可能出现数据不深入且片面化、信息传播缺乏监督等问题。

### （三）深化信息公开

一些纪检监察机关网站较多地公开了一些类似廉政文化宣传等浅层和表面的信息，审查调查、巡视巡察等与监督执纪问责的栏目不多，有关自身财务、管理、经费方面的栏目几乎没有。省级纪检监察机关网站应对照中央纪委国家监委网站，主动系统全面地公开纪委监委的职能任务、内设及派驻机构有关信息、人员编制信息、部门预决算信息和部门预算绩效目标信息、制度规定、纪委全会工作报告等内容，让社会对纪检监察机关监督执纪效果有更多了解，推动纪检监察工作全面落实。

### （四）深化曝光震慑

实践证明，通报曝光已形成强有力的震慑，但有的地方仍存在通报曝光不均衡等问题，所以各级纪检监察机关既要及时曝光违反中央八项规定精神案例，更要及时向社会发布涉嫌严重职务违法或者职务犯罪的信息。

按照过程公开与结果公开相结合的原则，严格保密信访举报、审查调查的信息，但立案调查信息要及时向社会发布。同时，可以参照最高人民法院"中国裁判文书网"依法公开包含贪污贿赂、渎职侵权等信息的生效裁判文书，建立政务处分决定数据库供社会查询，不断丰富社会诚信体系建设，提高违纪违法信用成本，充分发挥通报曝光案件的震慑效应和教育效果。

### （五）深化互动交流

网站在设有监督举报网站及公开监督举报电话、监督举报信件投寄地址等监督渠道的同时，通过开设留言板、增设点击率和浏览人数统计等功能，全面收集分析群众诉求，及时研究解决人民群众关注的热点、难点和痛点问题。同时，纪检监察机关网站首页可增设政策解读、问卷调查、网上咨询、回复选登等互动模块，满足网民需求，深化互动交流，切实提高人民群众在全面从严治党和反腐败斗争纵深推进过程中的幸福感和满意度。

# B.12

# 省会及副省级城市纪检监察
# 机关信息公开评估报告

中国社会科学院社会学所"党和国家监督体系绩效测评研究"创新工程项目组*

摘　要：　随着国家"四个全面"建设不断深入，全面从严治党深入推进，公众对纪检监察工作的关注度迅速上升，纪检监察机关被推到国家治理中更为重要的位置。受制于腐败产生原因形式多样、纪检监察机关职能发挥有限、公开力度不够等诸多困扰，纪检监察工作的效能发挥与群众需求增多之间的矛盾也开始凸显出来。因此，科学解析纪检监察工作信息公开现状、强化执行力建设、制定切实可行的策略，对于提高纪检监察机关的公信力、有效保障纪检监察工作的实效性有至关重要的影响和意义。本文对32个省会及副省级城市纪检监察机关信息公开工作进行了评估。目前省会及副省级城市纪检监察公开平台建设情况总体较好、组织机构信息公开得较充分、部门预算决算信息大多公开、人员编制信息逐步公开、工作报告个别公开、"通报曝光"信息较多、社会参与渠道比较畅通，但也存在组织结构信息、部门收支信息公开不够，制度规定公开质量要提升、工作报告公开不充分、通报曝光信息公布不均衡、社会参与互动性不够的问题，建议加强网站建设管理的保障和支持、加强与新媒体的相互支持、加大工作信息公开力度、加大"开门反腐"的力度、加大与群众

＊　项目组组长：蒋来用。项目组成员：蒋来用、王田田、周兴君、于琴、林之波、任涛、朱克江、胡爽、张缙昕、张伟、虞晨跃。执笔人：任涛。

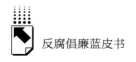

反腐倡廉蓝皮书

的互动沟通。

关键词： 纪委　监委　信息公开　评估

# 一　评估对象和数据来源

我们采用全覆盖的方式，将 32 家省会及副省级城市纪检监察机构全部作为评估对象。评估的信息来源统一为省会及副省级城市纪检监察机关网站，对所有省会及副省级城市纪检监察机关依法、及时、主动公开信息的状况进行评估。考虑到网站上的信息不断更新和变化，项目组统一搜集信息数据的时段为 2019 年 8 月 1 日至 8 月 31 日（见表 1）。

表 1　评估对象名称、网站域名

| 序号 | 城市名称 | 城市纪委监委网站域名 |
|---|---|---|
| 1 | 石家庄市 | http://www.zgsjzsjw.gov.cn/ |
| 2 | 南京市 | http://www.njjj.gov.cn/ |
| 3 | 南宁市 | http://www.nnlz.gov.cn/ |
| 4 | 贵阳市 | http://www.gysjw.gov.cn/ |
| 5 | 成都市 | http://www.ljcd.gov.cn/ |
| 6 | 宁波市 | http://www.nbjw.gov.cn/ |
| 7 | 武汉市 | http://www.whdi.gov.cn/ |
| 8 | 兰州市 | http://jiwjw.lanzhou.gov.cn/ |
| 9 | 大连市 | http://www.jjjc.dl.gov.cn/ |
| 10 | 深圳市 | http://www.szmj.gov.cn/ |
| 11 | 呼和浩特市 | http://hhht.nmgjjjc.gov.cn/ |
| 12 | 长春市 | http://www.ccdijl-cc.gov.cn/ |
| 13 | 哈尔滨市 | http://www.hrblz.gov.cn/ |
| 14 | 合肥市 | http://www.hfsjw.gov.cn/ |
| 15 | 海口市 | http://www.ycqfw.net/ |
| 16 | 太原市 | http://www.bzlz.gov.cn/ |

238

| 序号 | 城市名称 | 城市纪委监委网站域名 |
|---|---|---|
| 17 | 西安市 | http://www.xajjjc.gov.cn/ |
| 18 | 郑州市 | http://www.zzjjjc.gov.cn/ |
| 19 | 乌鲁木齐市 | http://www.wlmqjw.gov.cn/ |
| 20 | 广州市 | http://www.gzjjjc.gov.cn/ |
| 21 | 沈阳市 | http://www.sysjjjc.gov.cn/ |
| 22 | 厦门市 | http://www.xmcdi.gov.cn/ |
| 23 | 福州市 | http://jcj.fuzhou.gov.cn/ |
| 24 | 拉萨市 | http://www.lsjjw.gov.cn:6080/ |
| 25 | 长沙市 | http://www.ljcs.gov.cn/ |
| 26 | 昆明市 | http://jw.km.gov.cn/ |
| 27 | 杭州市 | http://www.hzlz.gov.cn/ |
| 28 | 青岛市 | http://www.qdlzw.cn/ |
| 29 | 济南市 | http://www.jnlz.gov.cn/ |
| 30 | 南昌市 | http://nclz.nc.gov.cn/ |
| 31 | 银川市 | http://jjjc.yinchuan.gov.cn/ |
| 32 | 西宁市 | 无链接 |

## 二 省会及副省级城市纪检监察机关信息公开状况评估

本次评估，总分在 60 分以上的评估对象有 1 家，占比达到 3.13%，总分在 50 分以上的评估对象有 3 家，占比达到 9.38%。排在前列的有：石家庄、南京、南宁、贵阳、成都、宁波、武汉、兰州、大连，东部、中部、西部地区都有代表城市。总体而言，省会及副省级城市纪检监察机关网站信息透明度与经济发展水平并没有直接关系，其信息公开呈现以下特点。

### （一）公开平台建设情况总体较好

项目组调查人员比较观察 32 家省会及副省级城市纪检监察机关网站后发现，所有省会及副省级城市纪检监察机关都有公开的网站（仅有西宁市纪检监察网站无法打开），很多都有"两微一端"公开平台。在本次评估的

32 家省会及副省级城市纪检监察网站中，有 29 家网站在其首页导航设计中有专门的"信息公开"栏目，占评估对象总数的 90.63%。其中，杭州市、合肥市、海口市、长沙市、哈尔滨市的"信息公开"栏目被置于导航的第一位。有 30 家纪检监察机构网站设有检索功能，占评估对象总数的 93.75%，大部分网站查询速度较快，网站检索功能较强，信息查询比较便捷。网站信息更新较快，尤其是新闻头条的信息更新比较及时，平均每个工作日都在更新，有的网站其他栏目内容也能在一个星期内更新一次（见表 2）。

表 2  省会及副省级城市纪委监委信息公开评估结果

| 排名 | 城市 | 公开平台 (10%) | 组织结构 (10%) | 部门收支 (15%) | 制度规定 (12%) | 工作报告 (12%) | 通报曝光 (15%) | 巡视巡察整改 (10%) | 社会参与 (16%) | 总分 (满分100分) |
|---|---|---|---|---|---|---|---|---|---|---|
| 1 | 石家庄 | 98 | 12.5 | 53.13 | 39.3 | 92.55 | 73.72 | 63.2 | 48.85 | 60.03 |
| 2 | 南京 | 100 | 5 | 95 | 36 | 91.7 | 23.1 | 50 | 50.5 | 56.62 |
| 3 | 南宁 | 98 | 7.5 | 61.88 | 58.5 | 0 | 70.7 | 51.7 | 65.35 | 53.08 |
| 4 | 贵阳 | 70 | 15 | 63.13 | 25 | 92.55 | 38.62 | 51.7 | 48.85 | 50.85 |
| 5 | 成都 | 100 | 12.5 | 0 | 18.65 | 92.55 | 78.2 | 67 | 42.51 | 49.83 |
| 6 | 宁波 | 100 | 7.5 | 61.25 | 43.4 | 0 | 67.92 | 76.45 | 26.41 | 47.2 |
| 7 | 武汉 | 100 | 9.5 | 70.63 | 21.95 | 0 | 80.83 | 0 | 67 | 47.02 |
| 8 | 兰州 | 98 | 0 | 53.13 | 36 | 0 | 73.14 | 0 | 47.2 | 46.61 |
| 9 | 大连 | 100 | 12.5 | 65.63 | 30.2 | 0 | 58.02 | 50 | 48.85 | 46.24 |
| 10 | 深圳 | 85 | 32.5 | 60.63 | 5.1 | 0 | 73.14 | 50 | 48.85 | 45.34 |
| 11 | 呼和浩特 | 100 | 17.5 | 68.13 | 21.95 | 0 | 46.9 | 53.35 | 50.5 | 45.05 |
| 12 | 长春 | 96 | 0 | 55.63 | 32.5 | 0 | 49.9 | 74.75 | 48.85 | 44.74 |
| 13 | 哈尔滨 | 94 | 12.5 | 66.88 | 38.45 | 0 | 32 | 50 | 52.48 | 43.49 |
| 14 | 合肥 | 98 | 7.5 | 61.25 | 0 | 0 | 70.7 | 51.7 | 48.85 | 43.32 |
| 15 | 海口 | 96 | 7.5 | 60.63 | 8.5 | 0 | 65.6 | 50 | 48.85 | 43.12 |
| 16 | 太原 | 98 | 0 | 63.13 | 0 | 0 | 72.02 | 50 | 48.85 | 42.89 |
| 17 | 沈阳 | 100 | 12.5 | 0 | 24.45 | 0 | 52.92 | 50 | 98.35 | 42.86 |
| 18 | 西安 | 83 | 0 | 0 | 45.05 | 0 | 85.58 | 78.3 | 50.5 | 42.45 |
| 19 | 郑州 | 100 | 32.5 | 0 | 29.7 | 0 | 76.74 | 53.35 | 48.85 | 41.48 |
| 20 | 乌鲁木齐 | 80 | 34.5 | 61.25 | 36.8 | 0 | 20.1 | 50 | 68.98 | 41.1 |
| 21 | 广州 | 100 | 7.5 | 0 | 18.65 | 0 | 75.17 | 53.35 | 65.35 | 40.05 |
| 22 | 厦门 | 68 | 12.5 | 0 | 21.7 | 90.85 | 84.77 | 43.65 | 65.35 | 39.74 |

续表

| 排名 | 城市 | 公开平台（10%） | 组织结构（10%） | 部门收支（15%） | 制度规定（12%） | 工作报告（12%） | 通报曝光（15%） | 巡视巡察整改（10%） | 社会参与（16%） | 总分（满分100分） |
|---|---|---|---|---|---|---|---|---|---|---|
| 23 | 福州 | 98 | 0 | 0 | 36.8 | 0 | 73.72 | 50 | 48.85 | 38.09 |
| 24 | 拉萨 | 98 | 7.5 | 0 | 40.1 | 0 | 37.3 | 50 | 65.35 | 36.41 |
| 25 | 长沙 | 100 | 17.5 | 0 | 43.4 | 0 | 35.92 | 53.35 | 48.85 | 35.5 |
| 26 | 昆明 | 100 | 0 | 0 | 54.25 | 0 | 37.3 | 51.7 | 48.85 | 35.09 |
| 27 | 杭州 | 98 | 5 | 0 | 25.3 | 0 | 44.42 | 69.85 | 48.85 | 34.8 |
| 28 | 青岛 | 70 | 0 | 0 | 21.95 | 0 | 75.96 | 51.7 | 48.85 | 34.01 |
| 29 | 济南 | 92.5 | 0 | 0 | 26.9 | 0 | 66.36 | 50 | 14.86 | 29.81 |
| 30 | 南昌 | 100 | 0 | 0 | 0 | 0 | 0 | 75 | 50.5 | 25.58 |
| 31 | 银川 | 80 | 7.5 | 0 | 32.5 | 0 | 23.1 | 50 | 13.2 | 23.35 |
| 32 | 西宁 | 0 | 0 | 0 | 0 | 0 | 0 | 0 | 0 | 0 |

## （二）组织机构信息公开得较充分

本次评估中发现，32 家网站中 25 家在信息公开专栏中公开了纪委监委的职能和任务，占评估对象总数的 78.13%；有 24 家公开了纪检监察机关的组织机构和领导机构，占总数的 75.00%；11 家纪检监察网站公开了纪检监察机关的工作程序，占总数的 34.38%。

## （三）部门预算信息公开较充分

部门预算决算是财务信息公开的核心内容。大多数纪委监察机关在本单位网站公开年度部门预算决算信息。在评估期间，18 家纪检监察网站公开了 2019 年的部门财政预算，占评估对象总数的 56.25%。一些地方纪委监委网站开设专栏公开财务信息，如乌鲁木齐纪检监察网站在"信息公开"专栏中设有"财务预决算"板块。南京公开了大案要案查办支出。

## （四）制度规定公开较充分

规范的制度规定公开是外界了解相关党纪法规方式之一。在评估期间，

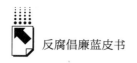

27 家纪检监察网站开设了制度规定专栏，占评估对象总数的 84.38%，虽然名称不相同，但还是比较及时地更新相关党纪法规、制度规定。

### （五）纪委全会工作报告个别公开

纪委全会工作报告是纪委做好当前和今后一个时期党风廉政建设和反腐败工作的指导性报告，也是外界了解纪委工作最直观的方式。有 5 家纪检监察网站全文公开了 2019 年纪委全会的年度工作报告，占评估对象总数的 15.63%，贵阳市、成都市在纪委全会召开后一个月内公开了工作报告，公开得比较及时。厦门市、贵阳市、石家庄市纪检监察网站设有"纪委全会"专栏公开纪委全会等重要文件，公众查询起来非常方便。

### （六）巡视巡察信息公开较充分

巡视巡察是《中国共产党章程》《中国共产党党内监督条例》赋予的重要职责，是党内监督的重大制度创新。大多数纪检监察网站都开设了"巡视巡察"专栏，但是公布更多的是本级巡察的新闻信息，很少有上级对本市的巡视内容。

### （七）"通报曝光"信息较多

大多数纪检监察网站开设"通报曝光"专门栏目并及时更新，对违反"八项规定"精神案例曝光力度较大，及时通报重要违纪违法立案调查信息。违反"八项规定"精神案例都点名道姓，列明涉案人单位和职务、违纪事实和处分结果，还公开对违纪干部的处分决定。有的网站重视通报曝光专栏，信息更新快，分类清晰，一目了然，便于查找。如武汉市纪委监委网站"审查调查"专栏和西安市纪委监委网站"监督曝光"专栏每周都更新涉嫌严重违纪违法、接受纪律审查和监察调查的信息。

### （八）社会参与监督的渠道较多

大多数网站都有接受举报的平台和渠道，设有举报网站、举报电话，同时网上公开了来信来访的具体地址,监督举报渠道比较通畅。其中,厦门市、南宁市、拉萨市、乌鲁木齐市、沈阳市、成都市 6 家纪检监察网站还设置了留言板模块。

## 三 副省级及省会城市纪检监察机关信息公开存在的问题

### (一)网站建设领导重视不够

大多数纪委监委网站点击浏览量少。一是对网站建设重视不够,导致网页设计不新颖、不合理,板块内容不丰富,网站不吸引人。二是内容更新不及时,大多数网站只是注重更新首页头条和宣传信息,对其他内容的更新不及时。有的板块内容长时间不更新,有的网站首页没有栏目分类,没有设置站内搜索。有的设置了站内搜索但是无法显示内容,体验感差。三是对网站的宣传力度不够,群众对网站的知晓率不高,大多数纪检监察网站虽然每天都有更新、公布一些信息,但是信息的点击率不高,有极个别网站每条信息的点击率都非常低,更多的网站没有进行点击率的统计。

### (二)组织结构信息公开不全面

大多数纪委监委网站机构介绍栏目中,并没有介绍机构的职能任务。有的单位的职能被放在部门预算前面公开,但公开的职能并不完整。有的是纪检监察体制改革之前的内容,职能信息更新不及时。多数纪检监察机关没有公开内设机构、派驻机构名称、职能职责、负责人等信息。一些网站公开了本级单位编制和实有人数,但多数纪委监委没有公开编制数、实有人员数,绝大多数纪委监委只公开领导姓名,没有具体公开领导职数信息。

### (三)部门收支信息公开程度不够

只有一半的纪检监察机关按照要求公开了预算决算,并且公开预算的多,公布 2018 年决算的屈指可数。公开的内容有的比较细,有的比较粗。

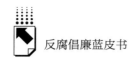

绝大多数都没有公开部门预算绩效目标信息，看不出来是否有绩效考核。极个别单位公开纪委审查、监委调查工作经费年度开支总额，但大部分没有公开此类信息。网站公开大案要案查办支出信息的更少。

### （四）制度规定公开质量较差

评估发现，虽然有 29 家开设了制度规定专栏，但内容绝大多数是上级的制度规定，本级的制度规定并没有公开。有的对上级制度的公开也不全面完整，没有进行分类处理，网上查阅使用并不很方便。网站公开的制度更新不及时，有的对最近两年中央制定或修订的制度规定并未转载，如最新修订的《中国共产党章程》《中华人民共和国监察法》等。有的制度已经被废止，或者被新的制度取代，但网站并未及时清理。

### （五）纪委全会工作报告不敢公开

党的十八大以来，中央纪委开始全文公布每年的纪委全会工作报告，成为带头公开的典范。但只有 5 个省会及副省级城市公开了纪委全会工作报告全文，绝大多数没有像中央纪委一样公开全会工作报告。有的全文公开并不及时，不能在全会召开后一个月内进行及时公开。有的网站虽然开辟了纪委全会的专栏，但主要公布对全会的新闻报道和全会报告的决议。

### （六）通报曝光信息公布不均衡

目前，还没有任何一家网站公开处分决定书的全文，这是下一步努力的方向。大多数网站曝光违反"八项规定"精神的案例存在曝光少和曝光不及时的问题，对一些重要案件只公布了立案决定，没有进行及时跟踪、公布最后的处理情况。

### （七）上级巡视内容不公开

所有的评估网站都不公开上级巡视整改情况报告，有的只是以新闻报道形式作了简单的公开。大多数网站对本级巡察的公告、问题、整改情况都没有全文公开，有的只公开了其中的一块内容，更多的是以新闻形式作了报道。

### （八）社会参与互动性有待加强

省会及副省级城市纪委监委网站都设有监督举报网站、公开监督举报电话及监督举报信件投寄地址等信息，但很少有网站开设留言板，缺乏对网站点击率、浏览人数的统计，有的网站虽然开通了留言互动专栏，但是与网民互动交流的力度不够。

## 四　进一步完善纪检监察机关信息公开的建议

### （一）完善网站的管理制度

纪检监察系统内部要形成"全员办网"的统一认识，切实加强组织领导，纪检监察干部都要支持和参与网站的建设，形成网宣工作合力。在加强对现有人员专业技术培训的基础上，要有计划有步骤地充实计算机、网络等方面的专业人才，确保有人员有力量负责纪检监察网站的运行和维护工作。要合理设计网页，将"信息公开"放在醒目位置，方便纪检监察机关自身管理和建设的信息能被直观、快速地浏览或检索，开展网民浏览网站体验感评估。目前有的地方纪检监察机关编制、预决算等信息在政府门户网站公开，不便于网民查找，建议将所有与纪检监察相关的信息在纪检监察网站上集中公开。加强纪委监委网站硬件和软件支持，解决"无法打开"、链接无效、网页打开慢等技术问题。要充分调动各部门各单位纪检监察信息员的供稿积极性，既要对各单位供稿数量作硬性指标要求，将其纳入年度党风廉政建设责任制目标考核体系，也要建立相应的激励机制。

### （二）加大资源共享力度

在纪检监察网站运营过程中，要与本地区宣传部门探索建立纪检监察新

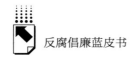

闻素材互通机制，充分利用电视、报纸、杂志等各种资源，既要对其中的亮点信息及时转载选用，也要注重和其他媒体联合发布纪检监察信息及展示成果，要进一步增设各类党纪党规、政策文件、案例通报等广大人民群众迫切想要了解的内容，提升纪检监察网站知晓度。同时，应当和微博、微信、客户端等新媒体相互借鉴、共同用力，充分发挥各自优势，同时避免新媒体可能出现的数据不深入且片面化、信息传播缺乏监督等问题。

### （三）加大工作信息公开力度

有的地方主动公开浅层和表面的纪检监察信息较多，有的网站有近一半是廉政文化宣传方面的内容，如廉政文苑、历史回响、勤廉楷模、廉政文化、廉政教育、家风家训、书单、廉政论坛、清风社区等，审查调查、巡视巡察等与监督执纪问责的栏目不多，有关自身财务、管理、经费方面的栏目几乎没有。由于涉密性较强，各地纪检监察机关网站目前尚未开展依申请公开工作。省级纪检监察网站应当扩大信息公开领域，对照中央纪委、国家检察委员会的网站，公开纪委监委内设机构、派驻机构名称、职能职责、负责人姓名等信息。如像审计署和一些省级纪委监委一样公开行政编制、参公事业单位编制、事业单位编制、工勤编制、离退休人员数和实有人员数，与政府网站对比，提出需要公开的内容，如公开部门预算和决算信息和部门预算绩效目标信息，让社会对纪检监察机关监督执纪效果有更多了解。加快信息公布的速度，依法、及时、全面、准确地主动公开制度规定，对制度分类整理以便于查找，对旧信息及时清理。纪委全委会工作报告必须及时公开，让群众更多了解纪委工作任务、措施和效果。

### （四）增大"开门反腐"的力度

实践证明，通报曝光能够形成强有力的震慑力，但有的地方通报曝光要均衡，不仅要及时曝光违反"八项规定"精神案例，同时要将涉嫌严重职务违法或者职务犯罪信息及时向社会发布。要注重过程公开与结果公开相结合，信访举报、审查调查的信息需要严格保密，立案调查信息要向社会发布，同时要争取尽早实现将政务处分决定书向社会公开，建立政务处分决定的数据库供社会查询，不断丰富社会诚信体系建设的内容，提高违纪违法的信用成本。

### （五）增加与群众的互动

进一步拓宽信访渠道，方便群众举报及反映问题，对群众关注的问题要积极回应，及时公开带有普遍性、苗头性问题的办理情况。打造权威快速的信息发布板块。第一时间、第一窗口权威发布本地重大纪检监察信息、违规违纪案件通报和案件受理情况等，提高反腐败工作的公开透明度，营造浓厚的舆论氛围。打造提能增效的经验交流板块，采写具有亮点、热点的经验交流文章，供广大纪检监察干部相互交流学习，促进纪检监察各项工作不断取得新成效。

# B.13
# 直辖市下辖区县纪检监察
# 机关信息公开评估报告

中国社会科学院社会学所"党和国家监督体系绩效测评研究"创新工程项目组*

摘　要：　项目组采用全覆盖的方式，对北京市、天津市、上海市、重庆市四个直辖市下辖各区县纪检监察机关信息公开进行了评估。本次评估发现直辖市下辖各区县的纪检监察机关信息公开平台建设得较为完备、组织机构信息公开日臻全面、经费公开相对规范、制度规定公开内容比较相近、通报曝光力度普遍较大、巡视巡察信息公开较为充分、监督举报渠道畅通多元。但评估中也发现一些不容忽视的问题，组织结构信息公开有待完善、部门收支信息公开有待细化、制度规定公开力度不够、工作报告公开水平亟待提升、通报曝光信息分布不均衡、巡视整改信息公开有待深化、社会参与和互动有待加强。建议加大公开力度，提高信息公开质量；拓展公开深度，切实增强监督效力；升级社会监督，提升社会参与效度；加强平台建设，为公开提供有力保障。

关键词：　直辖市　区县　纪委监委　信息公开　评估　纪检监察网站

---

　　* 项目负责人：蒋来用。项目组成员：蒋来用、王田田、周兴君、于琴、林之波、任涛、朱克江、胡爽、张绾昕、张伟、虞晨跃。执笔人：于琴。

## 一 评估对象和数据来源

直辖市的行政区划级别与省、自治区、特别行政区相同，是直接由中央人民政府所管辖的建制城市，相较于我国其他城市有着特殊地位。其纪检监察机关信息公开程度也比其他城市受到更多关注，项目组在本次评估中将我国四个直辖市下辖区县专列一组，单独进行评估。本次评估的对象为北京市、天津市、上海市、重庆市四个直辖市下辖 86 个区县纪检监察机关。评估的信息来源为各纪检监察机关官方网站，项目组并依据此进行评估。考虑到网站上的信息不断更新和变化，项目组统一搜集信息数据的时段为 2019 年 8 月 1 日至 8 月 31 日（见表 1）。

表 1　评估对象名称、网站域名

| 序号 | 区县名称 | 区县纪委监委网站域名 |
|:---:|:---:|:---|
| 1 | 北京市东城区 | http://www.dcqjw.gov.cn/ |
| 2 | 北京市西城区 | http://www.xcjw.gov.cn/ |
| 3 | 北京市朝阳区 | http://www.chyjw.gov.cn/jw/index_123.htm |
| 4 | 北京市海淀区 | http://www.hdcdi.gov.cn/ |
| 5 | 北京市丰台区 | http://www.ftjj.gov.cn/ftjj/ |
| 6 | 北京市石景山区 | http://www.bjsjs.gov.cn/ |
| 7 | 北京市门头沟区 | http://jjw.bjmtg.gov.cn/ |
| 8 | 北京市房山区 | http://jjjc.bjfsh.gov.cn/ |
| 9 | 北京市通州区 | http://quwei.bjtzh.gov.cn/jjw/ |
| 10 | 北京市顺义区 | http://jwjcw.bjshy.gov.cn/ |
| 11 | 北京市昌平区 | http://chpjw.bjchp.gov.cn/ |
| 12 | 北京市大兴区 | http://dxjjjc.bjdx.gov.cn/ |
| 13 | 北京市怀柔区 | http://www.bjhrjjjc.gov.cn/ |
| 14 | 北京市平谷区 | http://jjw.bjpg.gov.cn/ |
| 15 | 北京市密云区 | http://www.bjmyjw.gov.cn/ |
| 16 | 北京市延庆区 | http://jw.bjyq.gov.cn/ |

| 序号 | 区县名称 | 区县纪委监委网站域名 |
|---|---|---|
| 17 | 天津市和平区 | http://heping. tjjw. gov. cn/ |
| 18 | 天津市河东区 | http://hedong. tjjw. gov. cn/ |
| 19 | 天津市河西区 | http://hexi. tjjw. gov. cn/ |
| 20 | 天津市南开区 | http://nankai. tjjw. gov. cn/ |
| 21 | 天津市河北区 | http://hebei. tjjw. gov. cn/ |
| 22 | 天津市红桥区 | http://hongqiao. tjjw. gov. cn/ |
| 23 | 天津市东丽区 | http://dongli. tjjw. gov. cn/ |
| 24 | 天津市西青区 | http://xiqing. tjjw. gov. cn/ |
| 25 | 天津市津南区 | http://jinnan. tjjw. gov. cn/ |
| 26 | 天津市北辰区 | http://beichen. tjjw. gov. cn/ |
| 27 | 天津市武清区 | http://wuqing. tjjw. gov. cn/ |
| 28 | 天津市宝坻区 | http://baodi. tjjw. gov. cn/ |
| 29 | 天津市滨海新区 | http://binhai. tjjw. gov. cn/ |
| 30 | 天津市宁河区 | http://ninghe. tjjw. gov. cn/ |
| 31 | 天津市静海区 | http://jinghai. tjjw. gov. cn/ |
| 32 | 天津市蓟州区 | http://jizhou. tjjw. gov. cn/ |
| 33 | 上海市黄浦区 | http://jcw. huangpuqu. sh. cn/ |
| 34 | 上海市徐汇区 | 未查找到相应网站 |
| 35 | 上海市长宁区 | 未查找到相应网站 |
| 36 | 上海市静安区 | 未查找到相应网站 |
| 37 | 上海市普陀区 | 未查找到相应网站 |
| 38 | 上海市虹口区 | http://hkjj. shhk. gov. cn/content/index. html |
| 39 | 上海市杨浦区 | 未查找到相应网站 |
| 40 | 上海市闵行区 | 未查找到相应网站 |
| 41 | 上海市宝山区 | 未查找到相应网站 |
| 42 | 上海市嘉定区 | http://www. jiading. gov. cn/jijian |
| 43 | 上海市浦东新区 | http://pdlz. pudong. gov. cn/portal/index/index. htm |
| 44 | 上海市金山区 | http://jlw. jinshan. gov. cn/html/ |
| 45 | 上海市松江区 | http://qjw. songjiang. gov. cn/ |
| 46 | 上海市青浦区 | http://sup. shqp. gov. cn/ |

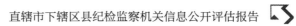

续表

| 序号 | 区县名称 | 区县纪委监委网站域名 |
|---|---|---|
| 47 | 上海市奉贤区 | http://jc.fengxian.gov.cn/fxjj/ |
| 48 | 上海市崇明区 | http://jjjc.shcm.gov.cn/portal/index/index.htm |
| 49 | 重庆市万州区 | 未查找到相应网站 |
| 50 | 重庆市涪陵区 | 未查找到相应网站 |
| 51 | 重庆市渝中区 | 未查找到相应网站 |
| 52 | 重庆市大渡口区 | 未查找到相应网站 |
| 53 | 重庆市江北区 | 未查找到相应网站 |
| 54 | 重庆市沙坪坝区 | 未查找到相应网站 |
| 55 | 重庆市九龙坡区 | 未查找到相应网站 |
| 56 | 重庆市南岸区 | 未查找到相应网站 |
| 57 | 重庆市北碚区 | 未查找到相应网站 |
| 58 | 重庆市綦江区 | 未查找到相应网站 |
| 59 | 重庆市大足区 | 未查找到相应网站 |
| 60 | 重庆市渝北区 | 未查找到相应网站 |
| 61 | 重庆市巴南区 | 未查找到相应网站 |
| 62 | 重庆市黔江区 | 未查找到相应网站 |
| 63 | 重庆市长寿区 | 未查找到相应网站 |
| 64 | 重庆市江津区 | 未查找到相应网站 |
| 65 | 重庆市合川区 | 未查找到相应网站 |
| 66 | 重庆市永川区 | 未查找到相应网站 |
| 67 | 重庆市南川区 | 未查找到相应网站 |
| 68 | 重庆市璧山区 | 未查找到相应网站 |
| 69 | 重庆市铜梁区 | 未查找到相应网站 |
| 70 | 重庆市潼南区 | 未查找到相应网站 |
| 71 | 重庆市荣昌区 | 未查找到相应网站 |
| 72 | 重庆市开州区 | 未查找到相应网站 |
| 73 | 重庆市梁平区 | 未查找到相应网站 |
| 74 | 重庆市武隆区 | 未查找到相应网站 |
| 75 | 重庆市城口县 | 未查找到相应网站 |
| 76 | 重庆市丰都县 | 未查找到相应网站 |
| 77 | 重庆市垫江县 | 未查找到相应网站 |
| 78 | 重庆市忠县 | 未查找到相应网站 |

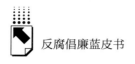

| 序号 | 区县名称 | 区县纪委监委网站域名 |
|---|---|---|
| 79 | 重庆市云阳县 | 未查找到相应网站 |
| 80 | 重庆市奉节县 | 未查找到相应网站 |
| 81 | 重庆市巫山县 | 未查找到相应网站 |
| 82 | 重庆市巫溪县 | 未查找到相应网站 |
| 83 | 重庆市石柱土家族自治县 | 未查找到相应网站 |
| 84 | 重庆市秀山土家族苗族自治县 | 未查找到相应网站 |
| 85 | 重庆市酉阳土家族苗族自治县 | 未查找到相应网站 |
| 86 | 重庆市彭水苗族土家族自治县 | 未查找到相应网站 |

## 二 直辖市各区县纪检监察机关信息公开状况评估

项目组本次评估采用百分制，按评估指标权重和相应网站数据信息对评估对象量化评分，86 个评估对象得分总和为 1366.70 分，平均分为 15.89 分，其中 41 个评估对象得分高于平均分。总体而言，评估对象的信息公开得分并不很高。排名前列的有：天津市宁河区、北京市延庆区、天津市河北区、北京市丰台区、北京市通州区、北京市海淀区、北京市门头沟区、北京市顺义区、北京市西城区、北京市房山区（见表 2）。

### （一）信息公开平台建设得较为完备

在 86 个评估对象中，41 家可查找到官方网站的，均设有信息公开平台，且具有内置搜索功能，方便浏览者快速、便捷地查找相关信息，公开平台建设得比较完备。其中北京市东城区、西城区、朝阳区、丰台区、昌平区纪委监委官方网站公开了微信、微博等官方移动客户端，大大提高了纪委监委信息公开与人民群众生活的关联度。其中昌平区纪委监委将微博公众号"廉政昌平"与纪委监委官网相关联，置于网页中，微博信息实时更新，增加了公开渠道的多样性，表现优异。

表2 直辖市各区区县纪委监委信息公开评估结果

| 排名 | 区县 | 公开平台 (10%) | 组织结构 (10%) | 部门收支 (15%) | 制度规定 (12%) | 工作报告 (12%) | 通报曝光 (15%) | 巡视巡察整改 (10%) | 社会参与 (16%) | 总分 |
|---|---|---|---|---|---|---|---|---|---|---|
| 1 | 天津市宁河区 | 91.5 | 42.5 | 80 | 41.75 | 0 | 63.6 | 83 | 34 | 53.69 |
| 2 | 北京市延庆区 | 97.25 | 75 | 56.25 | 36.8 | 0 | 64.64 | 17 | 34 | 46.92 |
| 3 | 天津市河北区 | 88.75 | 5 | 66.875 | 41.75 | 0 | 63.6 | 50 | 34 | 44.40 |
| 4 | 北京市丰台区 | 92.5 | 25 | 68.75 | 41.75 | 0 | 52.1 | 0 | 58.75 | 44.29 |
| 5 | 北京市通州区 | 92.5 | 57.5 | 68.125 | 47.525 | 0 | 52.1 | 0 | 34 | 44.18 |
| 6 | 北京市海淀区 | 98.5 | 55 | 69.6875 | 0 | 0 | 50.4 | 50 | 34 | 43.80 |
| 7 | 北京市门头沟区 | 95.75 | 55 | 64.375 | 0 | 0 | 63.6 | 33 | 34 | 43.01 |
| 8 | 北京市顺义区 | 94.25 | 35 | 69.375 | 35.15 | 0 | 47 | 0 | 50.5 | 42.68 |
| 9 | 北京市西城区 | 89.5 | 20 | 80 | 40.1 | 0 | 52.1 | 0 | 34 | 41.02 |
| 10 | 北京市房山区 | 89.5 | 35 | 64.375 | 46.7 | 0 | 33 | 0 | 34 | 40.65 |
| 11 | 北京市大兴区 | 70.25 | 92.5 | 0 | 40.1 | 0 | 50.4 | 0 | 67 | 39.37 |
| 12 | 北京市昌平区 | 95.5 | 32.5 | 40.625 | 43.4 | 0 | 63.6 | 33.5 | 11.56 | 38.84 |
| 13 | 天津市北辰区 | 89 | 10 | 68.4375 | 42.575 | 0 | 50 | 0 | 34 | 38.21 |
| 14 | 北京市朝阳区 | 95.5 | 30 | 68.75 | 0 | 0 | 50.4 | 0 | 47.53 | 38.03 |
| 15 | 天津市东丽区 | 90.75 | 5 | 66.25 | 40.925 | 0 | 50.4 | 0 | 34 | 37.42 |
| 16 | 天津市津南区 | 90 | 20 | 60.9375 | 40.1 | 0 | 19.8 | 33 | 34 | 36.66 |
| 17 | 天津市滨海新区 | 86.25 | 5 | 79.375 | 40.1 | 0 | 30.6 | 0 | 34 | 35.87 |
| 18 | 天津市南开区 | 87.75 | 10 | 47.5 | 40.925 | 0 | 50.4 | 0 | 34 | 34.81 |
| 19 | 北京市密云区 | 75.5 | 5 | 0 | 38.45 | 0 | 63.6 | 0 | 67 | 32.92 |
| 20 | 天津市红桥区 | 88.75 | 5 | 0 | 40.925 | 0 | 50.4 | 50 | 34 | 32.29 |
| 21 | 天津市静海区 | 81 | 5 | 58.125 | 40.1 | 0 | 19.8 | 0 | 34 | 30.54 |

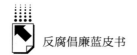

续表

| 排名 | 区县 | 公开平台(10%) | 组织结构(10%) | 部门收支(15%) | 制度规定(12%) | 工作报告(12%) | 通报曝光(15%) | 巡视巡察整改(10%) | 社会参与(16%) | 总分 |
|---|---|---|---|---|---|---|---|---|---|---|
| 22 | 上海市松江区 | 76.5 | 0 | 59.375 | 36.8 | 0 | 0 | 0 | 57.925 | 30.24 |
| 23 | 天津市河东区 | 82.25 | 5 | 48.125 | 43.4 | 0 | 19.8 | 0 | 34 | 29.56 |
| 24 | 北京市东城区 | 95.5 | 10 | 68.75 | 41.75 | 0 | 0 | 17 | 11.56 | 29.42 |
| 25 | 北京市平谷区 | 92.75 | 22.5 | 0 | 0 | 0 | 50.4 | 17 | 50.5 | 28.87 |
| 26 | 天津市宝坻区 | 92 | 15 | 0 | 40.1 | 0 | 52.1 | 0 | 34 | 28.77 |
| 27 | 上海市虹口区 | 80.5 | 0 | 65.625 | 45.05 | 0 | 0 | 0 | 34 | 28.74 |
| 28 | 北京市石景山区 | 91.75 | 25 | 0 | 33.5 | 0 | 17 | 50 | 34 | 28.69 |
| 29 | 北京市怀柔区 | 83.25 | 15 | 0 | 43.4 | 0 | 50.4 | 0 | 34 | 28.03 |
| 30 | 天津市蓟县 | 93.75 | 5 | 0 | 40.1 | 0 | 52.1 | 0 | 34 | 27.94 |
| 31 | 天津市河西区 | 87.75 | 5 | 0 | 41.75 | 0 | 52.1 | 0 | 34 | 27.54 |
| 32 | 上海市浦东新区 | 88.5 | 0 | 58.125 | 36.8 | 0 | 0 | 0 | 34 | 27.42 |
| 33 | 上海市黄浦区 | 83 | 0 | 0 | 43.4 | 0 | 52.1 | 0 | 34 | 26.76 |
| 34 | 天津市武清区 | 88.25 | 0 | 0 | 41.75 | 0 | 33 | 25 | 34 | 26.73 |
| 35 | 天津市和平区 | 84.25 | 0 | 0 | 45.05 | 0 | 48.7 | 0 | 34 | 26.58 |
| 36 | 上海市金山区 | 90 | 5 | 0 | 43.4 | 0 | 19.8 | 0 | 52.15 | 26.02 |
| 37 | 上海市奉贤区 | 78.5 | 10 | 17.5 | 40.1 | 0 | 0 | 0 | 42.25 | 23.05 |
| 38 | 上海市嘉定区 | 85.75 | 15 | 0 | 0 | 0 | 0 | 33.5 | 53.8 | 22.03 |
| 39 | 上海市崇明区 | 84 | 0 | 0 | 36.8 | 0 | 0 | 17 | 42.25 | 21.28 |
| 40 | 上海市青浦区 | 82.75 | 0 | 0 | 0 | 0 | 0 | 17 | 11.56 | 19.77 |
| 41 | 天津市西青区 | 87.25 | 5 | 0 | 41.75 | 0 | 52.95 | 0 | 34 | 19.68 |
| 42 | 上海市徐汇区 | 0 | 0 | 0 | 0 | 0 | 0 | 0 | 0 | 0 |

续表

| 排名 | 区县 | 公开平台<br>(10%) | 组织结构<br>(10%) | 部门收支<br>(15%) | 制度规定<br>(12%) | 工作报告<br>(12%) | 通报曝光<br>(15%) | 巡视巡察整改<br>(10%) | 社会参与<br>(16%) | 总分 |
|---|---|---|---|---|---|---|---|---|---|---|
| 42 | 上海市长宁区 | 0 | 0 | 0 | 0 | 0 | 0 | 0 | 0 | 0 |
| 42 | 上海市静安区 | 0 | 0 | 0 | 0 | 0 | 0 | 0 | 0 | 0 |
| 42 | 上海市普陀区 | 0 | 0 | 0 | 0 | 0 | 0 | 0 | 0 | 0 |
| 42 | 上海市杨浦区 | 0 | 0 | 0 | 0 | 0 | 0 | 0 | 0 | 0 |
| 42 | 上海市闵行区 | 0 | 0 | 0 | 0 | 0 | 0 | 0 | 0 | 0 |
| 42 | 上海市宝山区 | 0 | 0 | 0 | 0 | 0 | 0 | 0 | 0 | 0 |
| 42 | 重庆市万州区 | 0 | 0 | 0 | 0 | 0 | 0 | 0 | 0 | 0 |
| 42 | 重庆市涪陵区 | 0 | 0 | 0 | 0 | 0 | 0 | 0 | 0 | 0 |
| 42 | 重庆市渝中区 | 0 | 0 | 0 | 0 | 0 | 0 | 0 | 0 | 0 |
| 42 | 重庆市大渡口区 | 0 | 0 | 0 | 0 | 0 | 0 | 0 | 0 | 0 |
| 42 | 重庆市江北区 | 0 | 0 | 0 | 0 | 0 | 0 | 0 | 0 | 0 |
| 42 | 重庆市沙坪坝区 | 0 | 0 | 0 | 0 | 0 | 0 | 0 | 0 | 0 |
| 42 | 重庆市九龙坡区 | 0 | 0 | 0 | 0 | 0 | 0 | 0 | 0 | 0 |
| 42 | 重庆市南岸区 | 0 | 0 | 0 | 0 | 0 | 0 | 0 | 0 | 0 |
| 42 | 重庆市北碚区 | 0 | 0 | 0 | 0 | 0 | 0 | 0 | 0 | 0 |
| 42 | 重庆市綦江区 | 0 | 0 | 0 | 0 | 0 | 0 | 0 | 0 | 0 |
| 42 | 重庆市大足区 | 0 | 0 | 0 | 0 | 0 | 0 | 0 | 0 | 0 |
| 42 | 重庆市渝北区 | 0 | 0 | 0 | 0 | 0 | 0 | 0 | 0 | 0 |
| 42 | 重庆市巴南区 | 0 | 0 | 0 | 0 | 0 | 0 | 0 | 0 | 0 |
| 42 | 重庆市黔江区 | 0 | 0 | 0 | 0 | 0 | 0 | 0 | 0 | 0 |
| 42 | 重庆市长寿区 | 0 | 0 | 0 | 0 | 0 | 0 | 0 | 0 | 0 |
| 42 | 重庆市江津区 | 0 | 0 | 0 | 0 | 0 | 0 | 0 | 0 | 0 |

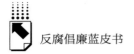

续表

| 排名 | 区县 | 公开平台（10%） | 组织结构（10%） | 部门收支（15%） | 制度规定（12%） | 工作报告（12%） | 通报曝光（15%） | 巡视巡察整改（10%） | 社会参与（16%） | 总分 |
|---|---|---|---|---|---|---|---|---|---|---|
| 42 | 重庆市合川区 | 0 | 0 | 0 | 0 | 0 | 0 | 0 | 0 | 0 |
| 42 | 重庆市永川区 | 0 | 0 | 0 | 0 | 0 | 0 | 0 | 0 | 0 |
| 42 | 重庆市南川区 | 0 | 0 | 0 | 0 | 0 | 0 | 0 | 0 | 0 |
| 42 | 重庆市璧山区 | 0 | 0 | 0 | 0 | 0 | 0 | 0 | 0 | 0 |
| 42 | 重庆市铜梁区 | 0 | 0 | 0 | 0 | 0 | 0 | 0 | 0 | 0 |
| 42 | 重庆市潼南区 | 0 | 0 | 0 | 0 | 0 | 0 | 0 | 0 | 0 |
| 42 | 重庆市荣昌区 | 0 | 0 | 0 | 0 | 0 | 0 | 0 | 0 | 0 |
| 42 | 重庆市开州区 | 0 | 0 | 0 | 0 | 0 | 0 | 0 | 0 | 0 |
| 42 | 重庆市梁平区 | 0 | 0 | 0 | 0 | 0 | 0 | 0 | 0 | 0 |
| 42 | 重庆市武隆区 | 0 | 0 | 0 | 0 | 0 | 0 | 0 | 0 | 0 |
| 42 | 重庆市城口县 | 0 | 0 | 0 | 0 | 0 | 0 | 0 | 0 | 0 |
| 42 | 重庆市丰都县 | 0 | 0 | 0 | 0 | 0 | 0 | 0 | 0 | 0 |
| 42 | 重庆市垫江县 | 0 | 0 | 0 | 0 | 0 | 0 | 0 | 0 | 0 |
| 42 | 重庆市忠县 | 0 | 0 | 0 | 0 | 0 | 0 | 0 | 0 | 0 |
| 42 | 重庆市云阳县 | 0 | 0 | 0 | 0 | 0 | 0 | 0 | 0 | 0 |
| 42 | 重庆市奉节县 | 0 | 0 | 0 | 0 | 0 | 0 | 0 | 0 | 0 |
| 42 | 重庆市巫山县 | 0 | 0 | 0 | 0 | 0 | 0 | 0 | 0 | 0 |
| 42 | 重庆市巫溪县 | 0 | 0 | 0 | 0 | 0 | 0 | 0 | 0 | 0 |
| 42 | 重庆市石柱土家族自治县 | 0 | 0 | 0 | 0 | 0 | 0 | 0 | 0 | 0 |
| 42 | 重庆市秀山土家族苗族自治县 | 0 | 0 | 0 | 0 | 0 | 0 | 0 | 0 | 0 |
| 42 | 重庆市酉阳土家族苗族自治县 | 0 | 0 | 0 | 0 | 0 | 0 | 0 | 0 | 0 |
| 42 | 重庆市彭水苗族土家族自治县 | 0 | 0 | 0 | 0 | 0 | 0 | 0 | 0 | 0 |

### （二）组织机构信息公开日臻全面

本次评估中，有 7 家网站在首页专栏中公开了纪委监委的职能和任务，占评估对象总数的 8.1%，分别是北京市石景山区、北京市海淀区、北京市门头沟区、北京市通州区、北京市大兴区、北京市延庆区、天津市宁河区。公开明确纪委监委各个部门的职能和任务，有利于更好地发挥执纪监督的作用。本次评估发现，评估对象的纪委监委内设机构及派驻机构名称、领导班子信息、人员编制等信息的公开日趋充分细致，有利于了解纪委监委的组织构成。在内设和派驻机构信息公开中，北京市海淀区、北京市门头沟区、北京市通州区、北京市延庆区、天津市宁河区成绩突出，不仅将机构名称公开，而且将机构职能职责同时公开；在人员编制方面，北京市顺义区、北京市大兴区公开充分，对纪委监委机关编制数和纪委监委派驻机构编制数都进行了公开；在领导班子信息公开方面，北京市大兴区、北京市延庆区表现优异，不仅将领导班子成员姓名公开，还将其照片及简历信息公开，方便群众了解和认识领导班子成员。

### （三）经费公开相对规范

部门收支预决算是纪委监委信息公开的重要内容，对于提高纪委监委工作透明度、加强依法依规执纪监督具有重要意义。本次评估发现，有 24 家纪委监委公开了部门预算或决算，占比达到 27.9%。在本次评估中，有网站的区县纪委监委"三公经费"部门收支领域信息公开较为全面。北京市西城区和上海市松江区公开了"大案要案"查办支出，公开内容充分全面。

### （四）制度规定公开内容比较相近

纪委监委官方网站开设制度专栏是让群众及相关人员方便及时了解相关制度规定的重要方式。本次评估中，86 家官方网站中有 35 家开设了制度专栏，占评估对象总数的 40.7%，虽然网站中制度法规专栏的名称不尽相同，但是都能及时更新相关党内制度、法律法规，其中北京市房山区纪委监委网

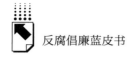

站制度专栏不仅更新及时，并且对党内法规制度和国家法规制度进行了权威解读，细致全面，更方便阅读者学习和理解相关法律法规。北京市通州区纪委监委网站不仅公开了党内法规制度和国家法规制度，并且对其分门别类，便于人们查找。

### （五）通报曝光力度普遍较大

通报曝光专栏是各地纪委监委展示最新工作的重要平台，也是网站的重要功能之一，此专栏起到的震慑警示作用非常突出。本次评估，86 家网站中有 27 家设有通报曝光专栏，占评估对象总数的 31.4%。虽然通报曝光专栏名称各异，但大多数网站该专栏公开内容基本一致，都有违反"八项规定"精神案例、重要违纪违法案例调查信息等内容。违反"八项规定"精神案例都点名道姓，列明违纪人员单位和职务、违纪事实和处分结果。其中北京市门头沟区、北京市房山区、北京市昌平区、北京市密云区、北京市延庆区、天津市河北区、天津市北辰区、天津市武清区、天津市宁河区此栏目得分较高，表现优异，其共同特点是及时公开违反"八项规定"精神案例以及重要违纪违法案例调查信息，且公开信息相对较全。

### （六）巡视巡察信息公开较为充分

巡视是党内监督的重要方式。巡视巡察信息是各个纪委监委官方网站重点公开的信息之一，纪委监委网站大多专门设有巡视巡察专栏。本次评估中，天津市宁河区对上级巡视反馈的问题、上级巡视后整改情况、本级巡察发现的问题以及本级巡察后整改情况做了及时公开，且公开内容详尽，得分最高，表现突出。另外，北京市石景山区、北京市海淀区和天津市红桥区公开了本级组织开展巡察的公告、本级巡察发现的问题以及本级巡察后整改情况，内容翔实，表现优异。

### （七）监督举报渠道畅通多元

纪委监委网站的监督举报渠道是纪委监委接受社会监督的重要渠道，

也是公民行使监督权的重要途径，是纪委监委网站信息公开的重要内容之一。本次评估中，41家可查找到官方网站的，全部公开了监督举报渠道，并且举报渠道多元，主要有监督举报网站、监督举报电话以及监督举报信件投寄地址。其中北京市大兴区以及北京市密云区纪委监委网站还开设了留言板，并对群众留言进行了及时回复，与群众形成了有效互动，一定程度上为纪委监委工作提供了线索。北京市朝阳区、北京市丰台区、北京市顺义区、北京市平谷区、上海市嘉定区、上海市金山区、上海市松江区、上海市奉贤区以及上海市崇明区还对网站点击率或文章点击率进行了公开。

## 三 评估发现的问题

### （一）组织结构信息公开有待完善

第一，纪委机关职能任务公开不充分。本次评估中只有5家单位公开了机构职能任务，占比非常低，其中有不少单位在部门预算中介绍职能任务，查找起来非常不便，影响信息公开效果。第二，纪委监委派驻机构编制数公开不充分。本次评估中，只有2家单位公开了派驻机构编制数，此部分信息公开还有很大提升空间。第三，纪委监委领导班子信息公开不全面。本次评估中，只有1家单位公开了领导职数，6家单位公开了领导班子成员照片，2家单位公开了领导班子成员简历，这种情况会让领导有种"神秘感"，容易造成"只知其名，不知其人"的情况。

### （二）部门收支信息公开有待细化

本次评估中，大部分评估对象公开了部门预算或决算，但是各地公开深度、公开内容等有很大差别。有的单位只公开了本年度预算，有的单位只公开了2018年决算。有的单位虽然公开了部门预算绩效目标信息，但是信息内容不全面，并不清楚是否有绩效考核等内容。大案要案查办支出只有2家

单位进行了信息公开，纪律审查、监察调查工作经费年度开支总额信息公开几乎被忽略。

### （三）制度规定公开力度不够

上级制度规定与本级制度规定公开共同构成了制度规定公开的内容。本次评估中，有 35 家公开了上级制度规定，例如最新的国家法律法规、党内法规制度的更新都比较及时，公开情况较好，但是公开力度较弱，亟待加大。尤其是本级制度规定公开基本被忽略，很难找到相关信息。

### （四）工作报告公开水平亟待提升

每年纪委全会工作报告都要对纪委一年以来的工作进行总结，并对未来一年的工作提出要求、进行部署，是党员和群众了解纪检监察机关工作的重要信息资料。① 党的十八大以来，中央纪委历年全会的工作报告都在网络上公开，为各级纪委监委机关做出了很好的带头示范。但在本次评估中，评估对象工作报告信息公开几乎被忽略，查找起来非常困难，亟待改善。

### （五）通报曝光信息分布不均衡

本次评估发现，评估对象大多在通报曝光专栏公开违反"八项规定"精神的案件信息，对涉案人员的姓名、单位、职务、违纪事实、处分结果的公开都较完备。但是对涉嫌严重职务违法或者职务犯罪信息的公开少之又少，本次评估中，只有 9 家单位对该部分信息进行了公开。尤其对违纪干部的处分决定，在本次评估中一家都未公布，这不仅对群众了解案情和办案情况形成了障碍，也不能有效形成震慑力。

### （六）巡视整改信息公开有待深化

中央和直辖市巡视、区县巡察按照中央要求全面推进，实现全覆盖，成

---

① 王京清、孙壮志主编《中国反腐倡廉建设报告 No. 8》，社会科学文献出版社，2018，第 90 页。

为监督的一把重要利剑。① 纪委监委官方网站及时公开上级巡视反馈的问题、巡视后的整改情况，以便群众查阅、及时了解相关情况。本次评估中，巡视巡察信息公开情况并不乐观，对于上级巡视反馈的问题、上级巡视后整改的情况、本级组织开展巡察的公告、本级巡察工作报告和发现的问题、本级巡察后整改情况的通报这些基本公开要素各个单位都没有全部完整公开，尤其是上级巡视的公开情况堪忧，本次评估发现，只有 3 家单位公开了上级巡视反馈的问题或者巡视后的整改情况，占比很低，主动全面公开巡视巡察信息的意识还有待加强。

### （七）社会参与和互动有待加强

纪委监委官方网站中的社会参与和互动板块是纪委监委直接了解民众需求、为民众答疑解惑的重要渠道。本次评估中，能够查找到官方网站的 41 家单位全部公开了监督举报网站，绝大多数单位还同时公开了监督举报电话和监督举报信件投寄地址。但是只有 2 家单位在网站为公众评价开设了留言板，只有 9 家单位公开网站或文章点击率，与网民的互动交流不够，亟待加强。

## 四 进一步完善纪委监委信息公开的建议

### （一）加大公开力度，提高信息公开质量

及时全面的信息公开有利于纪委监委展现工作自信，赢得群众支持。本次评估中，有些地方的纪委监委网站展示内容中对廉洁文化等宣传材料浓墨重笔，如廉政文化、历史文化、廉政书籍、廉史博览、图说廉语、廉洁文化绘画作品展示、廉洁文化书法作品展示等等，而对群众比较关心的领导班子介绍、审查调查、巡视巡察等信息栏目设置得不够全面，本级纪委监委工作

---

① 王京清、孙壮志主编《中国反腐倡廉建设报告 No. 8》，社会科学文献出版社，2018，第90 页。

报告、本级纪检监察出台的规范性文件、重要案件立案决定、处分决定书等关键性内容鲜有涉及，甚至没有涉及。建议评估对象参照中央纪委国家监委、审计署等官方网站，全面公开纪委监委职能职责、人员编制、内设机构负责人、领导班子简历、在岗职工等信息，逐步公开纪委全会工作报告、本级纪委监委规章制度、重要案件立案决定、处分决定书等相关信息，力求实现高质量信息公开。

## （二）拓展公开深度，切实增强监督效力

就本次评估体系来讲，直辖市各县区的纪委监委网站的信息公开普遍比较全面，但具体到每个指标的各个要素的公开程度还有待向纵深发展。有些地方公开纪委监委内设机构名称而没有公开派出机构名称，有些地方公开纪委监委领导班子成员姓名却没有公开纪委监委领导班子成员照片或者简历，有些地方公开纪委监委机关实有人员数却没公开纪委监委派驻机构实有人员数。有些地方虽然公开了纪委监委部门预算绩效目标但过于简单，公开内容隔靴搔痒，有形式没内容，或者说公开深度还不够。建议全面系统规划网站栏目内容，提高网站信息公开的标准化和规范化水平，制定提供纪检监察网站建设标准，规范纪检监察栏目设置的内容和范式，使信息公开更高效、更具深度。

## （三）升级社会监督，提升社会参与效度

纪委监委官网是社会各界了解纪委监委工作样态和效度的直接窗口，目前大多数纪委监委网站只提供信访举报网站、电话、信件投寄地址，这种单向度、传统的互动方式显然已经不能完全满足公众的需求，评估中只有 2 家单位在网站设有留言板，无论从数量还是互动规模上讲都远远不够。在直辖市各个区县的纪委监委网站中，除了信访举报之外，其他与群众等社会各界的交流渠道几乎为零。建议积极探索与群众等社会各界的双向互动模式，加大互动力度，具体而言如：网站中加设留言板等互动模块，并及时回复群众关心的问题，广泛听取群众意见，进一步密切党群干群关系。

262

### （四）加强平台建设，为公开提供有力保障

由于纪委监委工作性质的特殊性，纪委监委的官方网站有别于其他机构的官网，加强其官网建设有着较强的政治意义。建议各单位要重视网站建设和管理工作，对群众关切的问题应当设置专栏，放在醒目的位置，例如信息公开、工作报告、人员编制、预算决算等内容应放在网站首页，方便群众查阅知悉。另外，在本次评估中有一些单位的网站栏目显示"正在建设"或"正在更新"，给需要了解情况的群众增加了障碍，建议纪委监委网站安排专职人员维护网站，加大财政投入力度，保障纪委监委网站时时畅通，将网站打造成利民便民平台。

# B.14
# 地级市纪检监察机关信息公开评估报告

中国社会科学院社会学所"党和国家监督体系绩效测评研究"创新工程项目组*

摘　要：　党的十八大以来，习近平总书记多次对权力的本质和属性进行深刻论述，为全党反复敲响警钟。他强调，"权力不论大小，只要不受制约和监督，都可能被滥用"，"权力越大，越容易出现'灯下黑'"。信息宣传工作是反腐败斗争的第二战场，加强各级纪检监察网站建设，提高信息公开透明度，对完善纪委监委权力监督具有重要的意义。本文围绕公开平台、组织结构、部门收支、制度规定、工作报告、巡视巡察整改、通报曝光和社会参与等内容，对随机抽取的 54 个市级纪委监委工作的公开透明度进行了评估。此次评估发现公开平台建设完备且形式多样、组织机构和领导班子基本信息有所公开、通报曝光领域信息公开精细化且更新及时、监督举报渠道畅通等特点；同时也发现了市级纪委监委公开透明工作存在人员编制和人员信息的公开有待改善，部分单位部门收支信息公开不到位，制度规定公开仍有提升空间，工作报告公开情况亟待改善，案件通报曝光不够全面，上级巡视情况公开不充分，公众评价互动不到位等问题，并提出强化信息公开思想认识、明确功能定位、加强网络建设检查考核、制定信息公开规范、注重群众互动效果等建议。

---

＊ 项目组组长：蒋来用。项目组成员：蒋来用、王田田、周兴君、于琴、林之波、任涛、朱克江、胡爽、张缙昕、张伟、虞晨跃。执笔人：胡爽。

**关键词：**　纪委监委　信息公开　评估　纪委监委网站　地级市

中国互联网络信息中心（CNNIC）在京发布的第 43 次《中国互联网络发展状况统计报告》显示，截至 2018 年 12 月，我国网民规模达 8.29 亿，普及率达 59.6%。我国手机网民规模达 8.17 亿，网民通过手机接入互联网的比例高达 98.6%。网络的普及和应用已渗透到各行各业，教育、医疗、政府等都通过网络平台公开信息、发布新闻、解答政策。在此形势下，各级纪检监察机关也纷纷开设了自己的官方网站——纪检监察网站。纪检监察网站是各级纪检监察机关倾听民意、网络举报的重要渠道，为党风廉政建设和反腐败工作提供了舆论支持和宣传服务。广大网民通过纪检监察网站这个公共交流平台，行使自己的公民权利，参与网络治理和网络监督，发挥着民间反腐的重要作用。

纪检监察网站是反腐败政策的宣传窗口、反腐败线索举报的公共平台，信息公开是工作透明度的重要指标。纪委监委信息公开是提升透明度的强有力举措。利用网站可以及时发布权威信息、公开工作动态，可以对重大决策和重要政策法规进行权威解读，促进其贯彻实施，还可以接受社会监督，积极回应社会关切，保障公民的知情权、监督权。项目组根据《中国共产党党务公开条例（试行）》《中华人民共和国监察法》等党内法规和国家法律，设定了纪委监委信息公开评估指标体系。运用这套体系，我们对地级市一级纪委监委信息公开情况进行了评估。

## 一　评估对象和信息采集

项目组根据人口数量排序、采用 PPS 进行等距抽样确定评估的市级纪委监委，每个省（自治区）抽取两个市纪委监委作为样本，共抽取出 54 个市级纪委监委。北京、上海、天津、重庆 4 个直辖市，各省会及副省级城市及海南省三沙市未纳入本次项目组评估对象，特此说明。

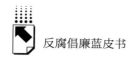
本次评估中，项目组为统一信息采取来源，只是从评估对象的纪检监察网站获取指标体系需要的数据信息，其他网站和渠道获得的信息暂不使用。项目组统一收集信息数据的时段为 2019 年 8 月 1 日至 8 月 31 日。

表1　评估对象名称、网站域名

| 序号 | 地级市 | 地级市纪委监委网站域名 |
|---|---|---|
| 1 | 云南怒江傈僳族自治州 | http://www.njjw.cn/ |
| 2 | 江苏镇江 | http://www.zjjjjcw.gov.cn/ |
| 3 | 山东东营 | http://www.jiwei.gov.cn/ |
| 4 | 河北承德 | http://www.cdjjjc.gov.cn/ |
| 5 | 湖南永州 | http://www.yzlianzheng.gov.cn/ |
| 6 | 海南三亚 | http://jjjc.sanya.gov.cn/ |
| 7 | 安徽蚌埠 | http://www.ahbbjjjc.gov.cn/ |
| 8 | 江苏苏州 | http://www.lianshi.gov.cn/ |
| 9 | 辽宁铁岭 | http://www.tlsjw.gov.cn/ |
| 10 | 广东汕头 | http://jw.shantou.gov.cn/ |
| 11 | 陕西宝鸡 | http://www.bjsjjw.gov.cn/ |
| 12 | 江西萍乡 | http://www.pxql.gov.cn/ |
| 13 | 贵州六盘水 | http://sjw.gzlps.gov.cn/ |
| 14 | 湖北黄石 | http://www.hsjwjc.gov.cn/ |
| 15 | 内蒙古通辽 | http://tl.nmgjjjc.gov.cn/ |
| 16 | 广东清远 | http://www.qyjj.gov.cn/ |
| 17 | 山东临沂 | http://www.ymlz.gov.cn/ |
| 18 | 广西柳州 | http://jcj.liuzhou.gov.cn/ |
| 19 | 湖北孝感 | http://www.xgjw.gov.cn/ |
| 20 | 四川内江 | http://www.njdi.gov.cn/ |
| 21 | 甘肃酒泉 | http://www.jqlzw.gov.cn/ |
| 22 | 河南新乡 | http://www.xxjjjcw.gov.cn/sitesources/xxjjjcw/page＿pc/index.html |
| 23 | 宁夏石嘴山 | http://www.szsjjjc.gov.cn/ |
| 24 | 浙江衢州 | http://www.lzjw.gov.cn/ |
| 25 | 福建南平 | http://www.npcdi.gov.cn/ |
| 26 | 安徽阜阳 | http://www.fyjjjc.gov.cn/ |
| 27 | 辽宁丹东 | http://www.lnsjjjc.gov.cn/dd/ |
| 28 | 贵州黔西南布依族苗族自治州 | http://www.qxnlz.gov.cn/ |
| 29 | 湖南邵阳 | http://sysjw.gov.cn/ |

| 序号 | 地级市 | 地级市纪委监委网站域名 |
|---|---|---|
| 30 | 陕西汉中 | http://www.hzjjw.gov.cn/ |
| 31 | 福建漳州 | http://www.zzscdi.gov.cn/ |
| 32 | 四川乐山 | http://www.jlh.gov.cn/ |
| 33 | 新疆克孜勒苏柯尔克孜自治州 | http://www.kzlz.gov.cn/ |
| 34 | 黑龙江双鸭山 | http://www.shuangyashan.gov.cn/index/html/bm/jjw/html/index.jsp |
| 35 | 内蒙古兴安盟 | http://xam.nmgjjjc.gov.cn/ |
| 36 | 吉林辽源 | http://www.lysjw.gov.cn/ |
| 37 | 云南临沧 | http://www.lclz.cn/ |
| 38 | 山西晋中 | http://www.jzjjjc.gov.cn/ |
| 39 | 河南许昌 | http://www.xclz.gov.cn/ |
| 40 | 广西贵港 | http://www.ggjjw.gov.cn/ |
| 41 | 宁夏中卫 | http://www.nxzwjwjcj.gov.cn/ |
| 42 | 河北秦皇岛 | http://www.qhdjw.gov.cn/ |
| 43 | 黑龙江黑河 | http://www.hhjjjcw.gov.cn/ |
| 44 | 浙江嘉兴 | http://www.jxsjw.gov.cn/ |
| 45 | 新疆克拉玛依 | http://www.klmylzw.gov.cn/ |
| 46 | 江西吉安 | http://www.jadi.gov.cn/ |
| 47 | 山西朔州 | http://www.szsjwjcj.gov.cn/ |
| 48 | 西藏日喀则 | http://www.rkzjjw.gov.cn:6180/ |
| 49 | 西藏那曲 | http://www.nqjjw.gov.cn:6580/ |
| 50 | 甘肃金昌 | http://www.jcjjjc.gov.cn/（网站无法访问） |
| 51 | 海南儋州 | 未查找到相应网站 |
| 52 | 吉林白城 | http://www.bcjw.gov.cn/（网站无法访问） |
| 53 | 青海海南藏族自治州 | 未查找到相应网站 |
| 54 | 青海西宁 | 未查找到相应网站 |

# 二 评估结果的总体情况

在本次评估的 54 家评估对象中，项目组未查找到海南省儋州市、青海省海南藏族自治州、青海省西宁市三市的相应纪检监察网站，而甘肃省金昌

市、吉林省白城市二市虽然查找到了网址，但在本次评估数据收集时段，网站无法访问，因此以上5家评估对象没有相关评估数据。在后续的数据分析中，项目组仅针对其余49家评估对象得分情况进行分析，特此说明。

本次评估，总分在60分以上的评估对象只有云南省怒江1家，占比仅为2.0%。得分在50分至60分的评估对象有6家，占比为12.2%；得分在40分至50分的评估对象有20家，占比为40.8%；得分在30分至40分的评估对象有14家，占比为28.6%；得分在30分以下的评估对象有8家，占比16.3%。排在前列的有：云南怒江傈僳族自治州、江苏镇江、山东东营、河北承德、海南三亚、湖南永州、安徽蚌埠、辽宁铁岭、广东汕头、陕西宝鸡（具体评估结果见表2）。

### （一）公开平台基本建设，各具特色

49家评估对象都建立了信息公开官方平台——纪检监察网站。在本项评估指标中，各评估对象的分值相对比较高，80分以上（含80分）的有27家，占比55.1%，其中，湖南永州、江苏苏州、内蒙古通辽公开充分，获得满分。该项平均分75.27分，是所有评估项目中的最高平均分。此外，有44家网站内置搜索功能，占比近九成，群众可以方便快捷查找信息。评估发现，大多数评估对象在建立专门网站后，都设置了信息公开、新闻中心、工作动态、监督举报、党纪党规、廉政文化等基础模块，并在基础模块下进一步细分了子模块。除此之外，有很多评估对象设置了一些特色模块，如永州市纪委监委网站设置了"干部素质提升年活动"模块、镇江市纪委监委网站设置了"打铁必须自身硬专项行动"模块，这两家网站将纪委监委的专项整治行动单独分列出来，信息公开清晰明了；承德市纪委监委网站开设了学习园地模块，对常见职务犯罪进行解读，提高纪委监委干部的履职能力……从评估数据上看，目前地级市纪委监委公开平台建设比较完备，公开内容比较齐全，且丰富多样。

### （二）部分部门收支公开程度较充分

部门预算公开是政府信息公开的重要内容和公共财政的本质要求，对于

提高政府工作透明度、加强法治政府建设，具有重要意义。执行监督执纪问责职能的纪检监察机关，更应该主动将此项信息进行公开。评估发现，有22家纪委监委公开了部门预算，占比44.9%，并且大多公开得比较充分，便于查找。

### （三）制度规定公开程度较高

网站开设制度专栏是公开制度规定的重要方式。评估发现，大部分评估对象都开设了制度专栏，虽然名称不尽相同，但都能及时更新相关法律法规、制度规定。在这项评估中，承德市、镇江市、蚌埠市、黄石市、孝感市、怒江傈僳族自治州、石嘴山市不仅及时充分地将上级文件、制度进行公开，而且将本级制定的纪检监察制度及规范性文件也充分公开，表现突出，得分都非常高。

### （四）通报曝光领域信息公开精细化，更新及时

通报曝光是纪委监委网站最重要的职能之一，这个模块方便人们了解纪委监委最新的工作动态，时刻起到震慑警示作用。通报曝光这个项目的平均分是65.5分。评估发现，49家评估对象中，仅1家没有开设通报专栏，开通通报专栏的占比达到98%。虽然通报专栏名称不尽相同，但包含的内容基本一致，都有"八项规定"精神案例、重要案件立案决定通报等内容。同时，案件通报内容详细，包含涉案人单位和职务、违纪事实、处分结果等。

### （五）巡视巡察信息公开较充分

巡视是党内监督的重要方式。巡视巡察相关信息为各公开平台重点公开项目。评估发现，大多数评估对象都设置了专栏，对巡视巡察公告、反馈问题及整改情况及时进行公开。这其中，广东汕头在此项目中获得了满分，其特点是公开得非常彻底，不仅及时将上级巡视和本级巡察发现的问题公开，而且能够及时公开巡视巡察后整改情况。

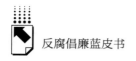

## （六）社会参与渠道畅通

党的十九大报告指出，增强党的自我净化能力，根本靠强化党的自我监督和群众监督。作为民主监督重要形式之一的群众监督，在反腐倡廉建设中一直发挥着重要作用。评估发现，目前各级纪委监委网站都很重视发挥群众监督作用，纷纷通过设置监督举报网站收集违纪违规线索，在49家评估对象中，有48家设置了监督举报网站，占比高达98%。在此项评估指标中，监督举报电话和监督举报信件投放地址的公开两项表现亮眼，公开这两项信息的评估对象占比分别为83.7%和81.6%。在公众评价互动方面，辽源、镇江、萍乡、孝感表现突出，它们都在网站开设了留言板，与公众及时互动。

**表2　地级市纪委监委工作信息公开评估结果**

| 排名 | 地级市 | 公开平台（10%） | 组织结构（10%） | 部门收支（15%） | 制度规定（12%） | 工作报告（12%） | 通报曝光（15%） | 巡视巡察整改（10%） | 社会参与（16%） | 总分（满分100分） |
|---|---|---|---|---|---|---|---|---|---|---|
| 1 | 云南怒江傈僳族自治州 | 70 | 35 | 87.5 | 100 | 0 | 78.22 | 33.5 | 67 | 61.43 |
| 2 | 江苏镇江 | 70 | 5 | 43.75 | 100 | 0 | 78.22 | 50 | 100 | 58.80 |
| 3 | 山东东营 | 85 | 41.5 | 0 | 50 | 83.5 | 78.22 | 17 | 67 | 52.82 |
| 4 | 河北承德 | 80 | 10 | 18.75 | 100 | 79.25 | 45.3 | 83.5 | 22.78 | 52.11 |
| 5 | 海南三亚 | 85 | 35 | 43.75 | 50 | 0 | 78.22 | 50 | 67 | 52.02 |
| 6 | 湖南永州 | 100 | 37.5 | 0 | 50 | 79.25 | 78.22 | 50 | 34 | 51.43 |
| 7 | 安徽蚌埠 | 85 | 12.5 | 56.25 | 91.75 | 0 | 78.22 | 50 | 34 | 51.37 |
| 8 | 辽宁铁岭 | 90 | 45 | 62.5 | 33.5 | 0 | 65.79 | 0 | 67 | 47.48 |
| 9 | 广东汕头 | 85 | 10 | 6.25 | 50 | 0 | 65.02 | 100 | 67 | 46.91 |
| 10 | 陕西宝鸡 | 90 | 30 | 43.75 | 50 | 0 | 78.22 | 33.5 | 44.56 | 46.78 |
| 11 | 江西萍乡 | 85 | 47.5 | 37.5 | 40.15 | 0 | 78.22 | 0 | 67 | 46.15 |
| 12 | 贵州六盘水 | 80 | 30 | 43.75 | 50 | 0 | 78.22 | 0 | 67 | 46.02 |
| 13 | 湖北黄石 | 30 | 32.5 | 43.75 | 88.99 | 0 | 78.22 | 50 | 34 | 45.66 |
| 14 | 内蒙古通辽 | 100 | 35 | 6.25 | 50 | 0 | 61.22 | 50 | 67 | 45.34 |

续表

| 排名 | 地级市 | 公开平台（10%） | 组织结构（10%） | 部门收支（15%） | 制度规定（12%） | 工作报告（12%） | 通报曝光（15%） | 巡视巡察整改（10%） | 社会参与（16%） | 总分（满分100分） |
|---|---|---|---|---|---|---|---|---|---|---|
| 15 | 广东清远 | 80 | 15 | 68.75 | 50 | 0 | 58.42 | 50 | 34 | 45.02 |
| 16 | 山东临沂 | 95 | 7 | 43.75 | 50 | 0 | 78.22 | 50 | 34 | 44.94 |
| 17 | 广西柳州 | 60 | 30 | 75 | 33.5 | 0 | 78.22 | 33.5 | 34 | 44.79 |
| 18 | 湖北孝感 | 90 | 0 | 6.25 | 100 | 0 | 61.22 | 33.5 | 61.06 | 44.24 |
| 19 | 四川内江 | 80 | 15 | 43.75 | 50 | 0 | 78.22 | 50 | 34 | 44.24 |
| 20 | 甘肃酒泉 | 72.5 | 35 | 43.75 | 43.4 | 0 | 44.22 | 33.5 | 67 | 43.22 |
| 21 | 河南新乡 | 90 | 15 | 0 | 50 | 0 | 78.22 | 33.5 | 67 | 42.30 |
| 22 | 宁夏石嘴山 | 80 | 12.5 | 0 | 100 | 0 | 78.22 | 33.5 | 34 | 41.77 |
| 23 | 浙江衢州 | 70 | 0 | 43.75 | 58.5 | 0 | 71.42 | 50 | 34 | 41.74 |
| 24 | 福建南平 | 80 | 0 | 0 | 50 | 0 | 78.22 | 50 | 67 | 41.45 |
| 25 | 安徽阜阳 | 85 | 5 | 62.5 | 33.5 | 0 | 78.22 | 17 | 34 | 41.27 |
| 26 | 辽宁丹东 | 85 | 35 | 43.75 | 50 | 0 | 78.22 | 0 | 27.72 | 40.73 |
| 27 | 贵州黔西南布依族苗族自治州 | 70 | 32.5 | 0 | 50 | 0 | 78.22 | 17 | 67 | 40.40 |
| 28 | 湖南邵阳 | 85 | 15 | 0 | 50 | 0 | 78.22 | 0 | 67 | 38.45 |
| 29 | 陕西汉中 | 90 | 30 | 0 | 50 | 0 | 65.02 | 33.5 | 44.56 | 38.23 |
| 30 | 福建漳州 | 55 | 0 | 40.63 | 50 | 0 | 78.22 | 33.5 | 34 | 38.12 |
| 31 | 四川乐山 | 70 | 35 | 43.75 | 0 | 0 | 78.22 | 17 | 34 | 35.94 |
| 32 | 江苏苏州 | 100 | 27.5 | 31.25 | 50 | 0 | 24.42 | 33 | 34 | 35.84 |
| 33 | 新疆克孜勒苏柯尔克孜自治州 | 80 | 10 | 0 | 50 | 0 | 67 | 0 | 67 | 35.77 |
| 34 | 黑龙江双鸭山 | 70 | 15 | 0 | 50 | 0 | 78.22 | 75 | 11.56 | 35.58 |
| 35 | 内蒙古兴安盟 | 68 | 25 | 25 | 33.5 | 0 | 40.2 | 17 | 67 | 35.52 |
| 36 | 吉林辽源 | 65 | 35 | 0 | 33.5 | 0 | 69.72 | 50 | 28.06 | 33.97 |
| 37 | 云南临沧 | 90 | 15 | 0 | 50 | 0 | 65.02 | 0 | 44.56 | 33.38 |
| 38 | 山西晋中 | 65 | 17 | 0 | 50 | 0 | 78.22 | 17 | 34 | 33.07 |

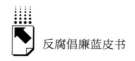

| 排名 | 地级市 | 公开平台（10%） | 组织结构（10%） | 部门收支（15%） | 制度规定（12%） | 工作报告（12%） | 通报曝光（15%） | 巡视巡察整改（10%） | 社会参与（16%） | 总分（满分100分） |
|---|---|---|---|---|---|---|---|---|---|---|
| 39 | 河南许昌 | 80 | 15 | 12.5 | 0 | 0 | 78.22 | 33.5 | 39.28 | 32.74 |
| 40 | 广西贵港 | 65 | 12.5 | 0 | 0 | 0 | 78.22 | 17 | 67 | 31.90 |
| 41 | 宁夏中卫 | 55 | 32.5 | 0 | 50 | 0 | 78.22 | 17 | 11.56 | 30.03 |
| 42 | 河北秦皇岛 | 55 | 30 | 18.75 | 50 | 0 | 41.68 | 0 | 34 | 29.01 |
| 43 | 黑龙江黑河 | 36 | 37.5 | 0 | 33.5 | 0 | 34 | 17 | 67 | 28.89 |
| 44 | 浙江嘉兴 | 75 | 0 | 0 | 50 | 0 | 24.42 | 50 | 34 | 27.60 |
| 45 | 新疆克拉玛依 | 90 | 0 | 0 | 33 | 0 | 49.39 | 0 | 34 | 25.81 |
| 46 | 江西吉安 | 45 | 12.5 | 0 | 33.25 | 0 | 53.8 | 17 | 34 | 24.95 |
| 47 | 山西朔州 | 56.5 | 0 | 0 | 41.75 | 0 | 45.3 | 0 | 34 | 22.90 |
| 48 | 西藏日喀则 | 60 | 0 | 0 | 33.5 | 0 | 17 | 17 | 34 | 19.71 |
| 49 | 西藏那曲 | 60 | 0 | 0 | 0 | 0 | 28.22 | 17 | 34 | 17.37 |
| 50 | 甘肃金昌 | 0 | 0 | 0 | 0 | 0 | 0 | 0 | 0 | 0 |
| 51 | 海南儋州 | 0 | 0 | 0 | 0 | 0 | 0 | 0 | 0 | 0 |
| 52 | 吉林白城 | 0 | 0 | 0 | 0 | 0 | 0 | 0 | 0 | 0 |
| 53 | 青海海南藏族自治州 | 0 | 0 | 0 | 0 | 0 | 0 | 0 | 0 | 0 |
| 54 | 青海西宁 | 0 | 0 | 0 | 0 | 0 | 0 | 0 | 0 | 0 |

注：得分相同时按照地名拼音顺序排列。

# 三　评估发现的问题和对策

纪检监察网站，在地方纪委与群众之间架起一座沟通桥梁，是纪委监委主动接受社会监督和群众监督的一面镜子。此次在对地级市纪检监察网站的评估中发现，各评估对象已经建立基本的信息公开平台，各具特色，各有亮点，但同时发现还存在一些问题。相对于 2018 年的地级市纪委监委机关信息公开评估数据，2019 年的评估对象得分稍低，除了抽样的评估对象与 2018 年不同外，主要原因还在于领导不重视、无硬性指标要求，各评估对象在网站信息公开方面都表现出一定的主动性、随机性。目前地级市纪检监察网站的信息公开工作仍然有很大的提高空间，主要集中在以下几个方面。

人员编制和人员信息的公开有待改善。明确纪委监委的职能任务，能更好地促进纪委监委干部履职尽责。然而，评估发现，在 49 家评估对象中，只有 20 家公开了纪委监委的职能和任务，占比仅 40.8%。纪委监委机关及派出机构编制数公开不充分，公开纪委监委机关及派出机构编制数对了解单位基本情况具有重要作用。评估发现，仅有 5 家公开纪委监委机关编制数，占比为 10%。

部分单位部门收支信息公开不到位。第一，部门预算绩效目标公开情况不理想。绩效目标是编制部门预算、实施绩效监控、开展绩效评价等工作的重要基础和依据。评估发现，仅有 2 家按时公开纪委监委部门预算绩效目标。第二，忽略大案要案查办支出公开。大案要案查办是纪委监委重要职能之一，公开此项支出可以让人们了解纪检监察机关工作努力程度和投入状况。评估发现，仅有 1 家公开大案要案查办支出。

制度规定公开仍有提升空间。上级制度规定与本级制度规定公开共同构成了制度规定公开的内容。评估发现，虽然有 44 家评估对象公开上级制度，情况较好，但公开的充分性亟待提升，制度规定更新也不够及时。同时，本级制度公开不充分，尤其是公开本级纪检监察机关出台的规范性文件的只有 9 家，占比仅为 18.4%。

工作报告公开情况亟待改善。工作报告是对过去一段时间内工作的高度概括，是了解这段时间内工作成就的重要形式，应充分公开。但评估发现，工作报告的公开情况亟待改善，54 家评估对象中，只有 3 家在网站公开工作报告，大多数评估对象都是采取发布纪委全会召开的信息报道或会议纪要的形式进行公开，而没有公开工作报告的全文。

案件通报曝光不够全面。对违纪违法案件的通报除了公开结果之外，未来应该朝着公开处分决定书全文方向努力，从而提升执纪执法能力和社会公信力，并且产生强大的震慑力。但评估发现，没有一家评估对象公开处分决定书全文，这不仅对充分了解案件办理情况形成障碍，而且不能形成足够的震慑。除此之外，很多网站只通报曝光了一些典型案例，并没有做到"一律点名道姓，通报曝光"。

上级巡视情况公开不充分。省区市巡视、市县巡察按照中央要求全面推行，实现全覆盖，成为监督的一把重要"利剑"。将上级巡视结果、巡视后整改情况及时公开，方便各方查阅，可以让群众实现知情权。但评估发现，评估对象大多没有公开上级巡视结果和整改情况，仅有 3 家评估对象对上级巡视情况充分公开，占比为 6%，主动公开巡视信息的意识还不太强。

公众评价互动不到位。公众评价互动可以为公众答疑解惑，也有利于工作部门了解公众关注焦点。但评估发现，仅有 5 家评估对象开设公众留言板，其中只有两家评估对象对留言进行了及时回复，纪检监察网站与网民的互动性不强。

针对评估中发现的问题，为进一步推进市级纪委监委工作信息公开，可以采取以下措施。

第一，强化信息公开思想认识。纪检监察网站在开展反腐倡廉宣传教育、接受群众投诉举报、实行政务公开等方面发挥着重要作用，各市级纪检监察机关要强化认识，主动向中央纪委国家监委网站看齐，对照中纪委网站信息公开内容，加强各级纪检监察网站建设。主动接受群众监督，将信息晒在网上，加大公开力度。

第二，明确功能定位。纪检监察网站不同于其他单位网站，建设纪检监察网站的主要目的在于为社会提供满意度高的党风廉政建设文化平台，反映纪检监察工作的状况和成绩，构建纪检监察系统的良好形象。应该将信息公开、监督举报、审查调查、宣传教育等内容合理规划，结合微信、微博等平台多方式公开信息，加大宣传范围。

第三，加强网站建设检查考核。上级纪检监察机关要特别重视，定期检查下级纪检监察机关网站的信息公开情况，重点检查重要事项是否公开、财政预算决算是否及时公开、工作报告是否公开、上级巡视巡察反馈是否公开等等，将检查考核结果纳入年度考核方案，倒逼下级纪检监察网站建设，督促其及时更新信息。

第四，制定信息公开规范。评估中发现，目前各地级市纪检监察网站信息公开形式存在百花齐放的特点，而质量上参次不齐。因此，有必要制定统一的纪检监察网站信息公开规范，明确信息公开内容、要点，指导各级纪检监察网站建设。

第五，注重群众互动效果。反腐败工作离不开人民群众的支持。这既是开设反腐败官方网站的原因，更是开设反腐败官方网站的目标和方向。号召全体公民参与反腐败工作有着非常重要的现实意义，而且对于推动反腐败工作的开展也有很大的促进作用。要教育引导广大网民通过官方网站提供反腐败案件线索，同时通过更加亲民的网站设计吸引网民广泛关注。要在门户网站设置群众留言板块，收集群众意见建议，及时反馈；选择优质的留言信息在网站公开，鼓励网民建言献策，提高群众满意度和参与感。同时利用互联网受众广和交流便捷的特点，定期在网站上组织问卷调查，进行数据分析，针对问卷反映出来的问题，进一步完善网站建设。

# B.15
# 县级纪检监察机关信息公开评估报告

中国社会科学院社会学所"党和国家监督体系绩效测评研究"创新工程项目组 *

**摘　要：** 项目组在27个省、自治区随机抽取108个县级纪委监委作为评估对象，集中时间、统一标准，分别对其公开透明度进行了评估。目前，县级纪委监委信息公开平台日益丰富，人财物信息逐步透明，业务公开特色比较鲜明，廉政文化建设得到重视，网站建设开始聚集化发展。但同时发现，还存在信息公开工作推进仍不平衡，网站建设力度不够，组织机构、工作报告和大案要案查办等信息极少公开，网站功能不够合理等问题。建议：加强顶层设计，建立县级纪委监委信息公开标准；提高政治站位，主动公开纪检监察工作核心信息；讲好纪检故事，切实增强县级网站内容的代入感；注重内部监督，完善县级纪委信息公开评价体系。

**关键词：** 纪委　监委　信息公开　评估　纪检监察网站　县级

## 一　评估对象和数据来源

县级纪检监察机关信息公开评估抽样按照随机抽样方法进行。项目组在27个省、自治区分别抽取4个县级纪委监委，共选取108个评估对象。评

---

\* 项目负责人：蒋来用。项目组成员：蒋来用、王田田、周兴君、于琴、林之波、任涛、朱克江、胡爽，张缯昕、张伟、虞晨跃。执笔人：林之波。

估信息主要来源于被抽取的县级纪委监委网站（见表1），编制、经费、举报网站等信息同时参考当时政府信息公开网站和12388举报网站相关信息，凡是有一处进行公开的，项目组均予以确认。主要利用百度引擎搜索，于2019年9月1日至2日，项目组对108个评估对象相关信息进行了统一集中采集。对未搜索到官网的，于2019年9月3日至10日先后3次更换其他中文搜索引擎予以搜索，据实以确认。公众号搜索均使用微信搜索功能进行搜索。

表1 评估对象名称、网站域名

| 序号 | 县（市、区）名称 | 县级纪委监委网站域名等情况 |
|---|---|---|
| 1 | 河北省唐山市丰润区 | 搜索到举报网页、微信公众号，未搜索到官网 |
| 2 | 河北省邢台市任县 | 搜索到举报网页、微信公众号，未搜索到官网 |
| 3 | 河北省张家口市沽源县 | 搜索到举报网页、微信公众号，未搜索到官网 |
| 4 | 河北省廊坊市香河县 | 搜索到举报网页、微信公众号，未搜索到官网 |
| 5 | 山西省太原市阳曲县 | 搜索到举报网页，未搜索到官网和微信公众号 |
| 6 | 山西省长治市沁县 | 搜索到举报网页，未搜索到官网和微信公众号 |
| 7 | 山西省运城市万荣县 | 搜索到举报网页、微信公众号，未搜索到官网 |
| 8 | 山西省临汾市古县 | 搜索到举报网页、微信公众号，未搜索到官网 |
| 9 | 内蒙古自治区呼和浩特市玉泉区 | http://yqq.hhht.nmgjjjc.gov.cn |
| 10 | 内蒙古自治区赤峰市巴林右旗 | http://blyq.cf.nmgjjjc.gov.cn |
| 11 | 内蒙古自治区呼伦贝尔市满洲里市 | http://mzl.nmgjjjc.gov.cn |
| 12 | 内蒙古自治区乌兰察布市卓资县 | http://zzx.wlcb.nmgjjjc.gov.cn |
| 13 | 辽宁省沈阳市沈河区 | 搜索到举报网页、微信公众号，未搜索到官网 |
| 14 | 辽宁省鞍山市千山区 | 搜索到举报网页、微信公众号，未搜索到官网 |
| 15 | 辽宁省锦州市凌河区 | 搜索到举报网页、微信公众号，未搜索到官网 |
| 16 | 辽宁省辽阳市灯塔市 | 搜索到举报网页，未搜索到官网和微信公众号 |
| 17 | 吉林省长春市南关区 | 搜索到举报网页、微信公众号，未搜索到官网 |
| 18 | 吉林省吉林市永吉县 | http://www.ccdijl-jlyj.gov.cn/Main/Index.asp |
| 19 | 吉林省通化市集安市 | http://www.jasjj.gov.cn |
| 20 | 吉林省白城市洮北区 | 搜索到举报网页，未搜索到官网和微信公众号 |
| 21 | 黑龙江省哈尔滨市平房区 | 搜索到举报网页、微信公众号，未搜索到官网 |
| 22 | 黑龙江省齐齐哈尔市拜泉县 | 搜索到举报网页，未搜索到官网和微信公众号 |
| 23 | 黑龙江省大庆市林甸县 | 搜索到举报网页、微信公众号，未搜索到官网 |
| 24 | 黑龙江省七台河市茄子河区 | 搜索到举报网页，未搜索到官网和微信公众号 |

续表

| 序号 | 县（市、区）名称 | 县级纪委监委网站域名等情况 |
|---|---|---|
| 25 | 江苏省南京市玄武区 | 搜索到举报网页，未搜索到官网和微信公众号 |
| 26 | 江苏省徐州市邳州市 | 搜索到举报网页、微信公众号，未搜索到官网 |
| 27 | 江苏省南通市海安市 | http：//www.jhlz.gov.cn/index.html |
| 28 | 江苏省扬州市广陵区 | http：//qfgl.yzglq.gov.cn |
| 29 | 浙江省宁波市江北区 | http：//www.jbjj.gov.cn |
| 30 | 浙江省嘉兴市海宁市 | http：//hnlzw.haining.gov.cn |
| 31 | 浙江省绍兴市上虞区 | http：//jw.shangyu.gov.cn |
| 32 | 浙江省台州市椒江区 | http：//www.jjlzw.gov.cn |
| 33 | 安徽省合肥市包河区 | http：//220.178.118.36：835/index.php |
| 34 | 安徽省淮南市潘集区 | http：//www.pjqjw.gov.cn |
| 35 | 安徽省安庆市岳西县 | http：//www.aqyxjjjc.gov.cn |
| 36 | 安徽省宿州市萧县 | http：//www.xxjjjc.gov.cn |
| 37 | 福建省福州市台江区 | 搜索到举报网页、微信公众号，未搜索到官网 |
| 38 | 福建省莆田市秀屿区 | http：//www.xyjjjc.gov.cn |
| 39 | 福建省泉州市南安市 | http：//www.nascdi.gov.cn |
| 40 | 福建省南平市建瓯市 | 搜索到举报网页、微信公众号，未搜索到官网 |
| 41 | 江西省萍乡市莲花县 | http：//lzw.zglh.gov.cn |
| 42 | 江西省赣州市信丰县 | http：//www.jxxflz.gov.cn |
| 43 | 江西省吉安市永丰县 | http：//www.yflz.gov.cn |
| 44 | 江西省抚州市资溪县 | http：//lzw.zixi.gov.cn |
| 45 | 山东省淄博市博山区 | http：//lzbs.boshan.gov.cn |
| 46 | 山东省潍坊市青州市 | 搜索到举报网页、微信公众号，未搜索到官网 |
| 47 | 山东省临沂市沂水县 | http：//yishui.ymlz.gov.cn |
| 48 | 山东省滨州市邹平市 | 搜索到举报网页、微信公众号，未搜索到官网 |
| 49 | 河南省信阳市光山县 | http：//jiwei.guangshan.gov.cn |
| 50 | 河南省郑州市中牟县 | 搜索到举报网页、微信公众号，未搜索到官网 |
| 51 | 河南省安阳市林州市 | 搜索到举报网页、微信公众号，未搜索到官网 |
| 52 | 河南省许昌市禹州市 | 搜索到举报网页、微信公众号，未搜索到官网 |
| 53 | 湖北省武汉市硚口区 | 搜索到举报网页，未搜索到官网和微信公众号 |
| 54 | 湖北省宜昌市西陵区 | 搜索到举报网页，未搜索到官网和微信公众号 |
| 55 | 湖北省襄阳市襄城区 | 搜索到举报网页、微信公众号，未搜索到官网 |
| 56 | 湖北省荆州市石首市 | 搜索到举报网页、微信公众号，未搜索到官网 |
| 57 | 湖南省长沙市天心区 | 搜索到举报网页，未搜索到官网和微信公众号 |
| 58 | 湖南省衡阳市衡南县 | 搜索到举报网页，未搜索到官网和微信公众号 |

续表

| 序号 | 县（市、区）名称 | 县级纪委监委网站域名等情况 |
|---|---|---|
| 59 | 湖南省常德市临澧县 | http://fjw.linli.gov.cn |
| 60 | 湖南省怀化市洪江市 | http://www.hjslzw.gov.cn |
| 61 | 广东省韶关市乳源瑶族自治县 | 搜索到举报网页，未搜索到官网和微信公众号 |
| 62 | 广东省佛山市南海区 | http://jijian.nanhai.gov.cn/cms/html/jjjcj/index.html |
| 63 | 广东省肇庆市怀集县 | http://qf.huaiji.gov.cn |
| 64 | 广东省清远市英德市 | http://old.yingde.gov.cn/web/jw |
| 65 | 广西壮族自治区南宁市隆安县 | http://lajjw.nanning.gov.cn |
| 66 | 广西壮族自治区桂林市资源县 | http://www.gxzylzzx.ccoo.cn |
| 67 | 广西壮族自治区河池市东兰县 | http://www.dllz.gov.cn |
| 68 | 广西壮族自治区钦州市浦北县 | http://www.pbjjw.gov.cn |
| 69 | 海南省海口市秀英区 | 搜索到举报网页，未搜索到官网和微信公众号 |
| 70 | 海南省三亚市吉阳区 | 搜索到举报网页、微信公众号，未搜索到官网 |
| 71 | 海南省琼海市 | http://qionghai.hainan.gov.cn/rdzt/qhlz |
| 72 | 海南省屯昌县 | 搜索到举报网页、微信公众号，未搜索到官网 |
| 73 | 四川省成都市彭州市 | http://pengzhou.ljcd.gov.cn |
| 74 | 四川省广元市剑阁县 | http://wdjews1.chanuser.net/gysjw_jg/zq_index.html |
| 75 | 四川省绵阳市盐亭县 | http://ytxjw.my.gov.cn |
| 76 | 四川省甘孜藏族自治州甘孜县 | http://www.zggzxjw.gov.cn |
| 77 | 贵州省贵阳市清镇市 | http://www.qzsjw.gov.cn |
| 78 | 贵州省遵义市习水县 | http://www.gzxslzw.gov.cn |
| 79 | 贵州省黔西南布依族苗族自治州兴义市 | http://www.xydflz.gov.cn |
| 80 | 贵州省黔东南苗族侗族自治州黎平县 | http://www.lpxjw.gov.cn |
| 81 | 云南省昆明市富民县 | 搜索到举报网页、微信公众号，未搜索到官网 |
| 82 | 云南省昭通市盐津县 | 搜索到举报网页、微信公众号，未搜索到官网 |
| 83 | 云南省楚雄州牟定县 | http://mdxjjjc.gov.cn |
| 84 | 云南省文山州富宁县 | 搜索到举报网页、微信公众号，未搜索到官网 |
| 85 | 西藏自治区拉萨市曲水县 | 搜索到举报网页、微信公众号，未搜索到官网 |
| 86 | 西藏自治区日喀则市亚东县 | 搜索到举报网页，未搜索到官网和微信公众号 |
| 87 | 西藏自治区林芝市工布江达县 | 搜索到举报网页、微信公众号，未搜索到官网 |
| 88 | 西藏自治区山南市隆子县 | 搜索到举报网页、微信公众号，未搜索到官网 |
| 89 | 陕西省西安市临潼区 | http://lintong.qinfeng.gov.cn |
| 90 | 陕西省咸阳市三原县 | http://www.sylzh.gov.cn |

续表

| 序号 | 县（市、区）名称 | 县级纪委监委网站域名等情况 |
|---|---|---|
| 91 | 陕西省延安市吴起县 | http://www. wqxjjw. gov. cn |
| 92 | 陕西省榆林市吴堡县 | http://www. snwbjw. ccoo. cn |
| 93 | 甘肃省兰州市永登县 | 搜索到举报网页，未搜索到官网和微信公众号 |
| 94 | 甘肃省张掖市甘州区 | http://www. gzlz. com. cn |
| 95 | 甘肃省庆阳市西峰区 | 有举报页面，未发现官网 |
| 96 | 甘肃省陇南市两当县 | 搜索到举报网页、微信公众号，未搜索到官网 |
| 97 | 青海省西宁市城西区 | 搜索到举报网页、微信公众号，未搜索到官网 |
| 98 | 青海省海北藏族自治州门源回族自治县 | 搜索到举报网页、微信公众号，未搜索到官网 |
| 99 | 青海省海南藏族自治州兴海县 | 搜索到举报网页、微信公众号，未搜索到官网 |
| 100 | 青海省玉树州囊谦县 | 搜索到举报网页、微信公众号，未搜索到官网 |
| 101 | 宁夏回族自治区银川市兴庆区 | 搜索到举报网页、微信公众号，未搜索到官网 |
| 102 | 宁夏回族自治区石嘴山市惠农区 | http://jw. huinong. gov. cn |
| 103 | 宁夏回族自治区吴忠市红寺堡区 | 搜索到举报网页、微信公众号，未搜索到官网 |
| 104 | 宁夏回族自治区固原市隆德县 | 搜索到举报网页、微信公众号，未搜索到官网 |
| 105 | 新疆维吾尔自治区乌鲁木齐市乌鲁木齐县 | 搜索到举报网页、微信公众号，未搜索到官网 |
| 106 | 新疆维吾尔自治区巴音郭楞蒙古自治州若羌县 | 搜索到举报网页、微信公众号，未搜索到官网 |
| 107 | 新疆维吾尔自治区喀什地区岳普湖县 | 搜索到举报网页，未搜索到官网和微信公众号 |
| 108 | 新疆维吾尔自治区塔城地区塔城市 | 搜索到举报网页、微信公众号，未搜索到官网 |

## 二 评估结果的总体情况

为保障评估结果的及时性和公正性，项目组于 2019 年 9 月 3 日至 15 日进行打分评估，采集固定时间段产生的数据，确定统一的定量评分标准，采用百分制，按照评估指标权重，逐项进行量化评分。2019 年 9 月 16 日至 20 日，对评估结果进行了复核。

经评估，108 个县级纪委监委信息公开得分总和为 3113.47 分，平均分为 28.83 分，42 个单位得分高于平均分（见表 2）。评估得分最高的是江苏省

表2 县级纪委监委信息公开评估结果

单位：分

| 名次 | 县（市、区）名称 | 公开平台（10%） | 组织结构（10%） | 部门收支（15%） | 制度规定（12%） | 工作报告（12%） | 通报曝光（15%） | 巡视整改（10%） | 社会参与（16%） | 总分 |
|---|---|---|---|---|---|---|---|---|---|---|
| 1 | 江苏省南通市海安市 | 67.00 | 60.00 | 75.00 | 100.00 | 91.50 | 89.13 | 50.00 | 44.56 | 72.43 |
| 2 | 江西省抚州市资溪县 | 90.00 | 50.00 | 75.00 | 75.00 | 100.00 | 89.13 | 16.50 | 54.31 | 69.95 |
| 3 | 贵州省黔西南布依族苗族自治州兴义市 | 82.00 | 50.00 | 68.73 | 100.00 | 100.00 | 89.13 | 0.00 | 34.00 | 66.32 |
| 4 | 吉林省吉林市永吉县 | 66.00 | 40.00 | 68.73 | 58.50 | 91.50 | 55.13 | 83.00 | 50.50 | 63.56 |
| 5 | 宁夏回族自治区石嘴山市惠农区 | 74.00 | 60.00 | 68.73 | 75.00 | 100.00 | 55.13 | 33.50 | 34.00 | 61.77 |
| 6 | 安徽省淮南市潘集区 | 72.00 | 50.00 | 68.73 | 50.00 | 91.50 | 53.80 | 33.50 | 67.00 | 61.63 |
| 7 | 广西壮族自治区钦州市浦北县 | 64.00 | 40.00 | 68.73 | 50.00 | 91.50 | 53.80 | 50.00 | 67.00 | 61.48 |
| 8 | 湖南省怀化市洪江市 | 60.00 | 75.00 | 75.00 | 17.00 | 91.50 | 53.80 | 50.00 | 65.88 | 61.38 |
| 9 | 安徽省合肥市包河区 | 84.00 | 40.00 | 68.73 | 100.00 | 91.50 | 53.80 | 16.50 | 34.00 | 60.85 |
| 10 | 浙江省嘉兴市海宁市 | 72.00 | 55.00 | 68.73 | 100.00 | 0.00 | 89.13 | 50.00 | 44.56 | 60.51 |
| 11 | 内蒙古自治区呼伦贝尔市满洲里市 | 64.00 | 55.00 | 68.73 | 75.00 | 0.00 | 89.13 | 50.00 | 67.00 | 60.30 |
| 12 | 四川省绵阳市盐亭县 | 58.00 | 60.00 | 68.73 | 50.00 | 91.50 | 89.13 | 17.00 | 34.00 | 59.60 |
| 13 | 四川省甘孜藏族自治州甘孜县 | 60.00 | 50.00 | 68.73 | 75.00 | 91.50 | 72.13 | 0.00 | 44.56 | 59.24 |
| 14 | 福建省莆田市秀屿区 | 83.00 | 45.00 | 68.73 | 17.00 | 91.50 | 89.13 | 0.00 | 56.94 | 58.61 |
| 15 | 安徽省安庆市岳西县 | 76.00 | 65.00 | 68.73 | 17.00 | 91.50 | 69.33 | 0.00 | 67.00 | 58.55 |
| 16 | 江西省吉安市永丰县 | 38.00 | 70.00 | 75.00 | 50.00 | 91.50 | 50.00 | 0.00 | 67.00 | 57.25 |
| 17 | 内蒙古自治区赤峰市巴林右旗 | 70.00 | 65.00 | 75.00 | 75.00 | 0.00 | 53.80 | 66.50 | 54.31 | 57.16 |
| 18 | 内蒙古自治区乌兰察布市卓资县 | 62.00 | 15.00 | 0.00 | 75.00 | 91.50 | 89.13 | 50.00 | 67.00 | 56.77 |
| 19 | 湖南省常德市临澧县 | 57.00 | 20.00 | 0.00 | 50.00 | 91.50 | 89.13 | 50.00 | 67.00 | 53.77 |
| 20 | 江西省萍乡市莲花县 | 60.00 | 50.00 | 68.73 | 67.00 | 91.50 | 17.00 | 0.00 | 66.81 | 53.58 |

续表

| 名次 | 县（市、区）名称 | 公开平台（10%） | 组织结构（10%） | 部门收支（15%） | 制度规定（12%） | 工作报告（12%） | 通报曝光（15%） | 巡视整改（10%） | 社会参与（16%） | 总分 |
|---|---|---|---|---|---|---|---|---|---|---|
| 21 | 云南省楚雄州牟定县 | 36.00 | 50.00 | 75.00 | 75.00 | 0.00 | 53.80 | 50.00 | 67.00 | 52.64 |
| 22 | 福建省泉州市南安市 | 75.00 | 55.00 | 75.00 | 75.00 | 0.00 | 35.33 | 33.00 | 67.00 | 52.57 |
| 23 | 四川省成都市彭州市 | 72.00 | 15.00 | 0.00 | 75.00 | 91.50 | 89.13 | 50.00 | 34.00 | 52.49 |
| 24 | 江西省赣州市信丰县 | 65.00 | 50.00 | 0.00 | 75.00 | 91.50 | 53.80 | 0.00 | 67.00 | 50.27 |
| 25 | 广东省佛山市南海区 | 85.00 | 60.00 | 75.00 | 50.00 | 0.00 | 53.80 | 50.00 | 34.00 | 50.26 |
| 26 | 浙江省台州市椒江区 | 53.00 | 55.00 | 62.53 | 100.00 | 0.00 | 19.80 | 17.00 | 67.00 | 47.57 |
| 27 | 江苏省扬州市广陵区 | 48.00 | 35.00 | 68.73 | 75.00 | 0.00 | 89.13 | 17.00 | 28.88 | 47.30 |
| 28 | 贵州省贵阳市清镇市 | 74.00 | 25.00 | 0.00 | 42.00 | 91.50 | 89.13 | 17.00 | 34.00 | 46.43 |
| 29 | 甘肃省张掖市甘州区 | 36.00 | 60.00 | 68.73 | 100.00 | 0.00 | 47.67 | 0.00 | 34.00 | 44.51 |
| 30 | 广东省肇庆市怀集县 | 88.00 | 55.00 | 75.00 | 0.00 | 0.00 | 89.13 | 0.00 | 34.00 | 44.36 |
| 31 | 陕西省榆林市吴堡县 | 36.00 | 55.00 | 68.73 | 50.00 | 0.00 | 89.13 | 0.00 | 34.00 | 44.22 |
| 32 | 广西壮族自治区河池市东兰县 | 70.00 | 60.00 | 75.00 | 0.00 | 0.00 | 89.13 | 0.00 | 34.00 | 43.06 |
| 33 | 四川省广元市剑阁县 | 36.00 | 50.00 | 68.73 | 42.00 | 0.00 | 78.20 | 0.00 | 34.00 | 41.13 |
| 34 | 陕西省咸阳市三原县 | 37.00 | 40.00 | 68.73 | 50.00 | 0.00 | 53.80 | 33.00 | 34.00 | 40.82 |
| 35 | 安徽省宿州市萧县 | 77.00 | 0.00 | 0.00 | 100.00 | 91.50 | 0.00 | 0.00 | 50.50 | 38.76 |
| 36 | 吉林省通化市集安市 | 85.00 | 15.00 | 0.00 | 75.00 | 0.00 | 78.20 | 0.00 | 44.56 | 37.86 |
| 37 | 内蒙古自治区呼和浩特市玉泉区 | 93.00 | 20.00 | 0.00 | 75.00 | 0.00 | 53.80 | 0.00 | 57.94 | 37.64 |
| 38 | 广西壮族自治区南宁市隆安县 | 66.00 | 5.00 | 0.00 | 100.00 | 0.00 | 53.80 | 41.50 | 34.00 | 36.76 |
| 39 | 山东省淄博市博山区 | 34.00 | 0.00 | 0.00 | 50.00 | 0.00 | 89.13 | 50.00 | 53.63 | 36.35 |
| 40 | 陕西省西安市临潼区 | 62.00 | 45.00 | 68.73 | 25.00 | 0.00 | 53.80 | 16.50 | 11.56 | 35.58 |
| 41 | 广东省清远市英德市 | 40.00 | 50.00 | 75.00 | 50.00 | 0.00 | 34.00 | 0.00 | 11.56 | 33.20 |
| 42 | 山东省临沂市沂水县 | 62.00 | 20.00 | 0.00 | 50.00 | 0.00 | 53.80 | 0.00 | 67.00 | 32.99 |

续表

| 名次 | 县（市、区）名称 | 公开平台（10%） | 组织结构（10%） | 部门收支（15%） | 制度规定（12%） | 工作报告（12%） | 通报曝光（15%） | 巡视整改（10%） | 社会参与（16%） | 总分 |
|---|---|---|---|---|---|---|---|---|---|---|
| 43 | 浙江省宁波市江北区 | 60.00 | 40.00 | 68.73 | 17.00 | 0.00 | 17.00 | 0.00 | 11.56 | 26.75 |
| 44 | 浙江省绍兴市上虞区 | 53.00 | 5.00 | 0.00 | 0.00 | 0.00 | 89.13 | 16.50 | 34.00 | 26.26 |
| 45 | 河南省信阳市光山县 | 70.00 | 10.00 | 0.00 | 33.50 | 0.00 | 53.80 | 0.00 | 34.00 | 25.53 |
| 46 | 陕西省延安市吴起县 | 30.00 | 0.00 | 0.00 | 75.00 | 0.00 | 36.80 | 0.00 | 11.56 | 19.37 |
| 47 | 河北省邢台市任县 | 15.00 | 40.00 | 68.73 | 0.00 | 0.00 | 0.00 | 0.00 | 11.56 | 17.66 |
| 47 | 河北省廊坊市香河县 | 15.00 | 40.00 | 68.73 | 0.00 | 0.00 | 0.00 | 0.00 | 11.56 | 17.66 |
| 47 | 山西省长治市沁县 | 15.00 | 40.00 | 68.73 | 0.00 | 0.00 | 0.00 | 0.00 | 11.56 | 17.66 |
| 47 | 山西省临汾市古县 | 15.00 | 40.00 | 68.73 | 0.00 | 0.00 | 0.00 | 0.00 | 11.56 | 17.66 |
| 47 | 辽宁省鞍山市千山区 | 15.00 | 40.00 | 68.73 | 0.00 | 0.00 | 0.00 | 0.00 | 11.56 | 17.66 |
| 47 | 辽宁省锦州市凌河区 | 15.00 | 40.00 | 68.73 | 0.00 | 0.00 | 0.00 | 0.00 | 11.56 | 17.66 |
| 47 | 辽宁省辽阳市灯塔市 | 15.00 | 40.00 | 68.73 | 0.00 | 0.00 | 0.00 | 0.00 | 11.56 | 17.66 |
| 47 | 黑龙江省哈尔滨市平房区 | 15.00 | 40.00 | 68.73 | 0.00 | 0.00 | 0.00 | 0.00 | 11.56 | 17.66 |
| 47 | 黑龙江省齐齐哈尔市拜泉县 | 15.00 | 40.00 | 68.73 | 0.00 | 0.00 | 0.00 | 0.00 | 11.56 | 17.66 |
| 47 | 黑龙江省大庆市林甸县 | 15.00 | 40.00 | 68.73 | 0.00 | 0.00 | 0.00 | 0.00 | 11.56 | 17.66 |
| 47 | 福建省福州市台江区 | 15.00 | 40.00 | 68.73 | 0.00 | 0.00 | 0.00 | 0.00 | 11.56 | 17.66 |
| 47 | 福建省南平市建瓯市 | 15.00 | 40.00 | 68.73 | 0.00 | 0.00 | 0.00 | 0.00 | 11.56 | 17.66 |
| 47 | 山东省潍坊市青州市 | 15.00 | 40.00 | 68.73 | 0.00 | 0.00 | 0.00 | 0.00 | 11.56 | 17.66 |
| 47 | 山东省滨州市邹平市 | 15.00 | 40.00 | 68.73 | 0.00 | 0.00 | 0.00 | 0.00 | 11.56 | 17.66 |
| 47 | 河南省郑州市中牟县 | 15.00 | 40.00 | 68.73 | 0.00 | 0.00 | 0.00 | 0.00 | 11.56 | 17.66 |
| 47 | 河南省许昌市禹州市 | 15.00 | 40.00 | 68.73 | 0.00 | 0.00 | 0.00 | 0.00 | 11.56 | 17.66 |
| 47 | 湖北省襄阳市襄城区 | 15.00 | 40.00 | 68.73 | 0.00 | 0.00 | 0.00 | 0.00 | 11.56 | 17.66 |
| 47 | 湖北省荆州市石首市 | 15.00 | 40.00 | 68.73 | 0.00 | 0.00 | 0.00 | 0.00 | 11.56 | 17.66 |

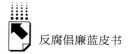

续表

| 名次 | 县（市、区）名称 | 公开平台（10%） | 组织结构（10%） | 部门收支（15%） | 制度规定（12%） | 工作报告（12%） | 通报曝光（15%） | 巡视整改（10%） | 社会参与（16%） | 总分 |
|---|---|---|---|---|---|---|---|---|---|---|
| 47 | 海南省屯昌县 | 15.00 | 40.00 | 68.73 | 0.00 | 0.00 | 0.00 | 0.00 | 11.56 | 17.66 |
| 47 | 贵州省遵义市习水县 | 15.00 | 40.00 | 68.73 | 0.00 | 0.00 | 0.00 | 0.00 | 11.56 | 17.66 |
| 47 | 贵州省黔东南苗族侗族自治州黎平县 | 15.00 | 40.00 | 68.73 | 0.00 | 0.00 | 0.00 | 0.00 | 11.56 | 17.66 |
| 47 | 云南省昆明市富民县 | 15.00 | 40.00 | 68.73 | 0.00 | 0.00 | 0.00 | 0.00 | 11.56 | 17.66 |
| 47 | 云南省文山州富宁县 | 15.00 | 40.00 | 68.73 | 0.00 | 0.00 | 0.00 | 0.00 | 11.56 | 17.66 |
| 47 | 西藏自治区林芝市工布江达县 | 15.00 | 40.00 | 68.73 | 0.00 | 0.00 | 0.00 | 0.00 | 11.56 | 17.66 |
| 47 | 青海省西宁市城西区 | 15.00 | 40.00 | 68.73 | 0.00 | 0.00 | 0.00 | 0.00 | 11.56 | 17.66 |
| 47 | 青海省海北藏族自治州门源回族自治县 | 15.00 | 40.00 | 68.73 | 0.00 | 0.00 | 0.00 | 0.00 | 11.56 | 17.66 |
| 47 | 青海省海南藏族自治州兴海县 | 15.00 | 40.00 | 68.73 | 0.00 | 0.00 | 0.00 | 0.00 | 11.56 | 17.66 |
| 47 | 宁夏回族自治区银川市兴庆区 | 15.00 | 40.00 | 68.73 | 0.00 | 0.00 | 0.00 | 0.00 | 11.56 | 17.66 |
| 47 | 宁夏回族自治区吴忠市红寺堡区 | 15.00 | 40.00 | 68.73 | 0.00 | 0.00 | 0.00 | 0.00 | 11.56 | 17.66 |
| 47 | 宁夏回族自治区固原市隆德县 | 15.00 | 40.00 | 68.73 | 0.00 | 0.00 | 0.00 | 0.00 | 11.56 | 17.66 |
| 47 | 新疆维吾尔自治区乌鲁木齐市乌鲁木齐县 | 15.00 | 40.00 | 68.73 | 0.00 | 0.00 | 0.00 | 0.00 | 11.56 | 17.66 |
| 47 | 新疆维吾尔自治区塔城地区塔城市 | 15.00 | 40.00 | 68.73 | 0.00 | 0.00 | 0.00 | 0.00 | 11.56 | 17.66 |
| 79 | 海南省琼海市 | 36.00 | 0.00 | 0.00 | 0.00 | 0.00 | 53.80 | 0.00 | 34.00 | 17.11 |
| 80 | 山西省太原市阳曲县 | 0.00 | 40.00 | 68.73 | 0.00 | 0.00 | 0.00 | 0.00 | 11.56 | 16.16 |
| 80 | 吉林省白城市洮北区 | 0.00 | 40.00 | 68.73 | 0.00 | 0.00 | 0.00 | 0.00 | 11.56 | 16.16 |
| 80 | 黑龙江省七台河市茄子河区 | 0.00 | 40.00 | 68.73 | 0.00 | 0.00 | 0.00 | 0.00 | 11.56 | 16.16 |
| 80 | 湖北省武汉市硚口区 | 0.00 | 40.00 | 68.73 | 0.00 | 0.00 | 0.00 | 0.00 | 11.56 | 16.16 |
| 80 | 湖北省宜昌市西陵区 | 0.00 | 40.00 | 68.73 | 0.00 | 0.00 | 0.00 | 0.00 | 11.56 | 16.16 |
| 80 | 湖南省长沙市天心区 | 0.00 | 40.00 | 68.73 | 0.00 | 0.00 | 0.00 | 0.00 | 11.56 | 16.16 |
| 80 | 湖南省衡阳市衡南县 | 0.00 | 40.00 | 68.73 | 0.00 | 0.00 | 0.00 | 0.00 | 11.56 | 16.16 |

续表

| 名次 | 县（市、区）名称 | 公开平台（10%） | 组织结构（10%） | 部门收支（15%） | 制度规定（12%） | 工作报告（12%） | 通报曝光（15%） | 巡视整改（10%） | 社会参与（16%） | 总分 |
|---|---|---|---|---|---|---|---|---|---|---|
| 80 | 广东省韶关市乳源瑶族自治县 | 0.00 | 40.00 | 68.73 | 0.00 | 0.00 | 0.00 | 0.00 | 11.56 | 16.16 |
| 80 | 海南省海口市秀英区 | 0.00 | 40.00 | 68.73 | 0.00 | 0.00 | 0.00 | 0.00 | 11.56 | 16.16 |
| 80 | 西藏自治区日喀则市亚东县 | 0.00 | 40.00 | 68.73 | 0.00 | 0.00 | 0.00 | 0.00 | 11.56 | 16.16 |
| 80 | 甘肃省兰州市永登县 | 0.00 | 40.00 | 68.73 | 0.00 | 0.00 | 0.00 | 0.00 | 11.56 | 16.16 |
| 80 | 甘肃省庆阳市西峰区 | 0.00 | 40.00 | 68.73 | 0.00 | 0.00 | 0.00 | 0.00 | 11.56 | 16.16 |
| 80 | 新疆维吾尔自治区喀什地区岳普湖县 | 0.00 | 40.00 | 68.73 | 0.00 | 0.00 | 0.00 | 0.00 | 11.56 | 16.16 |
| 93 | 广西壮族自治区桂林市资源县 | 30.00 | 25.00 | 0.00 | 17.00 | 0.00 | 0.00 | 0.00 | 34.00 | 12.98 |
| 94 | 河北省唐山市丰润区 | 15.00 | 0.00 | 0.00 | 0.00 | 0.00 | 0.00 | 0.00 | 11.56 | 3.35 |
| 94 | 河北省张家口市沽源县 | 15.00 | 0.00 | 0.00 | 0.00 | 0.00 | 0.00 | 0.00 | 11.56 | 3.35 |
| 94 | 山西省运城市万荣县 | 15.00 | 0.00 | 0.00 | 0.00 | 0.00 | 0.00 | 0.00 | 11.56 | 3.35 |
| 94 | 辽宁省沈阳市沈河区 | 15.00 | 0.00 | 0.00 | 0.00 | 0.00 | 0.00 | 0.00 | 11.56 | 3.35 |
| 94 | 吉林省长春市南关区 | 15.00 | 0.00 | 0.00 | 0.00 | 0.00 | 0.00 | 0.00 | 11.56 | 3.35 |
| 94 | 江苏省徐州市邳州市 | 15.00 | 0.00 | 0.00 | 0.00 | 0.00 | 0.00 | 0.00 | 11.56 | 3.35 |
| 94 | 河南省安阳市林州市 | 15.00 | 0.00 | 0.00 | 0.00 | 0.00 | 0.00 | 0.00 | 11.56 | 3.35 |
| 94 | 海南省三亚市吉阳区 | 15.00 | 0.00 | 0.00 | 0.00 | 0.00 | 0.00 | 0.00 | 11.56 | 3.35 |
| 94 | 云南省昭通市盐津县 | 15.00 | 0.00 | 0.00 | 0.00 | 0.00 | 0.00 | 0.00 | 11.56 | 3.35 |
| 94 | 西藏自治区拉萨市曲水县 | 15.00 | 0.00 | 0.00 | 0.00 | 0.00 | 0.00 | 0.00 | 11.56 | 3.35 |
| 94 | 西藏自治区山南市隆子县 | 15.00 | 0.00 | 0.00 | 0.00 | 0.00 | 0.00 | 0.00 | 11.56 | 3.35 |
| 94 | 甘肃省陇南市两当县 | 15.00 | 0.00 | 0.00 | 0.00 | 0.00 | 0.00 | 0.00 | 11.56 | 3.35 |
| 94 | 青海省玉树州囊谦县 | 15.00 | 0.00 | 0.00 | 0.00 | 0.00 | 0.00 | 0.00 | 11.56 | 3.35 |
| 94 | 新疆维吾尔自治区巴音郭楞蒙古自治州若羌县 | 15.00 | 0.00 | 0.00 | 0.00 | 0.00 | 0.00 | 0.00 | 11.56 | 3.35 |
| 108 | 江苏省南京市玄武区 | 0.00 | 0.00 | 0.00 | 0.00 | 0.00 | 0.00 | 0.00 | 11.56 | 1.85 |

南通市海安市纪委监委，得 72.43 分；得分最低的是江苏省南京市玄武区纪委监委，得 1.85 分。总分在 70 分以上的仅海安市 1 个，占 0.93%。60 分（含）至 70（不含）分的有 10 个，占 9.26%，其所在地分别是江西省抚州市资溪县、贵州省黔西南布依族苗族自治州兴义市、吉林省吉林市永吉县、宁夏回族自治区石嘴山市惠农区、安徽省淮南市潘集区、广西壮族自治区钦州市浦北县、湖南省怀化市洪江市、安徽省合肥市包河区、浙江省嘉兴市海宁市、内蒙古自治区呼伦贝尔市满洲里市。50 分（含）至 60 分（不含）的 14 个，占 12.96%；40 分（含）至 50 分（不含）的 9 个，占 8.33%；30 分（含）至 40 分（不含）的 8 个，占 7.41%；20 分（含）至 30 分（不含）的 3 个，占 2.78%；10 分（含）至 20 分（不含）的 48 个，占 44.44%；10 分（不含）以下的 15 个，占 13.89%（见表 2）。按省域分布统计，平均分在 50 分以上的有 4 个省（自治区），分别是：江西省 57.76 分、安徽省 54.95 分、四川省 53.11 分、内蒙古自治区 52.97 分。40 分（含）至 50 分（不含）的仅有浙江省 40.27 分。30 分（含）至 40 分（不含）的 8 个。20 分（含）至 30 分（不含）的 4 个。黑龙江省、湖北省、河南省、青海省、辽宁省、山西省、新疆维吾尔自治区、海南省、河北省、西藏自治区 10 个省（自治区）仅得 10 多分。与 2018 年县级纪委平均得分 32.23 分相比，本轮测评平均分下降了 3.4 分。通过上面的数据对比，我们认为县级纪委监委信息公开工作形势依然严峻。

## 三　县级纪委监委信息公开的特点

### （一）公开平台日益丰富

评估发现，一些县级纪委监委不仅建有网站，还有微信公众号、微博、抖音账号等，信息公开平台呈现多样化，公开形式越来越丰富。从公开的内容来看，在做到"两个维护"上起到了示范作用，大多数纪委监委网站在第一时间转发了党中央关于全面从严治党决策部署的相关信息，内蒙古自治区全区纪检监察网站均有习近平新时代中国特色社会主义思想专栏，陕西省咸阳市三原县等纪检监察网站设立了"不忘初心、牢记使命"主题教育专栏。安徽省合肥市包河区、四川省绵阳市盐亭县、广东省佛山市南海区等纪检监察网站新闻头条等栏目信息更新较快。

## （二）人财物信息逐步透明

70%以上的县级纪委监委按照财务公开要求，公开了年度预决算报告。预决算报告形式规范，内容比较详尽，报告中同时对单位的职能职责、机关编制数、领导职数、现有职工人数等信息一并进行了公开，各单位"三公"经费开支呈现逐年下降趋势。云南省楚雄州牟定县、福建省泉州市南安市、浙江省台州市椒江区等12个纪委监委在其官网公开了预决算报告，湖南省怀化市洪江市公开了纪委监委内设机构及派驻机构负责人姓名，江西省吉安市永丰县、内蒙古自治区赤峰市巴林右旗、四川省广元市剑阁县等地公开了纪委监委派驻机构编制数，安徽省安庆市岳西县、内蒙古自治区呼和浩特市玉泉区等地公开了纪委监委领导班子成员照片，江西省萍乡市莲花县公开了纪委监委领导班子成员简历。甘肃省张掖市甘州区纪委监委网站公开了纪委监委年度大事记。

## （三）业务公开特色比较鲜明

江西省抚州市资溪县、贵州省黔西南布依族苗族自治州兴义市、宁夏回族自治区石嘴山市惠农区及时公开了纪委工作报告全文，工作报告有创新性做法，举措务实，数据翔实，成效明显。四川省甘孜藏族自治州甘孜县、福建省莆田市秀屿区、湖南省常德市临澧县等地公开了纪委全会决议，对下级纪检监察组织学习贯彻情况进行了跟踪报道。监督第一职责更加凸显，贵州省贵阳市清镇市等纪检监察网站设有整治形式主义、官僚主义专栏，广东省肇庆市怀集县、陕西省榆林市吴堡县等纪检监察网站在显著位置设置扫黑除恶、脱贫攻坚监督等栏目。开设通报曝光专栏基本成为纪委监委网站标配，违反"八项规定"典型案例通报均点名道姓，通报了违纪事实和处分结果。

吉林省吉林市永吉县、内蒙古自治区呼伦贝尔市满洲里市等纪委监委网站公开了上级巡视巡察后整改情况，广西壮族自治区钦州市浦北县、浙江省嘉兴市海宁市、四川省成都市彭州市等纪委监委网站公开了本级巡察后整改情况。

### （四）廉政文化建设得到重视

多数县级纪委监委结合本地特色，打造了廉政文化作品，并通过官网进行了展示。江苏省南通市海安市纪委监委网站设有廉政文化场馆、清风文苑、廉政测试试题库、音乐厅、网校课堂等内容，为机关派驻机构、巡察机构、镇纪委、各部门开设专栏，展示相关工作。安徽省宿州市萧县纪委监委办了江淮风纪杂志，将其在网上全部公开。吉林省通化市集安市纪委监委网站廉政文化内容丰富，展示效果较好。

### （五）网站建设开始聚集化发展

全国所有县级纪委监委均依靠 12388 全国信访举报平台开通了本地网络信访举报页面。内蒙古自治区将全区所有市、县级纪委监委网站进行整合，统一建立网站框架，形成大规模网站矩阵。各网站公开内容既有"规定动作"，又有展示本地特色亮点工作的"自选动作"。安徽省淮南市潘集区等纪委监委网站设有留言板，江西省赣州市信丰县、江苏省扬州市广陵区等纪委监委网站设有点击量统计。

## 四  县级纪委监委信息公开存在的问题

### （一）信息公开工作推进仍不平衡

108 个评估对象中，得分最高的海安市纪委监委，比得分最低的南京市玄武区纪委监委多 70.58 分。从地区来看，华北地区被评估县（市、区）平均得分 25.73 分，东北 20.53 分，华东 41.17 分，华中 23.28 分，华南 29.38 分，西南 30.77 分，西北 22.31 分，地区间最大相差 20.64 分。从 8

项一级指标得分来看，得分率最高的是部门收支一项，分值为15分，本次评估得分7.44分，得分率为49.6%；得分率最低的是巡视巡察整改，得分率仅为9.3%，各指标得分率差距较大（见表3）。从以上数据可以看出，县级纪检监察机关信息公开工作发展仍不平衡。

表3　一级指标得分统计

| 指标<br>得分情况 | 公开平台 | 组织结构 | 部门收支 | 制度规定 | 工作报告 | 通报曝光 | 巡视巡察整改 | 社会参与 |
|---|---|---|---|---|---|---|---|---|
| 分值 | 10 | 10 | 15 | 12 | 12 | 15 | 10 | 16 |
| 平均得分 | 3.39 | 3.44 | 7.44 | 3.06 | 2.16 | 4.15 | 0.93 | 4.26 |
| 得分率（%） | 33.9 | 34.4 | 49.6 | 25.5 | 18.0 | 27.7 | 9.3 | 26.6 |

### （二）县级纪委监委网站建设力度不够

从评估中搜索到的网站和微信公众号数量来看，开通微信公众号的有93个，占86.1%；建有网站的有48个，占44.4%。可见，县级纪检监察机关更偏爱微信公众号，传统的网站有被冷落的趋势。从本次评估得分来看，大多数单位评估得分不及格，较2018年评估得分有所下降，网站拥有率、公开平台得分较2018年均明显下降（见表4）。有的县级纪委监委网站内容更新缓慢，二级指标信息更新得分率仅为12%左右，存在较多"僵尸网站"或"僵尸栏目"，有的网站栏目长达一两年未更新，个别网站栏目长达4年多未更新。

表4　网站建设评估得分对比

| 项　目<br>年　份 | 建有网站数 | | 公开平台得分 | 总分 |
|---|---|---|---|---|
| | 数量 | 占比（%） | | |
| 2018 | 47 | 75.8 | 6.05 | 32.23 |
| 2019 | 48 | 44.4 | 3.39 | 28.83 |

### （三）组织机构、工作报告和大案要案查办等信息极少公开

对108个评估对象做测评后发现，县级纪委监委均未公开派驻机构人数

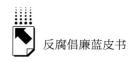

和领导姓名，极少数单位公开了领导班子成员简历、班子成员照片、内设机构负责人姓名、派驻机构编制数等信息。经费公开方面，无论是纪委监委网站还是政务信息公开网站，均未找到公开大案要案查办开支和"三公"经费开支明细。工作报告方面，极少数单位公开了2018年或2019年纪委工作报告全文，少数单位公开了报告决议。巡视巡察整改方面，极少数单位公开了上级巡视巡察后整改情况。

### （四）有的网站功能设置仍不够合理

有的县级纪委监委网站站位不高，过多展示宣传部门工作，把纪委监委网站办成了纪委监委宣传部门的网站。有的网站就纪检说纪检，网站内容不接地气。有的网站仍在动态公开乡镇、部门等投稿用稿篇数以及信息工作排名，还存在形式主义现象。有的网站网页内容不完整，比如领导分工内容不全。有的网页标题与内容不匹配，牛头不对马嘴。有的网站虽然用搜索引擎能搜索到，但不能正常打开。较多网站没有搜索功能，不便于信息的查找。有的网站虽然设置了搜索窗口，但不能正常使用。有的网站链接错误，无法正常浏览。有的网站域名未按党政机关域名申请要求办理，使用的不是"gov. cn"的域名。有的网站未在公安网监部门备案。

## 五 进一步做好县级纪委监委信息公开的建议

### （一）加强顶层设计，建立县级纪委监委信息公开标准

随着信息化的高速发展，网站逐渐成为传统的传播媒介，微信、抖音等新平台在信息传播中占据着越来越重要的地位，但网站在信息公开中仍具有一些优势。上级纪委监委可针对县级纪委监委信息公开特点，建立县级纪委监委信息公开执行标准，规范网站以及微信等新兴媒介信息公开工作。科学设置信息公开平台的功能，进一步明确信息公开的内容，针对每项内容界定

好公开分寸。县级纪检监察信息公开平台可与当地融媒体中心深度合作，构建大宣教网络格局。强化数据管理，防范安全风险。

## （二）提高政治站位，主动公开纪检监察工作核心信息

县级纪委监委应树牢"四个意识"、坚定"四个自信"、做到"两个维护"，把信息公开作为以人民为中心的纪检监察工作展示窗口。以对党和人民高度负责的自觉，宣传全面从严治党的伟大成效，大力宣传鲜活的正反典型案例。总结现有信息公开工作成效，逐步深化拓展，有序推进纪检监察机关编制、人员、经费等信息公开，常态公开纪委工作报告全文和执行情况，及时公开党纪国法和规范性文件，借鉴裁判文书网做法，逐步公开立案、结案等案件查办文书。

## （三）讲好纪检故事，切实增强县级网站内容的代入感

处理好共性和个性的关系，在打造特色上提升县级纪委监委网站的核心竞争力。充分挖掘地方优秀特色文化，有机融入廉政元素，讲好纪检监察故事，在"润物细无声"中，传播正能量。结合县级纪委监委在基层与群众直接打交道的特殊地位，全面公开网、电、信举报方式，继续发挥好留言板和回音壁等作用，广泛听取群众意见。积极吸引广大人民群众参与到网站活动中来，一体推进"不敢腐、不能腐、不想腐"机制，不断净化基层政治生态。

## （四）注重全面监督，完善县级纪委信息公开评价体系

加大对县级纪委监委信息公开工作的考核力度，强化结果运用。总结形成新时代基层纪检监察信息公开工作经验，在提升能力和影响力上求突破。合理利用专业机构、社会组织等评价结果，汲取有益的工作建议，推动县级纪委监委信息化工作高质量发展。

# 创 新 实 招

**Innovative Practice**

编者按：为贯彻落实党的十九大会议精神，提升反腐倡廉建设的科学性和有效性，不断提高党的建设质量，中国社会科学院中国廉政研究中心课题组从《中国纪检监察报》《中国纪检监察》《党风廉政建设》等媒体 2019 年公开的新闻报道以及国情调研中搜集和筛选了地方做法，专家小组经过认真讨论，按照管用、创新、可操作的标准，坚持实事求是、宁缺毋滥的原则，评选出 19 个创新管用的做法，并进行了评析。

## 1. 湖南江华："12388"打造乡镇纪委日常监督"掌上通"

为解决乡镇纪委"不敢监督、不善监督、不愿监督"的问题，江华县纪委监委印发《全面推行乡镇纪委日常监督"12388"模式实施办法》《乡镇纪委日常监督"12388"模式应用模块管理规则》《乡镇纪委"12388"模式操作手册》，通过召开现场推进会、业务培训会、定期督查通报进度情况等措施，在全县全面推行"12388"模式。该县依托江华智慧纪检监察平台，把互联网元素融入日常监督，开发出"12388"功能模块，共梳理出 22 项监督任务，按周、月、季、半年、年 5 个时间节点予以明确，并设置自动审核功能，对乡镇纪委未按时完成的监督事项，自动发送黄牌、红牌短信警示。乡镇纪委履行监督职责时，只需在规定时间点通过手机、平板电脑等移动终端实时上传监督事项数据即可，采取无纸化办公，实现了监督手段信息化，打造了"指尖上的监督"。同时，县纪委监委相关部室明确专人对各乡镇纪委上传的工作情况进行实地抽查，一旦发现弄虚作假、敷衍塞责等行为即严肃问责。建立了"12388"模式落实情况线上线下综合评价机制，结合完成时限、填报质量、线下抽查反馈情况，系统自动生成评价结果，形成了日常监督的部署、落实、评价、考核的闭合完整链条，减少了主观因素干扰。2019年上半年，该县乡镇纪委立案审查74件，较上年同期增长12%，16个乡镇全部消除"零办案"，在全市排名前列，信访量较上年大幅下降。

（资料来源：课题组调研搜集整理）

**评析：** 乡镇纪委是我们党和政府在基层的一级纪检监察机构，它直接面对广大人民群众，面对生活和战斗在农村一线的党员和干部，乡镇纪委能否正确履职，将会成为影响党委政府决策能否有效顺畅实施的重要因素。但一些乡镇纪委不知道干什么和怎么干，工作随意性较大。有的乡镇纪委无事可干，有的荒了自己的监督主业而种了别人的"田"，干了很多不是纪委应该从事的工作。"12388"日常监督模式最大特点和优势就是为乡镇纪委指明方向、提供工作遵循。江华县纪委监委结合本地实际，将乡镇纪委工作职责具体化、规范化和精细化，让乡镇纪委日常监督常态化。

## 2. 湖南零陵："局务监督月例会"助力派驻监督

湖南省永州市零陵区纪委监委制定出台《永州市零陵区"局务监督月例会"工作方案》，自2019年起在全区区直机关单位推行局务监督月例会工作，并成立局务监督委员会，人员从派驻纪检监察组、局机关干部职工和"两代表一委员"中选举产生，各监督委员会对照工作清单和责任清单，每月1日至5日召开局务监督月例会。月例会按照如下程序进行：局党委（党

组）书记通报上月加强作风建设、遵守党的纪律、履行"三定"职责和其他工作情况，通报本月工作计划；局务监督委员会成员就前述事项进行问询，并反映意见建议；局班子成员就意见建议进行答复或解释说明。会后，各局依托局务公开栏、政府门户网站、"三湘 E 监督"平台等，将决策、执行、管理、服务、结果全部公开。

（资料来源：课题组调研搜集整理）

**评析：**国家监察体制改革后，县（市、区）纪委监委派驻纪检监察组履行派驻监督职能，但由于各派驻纪检监察组工作量大、被监督单位数量多且分散，派驻监督容易弱化。湖南省零陵区"局务监督月例会"制度进一步延伸了派驻监督触角，充分发挥了派驻纪检监察组的"探头"作用，让"派"的权威、"驻"的优势不断彰显；整合了人大代表、政协委员和党代表的力量，实现了党内监督带动其他监督，大大增强了派驻监督力量；以公开的务实举措，扩大公众参与，促进高效施政、廉洁从政；提升了各单位的执行力，融洽了党群干群关系。

## 3. 陕西安康：容错纠错激励干部担当作为

为保护干部干事创业、积极容错纠错，安康市委制定《安康市党政干部容错纠错实施细则》，明确可以容错的 13 种情形和不予容错的 5 种情形，规范了容错申请、受理、认定、反馈等环节操作程序、时限、审批、报备、归档等环节。市纪委监委审理室采取专人负责及室务会集体审议的方式进行初审，强化对容错案件办理程序、事实认定、证据审查、容错依据的审核把关，确保容错案件审核标准尺度统一。全市各级纪检监察机关主动作为，对一些积极干事、敢于创新、敢于担当，但在脱贫攻坚工作中出现偏差或失误的干部积极予以容错纠错，及时为敢做善为的干部澄清正名、消除影响，营造良好的干事创业环境，激励干部担当作为。2016 年以来，全市共对 227 名干部、4 个单位予以容错，其中县处级 10 人，科级 92

人，其他 125 人。

（资料来源：课题组调研搜集整理）

**评析：** 党的十九大报告提出，要坚持严管和厚爱结合、激励和约束并重，旗帜鲜明为敢于担当、踏实做事、不谋私利的干部撑腰鼓劲。基层处于改革创新的最前沿、矛盾问题的第一线，工作责任重、要求高、压力大。有权必有责，有责要担当，失责必追究，基层干部普遍感到"动辄得咎"的问责压力。陕西省安康市实施容错纠错制度，落实了干部为事业担当、组织为干部担当的鲜明导向，激励了干部干事创业、改革创新的激情。

## 4. 陕西安康："三化"建设助推纪检监察工作提质增效

近年来，安康市创新推行以纪检监察干部队伍专职化、审查调查设施标准化、纪检监察工作规范化为核心内容的纪检监察"三化"建设。市县两级纪委监委优化设置内设科室，整合监督执纪问责力量，增设纪检监察室；全市 140 个镇办纪委全部配齐纪委书记、副书记和 5~7 名纪委委员，设立纪委办，配备专职纪检干部，专司纪检监察工作；采取上挂下派、跟班学习、集中培训、以案代训、技能比武等多种方式提升基层纪检干部执纪监督能力水平。按照"统一要求、统一标准、规范管理"的要求，着力打造标准化审查调查设施，在全市建设标准化谈话室、办公室、办案设备、工作制度等基础设施，市级留置场所、市县区标准化办案区、"同志式"谈话室全部建成投用，推进 140 个镇办纪委标准化谈话室、"同志式"谈话室全覆盖。在执纪审查工作规范化方面，安康市纪委监委出台《机关重要案件线索管理暂行办法》等制度规定，建立问题线索集体排查机制，规范线索管理处置；编印下发《安康市执纪审查规范化工作手册》，将工作分解为受理信访举报、问题线索处置、线索初核、立案调查、案件审理、案卷归档等六大板块，细化和规范各环节工作要求及工作流程；推行镇案县审、案卷评查制度。按照每年 1~2 次的频率，选择工作推进情况较好的县区召开"三

295

化"建设现场推进会，组织市、县区、镇办各级纪委书记和纪检监察业务骨干，现场观摩、交流执纪审查工作规范化经验。

（资料来源：课题组调研搜集整理）

**评析：** 基层纪检监察工作面临诸多困难，包括办案力量不足、纪检监察工作人员业务水平参差不齐、办案设施相对落后、"三转"不够彻底等等，所有这些现实问题都直接影响基层纪检监察机关的履职能力。陕西省安康市纪委监委在全市推进"三化"建设，软硬兼施、固本强基，配强壮大专司其职的纪检干部力量，筑牢夯实标准化工作阵地，健全完善监督执纪问责规范，拓展监督执纪问责途径和范围，全面提升了纪检监察机关的履职能力，推进了反腐败治理体系和治理能力现代化在基层落地开花。

## 5. 陕西安康高新区：向村派驻纪检监察员

2018年10月，安康市高新区在不增加人员、编制和经费的前提下，由纪工委和监察审计局、社区管理局、临空经济区管理办公室4家联合发文，任命包村干部为驻村纪检监察员，经过业务培训后，正式向49个村全面派驻。赋予被任命为驻村纪检监察员的包村干部监督权力，让他们通过参与会议、查阅账务、走访谈话等方式，对村级党组织履行全面从严治党责任、农村党员遵守党的纪律、村干部依法廉洁履职和集体资金资产处置等重大事项进行监督，对发现的问题线索，严格按照案件协办机制相关规定进行处置。为了夯实驻村纪检监察员工作职责，监察审计局坚持每月召开一次研判会、每季度开展一次实地督查；出台驻村纪检监察员《量化考核办法》，实行周报告、月检查、季通报、年评比，并将履行纪检监察员工作职责情况与个人评优树模、提拔使用相结合。自驻村纪检监察员工作开展以来，接待群众来信来访45起、化解39起，处理矛盾纠纷35起，提出村务公开、财务管理等方面意见建议29条，反映问题线索16件、立案11件，给予党纪政务处分11人，通报批评3人。

（资料来源：课题组调研搜集整理）

**评析：** 农村是近几年基层监督的重点，各地探索了不同的做法。安康高新区的做法是直接"派人"，打通监督"最后一百米"。驻村纪检监察员发挥国家法律、党规党纪、政策文件"宣传员"作用，还作为"群众家门口的纪委监委"，织密村级监督网络，对村"两委"班子成员和村级事务发挥"监督员"作用，同时通过走访入户发挥社情民意"信息员"作用，积极协调解决矛盾纠纷，做群众的贴心人，密切党群干群关系。

## 6. 四川朝天："纪检监察小分队"破解人情社会监督难题

办事讲人情、靠人情的社会现象依然广泛存在于基层。农村基层的监督员受到人情社会的诸多影响，在对村级事务、财务的监督上作用有限，同时村级特邀监督员个人的能力和精力有限，难以实现全面监督。针对这些问题，2019年7月4日，朝天区纪委监委下发《关于开展"纪检监察小分队"活动的通知》，选派111名纪检监察干部按照"不发通知、不打招呼、不定时间、不定路线"原则，覆盖全区221个村（社），与村级特邀监督员联合开展接访工作，通过与群众近距离接触，了解他们所思所想，宣传党和国家法规政策、受理群众信访举报、监督党员干部作风、监督项目管理资金使用情况、监督村务公开等情况，收集线索、化解矛盾纠纷。

（资料来源：课题组调研搜集整理）

**评析：** 基层纪检监察监督是乡镇、村（社）有效治理的关键环节，也是筑牢规范基层干部廉政和权力行使的"防火墙"。朝天区纪委监委的"纪检监察小分队"活动具有权威性、随机性、突击性的特点，打破熟人关系的束缚，对村级特邀监督员的监督能力和功能进行补充，实现了基层监督全覆盖，能够在不干预基层正常工作的情况下，及时掌握所联系村（社）的第一手资料，以突击的方式助力解决熟人社会监督难的问题。

## 7. 云南昆明：扫码反映问题，后台及时分析

通过登录系统受理群众反映问题，已成为昆明市县统合巡察组工作的新常态。群众如果发现或掌握党员干部违纪违法问题线索，通过手机扫描二维码，链接"直通车"平台，便可以上传手写稿、图片、视频等材料进行反映，信息实时送达巡察组。同时，各市县统合巡察组挨门逐户"送码上门"，同步运用电视、微信等融媒体资源发布公告，全方位提升知晓率。"问题来了，'码上'受理"。反映人提交问题线索后，各巡察组通过系统后台进行受理，及时分析研判，实现"秒受理""马上办"。各市县党委巡察办也可借由手机端一键掌握受理情况，强化督促指导。此外，系统还能把每一个问题自动生成带有编号的表格，方便巡察组填写办理意见，进而转交相关职能部门办理，大大提高巡察工作质量和效率。

（资料来源：《中国纪检监察报》2019年9月8日第2版）

**评析：** 在地方上，巡察常常受"熟人社会"的人情因素干扰。巡察中，有的党员群众"口难开、不能言、不敢说"，问题线索反映要么不尽不实、不痛不痒，难以击中"要害"，要么干脆"闭口不言"，往往导致巡不深、察不透。云南省昆明市县研发的"昆明巡察问题反映直通车"系统，顺应新形势，借助信息化手段探索创新巡察监督新路径新方法，实现巡察问题反映与"二维码"接轨，将群众反映问题渠道延伸到"指尖"。系统采取二维码扫码"单向通道"设计，保密性强、操作便捷，最大限度地保护了反映人的切身利益，增强了党员、群众"面对面"反映问题的参与感与信任感。

## 8. 四川彭州：探索建立纪检监察工作评价体系

彭州市纪委监委从市纪委监委班子、机关部室、纪检监察机构以及党员群众四个维度，探索建立纪检监察工作评价体系。2019 年，依照四维评价体系要求，该市纪委监委班子从决策部署落实、日常工作推进、交办任务完成 3 个方面，每季度对各纪检监察机构和机关部室的履职情况进行综合评价；各纪检监察机构从工作安排是否符合实际、联系指导是否充分具体、工作答复是否及时准确、工作态度是否热情周到 4 个方面，年终对纪委监委班子和部室的履职情况进行综合评价；机关部室从决策部署落实、监督责任履行、干部队伍建设、日常工作推进 4 个方面，对各纪检监察机构的履职情况进行综合评价；邀请第三方机构从政治生态营造是否得力、作风建设是否扎实、群众诉求解决是否及时、纪检队伍是否"干净" 4 个方面，年终对全市纪检监察干部履职情况进行综合评价。

（资料来源：中央纪委国家监委网站）

**评析：** 在党的十九届四中全会通过的《中共中央关于坚持和完善中国特色社会主义制度、推进国家治理体系和治理能力现代化若干重大问题的决定》（以下简称《决定》）中，"监督"一词共出现 52 次，是《决定》的高频词之一。监督是国家治理的重要方面，是权力正确运行的根本保证，纪检监察机关是党的专门监督机构，提高其监督能力是完善社会整体监督的关键环节，必须及时紧密联系具体实践、总结经验、分析问题，不断进行资源整合，以保证监督顺利、有效地实施。彭州市纪委监委四维评价体系通过量化考核、综合评价、互评互议等方式，加强纪检监察机关和纪检监察干部的监督管理，对提升监督执纪问责、审查调查处置的质效标准，激发履职新活力，淬炼执纪"铁军"具有非常重要的作用。

## 9. 福建南安：以巡察"后评估"反向监督巡察机构

福建省泉州市南安市积极探索巡察"后评估"新方式，对巡察工作和巡察人员进行评估。市纪委监委于每年年底前向当年度所有被巡察单位寄送《致被巡察单位党组织的一封信》，邀请被巡察党组织和干部职工以不

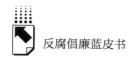

记名方式向南安市纪委监委干部监督室，泉州市委巡察工作领导小组组长、副组长反映对本市巡察工作的意见建议，包括对巡察组和巡察干部开展工作的评价、对巡察办协调保障工作的意见以及对进一步加强和改进巡察工作的建议，特别是巡察组成员在巡察期间是否存在违反中央八项规定精神、以巡谋私、超越巡察工作权限、泄露巡察工作秘密等违规违纪违法问题。

（资料来源：福建省南安市纪委监委）

**评析：**党的十八大以来，中央高度重视巡视巡察工作，对加强和改进巡视巡察工作作出了一系列重大决策部署。习近平总书记提出，要坚定不移深化政治巡视，以问题为导向，发挥政治"显微镜"、政治"探照灯"作用。但是"谁来监督监督者"的问题却没得到彻底解决。南安市委巡察机构通过"角色互换"，主动敞开大门接受被巡察单位监督，由被巡察单位给巡察组"挑刺""打分"，向巡察干部传导了坚持阳光巡察、正人先正己的责任压力，向社会各层面释放出巡察无禁区、全覆盖、零容忍的强烈信号，切实扎紧巡察权力"笼子"，确保"打铁必须自身硬"，有力地推动了巡察工作依规依纪依法高质量开展。

## 10. 四川金牛：为受处分人员建立关心关爱工作档案

近年来，成都市金牛区纪委监委对受处分人员的日常教育、台账管理、谈心谈话、回访了解等重点环节进行细化分解、明确流程，将其纳入班子成员主体责任清单，促进"两个责任"同频共振，为做好"关心关爱工作档案"打牢实施基础。区纪委监委按照一人一档建立关心关爱工作档案，并根据受处分人员的违纪问题、职务级别、思想情况进行分级、分类管理，详细记录教育谈话、人员走访、思想现状、工作成绩、综合分析等内容。根据档案实时了解受处分人员"动向"，及时调整教育方向。此外，各级党组织对受处分人员给予适当平台、创造合适机会，让其充分展示个人能力，全身心干事创业，力争不让受处分人员在发展的道路上"掉队"。

（资料来源：中央纪委国家监委网站）

**评析：** 干部是党的宝贵财富，既要严格教育、严格管理、严格监督，又要在政治上、思想上、工作上、生活上真诚关爱，鼓励干部干事创业，大胆作为。金牛区纪委监委为受处分人员建立关心关爱工作档案是贯彻落实"惩前毖后、治病救人"方针，严防"一处了之"，做好做实执纪审查"后半篇文章"的具体举措，让受处分的党员干部主动认识错误、唤醒初心、重拾信心，感受到党的关怀、组织的温暖，使更多"掉队"干部重拾工作干劲，放下思想"包袱"再出发。

## 11. 安徽天长：廉政档案为干部"廉检把关"

安徽省天长市纪委监委建成涵盖全市 4600 多名公职人员的廉政档案管理系统。该系统登记录入公职人员个人房产及收入、出国（境）、投资持股情况等个人有关事项，以及信访举报调查处理、党纪政务处分、操办婚丧喜庆事宜等重要廉洁内容，实现档案管理智能化。通过大数据，党员干部廉洁报告还可自动生成意见建议，精准统计违规类型，开设纪律处分临期提醒功能，智能计算党员权利恢复日期等。廉政档案管理系统实行电子和纸质"双轨制"管理，通过定位软件关键词搜索和智能存储柜应用，既能一键查看干部电子档案内容，又能准确定位查找指定纸质档案。

（资料来源：《党风廉政建设》2019 年第 2 期）

**评析：** 廉政档案能够准确掌握干部自身廉政情况和党风廉政建设履责情况，保护干部干事创业积极性，精准评估干部廉政工作成效。但现实中往往存在廉政档案资料不齐全、更新不及时、解除处分不及时等问题。安徽省天长市纪委监委的廉政档案管理系统包含事项和覆盖对象较全面，能够为干部

考核、推荐、评先评优、培养管理、选拔任用以及纪检监察机关出具廉政鉴定意见提供重要参考依据，同时处分临期提醒、计算党员权利恢复日期等功能提高了档案管理智能化水平，提升了工作实效，规范了档案管理。

## 12. 江苏苏州：个人有关事项报告覆盖所有纪检监察干部

为进一步严明党的政治纪律和组织纪律，从严管理监督干部，2017 年江苏省苏州市纪委制定下发《苏州市纪检监察干部个人有关事项报告、查核和处置办法（试行）》。从个人婚姻到子女就业，从因私出国到个人房产，从投资经商到境外存款……每年按照 10% 的比例，对纪检监察干部个人有关事项报告的真实性和完整性进行查核，并将查核结果作为衡量干部是否对党忠诚老实、清正廉洁的重要参考，运用到对干部的选拔任用和管理监督等工作中，做到既报又查和"凡提必核"。经查核认定如存在漏报、瞒报行为的，将依照有关法规规定处理，保证监督队伍的干净、清廉。截至 2017 年年底，全市有近 1500 名纪检监察干部已完成填报，并逐一建档。2018 年，苏州市各个区纪检监察系统个人有关事项的纸质报告和网上录入工作先后完成 100%。近两年来，个人有关事项报告覆盖所有纪检监察干部成为一种趋势，全国多个省、市、县像苏州一样逐渐实现纪检监察干部个人有关事项报告全覆盖。

（资料来源：江苏省苏州市纪委监委网站）

**评析：**加强反腐败工作队伍的建设，属于反腐败斗争的重要方面。从严管理监督干部，加强对纪检监察工作队伍的监督意义重大，有助于打造一支清正廉洁的纪检监察队伍，从而积极推进反腐败工作。苏州市率先将个人有关事项报告运用到所有纪检监察干部，将纪检监察干部个人有关事项报告的查核结果运用到对干部的选拔任用和管理监督等工作中，做到既报又查和"凡提必核"，让纪检监察干部个人有关事项报告制度铁规发力，成为全面从严监督管理纪检监察干部的一把利器。

## 13. 广西田东："双向通知书"推动落实"一岗双责"

2019 年以来，广西壮族自治区田东县纪委监委建立"双向提醒"制度，通过发出"双向通知书"责成主责部门和派驻纪检组切实履行职责，并不定期对未采取行动组织整改的严肃追责问责。该县纪委监委定期或不定期对重点领域、关键环节、重要时间节点等进行跟踪监督，及时发现问题，对履行主体责任不力的单位，及时发出《履行主体责任通知书》，对履行监督职责不到位的派驻纪检监察组发出《履行监督责任通知书》。同时，以书面形式抄送对应分管或联系的县领导，实行"双向提醒"，形成责任联动格局，推动落实"一岗双责"。

（资料来源：中央纪委国家监委网站）

**评析：**党的十八届三中全会审议通过的《中共中央关于全面深化改革若干重大问题的决定》强调，落实党风廉政建设责任制，党委负主体责任，纪委负监督责任。一些地方和部门的领导班子和领导干部，对落实党风廉政建设责任制的重要性认识不足，认为党风廉政建设是纪委的事，主体责任意识较弱，履行主体责任不到位。田东县纪委监委通过主体责任和监督责任"双向通知书"，以追责问责促使相关部门和派驻纪检监察组切实履行职责，倒逼"一岗双责"落实，具有现实意义。

## 14. 山东荣成："未巡先改"推动共性问题整改提质增效

2019 年以来，山东省荣成市探索实施"未巡先改"机制，即按照"共性问题统一整改、个性问题分类解决"的原则，在狠抓已巡察单位问题整改的过程中制定"共性问题清单"，将其下发至尚未巡察部门，组织未巡察部门主动"对号入座"，对照清单先期进行自查自纠，做到暂时尚未巡察部门可以有机会主动事先整改共性问题，后期这些部门在接受巡察时，若仍存

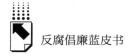
在清单中的共性问题，则依法依规从严处置。通过制定"共性问题清单"，一方面，事先给予整改共性问题的机会，起到警示教育作用；另一方面，对不整改共性问题的部门从严处置，起到震慑作用。实施过程中，针对主动认错的行为，市纪委责成相关单位党组织有效运用监督执纪"四种形态"，综合考虑问题性质、认错态度和现实表现等因素，依纪依规进行处理，在警示教育的同时，也挽救保护干部。截至目前，全市各级各部门共自查整改问题146项，一些廉政风险点上的突出共性问题大幅减少。

（资料来源：山东省纪委监委网站）

**评析：** 市县巡察是巡视工作的延伸，是全面推进从严治党的重要举措。"要不断与时俱进，推动巡视向纵深发展，探索市县巡察，完善巡视工作网络格局"，习近平总书记对强化党内监督、推动全面从严治党向基层延伸提出的新要求，为开展市县巡察工作指明了方向。荣成市"未巡先改"既有警示，给予改正机会，又具震慑力，对后期仍存在共性问题的部门进行从严处理，最终达到预防共性问题久治不愈、反复发生的效果。这有助于帮助地方各部门通过早查找、早发现推动问题早纠正、早解决，确保共性问题整改到位，也有助于深入推进巡察工作、提高巡察效率、深化巡察成果运用、增强巡察辐射效果。

# 15. 贵州铜仁："三举措"护航脱贫攻坚

2019 年以来，贵州省铜仁市纪委监委以"干部队伍建设年"为契机，把惩治基层微腐败与保障脱贫攻坚结合起来。一是推进监察职能向基层延伸。推进乡村两级监察体制的建立，加强配备乡镇（街道）纪检监察干部队伍，全市乡镇（街道）共有行政编制 387 个、事业编制 17 个，配备纪检监察干部 365 人，配备率 90% 以上，确保乡镇纪委、派出监察办公室能独立依靠村务监督搞好辖区的民生监督。二是推进专项监察向基层延伸。突出"护民生、促脱贫"主题，以深入推进整治蝇贪三年行动为抓手，持续深入开展"千名纪检监察干部访千村进万家"活动、"访村寨、重监督、助攻坚"专项行动、脱贫攻坚"五个专项治理""扶贫领域作风和腐败问题"专项治理及时化解基层群众反映的突出问题 1795 个。三是推进监察机制向基层延伸。建立"六小长"微权力清单制度，落实村（居）务监督"五小"考核机制，聚焦与民争利、以权谋私、优亲厚友、截留挪用等问题，坚决查处乡村"微权力"腐败和作风问题。截至 2019 年底，扶贫民生领域共发现问题 1795 个，立案 1656 件，党纪政务处分 1672 人，问责 647 人。开展"小监督"18522 次，发现"小苗头"2215 个，提出"小建议"2650 个，督改"小问题"2510 个，解决"小诉求"2852 个，查处"六小长"638 人。

（资料来源：贵州省铜仁市纪委）

**评析：**2019 年是决战脱贫攻坚、同步全面小康的关键之年。贵州省铜仁市纪委监委把监察职能、专项监察、监察机制延伸到基层，以"零容忍"的态势整治扶贫领域侵害群众利益的不正之风和腐败问题，为脱贫攻坚提供了纪律保障。这项举措不仅充分体现了党全心全意为人民服务的宗旨，也充分彰显了纪检监察机关围绕中心服务大局的使命担当。深入持久开展脱贫攻坚领域整治行动，对净化基层政治生态、厚植党执政的群众基础、增强人民群众在全面从严治党中的获得感和幸福感具有十分重要的作用。

## 16. 贵州沿河：规范乡村"六小长"权力

贵州省沿河土家族自治县紧盯与群众接触最频繁、最直接的基层村主任、站长、所长、校长、院长、社长权力行使，通过梳理权力清单化、规范用权流程化、宣传引导立体化、示范引领规范化、过程监督透明化，将权力关进制度的"笼子"，打通服务群众"最后一公里"。制定了《沿河土家族自治县乡村"六小长"小微权力清单制度》，按照目的、任务、职权范围进行分类，共有 72 项"小微"权力，包含权力事项、权力来源、风险点、风

险等级、风险防控措施、流程图等，为"六小长"干部行使权力划定"边界"。小微权力清单制度建立以来，该县已公布行政权力2668项，办理审批事项13.4万件，删减证明材料56项，减少申请材料742项，问责处理违反清单制度的党员干部12人，行政效能大幅度提升。

（资料来源：贵州省沿河土家族自治县纪委）

**评析：**整治群众身边的腐败和作风问题，既是维护群众利益的民心工程，也是全面从严治党向基层延伸的有力抓手。基层"六小长"与人民群众距离最近，接触最为频繁，他们用权是否规范，人民群众最为敏感，一旦用权不公、权力滥用，损害的是社会公平正义，啃食的是群众的获得感，败坏的是党和政府的形象。贵州沿河通过建立小微权力清单制度，列出"六小长"权力清单并向群众公示，既把权力关进制度的"笼子"，又在笼子外加了"看笼人"，给基层"六小长"规范用权上了"双保险"。基层"六小长"用权规范，群众利益得到保障，从源头上铲除滋生腐败的土壤，决战脱贫攻坚人心更齐，实现全面同步小康指日可待。

## 17. 天津：整合政府热线，贴身化解百姓难题

天津市整合市财政局政府采购、12319城建热线等76条政府热线，建成全国唯一的集政务服务、公共服务、社会服务于一体的便民专线服务中心，群众有困难拨打便民专线88908890（12345）就可以表达诉求、咨询政策、反映问题。便民专线服务中心通过《天津市便民服务专线管理规定》《天津市便民服务专线管理规定实施细则》等33项管理制度和4类保障机制，建立话务大厅"总监—班长—组长"的管理层级，根据话务峰值科学排班，实行"十班八运转"的排班机制，保障电话接通率。2019年以来受理群众各类诉求已突破1000万件，日均受理量3.5万件，接通率保持在99.5%以上。同时，便民专线服务中心还建立了监督问题的转办和执行机制，对重点、难点、热点事项，采取专单督办、跟踪督办、现场督办、会议

督办、重点督办、联合督办和"红黑榜"制度等方式，同时建立服务质效"好差评"机制，通过"一事一评议、一事一回访"，切实加强督办，力求事事有结果，2019 年以来事项办结率为 98.47%。此外，便民专线服务中心还制定了数据分析机制，定期进行社情舆情和服务情况的综合分析，建立了日报、周报、月报、专报制度，每周梳理重点问题、典型案例等情况，为天津市科学决策提供参考。

（资料来源：课题组调查搜集整理）

**评析：**群众路线是党在革命时期被实践证明了的克敌制胜重要法宝。在新时代，党进行伟大斗争、建设伟大工程、推进伟大事业、实现伟大梦想必须继续坚定不移地走群众路线。天津市通过整合政府热线，架起了群众与决策者之间的桥梁，通过大数据分析，有效地知晓群众诉求真正所在，进而将有限的精力和资源配置到刀刃上，以各种形式的督办把事情办好做实。"好差评"机制对政府部门形成了有效的群众监督，促使政府从管理向服务的角色转换，以优良的作风厚植党执政基础。从天津每日受理量和事项办结率来看，整合便民专线确实是务实管用的好招，在全国具有示范意义。未来，必须继续强化督促落实机制，真正将群众的合理合法诉求、意见建议贯彻落实到决策中，切实高效地解决群众困难。但同时，必须坚持依法依规依程序处置群众诉求，不能让便民专线服务中心动摇既有司法体制、纪检监察体制，也要采取有效措施避免部分政府部门和人员为提高好评率、办结率而放弃原则现象的发生。

# 18. 上海：为政务服务引入"好差评"机制

2019 年 10 月 29 日，上海"一网通办"政务服务正式引入"好差评"制度，全市所有政务服务事项、服务渠道、提供政务服务的单位及窗口单位均成为"好差评"评价对象。评价共分"五星"等级，"一星""二星"为差评，"三星""四星""五星"为好评，评价对应到办事人、办理事项、

承办人。将办事人对政务服务所有的评价及政府部门针对办事人评价的回复向社会实行"双公开"，让工作人员及其单位接受各方监督；所有差评事项的承办单位必须整改，并建立整改情况跟踪回复制度，形成评价、反馈、整改、监督全流程闭环的工作机制，倒逼各级政务服务部门和工作人员实实在在地完善和改进工作，做到所有差评诉求件件有着落、事事有回音。

（资料来源：上海市人民政府网站）

评析：将群众熟悉的在网购、点外卖或在窗口办理业务后的"好差评"机制引入政务服务领域，建立政务服务"好差评"制度，把政府服务水平的高低好坏，交给企业和群众来评判，既体现对市场主体和群众的充分尊重和信任，也表明了政府勇于改革、支持市场更好发挥作用的决心。但政务服务不像网上购物、选择餐馆可以"这家评价不行换那家"，提供政务服务的只有政府一家，所以政府部门要本着做好服务是本分、服务不好是失职的理念，既要有倾听市场主体心声的热情和态度，也要有理性分析评估政策成效的耐心和能力，更要有自觉接受人民监督的敬畏之心。想要"好评"常在，就必须牢记全心全意为人民服务的根本宗旨，从解决群众反映强烈的办事难、办事慢、办事繁等问题出发，在减证便民、优化服务等方面想实招、求实效，提高政务服务效率和透明度；对出现在政务服务工作中的不作为、乱作为、慢作为，漠视侵害群众利益等"差评"问题应当及时纠正，充分发挥评价体系的作用。

## 19. 内蒙古：干部下访做"加法" 群众上访少跑路

针对地广人稀、群众信访成本高等问题，内蒙古自治区纪委监委转变信访工作方式方法，在全区旗县级以下纪检监察机关探索开展"上访变下访"活动，推动基层纪检监察机关从坐等"上门"变为主动"敲门"，让群众切实感受到纪检监察信访工作就在身边。内蒙古自治区纪委监委把"上访变下访"作为化解基层信访矛盾的一项尝试，制定印发《关于在全区旗县级以下纪检监察机关开展"上访变下访"活动的通知》，明确目标任务、工作举措，确保将矛盾化解在"家门口"。在自治区纪委监委的全力推动下，全区旗县级以下纪检监察机关重心下沉、关口前移，着力排查化解一批信访积案，解决一批信访突出问题。据统计，自"上访变下访"活动开展以来，全区旗县级以下纪检监察机关共下访 5205 批 10320 人次，排查问题线索 4778 条，解决信访问题 2585 件次，息诉罢访 2271 件次，一大批群众反映强烈的突出问题得到有效解决。

（资料来源：《中国纪检监察报》2019 年 9 月 7 日第 3 版）

**评析：**内蒙古自治区是我国第三大省级行政区，地广人稀，很多地区保留着蒙古族游牧的生产生活方式，当地群众上访费时费力，成本很高。内蒙古自治区纪委监委结合当地群众生产生活实际，探索开展"上访变下访"活动，因地施策，方便群众，改变了以前反映问题需要跑几十里路的高成本上访现象，把问题解决在家门口，也使得上访关口前移，有效地防止了矛盾激化、风险升级，得到了当地群众的点赞称道。群众反映问题，最怕"石沉大海"，得不到妥善解决。通过做好干部下访"加法"，实现基层群众上访"减法"，推动信访举报工作从被动守责到主动履职的转变，使矛盾纠纷和问题解决在基层、化解于初始，体现了党和政府为人民服务的初心和宗旨。

# 附 录

**Appendix**

# **B**.16
# 2019年党风廉政建设和反腐败工作十件大事

1. 习近平在十九届中央纪委三次全会讲话中强调党内政治生活

2019年1月11日，中共中央总书记、国家主席、中央军委主席习近平在中国共产党第十九届中央纪律检查委员会第三次全体会议上发表重要讲话时指出，增强"四个意识"、坚定"四个自信"、做到"两个维护"，是具体的不是抽象的，领导干部特别是高级干部必须从知行合一的角度审视自己、要求自己、检查自己。对党中央决策部署，必须坚定坚决、不折不扣、落实落细。要严守政治纪律，在重大原则问题和大是大非面前，必须立场坚定、旗帜鲜明。要心底无私，正确维护党中央权威，对中央领导同志家属、子女、身边工作人员和其他特定关系人的违规干预、捞取好处等行为，对自称同中央领导同志有特殊关系的人提出的要求，必须坚决抵制。党内要保持健康的党内同志关系，倡导清清爽爽的同志关系、规规矩矩的上下级关系，坚决抵制拉拉扯扯、吹吹拍拍等歪风邪气，让党内关系正常化、纯洁化。要带头贯彻民主集中制，服从组织决定和组织分工。要带头建立健康的工作关系，不把管理的公共资源用于个人或者单位结"人缘"、拉关系、谋好处。执行这些要求，中央政治局、中央委员会组成人员具有关键作用。职位越高越要自觉按照党提出的标准严格要求自己，越要以坚强党性和高尚品格，为全党带好头、做表率。

2. 持续深化反腐败国际合作，织密境外追逃"天网"

2018年11月30日至12月1日，二十国集团（G20）领导人第十三次峰会在阿根廷布宜诺斯艾利斯召开，国家主席习近平出席。峰会通过《布宜诺斯艾利斯宣言》，其中G20领导人就加强反腐败合作达成重要共识，同意新的行动计划（2019~2021年）、核准《国有企业预防腐败和确保廉洁高级原则》和《公共部门预防和管理利益冲突高级原则》。2019年4月25日，第二届"一带一路"国际合作高峰论坛"廉洁丝绸之路"分论坛在北京举行，来自30个国家和国际组织的150余名代表参会。论坛上，中国与有关国家、国际组织以及工商学术界代表共同发起了《廉洁丝绸之路北京倡议》。2019年10月17日，中央政治局委员、中央纪委副书记、国家监委主任杨晓渡在维也纳国际中心与联合国毒品和犯罪问题办公室代表布兰德利诺，共同签署《中华人民共和国国家监察委员会和联合国关于反腐败合作的谅解备忘录》。备忘录是推进我国与联合国合作打击腐败的机制性文件，规定双方将围绕预防和惩治腐败、资产追回、信息分享和交流、培训和能力建设、"一带一路"倡议，以及促进联合国2030年可持续发展目标的落实等开展务实合作。这是国家监委成立后首次同联合国签署反腐败合作文件，对促进《联合国反腐败公约》实施，推动双方开展国际追逃追赃、廉洁丝绸之路建设等合作具有重要意义。双方还将合作建设《联合国反腐败公约》国家主管机关在线名录的通信平台，以促进各缔约国反腐败机构之间的经验交流、对话与有效合作。

3. 强化纪检监察机关自我约束

2018年12月，中共中央办公厅印发《中国共产党纪律检查机关监督执纪工作规则》（以下简称《规则》），并发出通知要求各地区各部门认真遵照

执行。《规则》把原来中央纪委的工作规则上升为党中央制定的党内法规，进一步厘清权责界限、明确工作程序、完善内控机制，确保各级纪检监察机关把依规依纪依法要求落实到监督执纪问责和监督调查处置的全过程、各环节。2019年7月，经党中央批准，中共中央纪委国家监察委员会印发《监察机关监督执法工作规定》（以下简称《规定》），严格监督执法程序，对监察机关开展日常监督、谈话函询、初步核实、立案调查的审批程序作出具体规定，明确各项调查措施的使用条件、报批程序和文书手续；落实监察机关与司法机关、执法部门互相配合、互相制约要求，明确互涉案件的管辖原则，以及与检察机关在案件移送衔接、提前介入、退回补充调查等方面的协作机制；强化法治思维，在措施使用、证据标准上主动对接以审判为中心的刑事诉讼制度改革；要求进一步强化自我约束，自觉接受监督，建设一支忠诚干净担当的监察队伍。《规定》作为监察法的实施办法，与纪律检查机关监督执纪工作规则相贯通，与刑事诉讼法、刑法等国家法律有效衔接，将发挥推进监察工作法治化、规范化的重要作用。

4. 印发《党组讨论和决定党员处分事项工作程序规定（试行）》《中共中央关于加强党的政治建设的意见》《中国共产党重大事项请示报告条例》《关于解决形式主义突出问题为基层减负的通知》和《中国共产党问责条例》（修订后）等重要文件

2018年12月，中共中央办公厅印发《党组讨论和决定党员处分事项工作程序规定（试行）》。该规定对党组行使党纪处分决定权的原则、程序和要求作出了明确规定，还对争议解决机制、派驻纪检监察组给予政务处分的程序、参照执行范围等问题一并作出规定。2019年1月，中共中央印发《中共中央关于加强党的政治建设的意见》。该意见明确提出，加强党的政治建设目的是坚定政治信仰，强化政治领导，提高政治能力，净化政治生态，实现全党团结统一、行动一致，并就加强党的政治建设做了部署。2019年2月，中共中央印发了《中国共产党重大事项请示报告条例》并发出通知，通知指出，请示报告制度是我们党的一项重要政治纪律、组织纪律、工作纪律，是执行民主集中制的有效工作机制，对于坚决维护习近平总书记在党中央及全党的核心地位，坚决维护党中央权威和集中统一领导，保证全党团结统一和行动一致，具有重要意义。制定出台该条例，有利于提高重大事项请示报告工作制度化、规范化、科学化水平。要求各地区各部门认真遵照执行。2019年3月6日，中共中央办公厅印发《关于解决形式主义突出问题为基层减负的通知》（以下简称《通知》），明确提出将2019年作为"基层减负年"。《通知》要求：一是层层大幅度精简文件和会议；二是明确中央印发的政策性文件原则上不超过10页，地方和部门也要按此从严掌握；三是提出地方各级、基层单位贯彻落实中央和上级文件，可结合实际制定务实管用的举措，除有明确规定外，不再制定贯彻落实意见和实施细则；四是强调少开会、开短会，开管用的会，对防止层层开会作出规定。《通知》还要求对涉及城市评选评比表彰的各类创建活动进行集中清理，优化改进各种督查检查考核和调研活动，不干扰基层正常工作。2019年9月4日，中共中央印发修订后的《中国共产党问责条例》（以下简称《条例》）。《条例》共27条，比2016年问责条例增加14条。《条例》将原有的6大类问责情形修改为11大类，涵盖党的领导、党的建设和党的事业各个方面，责任更加明确；增加问责程序、明确问责标准，进一步分清责任，建立对不当问责的纠正机制。《条例》进一步完善问责原则、程序和方式，强化规范问责、精准问责，体现严管和厚爱结合。

5. 国家监察委员会聘请第一届特约监察员

2018年12月17日，国家监察委员会在北京召开第一届特约监察员聘请会议，优选聘请50名特约监察员。受中共中央政治局常委、中央纪委书记赵乐际的委托，中共中央政治局委员、中央纪委副书记、国家监委主任杨晓渡出席会议，为特约监察员颁发聘书并讲话。他强调，特约监察员要深刻认识深化国家监察体制改革的重大意义，以强烈的责任感和使命感担负起光荣使命，监督帮助纪检监察机关始终沿着党和人民确定的正确道路前进。2018年8月24日，中央纪委国家监委印发《国家监察委员会特约监察员工作办法》，对特约监察员的聘请范围、任职条件、聘请程序及任期、工作职责、权利义务和履职保障等内容作出规定。建立特约监察员制度，是国家监

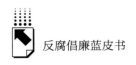
委引入外部监督的一项重要举措。

6. 全国巡视工作会议对新时代巡视工作作出部署

2019 年 3 月 20 日，全国巡视工作会议暨十九届中央第三轮巡视动员部署会在北京召开，中共中央政治局常委、中央巡视工作领导小组组长赵乐际对推动新时代巡视工作高质量发展作出部署。会议首先传达学习了习近平总书记关于巡视工作的重要指示精神，明确会议主要任务是深入学习贯彻习近平新时代中国特色社会主义思想，学习贯彻习近平总书记关于巡视工作的重要论述、重要要求，对全国巡视巡察工作作出部署。对推动新时代巡视工作高质量发展，会议提出了"5 个紧扣"的明确要求。其中第一条便是紧扣督促完成"两个维护"根本任务，推进政治监督具体化常态化。同时，要求紧扣形成"四个全覆盖"权力监督格局，构建科学、严密、有效的监督网；紧扣做好巡视"后半篇文章"，推动形成整改长效机制；紧扣巡视工作向纵深发展，完善上下联动的巡视巡察格局；紧扣巡视工作规范化建设，提高依规依纪依法巡视水平。这是党的十八大以来召开的首次全国巡视工作会议，是党中央加强对巡视工作集中统一领导的重大举措，充分体现了以习近平同志为核心的党中央对巡视工作一以贯之的高度重视，具有重要的里程碑意义。

7. 全国人大常委会明确国家监委制定监察法规职权

2019 年 10 月 26 日，十三届全国人大常委会第十四次会议通过《全国人民代表大会常务委员会关于国家监察委员会制定监察法规的决定》，明确"国家监察委员会根据宪法和法律，制定监察法规"。监察法规可以就下列事项作出规定：（一）为执行法律的规定需要制定监察法规的事项；（二）为履行领导地方各级监察委员会工作的职责需要制定监察法规的事项。监察法规不得与宪法、法律相抵触。监察法规应当经国家监察委员会全体会议决定，由国家监察委员会发布公告予以公布。监察法规应当在公布后的三十日内报全国人民代表大会常务委员会备案。全国人民代表大会常务委员会有权撤销同宪法和法律相抵触的监察法规。该决定自 2019 年 10 月 27 日起施行。

8. 国家监委联合部署严惩公职人员涉黑涉恶违法犯罪

2019 年 10 月底，国家监察委员会、最高人民法院、最高人民检察院、公安部、司法部印发《关于在扫黑除恶专项斗争中分工负责、互相配合、互相制约严惩公职人员涉黑涉恶违法犯罪问题的通知》，要求各级监察机关、人民法院、人民检察院、公安机关应聚焦黑恶势力违法犯罪案件及坐大成势的过程，严格查办公职人员涉黑涉恶违法犯罪案件，重点查办以下七类案件：公职人员直接组织、领导、参与黑恶势力违法犯罪活动的案件；公职人员包庇、纵容、支持黑恶势力犯罪及其他严重刑事犯罪的案件；公职人员收受贿赂、滥用职权，帮助黑恶势力人员获取公职或政治荣誉，侵占国家和集体资金、资源、资产，破坏公平竞争秩序，或为黑恶势力提供政策、项目、资金、金融信贷等支持帮助的案件；负有查禁监管职责的国家机关工作人员滥用职权、玩忽职守帮助犯罪分子逃避处罚的案件；司法工作人员徇私枉法、民事枉法裁判、执行判决裁定失职或滥用职权、私放在押人员以及徇私舞弊减刑、假释、暂予监外执行的案件；在扫黑除恶专项斗争中发生的公职人员滥用职权，徇私舞弊，包庇、阻碍查处黑恶势力犯罪的案件，以及泄露国家秘密、商业秘密、工作秘密，为犯罪分子通风报信的案件；公职人员利用职权打击报复办案人员的案件。截至 2019 年 9 月底，全国纪检监察机关立案查处涉黑涉恶腐败和"保护伞"案件移送司法机关 5500 人。

9. 十九届四中全会研究推进国家治理体系和治理能力现代化若干重大问题

2019 年 10 月 28 日至 31 日，中国共产党第十九届中央委员会第四次全体会议在北京举行。全会听取和讨论了习近平受中央政治局委托作的工作报告，审议通过了《中共中央关于坚持和完善中国特色社会主义制度、推进国家治理体系和治理能力现代化若干重大问题的决定》。该决定全面总结了中国特色社会主义制度建设的历史性成就，集中概括了中国特色社会主义制度和国家治理体系的显著优势，深刻阐述了支撑中国特色社会主义制度的根本制度、基本制度、重要制度，明确了坚持和完善中国特色社会主义制度、推进国家治理体系和治理能力现代化的总体要求、总体目标和重点任务。全会提出，坚持和完善党和国家监督体系，强化对权力运行的制约和监督。必

须健全党统一领导、全面覆盖、权威高效的监督体系，增强监督严肃性、协同性、有效性，形成决策科学、执行坚决、监督有力的权力运行机制，构建不敢腐、不能腐、不想腐体制机制，确保党和人民赋予的权力始终用来为人民谋幸福。

10. 第十二届中国廉政研究论坛共话"清廉中国"新篇章

2019 年 10 月 11 日至 12 日，第十二届中国廉政研究论坛在杭州举行，全国纪检监察、社科研究机构和高校、党校等 60 多家单位参会。本次论坛以"清廉中国"建设为主题，从国家战略和学科体系建设的高度，围绕中国廉政建设发展历史进程、中国廉政建设主要成效和经验、中外廉政建设比较分析、清廉中国建设探索分析等方面，结合我国反腐败工作实际，进行了深入研讨，并指出将"清廉中国"建设提升为反腐败国家战略和构建廉政学学科体系的重要性和必要性，为新时代加强党风廉政建设和反腐败斗争贡献了理论成果，对推进"清廉中国"建设具有重要的启发意义。论坛还以征文形式收集理论研究文章 135 篇，评选出 10 篇优秀论文。

# Abstract

Since 2011, the research team of China Anti – Corruption Research Center, Chinese Academy of Social Sciences ( CASS ), has continuously conducted a comprehensive follow-up study on the situation of the punishment on and the prevention of corruption in China, and published the relevant research results through *Blue Book* every year. *Report on China's Anti – Corruption Construction No.* 9 is one of the research results in 2019, which demonstrates the research results accomplished by the research team, for example, the questionnaire surveys and the investigations of national conditions. It consists of six sections, including a general report, regional reports, special reports, an enterprise report, evaluation reports, innovative practice and an appendix.

TheGeneral Report comprehensively teases out the practice and effectiveness of the nationwide "Building Good Conduct and Political Integrity" and the fighting against corruption since October 2018. The research team considers that China, over the past year, has comprehensively and effectively promoted the strict governance of the Party, constantly improved the supervision system, continued to improve the construction of working style and punish the duty-related crimes, further promoted the reform of the anti-corruption system at its source, further standardized the supervision on public funds, assets and resources, constantly strengthened the construction of integrity and morality, and constantly made new achievements in the construction of a clean government. In the meantime, the punishment on bribery reflected by the public and officials is still insufficient, the phenomenon of "hunting" is still serious, the grass-roots supervision system is weak, the information exposure of the Local Discipline Inspection Commission and Supervision Commission is not enough, the extravagance and hedonism are hard to be eliminated, formalism and bureaucracy are still prominent, the task of moral integrity construction is arduous, and the accountability mechanism is both weak

and over simplification. It is suggested, in the opinion of the research team, to accelerate the construction of the grass-roots supervision system, improve the grass-roots governance system, speed up the pace of information disclosure of the local commission for Discipline Inspection, persist in fighting against "Four Forms of Misconduct" (Formalism, Bureaucratism, Hedonism, and Extravagance), strengthen the construction of the integrity and moral system, and aggressively enhance the supervision on the urban residential property management companies, improve the accuracy and effectiveness of accountability, deepen the reform of the management system of public officials, and improve the modernization level of the governance capacity of both the Party and the state.

TheRegional Reports introduce three provinces as examples to study the application and effectiveness of Internet and big data in the work of supervision. Hunan province builds a three-level "Internet Plus Supervision" platform. The provincial capital of Shenyang, Liaoning city, improves the conduct of the Party and enforces the Party discipline and practice by using the big data supervision. Handan, a city of Hebei province, implements the working mechanism of "Internet Plus Supervision (Review)". In addition, it introduces the successful work experience of Dazhou city, Sichuan province. More specifically, Dazhou takes actions to address 10 things most dissatisfied by people, aiming at overcoming the lack of methods to solve "the pain points" of the general public, closely connecting with the general public and accurately responding to the general public.

The Special Reports analyze the typical cases of academic misconduct with grave social repercussions over the past year, summarize the measures which were recently adopted to tackle with the academic misconduct in China, and put forward countermeasures and ideas for governance. The reports also summarize the historical evolution, characteristics and main practice results of accountability within the Party, and point out that the accountability within the Party is neither rigorous in implementation, nor obvious in effect, nor precise in scale, nor unified in subject and strength. Accordingly, the reports suggest to strengthen the implementation of "Two Responsibilities", improve accountability methods, implement precise accountability, attach equal importance to both accountability and motivation, strictly implement the supervision system, and completely fulfill the rest of duties according to the the accountability system. Moreover, on the basis of the analysis of problems of the urban residential property management companies and their causes, the reports further put forward the governance suggestions from the dimensions of "construction" and "management".

The Enterprise Report selects State GridXiyuan Company Ltd. to do a case study and summarizes its successful experiences regarding the building of the mechanism of "do not dare, be unable to, and have no desire to commit acts of corruption". On the basis of this case study, the report analyzes the practical problems which hinder the state-owned enterprises from improving such mechanism and proposes the targeted suggestions for the Party and the state to further construct such mechanism in the state-owned enterprises.

The Evaluation Reports specially design an evaluationsystem for the information disclosure of discipline inspection and supervision organizations. Based on the information revealed by portal websites, the report evaluates the information disclosure of those discipline inspection and supervision organizations at the provincial, municipal and county levels respectively, and analyzes the problems surfacing in the evaluations. Accordingly, the reports provide policy suggestions for further improvement in the information disclosure of such organizations.

Based on experts' recommendation and evaluation, the Innovative Practice section presents and analyzes 19 innovative and operative cases from the news reports published in *China Discipline Inspection and Supervision*, *Journal of China Discipline Inspection and Supervision*, and *Journal of Building Good Conduct and Political Integrity* in 2019, as well as the resources collected by the investigations of national conditions.

The appendix contains a list of top 10 events (selected on the basis of experts' evaluation) highlighted in the Building Good Conduct and Political Integrity and fighting against corruption in China in 2019.

# Contents

## I    General Report

B. 1    The Sweeping Victory has been Constantly Consolidated and Deepened, and the Building of "Clean China" is Promising

/ 001

**Abstract:** The year of 2019 is the first year of the sweeping victory over the corruption. In 2019, China deeply exercises strict governance over the Party, constantly improves the supervision system, does not slacken off the construction ofworking style, continuously takes full efforts to punish the duty-related crimes, deeply propels the reform of the system of anti-corruption from source, further regulates the public funds, assets and resources, increasingly improves the social integrity system, and endlessly obtains the new achievements in the fighting against corruption. However, it is reflected by the public and officials that the "hunting" is still serious because of the inadequate strength of punishing the bribery, that the primary-level supervision system is still weak, that the information disclosure of discipline inspection commission and supervision commission at primary-level is still insufficient, that extravagance and hedonism are difficult to cure, that formalism and bureaucracy are still prominent, that the construction of moral and integrity system is tough, that the residential property management is lack of transparency and regulations, that the accountability is both weak and simplification, that the officials are lack of capabilities and willingness of performing duties, etc. Accordingly, it is suggested to accelerate the formation of the clean environment of "does not need to bribe" and "dare not bribe", to pay more attention to the construction of the supervision system at primary-level, to improve the primary-level governance, to accelerate the information disclosure of discipline inspection commission and supervision commission at primary-level, to constantly fight against "Four Forms of Misconduct" (Formalism, Bureaucratism, Hedonism, and Extravagance), to strengthen the moral and integrity construction, to reinforce the supervision on the urban residential property management, to increase the accuracy and effectiveness of the accountability, to deepen the reform of the management system of the public officials, and to enhance the level of modernization in the governance capacity of the Party and the state.

**Keywords**: Fighting against Corruption; Supervision; Working Style; Punishment; Moral and Integrity

# II   Regional Reports

B. 2   Hunan Province: Building a Three-Level "Internet Plus Supervision" Platform        / 060

**Abstract**: With the rapidly evolving of scientific and technological innovation and the in-depth development of digitalization, network and artificial intelligence, the role of the technological means which are adopted in the punishment on and prevention of corruption are increasingly valued by people. A growing number of places start to explore the use of the Internet, big data and other technological means in order to find clues of the violations of discipline and laws. As early as 2012, Yongzhou city, Hunan province, initiated a trial experiment of the financial cloud platform for the purpose of the prevention and control of corruption. This experiment propelled the financial disclosure steadily and adopted the information network technology for the real-time supervision, promoting the quality of the construction of the clean governance. Based on its actual conditions, Mayang, a county of Huaihua city in Hunan province, took the

lead in putting the data of every county departments and the financial information of village affairs on the Internet, breaking down the data barrier and building the "Internet Plus Supervision" database. This report analyzes the background and significance of the implementation of the "Internet Plus Supervision" platform in Hunan province, introduces the related main measures and experiences, evaluates the role of this platform in the punishment on corruption which is in form of "sparing no effort in taking advantage of what one puts his hand on". On the other hand, this report, and reflects on the difficulties and shortcomings of this platform as well as the direction of the future reform.

**Keywords:** Internet Plus Supervision; Big Data, Technological Anti-corruption; Database; E-governmental Affairs

B. 3    Shenyang: Tightening Discipline and Improving Party

Conduct with "Scientific and Technological Wings"    / 077

**Abstract:** This report analyzes the background of the supervision on tightening discipline and improving Party conduct and the big data supervision, both of which are adopted in Shenyang, the capital city of Liaoning province. It introduces the practice conducted by Shenyang and the relevant effects achieved, including the propaganda of public opinions, the specific governance, the investigation and persecution of cases, the establishment of big data supervision platform, the construction of the supervision system, and the improvement in the working mechanism. It suggests that Shenyang should effectively integrate the data in the application of big data, conduct the study regarding the technological continuity, data security, talent team building, and platform function application, and proposes the corresponding countermeasures.

**Keywords:** Shenyang; Tightening Discipline and Improving Party Conduct; Supervision; Big Data

B. 4   Handan City: The Application of Technology to Get
      through "the Last Kilometer" of the
      Supervision of the Masses                               / 091

**Abstract:** In an era in which the information and network are developing rapidly, the wide application of Internet penetrates into every aspect of the social life, let alone the supervision. This report takes Handan city of Hebei Province as a case study. Handan carries out a mechanism of "Internet Plus Supervision (Review)". Through the analysis of the background, major practice and the initial effect of this mechanism, this report demonstrates the positive effect from aspects of the broadening of the supervision channel, the advancement of the officials' working style, and the harmonious relationship between the officials and the masses. Furthermore, it points out that, in the background that the supervision at the primary level is facing new challenges after the reform of the national supervision system, the "Internet Plus Supervision (Review)" of Handan is the effective measure for solidly changing the working style of the officials at the primary level. In addition, this report proposes some suggestions for the further improvement in the mechanism of "Internet Plus Supervision (Review)".

**Keywords:** Internet; Supervision; Fighting against Corruption with Scientific Technology; Working Style

B. 5   Dazhou: Taking Regular Tough Action against 10
      Things Most Dissatisfied by People                      / 105

**Abstract:** The people-centered idea is the fundamental stance to uphold and develop socialism with Chinese characteristics for a new era. Dazhou city of Sichuan province takes tough action against 10 things with which the masses are most dissatisfied, aiming at solving the problems which are concerned by the masses, building the close connection with the masses, and accurately responding the

masses. The municipal Party committee takes in charge of the promotion of this campaign, guides the participation of the masses, accurately solves the problems and establishes the rules and regulations, and proposes the effective measures to satisfy the needs of the masses. Accordingly, people truly obtain fulfillment, happiness and security. It is significant to precisely find the needs of people, fully absorb the wisdom of people, accurately solve the problems concerned by people, and constantly deepen the interaction with people, for perfectly finish the examination regarding people's livelihood in the new era.

**Keywords**: Building Good Conduct and Political Integrity; People – Centered Idea; Primary – Level Governance; 10 Things Most Dissatisfied by People

# Ⅲ  Special Reports

B. 6  The Report on the Academic Misconducts and the

Scientific Research Integrity Construction since 2018      / 116

**Abstract**: Since 2018, the academic misconducts happening in China have attracted the social attention throughout the country. Most cases of academic misconducts which were reported publicly by the domestic major media are traced to those officials who have been inspected and punished. The plagiarism is the major form of those academic misconducts. However, the exposure of such cases is quite accidental. In the meanwhile, it is still difficult to investigate and deal with the academic misconducts. The management negligence of the related departments is an important reason for the appearance of the academic misconducts. In view of the construction of the scientific research integrity, China has promoted the establishment of the scientific research integrity system, further improved the management system of scientific research and the academic evaluation system, and carried out the handling of the academic misconducts and the construction of the scientific research integrity. However, it still needs, for all departments, to increase the intensity of the crackdown on the academic misconducts, improve the system and mechanism of the scientific research integrity construction, further inspire the media to actively play their roles, strengthen the construction of the independent investigation committee of the scientific research integrity, accelerate the implementation of the reform measures of the scientific research management and talent evaluation, and strengthen the top-level design of legislation on the academic misconducts.

**Keywords:** Academic Misconducts; Scientific Research Integrity; Governance; System Construction

## B. 7 The Historical Evolution and the Current Situation of the Party Accountability / 138

**Abstract:** The accountability is a powerful weapon for the full and strict governance over the Party. Since the 18<sup>th</sup> National Congress of the Communist Party of China, the accountability has become the normality. As a crucial means of the construction of Party's working style and a clean government and fighting against corruption, the strengthening of accountability solves some long-standing problems, effectively transforming the governance of the Party from lax and weak to tight and strong. More specially, the long-standing problems refer to not only some people have power with little responsibilities or even no responsibility, but also some people have little accountability and are difficult to be dealt with. This report reviews the historical evolution and the characteristics of the Party accountability, and the main practice and the related effectiveness of the Party accountability. Furthermore, it points out the problems related to the Party accountability, such as the implementation is not rigorous, the effect is not obvious, the scale is not accurate, the subject is not unified, and the intensity is not appropriate. Therefore, this report proposes to strengthen the implementation of "Two Responsibilities", improve the accountability methods, carry out accurate accountability, pay equal attention to both accountability and incentive, strictly implement the system, completely

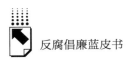
fulfilling the rest of duties according to the accountability.

**Keywords**: Full and Strict Governance over the Party; Accountability; Historical Evolution; Countermeasure

B. 8   The Characteristics and Solutions of the Complaints

against the Residential Property Management            / 157

**Abstract**: People living in the urban communities are increasingly eager to live a better life in the living environment, which particularly reflects in the demands of residents for the property service of their communities. This report adheres to the people-centered development idea, sharply captures the voice and expectation of the masses from various petition channels, such as the discipline inspection and supervision, analyzes the problems and their causes in the aspect of property service management based on the petition demands, thorough investigation and research and the analysis of the typical cases. Accordingly, it puts forward approaches and suggestions from the two dimensions of "construction" and "management".

**Keywords**: Longyan City of Fujian Province; City Center; Residential Property Management; Complaint Letters and Visits

# IV   Enterprises Report

B. 9   The Establishment and Improve of the Mechanism of

"Do not Dare to, Be Unable to, and Have no Desire to

Commit Acts of Corruption"

—*Taking the State Grid Xinyuan Company Ltd. as A Case Study*

/ 173

**Abstract**: Thoroughly promoting the mechanism of "do not dare to, be unable to, and have no desire to commit acts of corruption" not only is the responsibility and obligation of the Party and the government organizations, but also requires the initiative of the state-owned enterprises. It is of great significance to strengthen the research on the establishment of such mechanism in state-owned enterprises. Firstly, the State Grid Xinyuan Company Ltd. applies both the list of negative behaviour and various punishment methods to establish the blacklist system, building the mechanism of "do not dare to commit acts of corruption". Secondly, the company adopts both institutional and technological means to fight against corruption, carries out the intensive management of personnel and property, establishes a two-level procurement system, establishes a supervision system on audit, building the mechanism of "be unable to commit acts of corruption". Thirdly, the company uses and improves the experimental education for the political integrity, building the mechanism of "have no desire to commit acts of corruption". However, the discipline inspection and supervision departments of the state-owned enterprises are lack of investigation means and confined to the authority for the restriction and punishment of corruption. More specifically, the cost of bribing the enterprises decreases because of the segmentation of the internal blacklist within the national grid system. The big gap of income distribution incurs more temptation. The low level of professionalization weakens the effectiveness of the supervision on power. It strongly needs to promote the pertinence of cases for warning education. It still does not form the join forces to restrain the motivation of corruption through both integrity education and material incentive. According to the above problems, it needs to establish and improve the mechanisms of information sharing and cooperative case handling in the framework of the cooperation between enterprise and supervision organization, to build an unrestricted system of blacklist information sharing, to build a team of full-time and professional cadres of discipline inspection and supervision, to enhance the pertinence of cases for warning education, to persist in the integrity education and material incentive simultaneously, making the mechanism of "do not dare to, be unable to, and have no desire to commit acts of corruption" sound and firm.

**Keywords**: State-owned Enterprise; Mechanism of "Do not Dare to, Be

Unable to, and Have no Desire to Commit Acts of Corruption"; Political Integrity Construction; The State Grid Xinyuan Company Ltd.

# V Evaluation Reports

B. 10 Report on the Information Disclosure of Discipline Inspection and Supervision Organizations at All Levels throughout the Country in 2019　　　　　　/ 195

**Abstract**: The national laws and Party regulations have explicitly provisions for the information disclosure of discipline inspection and supervision. In 2019, the research team, adopting the same evaluation system and methods of 2018, evaluates the information disclosure on the websites of discipline inspection and supervision organizations of 31 provinces, 33 provincial capitals and sub-provincial cities, 54 prefecture-level cities and 108 counties, and 86 districts and counties under the four province-level municipalities. According to the evaluation results collected by the research team, the discipline inspection and supervision organizations of 31 provinces scores 59. 14 points averagely, which slightly increases 1. 14 points than 2018. Those organizations of 54 prefecture-level cities score 36. 02 points averagely, which decreases 8. 01 points than 2018. Accordingly, the degree of reduction is 18. 19%. In the meantime, the average score of those organizations in 108 counties is 28. 83 points, which decreases 10. 55% than 2018. Furthermore, the discipline inspection and supervision organizations in 33 provincial capitals and sub-provincial cities obtain 40. 71 points on average, while those organizations in all districts and counties under the four province-level municipalities only get 15. 89 points on average. Through the evaluation, the research team draws a conclusion as follows: the higher the level of the discipline inspection and supervision organization is, the better the online information disclosure is done; where the online information disclosure is done well, there is the consistency between superior and subordinate of the discipline inspection and supervision organization;

there is no positive correlation between the level of economic development and the quality of information disclosure; in general, the open platform and the exposure are better, while the work statement and the organizational structure are worse; it urgently needs to improve the level and quality of information disclosure in districts and counties in four province-level municipalities. The research team proposes that the discipline inspection and supervision organizations at all levels throughout the country should further unify their ideas and enhance their understanding, thoroughly realize the significance of information disclosure for upholding and improving the supervision system of the Party and the nation, for strengthening the restraint and supervision of the exercise of power, and further devote more energy to conduct information disclosure.

**Keywords**: Information Disclosure; Discipline Inspection and Supervision Organization; Website; Evaluation; Indicator System

## B. 11  Report on the Information Disclosure of Discipline Inspection and Supervision Organizations at the Provincial Level / 226

**Abstract**: Based on the information released by discipline inspection and supervision websites of 31 provinces, this report evaluates the information disclosure of discipline inspection and supervision organizations at the provincial level. It has been found, in general, that such organizations of provincial level have built sound platforms of information disclosure, that the information disclosed by such organizations is similar, that the disclosure of budget information has become a common practice, that the disclosure of personnel information is making progress, that most annual reports have been released in some provinces, that there exists a large amount of information on misconduct notification and exposure, and that social participation channels remain relatively smooth. However, there is still room for improvement in the information disclosure about organizational structure,

budget, regulations, annual work report, exposure, and social participation. In conclusion, it is recommended that organizations should strengthen the management and support of website building, engage in cooperation and mutual support with new media, enhance the information disclosure of daily work, strengthen the efforts of "cracking down on corruption with the door open", and increase daily communications with the public.

**Keywords**: Discipline Inspection Commission; Supervision Commission; Information Disclosure; Evaluation; Provincial Level

## B. 12    Report on the Information Disclosure of Discipline Inspection and Supervision Organizations in Provincial Capitals and Sub − Provincial Cities          / 237

**Abstract**: With the deepening of the national four-pronged comprehensive strategy and full and strict governance over the Party, the attention of the public to the discipline inspection and supervision is rapidly increasing. Therefore, the discipline inspection and supervision organizations are put in a more significant position in the national governance. Confined by the various causes of corruption, the limited functioning of the discipline inspection and supervision organizations, and the lack of disclosure, it is becoming more obvious for the contradiction between the effective performance of discipline inspection and supervision and the increasing demands of the masses. Accordingly, it is vital significant and meaningful, for improving the credibility of the discipline inspection and supervision organizations and effectively ensuring the progress of the discipline inspection and supervision, to scientifically analyze the current situation of information disclosure regarding the discipline inspection and supervision, strength the capacity construction, and formulate feasible strategies. This report evaluates the information disclosure of discipline inspection and supervision organizations in 32 provincial capitals and sub-provincial cities. Currently, it has been found that provincial capitals and sub-provincial cities have built sound platforms of information disclosure, that the disclosed information of organizational structure is similar, that the disclosure of budget information has become a common practice, that the disclosure of personnel information is making progress, that most annual work reports have been released, that there exists a large amount of information on misconduct notification and exposure, and that social participation channels remain relatively smooth. However, there is still room for improvement in the information disclosure about organizational structure, budget, regulations, annual work report, exposure, and social participation. In conclusion, it is recommended that organizations should strengthen the management and support of website building, engage in cooperation and mutual support with new media, enhance the information disclosure of daily work, strengthen the efforts of "cracking down on corruption with the door open", and increase daily communication with the public.

**Keywords:** Keywords: Discipline Inspection Commission; Supervision Commission; Information Disclosure; Evaluation

B. 13    Report on the Information Disclosure of Discipline

Inspection and Supervision Organizations in

Districts and Counties of Province –Level

Municipalities                                                    / 248

**Abstract:** The research team evaluates the information disclosure of discipline inspection and supervision organizations in all the districts and counties of four province-level municipalities, including Beijing, Tianjin, Shanghai, and Chongqing. The evaluation results show that the open platforms of those organizations are relatively complete, that the information disclosure for the organization structure becomes increasingly comprehensive, that the disclosure of funds is relatively sufficient, that the disclosure of regulations is similar, that the endeavour of misconduct notification and exposure is in great strength generally;

that the information disclosure of disciplinary inspections is comparatively sufficient, that the channels of supervision and report become smooth and various. However, some problems exposed by the evaluation cannot be ignored. More specially, there is still room for improvement for the information disclosure regarding the organizational structure, budget, regulations, annual work report, exposure, inspections and corrections, and social participation. In conclusion, it is recommended that such organizations should enhance the intensity of information disclosure and improve the quality of the information disclosure; broaden the disclosure depth and effectively strengthen the validity of supervision; upgrade the social supervision and promote the social participation; reinforce the platform construction and provide the forceful guarantee for the disclosure.

**Keywords**: Province－Level Municipality; District and County; Discipline Inspection and Supervision Organization; Information Disclosure; Evaluation; Discipline Inspection and Supervision Website

## B. 14 Report on the Information Disclosure of Discipline Inspection and Supervision Organizations at the Municipal Level

/ 264

**Abstract**: Since the 18th National Congress of the Communist Party of China, Xi Jinping, General Secretary of the Communist Party of China Central Committee, has repeatedly explained the essence and nature of power in depth, sounding the alarm for the whole Party. He stressed that "Power, no matter how big or small, would be abused as long as it is not restricted or supervised."; "The more big the power is, the easiest there appears the dead zone." The information propaganda is the second battlefield for the fighting against corruption. It is vital significant for the improvement of supervision on the power of discipline inspection commission and supervision commission to strengthen the construction of discipline inspection and supervision websites at all levels and enhance the transparency of information disclosure. This report evaluates the openness and transparency of a random sample of 54 municipal-level discipline inspection and supervision organizations with respect to disclosure platform, organizational structure, budget information, rules and regulations, work reports, inspections and corrections, social exposure, social participation, etc. It has been found that information disclosure at the municipal-level is largely characterized by diverse forms of platform construction, open and full disclosure of organizational structure and leadership, detailed and timely notification and exposure, and smooth social supervision and report channels. However, there is still room for improvement in the information disclosure about organizational structure and personnel, budget of certain departments, rules and regulations, annual work reports, exposure, superior inspections, public evaluation. In conclusion, it is recommended that organizations should enhance the understanding of information disclosure, clarify website functions, strengthen the examination on the website construction, formulate the regulations and focus on the effectiveness of the interaction with the public.

**Keywords**: Discipline Inspection Commission and Supervision Commission; Information Disclosure; Evaluation; Discipline Inspection and Supervision Website; Municipal —Level

## B. 15　Report on the Information Disclosure of Discipline Inspection and Supervision Organizations at the County Level / 276

**Abstract**: On the basis of same standard, the research team randomly selects 108 county-level discipline inspection and supervision organizations from 27 provinces as the evaluation samples, and evaluates the transparency level of their information disclosure. Currently, with respect to platforms of information disclosure of discipline inspection and supervision organizations at county level, the contents become increasingly rich, the characteristic of work disclosure is relatively distinct, the incorruptible culture is attracted more attention, the website

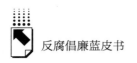

construction is starting to turn to the concentration development. However, there is still room for improvement in the information disclosure regarding the advancement of the daily work, the website construction and functioning, the organizational structure, annual work reports, and major cases investigation and handling. It is recommended that organizations should strengthen the top-level design to establish the standard of information disclosure, actively disclose the core information of the discipline inspection and supervision to improve the political standing, effectively enhance the modernity of the contents on the website of discipline inspection and supervision organizations at county level to tell the stories of discipline inspection and supervision well, improve the evaluation system of information disclosure of discipline inspection and supervision organizations at county level to place great focus on internal supervision.

**Keywords**: Discipline Inspection Commission; Supervision Commission; Information Disclosure; Evaluation; Discipline Inspection and Supervision Website; County Level

# VI  Innovative Practice

1. *Jianghua, Hunan*: *Building the Handy Daily Supervision of Discipline Inspection Commission at Town Level through "12388"*            / 292

2. *Lingling, Hunan*: *Assisting in the Dispatched Supervision through "Monthly Meeting of Supervision on Official Affairs of Bureau"*            / 293

3. *Ankang, Shaanxi*: *The Mechanism of Fault Tolerance and Error Correction to Encourage Officials to Shoulder Responsibilities*            / 294

4. *Ankang, Shaanxi*: *The Improvement in Discipline Inspection and Supervision in virtue of "Three Standardization" Construction*            / 295

5. *High – Tech District of Ankang, Shaanxi*: *Dispatching Discipline Inspectors to Villages*            / 296

6. *Chaotian, Sichuan*: *Solving the Supervision Problems Caused by the Social Relationships by "Discipline Inspection and Supervision Team"* / 297

7. *Kunming, Yunnan*: *Scanning Codes to Reflect Problems and Analyzing in the Backstage Timely* / 298

8. *Pengzhou, Sichuan*: *The Exploration of Establishing the Evaluation System for Discipline Inspection and Supervision* / 298

9. *Nan'an, Fujian*: *Reversed Supervision on Inspection Organizations with "Post – Evaluation"* / 299

10. *Jinniu, Sichuan*: *The Establishment of Caring Files for the Punished Personnel* / 300

11. *Tianchang, Anhui*: *The Integrity Files for the Supervision on Officials* / 301

12. *Suzhou, Jiangsu*: *The Personal Matters Report Covering All Officials of Discipline Inspection and Supervision* / 302

13. *Tiandong, Guangxi Zhuang Autonomous Region*: *Promoting the Implementation of "One Post with Two Responsibilities" through "Two – Way Notification"* / 303

14. *Rongcheng, Shandong*: *"Correction before Inspection" Promotes the Correction of Common Problems* / 303

15. *Tongren, Guizhou*: *"Three Measures" Safeguard the Fight against Poverty* / 304

16. *Yanhe, Guizhou*: *Regulating the Power of "Six Junior Officials" in Villages* / 305

17. *Tianjin*: *Solving the Problems Most Concerned by People through the Integration of Government Hotline* / 306

18. *Shanghai*: *The Introduction of the Mechanism of Evaluation for the Service of Government Affairs* / 307

19. *Inner Mongolia Autonomous Region*: *Officials Go to the Grassroots to Hear about People's Petitions* / 308

# Ⅶ　Appendix

B. 16　Major events highlighted in the Building Good Conduct
and Political Integrity, and fighting against corruption in
China in 2019　　　　　　　　　　　　　　　／ 310

# 权威报告·一手数据·特色资源

# 皮书数据库
## ANNUAL REPORT(YEARBOOK) DATABASE

## 分析解读当下中国发展变迁的高端智库平台

### 所获荣誉

- 2019年，入围国家新闻出版署数字出版精品遴选推荐计划项目
- 2016年，入选"'十三五'国家重点电子出版物出版规划骨干工程"
- 2015年，荣获"搜索中国正能量 点赞2015""创新中国科技创新奖"
- 2013年，荣获"中国出版政府奖·网络出版物奖"提名奖
- 连续多年荣获中国数字出版博览会"数字出版·优秀品牌"奖

### 成为会员

通过网址www.pishu.com.cn访问皮书数据库网站或下载皮书数据库APP，进行手机号码验证或邮箱验证即可成为皮书数据库会员。

### 会员福利

- 已注册用户购书后可免费获赠100元皮书数据库充值卡。刮开充值卡涂层获取充值密码，登录并进入"会员中心"—"在线充值"—"充值卡充值"，充值成功即可购买和查看数据库内容。
- 会员福利最终解释权归社会科学文献出版社所有。

数据库服务热线：400-008-6695
数据库服务QQ：2475522410
数据库服务邮箱：database@ssap.cn
图书销售热线：010-59367070/7028
图书服务QQ：1265056568
图书服务邮箱：duzhe@ssap.cn

社会科学文献出版社 皮书系列
SOCIAL SCIENCES ACADEMIC PRESS (CHINA)

卡号：544537152214
密码：

# S 基本子库
## SUB DATABASE

### 中国社会发展数据库（下设 12 个子库）

整合国内外中国社会发展研究成果，汇聚独家统计数据、深度分析报告，涉及社会、人口、政治、教育、法律等 12 个领域，为了解中国社会发展动态、跟踪社会核心热点、分析社会发展趋势提供一站式资源搜索和数据服务。

### 中国经济发展数据库（下设 12 个子库）

围绕国内外中国经济发展主题研究报告、学术资讯、基础数据等资料构建，内容涵盖宏观经济、农业经济、工业经济、产业经济等 12 个重点经济领域，为实时掌控经济运行态势、把握经济发展规律、洞察经济形势、进行经济决策提供参考和依据。

### 中国行业发展数据库（下设 17 个子库）

以中国国民经济行业分类为依据，覆盖金融业、旅游、医疗卫生、交通运输、能源矿产等 100 多个行业，跟踪分析国民经济相关行业市场运行状况和政策导向，汇集行业发展前沿资讯，为投资、从业及各种经济决策提供理论基础和实践指导。

### 中国区域发展数据库（下设 6 个子库）

对中国特定区域内的经济、社会、文化等领域现状与发展情况进行深度分析和预测，研究层级至县及县以下行政区，涉及地区、区域经济体、城市、农村等不同维度，为地方经济社会宏观态势研究、发展经验研究、案例分析提供数据服务。

### 中国文化传媒数据库（下设 18 个子库）

汇聚文化传媒领域专家观点、热点资讯，梳理国内外中国文化发展相关学术研究成果、一手统计数据，涵盖文化产业、新闻传播、电影娱乐、文学艺术、群众文化等 18 个重点研究领域。为文化传媒研究提供相关数据、研究报告和综合分析服务。

### 世界经济与国际关系数据库（下设 6 个子库）

立足"皮书系列"世界经济、国际关系相关学术资源，整合世界经济、国际政治、世界文化与科技、全球性问题、国际组织与国际法、区域研究 6 大领域研究成果，为世界经济与国际关系研究提供全方位数据分析，为决策和形势研判提供参考。

# 法律声明

"皮书系列"（含蓝皮书、绿皮书、黄皮书）之品牌由社会科学文献出版社最早使用并持续至今，现已被中国图书市场所熟知。"皮书系列"的相关商标已在中华人民共和国国家工商行政管理总局商标局注册，如 LOGO（▨）、皮书、Pishu、经济蓝皮书、社会蓝皮书等。"皮书系列"图书的注册商标专用权及封面设计、版式设计的著作权均为社会科学文献出版社所有。未经社会科学文献出版社书面授权许可，任何使用与"皮书系列"图书注册商标、封面设计、版式设计相同或者近似的文字、图形或其组合的行为均系侵权行为。

经作者授权，本书的专有出版权及信息网络传播权等为社会科学文献出版社享有。未经社会科学文献出版社书面授权许可，任何就本书内容的复制、发行或以数字形式进行网络传播的行为均系侵权行为。

社会科学文献出版社将通过法律途径追究上述侵权行为的法律责任，维护自身合法权益。

欢迎社会各界人士对侵犯社会科学文献出版社上述权利的侵权行为进行举报。电话：010-59367121，电子邮箱：fawubu@ssap.cn。

社会科学文献出版社